"十二五"普通高等教育本科国家级规划教材

全国高等学校管理科学与工程类专业规划教材

U0726127

（第3版）

管理统计学

李金林　赵中秋　马宝龙　编著

清华大学出版社

北　京

内 容 简 介

本书以经济管理应用案例为基础,将理论框架蕴含于现实经济领域之中,将统计学理论与管理实践有机结合,同时精选作者数年来积累的教学案例和实际工作案例,便于读者阅读参考,学以致用。此外,本书还结合理论和应用,详细阐述了应用软件解决实际问题的方法、程序和技巧,指导读者动手操作。

本书既具有系统的统计学知识,又具有超强的实践指导训练,能够很好地满足高校本科生、研究生、MBA学员以及相关从业人员在数量分析方面的需求。本书还提供多种教学辅助资源,包含PPT教学课件、案例、例题与习题的数据文件,习题参考答案等,便于教学和自学。

图书在版编目(CIP)数据

管理统计学/李金林,赵中秋,马宝龙编著.—3版.—北京:清华大学出版社,2016(2024.1重印)
(全国高等学校管理科学与工程类专业规划教材)
ISBN 978-7-302-44179-3

Ⅰ.①管… Ⅱ.①李… ②赵… ③马… Ⅲ.①经济统计学—高等学校—教材 Ⅳ.①F222

中国版本图书馆CIP数据核字(2016)第148595号

责任编辑:高晓蔚
封面设计:何凤霞
责任校对:王荣静
责任印制:沈 露

出版发行:清华大学出版社
    网 址:https://www.tup.com.cn,https://www.wqxuetang.com
    地 址:北京清华大学学研大厦A座   邮 编:100084
    社 总 机:010-83470000   邮 购:010-62786544
    投稿与读者服务:010-62776969,c-service@tup.tsinghua.edu.cn
    质量反馈:010-62772015,zhiliang@tup.tsinghua.edu.cn
    课件下载:https://www.tup.com.cn,010-83470158
印 装 者:三河市人民印务有限公司
经 销:全国新华书店
开 本:185mm×230mm 印 张:23.75 插 页:1 字 数:475千字
版 次:2006年10月第1版 2016年6月第3版   印 次:2024年1月第16次印刷
定 价:58.00元

产品编号:067518-02

第3版前言 PREFACE

《管理统计学》出版以来受到了广大读者的厚爱,先后被荣幸列为教育部高等学校管理科学与工程类教学指导委员会推荐教材、全国高等学校管理科学与工程类专业规划教材,"十二五"普通高等教育本科国家级规划教材,并荣获中国大学出版社图书奖首届优秀教材二等奖,前两版已累计重印 20 次。我们对《管理统计学》得到的认可与读者积极的回应表示感谢。然而,在深感欣慰之余,我们深知,教材中仍然存在不足之处。同时,近些年来,在教学过程中,不断有一些新的想法和新的案例,很想与读者分享。因此,在清华大学出版社和广大教材使用者的支持下,我们开始了本书第 3 版的修订编写工作。

与前两版相比,第 3 版仍然坚持了原有的基本框架和风格,不同之处主要体现在以下几个方面:

第一,对某些章节结构进行了微调,增加了近年的新内容。

第二,在前两版的基础上对每章后的习题进行了较大的调整,习题的类型更趋于多样化。特别是增加专门用于软件分析的应用习题,更加突出了本书以软件应用为导向,强化解决问题能力的特色。同时,我们将应用习题所需的分析数据均收录在本书的辅助资源中,便于读者教学和自学。

第三,更新了每章后的案例研究内容。结合作者近些年教学实践所积累的案例分析成果,将部分案例整理改编纳入本书,在注重统计学理论实践的同时,更加有助于读者进一步将统计学的理论方法框架蕴含于经济管理的具体问题中。同时,我们将案例分析所需数据均附在本书辅助资源中,为广大读者提供了分析较大数据集,并以分析结果为基础撰写管理报告的机会。

第四,调整和更新了书中主要章节的一些例题。考虑到书中部分例题所描述的经济管理问题已经过时,有些例题所用数据也已经脱离目前中国经济发展的现状,我们对部分例题和数据进行了更新,使得例题所描述的经济管理问题更加贴近实际。

第五,结合第 3 版在内容上的调整,我们更新了本书辅助资源中的数据和教学幻灯片。幻灯片的制作也更加注重实用性和美观性,更利于教师教学使用。

　　本次修订过程中,北京理工大学管理与经济学院的多位研究生付出了辛勤的劳动,在此一并感谢,他们是张增博、曹雪丽、王珊珊、雷俊丽、贾慧颖、王长凯、孙隽、谷雨、方溯。此外,仍然要感谢清华大学出版社的支持,更要感谢高晓蔚编辑,她认真严谨的工作态度和热情支持使得本书能够顺利出版。

　　本书辅助资源包括 PPT 教学课件,部分例题、习题、案例分析的数据文件。读者可按照书后教学支持说明获取。

编著者

2016 年 5 月于北京理工大学

前言 PREFACE

关于本书

管理统计学是一门以经济管理理论为基础,以一般统计学为工具,研究社会和经济管理的应用科学。它研究如何有效地收集、整理和解释反映社会和经济管理实践的数据,以期认识数据的规律性及内在的社会和经济含义。管理统计学现在已被广泛应用于市场调查、证券市场分析、风险分析、产品抽样调查和质量控制、投资效益评估、人力资源分析和评估、经济指标分析和预测等方面,为管理者进行正确决策提供科学的依据。

本书的读者主要是统计学、数学、自然科学和工程学专业的本科生和准备致力于社会科学和经济学学习和研究的学生以及所有爱好管理统计学的读者。本书旨在使读者对管理统计学这门学科有一个整体、本质的认识,并且反映出统计学中计算机应用的快速发展,从而将管理统计学的理论知识与数据分析的实用性在课程中很好地结合起来。

本书的主要特色

作为经济、管理等学科的核心课程,国内当前广泛采用的管理统计学教材的理论体系较为完整,但管理统计学强调理论性与应用性并重,大多数教材在应用性方面所做的工作还远远不够,本书在总结目前国内外教材的基础上,重点突出如下特色。

1. 以实际案例为导向,强化实际应用能力

本书围绕统计分析方法的运用所产生的各种问题展开,引入真实具体的案例来阐释统计学理论。将理论性的框架蕴涵于现实经济领域之中,这是一种适用于学习统计学的方法,它主要基于实际的需要而不是一些抽象的考虑,具体表现如下。

- **统计学理论与管理实践的有机结合**:在保证统计学系统完整性的同时,本教材的重点在于统计学理论与管理实践的有机结合。在每一章中,我们除了安排一些 MBA 教学或实践案例帮助学生阅读和理解外,还用一定篇幅介绍了统计方法在管理实践中的应用背景,以便读者更清楚地理解统计理论的应用领域和应用范围。

管理统计学

- **全程案例辅助理解，做到学以致用**：笔者一直从事经管类学生管理统计学的教学工作，尤其在近 10 年的 MBA 教学工作中积累了大量的应用案例，并且全部是国内企业或相关单位的真实案例，笔者将这些案例精选编入本书，帮助读者更好地理解统计学方法的应用，拓展视野，启迪思维。

2. 以软件应用为导向，强化解决问题的能力

- **全程配套实验与计算机软件操作**：针对学生动手操作能力弱、解决实际问题能力差、应用计算机软件能力不足等薄弱环节，本教材全程分解 Excel 和 SPSS 软件包，按各章节内容分别介绍 Excel 和 SPSS 软件的操作，并结合例题，予以实例解答，旨在提高学生分析、解决实际问题的能力。

- **多种资源辅助教学与自学**：本书配有多种教学辅助资源，内容包括各章节的 PPT 教学课件、软件应用指导和应用上机数据，便于教学和自学，强化学习效果。

- **汇集国内外公开出版的文献设计应用性习题**：本书中除了应用 MBA 教学积累的案例外，还设计了大量反映实际问题的案例及习题，旨在使学生学习如何应用统计学去解决实际问题。这些习题中的数据或信息、计划都取自报纸、杂志和学术期刊，并注明出处，以期扩展知识面，培养学生解决问题的能力。

本书的主要内容

本书的第 1 章是绪论，提出了统计学的概念和分类，说明了学习统计学的原因。并且强调了统计学与数据的密切联系，简要阐释了统计数据的获取方法和统计分析的基本原理。

第 2 章系统介绍了统计数据的收集方法，包括直接数据来源、间接数据来源和第三类数据来源，并简要介绍了统计过程中的数据误差来源。

第 3 章主要介绍数据的图表表示方法和频数分布的概念，介绍了一系列描述性数据表示方法，如直方图、条形图、饼图、线图、箱线图、散点图和交叉表。在统计分析中，这些图表运用的重要性将会在以后章节的学习中得到体现。

第 4 章主要以描述统计学的数值数据测度展开，包括描述数据集中程度的度量值、百分位点和四分位点，数据离散程度的度量值，偏斜度与均值、中位数及它们的关系，分组数据的分布特征度量值计算等。

第 5 章介绍了概率与概率分布知识。包括全概率公式、贝叶斯公式和事件的独立性等概率知识。引入随机变量的概念后，本章重点介绍了离散型随机变量的概率分布和连续型随机变量的概率分布。

第 6 章的主要内容是抽样与抽样分布。很多重要的概念和定理在本章中形成：概率抽样方法、由正态分布导出的几个重要分布、$\bar{x}$ 的抽样分布与中心极限定理等。

第 7 章介绍参数估计,它是基于适应性概率法则对于数据分析应用所产生的问题。内容包括点估计、点估计的评价准则、总体均值和总体比例的区间估计,总体方差的区间估计,样本容量的确定以及两个正态总体均值之差、方差之比的区间估计。

第 8 章的内容包括:假设检验的原理、总体均值和总体比例的假设检验、总体方差的假设检验、两个总体均值差的假设检验等。

第 9 章、第 10 章介绍了分析差异性和非参数方法的几种分析与检验方法:方差分析、拟合优度检验和自相关检验。方差分析主要介绍单因素方差分析和双因素方差分析。第 10 章介绍 χ^2 分布和拟合优度检验。

第 11 章～第 13 章重点介绍了推断统计学和描述统计学的结合应用,即回归分析、指数和时间序列。该部分的内容是基于大量的应用案例展开的,一元线性回归和多元线性回归是其重点,许多非线性的事物规律都是最终转化成线性回归模型展开的。

第 14 章和第 15 章是聚类分析和因子分析,这在一般的统计学书本中是很少涉及的,但作者将其纳入本书。目前聚类分析和因子分析在包括经济学领域在内的许多研究领域和应用领域有着相当广泛的应用,因此读者需要熟练掌握这两种方法,尤其是其软件应用的操作。

本书每一章正文内容后都有本章小结和关键术语,帮助读者巩固所学内容,并且附有针对性的习题和案例研究,有利于读者培养和提高运用理论知识解决实际问题的能力。

最后,希望本书的读者是辛勤并且快乐的!

致谢

在本书的编写和修订过程中,北京理工大学管理与经济学院的多位老师和研究生付出了大量的劳动,在此一并致谢。他们是:崔利荣、冉伦、张晨宇、张伦、杨清清、史丽萍、陈倩、殷娜、王民、聂溱、任飞、徐丽萍、徐有智、朱艳阳、刘媛媛、朱海娟、邹芸。

囿于作者的水平,本书中的疏漏和差错在所难免,恳请读者批评指正。

编著者

2006 年 8 月于北京理工大学

目 录 CONTENTS

管理统计学

CHAPTER 1
第1章　　　　　　　　绪　　　论

1.1　统计学的性质

统计学是研究如何收集、整理、分析和解释涉及社会、经济、管理问题的数据,并对研究对象进行统计推断的一门科学。

人们往往将统计学误解为数据资料的收集以及对这些数据作一些简单的均值、百分比等运算,或用图和表等形式加以表示。其实这些仅是统计学工作的一小部分。统计学还包括假设检验、回归分析、时间序列分析、方差分析等许多工作。

在自然界里,在生产、管理实践中,人们观察到的现象可以大体归结为两种类型:一种是确定性现象;另一种是不确定现象,也称随机现象。

随机现象是指在相同条件下重复进行试验,每次结果未必相同的现象;或是知道它过去的状况,但未来的发展事前不能完全确定的现象。例如,某种新产品投放市场后消费者对其欢迎程度、对某个房地产项目投资后的获利情况、顾客在某服务系统接受服务的等待时间等,都是不确定现象,即随机现象。

实际上人们发现,所谓不确定,只是对一次或少数几次观察或实践,当在相同条件下进行大量观察时,随机现象都呈现某种规律,这被称为随机现象的统计规律性。例如,通过大量的统计发现,某些服务系统对顾客的服务时间是服从指数分布规律的,人的身高是服从正态分布规律的,等等。从而人们便可以根据所发现的规律,对所研究的问题进行科学决策。统计学就是研究随机现象的统计规律性,所以统计学对于科学决策有着重要的意义。

一般来说,统计学的研究对象具有以下特点:

(1) 随机性。随机性有两个解释,一个是事件发生的结果不确定;另一个是不同的个体有差异。

(2) 群体性。研究对象应包含不止一个个体,换句话讲,单个个体不需要统计分析。

(3) 数量性。事件的发生情况应由数量表示,以便于进行统计分析。这在大部分情况下是可以做到的。如果事件的发生是以定性的方式表述的,则应该将其转换为数量表述。例如,某产品的销售可能有好、中、差三种情况,可以将三种情况分别记为 1、2、3;再例如,对某种突发事件的发生记为 1,不发生记为 0;等等。

1.2 统计学在管理中的应用

统计学的应用领域非常广,几乎所有的研究领域都要用到统计方法。例如,经济学、管理学、气象学、医学、遗传学、地质学、历史学、语言学、教育学、金融学等。当统计学应用于管理学领域时,就被称作管理统计学。本书主要将从管理统计学的角度进行论述。

古语说得好:"知己知彼,百战不殆。"企业为了生存、发展,除了要了解自身特点、内在优劣势之外,还必须时刻掌握市场、竞争对手、供销商、顾客等多方面的情况,收集那些能反映企业目前状况的相关数据,并且最重要的是将这些数据转化为对企业有用的信息,为企业科学决策提供有效的依据。统计学在企业管理中所扮演的角色就是这样一个将原始数据转化为有价值信息的过程。可见,企业要能真正做到知己知彼,百战不殆,离不开科学有效的管理统计。

随着大数据的发展,数据驱动管理决策的重要性愈发凸显,统计学在管理中的应用日益广泛深入,主要包括以下几个方面。

(1) 库存确定。公司经理会根据对原材料的需求和库存状态的分析,确定原材料的进货量(这里需要用到统计方法,分析需求量变化的分布规律)。

(2) 生产控制。生产经理根据对样本产品的质量检验情况,确定是否对生产过程进行调整(这里需要用到统计学中的抽样检验方法,选取样本产品)。

(3) 市场分析。市场部经理根据对某种新产品在样本消费者中试销情况的调查结果,确定该产品可能的销售量(这里需要用到统计学中的统计推断方法,进行销售量预测)。

(4) 客户管理。市场部经理通过调查,对公司客户的类别进行细分,根据不同类别客户的特点,选择不同的服务策略(这里需要用到统计学中的聚类分析方法)。

(5) 风险投资。投资部经理通过对各种项目投资回报率及其风险的分析,并根据企业所处的情况,确定是否对某项目进行风险投资(这里需要用到统计学中的参数估计等方法)。

(6) 审计查账。检查一个大公司账目的审计员,会运用统计方法抽样检查公司的账目,然后根据抽样检查的结果,确定公司的账目是否有问题(这里需要用到统计学中的抽样检验方法)。

(7) 考核标准。例如,公司总部希望了解设立在全国多个城市中的分公司的经营业绩是否与所在城市的 GDP 有关。如果有关,公司总部准备以分公司所在城市的 GDP 作为考核标准,对各个分公司进行绩效考核(这里需要用到统计学中的回归分析)。

(8) 品牌服务。通过对社交信息数据、客户交互数据等进行大数据计算,帮助企业进行品牌信息的水平化设计和碎片化扩散,并通过大数据信息交叉验证技术、分析数据内容之间的关联度等面向社会化用户开展精细化服务。

（9）商业智能。通过对数据进行抽取、转换和装载(即 ETL 过程),合并到数据仓库里,利用合适的数据挖掘技术、查询和分析模型、联机处理(OLAP)工具等进行分析和处理,将数据转化为知识,为管理决策服务。

1.3　统计学方法的分类

统计学的方法很多,一般可以分为两类:描述统计学方法和推断统计学方法。

1.3.1　描述统计学

描述统计学方法主要包括利用获得的数据,绘制统计图(直方图、条形图、饼图、雷达图等),并计算一些数字特征值(均值、方差、中位数、调和均值、偏态系数等)。人们根据这些统计图可以比较直观地对研究对象的规律有一个大体的粗略认识,而通过数字特征值则可以从数据的集中趋势、分散程度、偏态情况等方面对研究对象的存在和演变规律有一个基本的了解。描述统计学方法相对比较简单。

1.3.2　推断统计学

推断统计学方法主要包括利用获得的样本数据,进行区间估计、假设检验、回归分析、方差分析、时间序列分析等。人们根据这些样本数据的分析结果,对研究对象的总体进行统计推断,包括推断研究对象的分布规律、推断不同因素间的相关性、确定多个因素间的统计关系、判断多个总体间的差异性等。推断统计学包括的内容比较多,相对复杂一些,也是本书的重点内容。

1.4　统计学的基本概念

1.4.1　总体

统计学将构成研究对象全部元素的集合称为总体,而将组成总体的每个元素称为个体。

例如,在研究某种产品的寿命时,该批产品的全体就组成了总体,其中的每个产品就是个体。在调查某公司员工对工作的满意程度时,该公司中的全体员工组成了总体,公司中的每个员工是个体。在统计学的分析中,我们只是关心每个产品的寿命指标,或每个员工的满意程度指标,而不是产品本身,或员工本身。所以我们把这一批产品的寿命指标集合,或这个公司全体员工的满意度指标集合作为总体。即总体是由一些实数构成的集合。我们不能把总体看成一群人或一些物品的集合。一般情况下,我们将总体和数量指标所有可能的取值组成的集合等同起来。

总体分为有限总体和无限总体。有限总体是指总体的范围能够明确确定,而且元素的个数有限。例如,一批待检验的产品就是有限总体,被调查的公司员工也是有限总体。无限总体是指总体所包含的元素是无限的。例如,在科学试验中,每一个试验数据可以看做总体的一个元素,而试验可以无限地进行下去,因此由这种试验数据构成的总体就是一个无限总体。在统计学的研究中,对于有限总体,为保证每次抽样试验是独立的,需要根据具体情况对抽样试验进行相应的设计,这些将在后面的抽样方法中介绍。

1.4.2 样本

为了对总体的分布规律进行各种研究,需要对总体进行抽样观察。通过多次抽样观察可以得到总体指标 X 的一组数值$(x_1, x_2, \cdots, x_n)$,其中每个 x_i 是一次抽样观察的结果。$(x_1, x_2, \cdots, x_n)$称为容量为 n 的一个样本,也称样本观察值。由于样本是用来对总体的分布特征进行推断的,因而从总体中抽样进行观察时必须是随机的,即每个个体具有同等的可能性被抽到。因为只有这样才能经过多次观察比较全面地了解总体。

例 1.1 现准备调查某批产品的质量,假设质量分为合格、不合格,分别用数字 1,0 表示。用 X 记录这数字,X 就是要研究的指标。

该批产品共有 N 件,使用放回抽取方法,从这些产品中任意抽取 $n=30$ 件进行检查。即每抽一件产品,经检查,记录下质量情况 X 后,放回去,然后再抽下一件。从抽得的30件产品检查得到的质量指标 X 的值$(x_1, x_2, \cdots, x_{30})$构成一个样本,样本的容量 $n=30$。

1.4.3 总体参数和统计量

总体参数表示总体分布的某些特征,如分布位置、分布离散程度等。一般来说,估计总体参数的统计量是样本的函数。

常用的统计量有:

(1) 表示位置的统计量——样本均值;

(2) 表示离散程度的统计量——样本标准差、样本方差。

1.5 统计学的发展

统计学的发展经历了如下几个阶段:古典统计学、近代统计学、现代统计学。

1.5.1 古典统计学时代

这个时代大致是从 17 世纪中叶至 19 世纪初,其代表学派是"政治算术派"和"国势学派"。

"政治算术派"创始人是英国的威廉·配第,他于 1690 年出版了《政治算术》一书,用数字来描述英国的经济情况;另一代表人物是英国的约翰·格朗特,其代表作是《关于死亡的自然和政治观察》。

"国势学派"又称"记述学派"或"国情学派",其创始人是德国的海尔曼·康令,这一学派最早提出了"统计学"的名词。

1.5.2 近代统计学时代

这个时代大致是从 18 世纪末到 19 世纪末。著名的大数法则、最小二乘法、相关与回归分析、指数分析法、时间序列分析法以及正态分布等理论都是这个时期建立和发展起来的。代表学派主要有数理统计学派和社会统计学派。

数理统计学派产生于 19 世纪中叶,创始人是比利时学者阿道夫·凯特勒。凯特勒对统计学的主要贡献是将自然科学的研究方法引入社会现象的研究中,认为统计学就是数理统计学。他创立了大数法则,发展了大量观察法并为数理统计学的发展奠定了基础。

社会统计学派产生于 19 世纪末期,首创者是德国人克尼斯,主要代表人物是梅尔、恩格尔等人,他们认为统计学的研究对象是社会现象,研究方法是大量观察法,提出统计学是一门实质性的社会科学。因此人们试图通过社会调查,收集、整理、分析资料以揭示社会现象和问题,并提出解决问题的具体办法。如恩格尔对比利时工人家庭进行了持续的调查,通过不断地观察总结,终于在其《比利时工人家庭的生活费》一文中,提出了著名的"恩格尔法则",即家庭收入越多,则饮食消费支出占家庭收入的百分比越少;家庭收入越少,则饮食消费支出占家庭收入的百分比越大,并引申出"恩格尔系数",以此作为衡量生活水平的标准。这一指标至今仍有很大的实用价值。

1.5.3 现代统计学时代

1900 年,英国统计学家卡尔·皮尔生提出了 χ^2 检验法。1908 年,"学生"(William Seely Gosset,戈塞特的笔名)发表 t 分布的论文,创立了小样本代替大样本理论,费雪又对小样本理论进一步研究,发展为实验设计理论,标志着现代统计学的开端。1930 年,尼曼与小皮尔生共同对假设检验理论进行了系统的研究,创立了"尼曼-皮尔生"理论,同时尼曼又创立了区间估计理论。美国统计学家瓦尔德把统计学中的估计和假设理论予以归纳,创立了"决策理论"。这些研究和发现大大充实了现代统计学的内容。

近几十年来,计算机技术以及信息论等现代科学技术,尤其是大数据应用的迅猛发展,给统计学带来了巨大的影响,新的领域层出不穷,例如多元统计分析、现代时间序列分析、贝叶斯统计、非参数统计等。各种统计软件如 SPSS、SAS、MATLAB、R 语言在趋于完善的同时,也加大了统计分析的功能,如数据挖掘功能。

大数据时代,对统计学的发展既是机遇又是挑战,机遇在于大数据的分析主要建立在对数据进行处理、分析的基础上,随着大数据技术的不断涌现和发展,数据获取、数据存储和数据"可视化"等技术手段日益丰富,推动传统统计学更好发展;而挑战在于,许多传统统计学的统计方法应用到大数据上,出现许多不适应现象,如巨大计算量和存储量往往使其难以承受。因此,需要我们进一步对统计学进行发展与创新。

本章小结　>>>

管理统计学是研究如何收集、整理、分析和解释涉及社会、经济、管理问题的数据,并对研究对象进行统计推断的一门科学。近年来统计学在许多管理问题如生产控制管理、客户关系管理、市场分析、投资风险管理等领域中得到了广泛的应用。

统计学由描述统计学和推断统计学组成,描述统计学内容将在本书的第 3 章、第 4 章中讨论,后续章节主要围绕推断统计学展开。样本和总体、总体参数和统计量是统计学中最基本的概念,要学好本书的内容,必须充分理解这些基本概念。

关键术语　>>>

统计学(statistics)　　　　　　　　总体(population)

描述统计学(descriptive statistics)　　样本(sample)

推断统计学(inferential statistics)　　总体参数(population parameter)

管理统计学(management statistics)　统计量(statistic)

习题　>>>

1. 简述统计学的基本概念。
2. 怎样理解描述统计学和推断统计学在探索数量规律性方面的作用?
3. 简述统计学与企业管理的关系。
4. 统计学的发展经历了哪些阶段? 说明每个阶段的特点。
5. 大数据时代,对管理统计学的发展有哪些机遇和挑战?

CHAPTER 2
第 2 章　　　　数据收集方法

　　企业收集到所需的数据后,针对要研究的不同问题,利用相应的管理统计方法对数据进行分析,得到企业所需要的结果。其中从哪里收集数据,如何收集到有意义的数据,是运用管理统计方法的基础,也是本章要讨论的主要问题。本章的主要内容包括:统计数据收集的意义、统计数据的计量与类型、统计数据的来源、统计数据的误差、统计数据收集过程等。

2.1　统计数据收集的意义

　　在很多情况下,我们都需要通过收集数据来规划和设计公司的管理活动。如一个市场研究者需要评价产品的特征以区分该产品与其他产品的差异;一个药品制造商要了解某种新药是否比现在所使用的药疗效更好;学校要了解学生对任课老师的评价,以进行合理的绩效考核。这些管理决策工作能否顺利进行,都依赖于一定数量和质量的数据支持。

　　我们在管理中所收集的数据大多用于以下几类活动:为一项调查或研究提供必要的输入;用于评估某项正在进行的服务或产品流程的客户反馈情况;检验各项标准的一致性;满足管理者关于某一方面的好奇心等。企业管理需要对大量的数据进行分析,因此做好数据收集工作很重要。

2.2　统计数据的计量与类型

　　在收集统计数据之前我们首先必须了解所调查对象的计量和测度。对于不同的事物,我们能够予以计量或测度的程度是不同的,有些事物只能对其属性进行分类,比如市场调研中客户的满意程度、绩效考核中的评分种类、贷款企业的信誉等级等;而有很多其他事物是可以用比较精确的数字来计量的,如企业一季度的销售额、职员的人数、产品的价值等。显然,从对事物计量的精确程度来看,采用数字计量要比分类计量更精确。根据计量学的一般分类方法,按照对事物计量的精确程度,可将所采用的计量尺度由低级到高级、由粗略到精确分为四个层次,即定类尺度、定序尺度、定距尺度和定比尺度。

2.2.1　统计数据的计量

定类尺度是测量尺度中层次最低的计量尺度。它按照某种属性把事物进行分类,如分为 A、B、C 等类,A、B、C 之间无法进行基本运算,但可以计算对应类别的频数,可以用定类尺度来度量性别、品牌类型等对象。

定序尺度具有定类尺度的一切特征,同时它还能反映出类别之间的等级,即不仅能把事物分成不同类别,而且不同类别之间还能进行排序,如用厌恶、一般、满意等指标来度量消费者的偏好。

定距尺度是在定序尺度的基础上,对事物类别或者次序之间间距的测度,没有绝对零点。可以进行加减运算,通常被用来度量海拔高度、室内外温度等。

定比尺度也称比率尺度,是最高层次的度量尺度,有绝对零点,除了可以分类、比较大小及加减运算外,还可以进行乘除运算,计量测度值之间的比值,可以用定比尺度来度量的对象有很多,如销售额、收入、市场份额等。

2.2.2　统计数据的类型

采用不同的计量尺度就可以得到不同类型的统计数据,而不同类型的统计数据又适用于不同的统计分析方法。管理统计中所出现的数据有以下四种:

定类数据,表现为类别,但不区分顺序,是由定类尺度计量的。

定序数据,表现为类别,有顺序,是由定序尺度计量的。

定距数据,表现为数值,可进行加、减运算,是由定距尺度计量的。

定比数据,表现为数值,可进行加、减、乘、除运算,是由定比尺度计量的。

前两类数据说明的是事物的品质特征,其结果均表现为类别,也称为定性数据或品质数据(qualitative data);后两类数据说明的是事物的数量特征,能够用数值来表现,因此也称为定量数据或数值型数据(quantitative data)。

区分数据的类型是十分重要的,因为对不同类型的数据将采用不同的统计方法来处理和分析。比如,对定类数据,通常计算出各组的频数或频率,计算其众数,进行列联分析和卡方检验等;对定序数据,可以计算其中位数和四分位差,计算等级相关系数等;对定距或定比数据还可以用更多的统计方法进行处理,如计算各种统计量、进行参数估计和假设检验等。

适用于低层次测量数据的统计方法,也适用于较高层次的测量数据,因为后者具有前者的测量特征。比如,商品类型作为一个定类变量,可通过众数如某类最受欢迎的商品来描述消费者偏好的集中倾向。对于像客户满意度这样的定序数据,通常是计算中位数和分位数来描述其集中趋势。而对于较高测量层次的数据,如企业对各部门的绩效打分(定距数据)或第一季度营业额(定比数据),同样也可以计算众数、中位数和分位数。反之,适用于较高层次数据的统计方法,则不能用于较低层次的测量数据,如定距和定比数据都可以计算均值,但定类数据和定序数据却不可以。

2.2.3　统计变量

在统计学中,变量是指现象的某种特征,变量的具体表现称为变量值。统计数据就是统计变量的具体体现。变量可以分为以下几种类型。

(1) 定类变量。定类变量的值就是定类数据。例如,性别是一个定类变量,其变量值为男或女这两个定类数据。

(2) 定序变量。定序变量的值即为定序数据。例如,消费者满意程度就是一个定序变量,其变量值可以表现为很满意、满意、一般、不满意这四个定序数据。

(3) 数字变量。数字变量的值即为定距数据或定比数据(这两者统称为定量数据)。例如,成绩、年龄、产品产量、商品销售额等都是数字变量。按数字变量值的特性,数字变量可分为离散变量和连续变量。

2.3　统计数据的来源

从统计数据使用者的角度来看,统计数据的来源可以分为两类:直接来源和间接来源。简单地说,如果数据收集者就是要分析数据的人的话,那么对他来说,所分析的数据是从直接来源得到的,称为第一手或直接的统计数据;如果数据分析者所使用的是其他组织或个人调查或试验的数据,则对分析者而言,该数据就是从间接来源获得的,称为第二手或间接的统计数据。

2.3.1　直接来源

统计数据的直接来源主要有两个渠道:专门调查和科学试验。专门调查是取得社会经济数据的重要手段,如国家统计部门进行的人口、经济统计调查,也有其他部门或机构为特定目的而进行的调查,如市场行业分析公司、咨询公司、报纸杂志等,它们往往需要第一手资料;科学试验是取得自然科学数据的主要手段。在本章中,我们着重讨论取得社会经济数据的主要方式和方法。

1. 统计调查方式

第一手社会经济数据可以通过直接的统计调查来得到,其方式大致有以下几种:普查、抽样调查、统计报表、重点调查和典型调查。根据调查对象的不同,可分为全面调查和非全面调查。全面调查主要有普查和全面统计报表等;非全面调查包括非全面统计报表、典型调查、重点调查、抽样调查等。

（1）普查

普查是为某一特定目的而专门组织的一次性全面调查，如人口普查、工业普查和经济普查等。普查是适合于特定目的、特定对象的一种调查方式，主要用来调查属于一定时点上的社会经济现象的总量，但有时也可以调查某些时期现象的总量，乃至调查一些并非总量的指标。普查的最终目的是掌握特定社会经济现象的基本全貌，为国家制定有关政策或措施提供依据。普查作为一种特殊的数据收集方式，具有以下几个特点：

① 普查是全面调查。它比任何其他调查方法都更能掌握全面的、系统的、反映国情国力方面的基本统计资料。由于普查的数据一般比较准确，规范化程度比较高，因此它可以为抽样调查或其他调查提供基本依据。

② 普查涉及面广、调查单位及指标多、工作量大、时间性强。因此普查不能经常进行，其通常是一次性的或周期性的，根据被调查对象的稳定性、和数量大小等特点，一般每10年进行一次或两次普查。如我国人口普查为每10年进行一次，从1954年到2010年共进行了六次人口普查。而我国的经济普查则是每10年进行两次，第一次经济普查在2004年12月31日正式举行。

③ 普查是一种不连续调查。因为普查的对象是时点现象，时点现象的数量在短期内往往相对变动较小，比较集中，不需作连续登记。同时普查所处的时点一般是经过统一规定的标准调查时间，以避免调查数据的重复或遗漏，保证普查结果的准确性。如我国第六次人口普查的标准时间为2010年11月1日零时。

（2）统计报表

统计报表是收集统计数据的一种重要方式，是按国家统一规定的表式、统一的指标项目、统一的报送时间，自下而上逐级定期提供基本统计资料的调查方式。

统计报表的类型多样，按报送范围不同可分为全面统计报表和非全面统计报表。全面统计报表要求调查对象中的每一个单位都填报，如中国公路水路交通行业发展统计公报，中国海洋经济统计公报等。非全面统计报表只要求调查对象中的一部分单位填报。我国大多数统计报表要求调查对象全部单位填报，具有统一性、全面性、周期性、可靠性等特点。目前，我国的统计报表是由国家统计报表、业务部门统计报表和地方统计报表组成，按日期又可分为月度、季度的定期统计报表和年度统计报表，报表中涉及国民经济各行业各部门。

抽样调查、重点调查和典型调查同属非全面调查。对于企业而言，其面对的市场变化相对较快，投入的数据收集经费和时间花费有限，因此非全面调查是企业进行数据收集的主要调查方式。

（3）重点调查

它是在调查对象中只选择少数重点单位所进行的调查，其目的是通过对重点单位的调查，掌握总体的基本情况。重点调查的特点是省时、省力，能反映总体的基本情况。该调查中单位的选取是根据重点单位的标志总量是否占全部单位标志总量的绝大比例这一标准来确定的,这一标准是客观存在的,所以易于确定。

(4) 典型调查

典型调查是在对研究对象进行全面分析的基础上,有意识地选出少数具有所研究问题的本质属性或特征的代表性单位的一种调查。作为统计意义上的典型调查,其目的类似于抽样调查。该调查可以弥补其他调查方法的不足,为数字资料补充丰富的典型情况,在有些情况下,可用典型调查估算总体特征或验证全面调查数字的真实性。

(5) 抽样调查

抽样调查是非全面调查的一种主要组织形式。它是按照随机原则,从若干单位组成的事物总体中,抽取部分单位作为样本进行调查、观察,并根据观察结果进行推断、代表总体数量特征的一种调查方式。抽样以推断总体为目的,能够对推断结果的可靠性作出数学上的说明。

抽样调查数据之所以能用来代表和推算总体,主要是因为抽样调查本身具有其他非全面调查所不具备的特点,主要表现在:

① 调查样本是按随机的原则抽取的,在总体中每一个单位都有一个指定的概率被抽取且被抽取的机会是均等的。因此,能够保证被抽中的单位在总体中的均匀分布,不致出现倾向性误差,代表性强。

② 以抽取的全部样本单位作为一个"代表团",用整个"代表团"来代表总体。在抽取样本单位时必须通过一个或几个随机的步骤进行,而不是采取主观、有意的选择方式。

③ 所抽选的调查样本数量,是根据调查误差的要求,经过科学的计算确定的,在调查样本的数量上有可靠的保证。

④ 抽样调查的误差,是在调查前就可以根据调查样本数量和总体中各个单位之间的差异程度进行计算,并控制在允许范围以内,调查结果的准确程度较高。虽然抽样调查和典型调查都要以部分单位调查的结果推算总体指标,但抽样调查是按照随机原则抽选调查单位,因而在给定概率和误差范围条件下,可保证推断的准确性和可靠性;而典型调查中调查单位的选择完全由人们有意识的选择,因而难以保证推断结果的准确性。

基于以上特点,抽样调查被公认为非全面调查方法中用来推算和代表总体的最完善、最有科学根据的调查方法。同时,抽样调查与全面调查相比,具有节省人力物力、调查误差小、操作灵活和抗干扰等优点。目前,我国不仅企业大多采取抽样调查的方式,一些政府统计部门的人口变动情况调查、城乡住户调查、农产量调查、物价调查等,也均采用抽样调查方法。

可见,由于抽样调查良好的统计特性和能较好节省人财物开销等优势,很多企事业单位越来越多地使用该调查方法收集第一手资料。尤其是对企业,抽样调查更是他们收集直接数据的一个最主要途径。

2. 统计调查方法（调查数据收集方法）

以上介绍了统计调查的多种方式，不论采取何种方式进行调查，在取得统计数据时，我们还需要将一些具体的统计调查方法运用到各种形式的统计调查中，以便收集数据。统计调查方法指的就是调查者收集调查对象原始资料的方法，调查者常常通过访问、邮寄、电话、电脑辅助等统计调查方法来收集调查中的数据。统计调查方法归纳起来可分为询问调查和观察实验两大类。

询问调查法是最常用、最基本的一种调查方法，通过访问人员与被访问者的直接或间接接触获得所需数据。询问调查有如下特点：①具有激励的效果；②具有较大的伸缩性；③对问题的提问有较强的控制力；④有助于直接观察样本特征。询问调查法的具体方式包括访问、邮寄、电话、电脑辅助、座谈会、个人深度访问。

（1）访问调查

访问调查是一种直接访问，是通过调查者与被调查者通过面对面地交谈，如入户访问、街上阻截、客户走访等，从而得到所需资料的调查方法。在企业实态调查中，访问调查法属于一种定性调查，调查范围包括企业内部与外部。访问调查的方式有问卷访问和无问卷访问。问卷访问是指调查人员按照统一设计的、有一定结构的标准化问卷或表格，有顺序地依次提问，并由被调查者作出回答。其优点是能够对调查过程加以控制，获得可靠的调查结果。无问卷访问是指调查者按照某一个粗线条的提纲，事先不制作统一的问卷或表格，与被调查者进行自由交谈从而获得资料。

在市场调查和社会调查中常用到访问调查有入户访问、街上阻截、客户走访等。

入户访问是调查者深入到被调查者家中，与被访者进行深入交流的一种访问方式。在国外，入户访问被认为是测试消费理念和消费心理，及进行家庭用品展示的唯一途径。入户访问的主要功能是能够提供关于目标市场的综合信息。

街上阻截也是一种比较流行的任意抽样询问调查方法。这种方法一般属于有问卷访问，操作起来也比较简单。在当前，街上阻截法被认为是一种比较实用的方法，也有人认为，它将成为入户访问的替代方式。因为街上阻截不仅具有入户访问的基本优点，同时还节省了大量的寻找住户的时间成本、精力成本和交通费用。然而由于拒访率较高及市场调研地点的选择问题，很可能导致访问对象对于调研总体的代表性容易存在较大的偏差。

客户走访是对市场客户的入户访问。在客户管理中，企业常常将其客户按照"二八律"的原则，划分为主要目标客户和非主要目标客户。市场调研人员应该有目的地对其主要客户（包括现有客户和潜在客户）进行走访，了解用户对本公司产品的意见和建议。

（2）邮寄调查

邮寄调查是将设计好的问卷邮寄给被调查者，请他们答好再寄回，从而收集信息。其中有一种特别的形式叫留置询问,就是将问卷交给被调查者,说明填写方法后留下问卷,由其自行填写,再按期收回以获取信息。

（3）电话调查

电话调查是调查者获取相关情报的一种简单、快捷的方法。它可以在较短的时间内,迅速地与被调查者进行接触,并获取市场信息。电话访问一般属于问卷访问,同时也是一种间接访问。该调查就是选取一定的受访者样本,通过拨打电话的方式,访问问卷上所列出的一系列问题,在访问过程中记下答案。访问员集中在某个场所或专门的电话访问间,在固定的时间内开始数据收集工作,现场有督导员对访问员进行访问监督和抽样控制。而随着电脑辅助技术在调查中的应用,出现了计算机辅助电话访问（computer assisted telephone interview,CATI）,省掉了访问员拨号、问卷跳问、数据录入、自动录音等程序,时间更快。同时市面上也不断出现一些功能先进的电话访问软件,利用电脑语音技术,通过电话自动拨号,将调查题目自动送到千家万户,自动收集调查答案。同时那些系统还提供一整套强大的号码库、调查题库、调查卷库的生成、管理工具,以及强大的统计输出功能。

（4）座谈会

座谈会是一种典型的集体访问方式,调查者邀请若干被调查者,通过集体座谈的方式对某个特定的主题进行深度访问。座谈会上调查者与被调查者之间能够互相影响和互相启发,讨论自由且全面、深入,可以有效地发挥集体访问的优势。

（5）个人深度访问

个人深度访问一般是指对某方面的市场专家、知名人士等具有代表性的或某种特殊意义的人物所进行的专题性的直接访问。当被调查的对象具有普遍意义或一般代表性时,相应的调查形式往往是有问卷访问,如上面介绍的访问、邮寄、电话调查中的问卷访问所占比重较大。而个人深度访问根据其被访对象的特殊性,则往往是采取无问卷访问的形式。

除了询问调查法,观察与实验法是企业在进行第一手资料调查中用到的另一种统计调查方法。观察和实验是调查者通过直接的观察或实验获得数据的一种方法。顾名思义,该方法中又可以分为观察和实验这两类。

（1）观察调查法

观察调查法是指在某项正在进行的统计调查中,调查者并非直接和被调查者交涉,而是在被调查者毫无准备的情况下,调查者就被调查对象的行动和意识,边观察边记录以收集信息的方法。利用这种方法,调查者可以直接在被访者最自然的状态下收集到所需的资料,这样得到的数据往往比较真实。现实中,人们对有关动物行为数据的收集都是通过这一方式进行的。又比如一个中等规模的企业,想要了解员工平时的工作状态是否积极饱满,则随机抽取一定数量的员工,并对他们进行暗中观察,这样得到的结果往往能真实地反映该企业员工的总体工作状态。

（2）实验调查法

实验调查法是在所设定的特殊实验场所、特殊状态下，对调查对象进行实验以取得所需资料的一种调查方法。其目的是控制一个或多个自变量（如价格、广告等），研究在其他因素（如质量、服务等）都不变或相同的情况下，这些自变量对因变量（如销售量）的影响。因此实验调查法又称因果性调查。根据场所的不同，实验法可分为在室内进行的室内实验法和在外部进行的市场实验法。

室内实验法在研究进行时通常要对某些实验因素加以人为控制，进而探索自变量与应变量之间的关系。如分别在同一产品包装的中间和左上角显示产品标志，然后给被调查者看，以测定因产品标志位置的不同而引起的被调查者对该产品的关注反应。室内实验法重复性强，周期短，便于操作，但有些因素受到控制难以模拟实际环境状况，因此往往室内实验结束后，仍需进行市场实验。

在市场实验法中，如果其他未控制的因素保持不变，那么实验的结果应该是和自然科学试验一样准确的，但是市场上未能控制而又可能在实验期间内有所变化的外来因素太多，例如消费者偏好、产品的市场需求等，这些外来因素都可能对实验的结果有所影响。为此，在进行实验设计时，要尽可能地减少这些不确定性带来的实验误差。

人们通过各种方式的调查和相应的调查方法来收集第一手数据时，为了客观公正，调查者不能对被调查人员的行为加以控制。他们仅仅是告诉被调查者其对某一问题的态度、理念、采取的行为等。然后这些第一手信息被加工编码用于特定的统计分析。

2.3.2　间接来源

对于很多数据收集和使用者来说，如果由于人、财、物所限或被调查对象太多而无法直接亲自收集第一手资料，还可以通过其他渠道获取别人调查或科学试验的第二手数据。第二手数据主要是那些公开出版或公开报道的数据。国家统计机构、市场行业分析公司、咨询公司及一些权威报纸杂志等会通过普查、统计报表、抽样调查等方式收集某些领域的第一手社会经济统计数据，并定期公开出版或报道这些数据。如国家统计局出版的《中国统计年鉴》《中国城市统计年鉴》《中国人口统计年鉴》《中国社会统计年鉴》《中国工业经济统计年鉴》《中国农业统计年鉴》、各地区的统计年鉴，以及《中国卫生统计》及《新财富》等杂志上的公开统计数据。当然也可以通过一些渠道设法取得尚未公开的数据。各种报刊文献、杂志、图书、广播、电视传媒、互联网等提供了大量的统计数据，可以从这些资料或媒体中方便地获得所需要的数据资料。另外，在网络数据挖掘技术迅速发展的背景下，统计数据的来源日益丰富。比如，我们可以从社交网络、移动互联网和电子商务等媒介中获取数据，也可以通过抓取用户在网络上的搜索关键词、标签关键词或其他输入语义来获取用户需求数据资料。

2.4　统计数据的误差

企业在搜索统计数据的同时,必须保证数据的质量。因为统计数据质量的好坏直接影响到后续的统计分析结论的客观性和真实性。统计数据的误差通常是指统计数据与客观现实之间的差距。数据误差的产生往往是由于在调查中调查人员存在选择偏见、被调查者的概念模糊、有意隐瞒或抽样的随机性等原因。

现实中,不论采用哪种调查,这些误差都或多或少地存在于所收集的数据中。就连在人们看来"最客观精确"的随机概率抽样方法,也可能有误差。具体来讲,调查中会产生以下六种数据误差。

(1) 覆盖误差。某些个体被排除在总体之外,从而造成了选择偏见,如果这样导致总体不充分,则即使是随机概率抽样也只是能反映这个排除了那些个体的其余个体的特征,而不能准确估计总体特征。

(2) 无回馈误差,也就是调查回收率太低造成的误差。如要调查的样本数为 10 000,而回馈的样本数只有 2 500,即回收率为 25%,而在这么低的回收率下,很难准确估计总体的分布参数,除非未回馈的 75% 的样本与回馈的 25% 的样本有类似的选择,但这在现实中是不太可能的。调查的形式会影响回馈的比率。如个人访谈和电话访谈等比发送邮件会产生更好的回馈率。

(3) 道德误差,是由于调查人员职业道德缺乏和业务培训不到位所引起的。如在调查中调查人员有意诱导被调查者,干扰其正常的判断;在调查中提出了错误的、不能针对调查内容的问题或记录错误的数据等。

(4) 被调查者误差,是被调查者没有能够提供准确真实的数据所产生的。这通常是因为被调查者由于问卷或自身原因对调查问题的理解有误、有意隐瞒、向调查人员提供虚假信息等因素导致的。

(5) 抽样误差,是由于抽样的随机性造成的,是用样本统计量估计总体参数时出现的误差,反映了各样本之间存在着一定的非同质性。只有在概率抽样中才会涉及这种数据误差。这种误差不可避免,但可以采用有效的抽样方式和估计方式等人为控制手段来减少误差,如分层抽样的估计精度高于简单随机抽样。在有辅助信息的条件下,比率估计、回归估计也可以有效地减少抽样误差。当然还可以通过增加样本数量来减少误差。

(6) 测量误差,是由于测量工具不准确而造成的计量误差。

以上六种数据误差中,抽样误差是只有在概率抽样中才会涉及的问题,抽样误差随样本量的增大而减小,且可以计量并且能够通过抽样方式和样本量加以控制;其余五种数据误差则与抽样的随机性误差无关,也叫非抽样误差,它们可以存在于各种类型的调查方式中,这些数据误差成因复杂,难以进行计量,随着样本量增加出现误差的可能性越大。

因此对覆盖、无回馈和测量误差的有效控制对保证数据质量起着决定性作用。

2.5　统计数据收集过程

在明确所需数据的获取渠道之后,再来看一下数据的收集过程。

(1) 明确收集目的,确定收集方向

一般来说,收集调研数据的用途可以分为如下三类:

一类是探测性调研,即收集初步的数据,用以揭示一些现象,其通常是在对研究对象缺乏了解的情况下,要回答"有没有""是不是"等问题时进行的研究。例如:夏士莲绿茶洗发水受消费者青睐吗? 彩屏手机和立体声铃声能不能受到顾客的欢迎? 从相关领域研究机构的公开数据库、他人的定性研究结果及对顾客进行抽样调查这三方面收集到的数据,较适合于以探测性为目的的调研。

另一类是描述性调研,也就是作定量描述,通常是在对研究对象有一定了解的情况下,要回答"怎么样""是什么"等问题时进行的研究。例如:某家电商场在周日的顾客流量是多少? 多少人购买了该商场的产品? 大部分的统计调查所收集的数据,都适用于以描述性为目的的调研。

还有一类是因果性调研,即测试因果关系,通常是在对研究对象有相当程度了解的情况下,要回答"为什么""相互关系如何"等问题时进行的研究。例如:假如在 SARS 期间将某一款产品降价 10%,会不会有大量消费者购买? 消费者的数量能增加多少? 对于这种以因果性为目的的调研,利用观察和实验法来收集所需数据最适合。

(2) 制订数据收集计划

计划的制订要贴近现实情况,具备较强的可操作性。同时计划的制订还要十分科学,充分考虑到数据误差问题,流程设计合理,并尽可能将冗余和虚假的信息对正确分析过程的干扰度降至最低。一般来讲,一份完整的数据收集计划应该包括以下内容。

明确所需数据的来源,即是通过直接渠道还是间接渠道获得数据,同时要考虑这些渠道的可信度、安全性等问题。在选择数据来源时,除了参考之前所说的那些渠道,作为一个商业企业而言,通过人际关系来收集数据往往也很关键。

对于很多企业,由于所需信息量可能很大,因此往往不可能对所有的目标数据源进行收集调查,因此需要按一定的比例从中抽取相当数量并有典型代表性的样本进行研究,也就是说要做好抽样计划,其中必须强调对数据抽样误差的控制。

明确数据来源,即在确定调查的方式后,需要利用适合的收集工具与方法(即调查方法)从这些渠道收集数据。传统的收集工具一般是问卷、电话、信函等,现代技术的进步为数据收集提供了更为丰富的工具,特别是互联网技术的广泛应用,为数据收集开拓了广阔的空间,但与此同时,这些工具也存在一些弊端,例如,在需要人签署的时候电子邮件就不如传真方便。因此,企业在制订数据收集计划时,要同时兼顾传统收集方式与现代收集方式两者的优势。

(3) 实施数据收集计划

如果企业准备从报纸、杂志、互联网等大众媒体的报道和广告来收集所需数据,就需要数据收集者有敏锐的洞察力和分析能力,明确调研目的,这样才能根据企业的特定需求,在庞杂、散碎、系统性不强的信息中,寻求所需数据,并确保真实性;如果企业通过专业市场调研公司(如中怡康、赛立信、龙媒、慧聪商情等)收集整理的"二次文献"来收集数据,那也必须要根据自身的调研目的合理地使用这些数据,而不是单纯地拿来就用;如果企业准备通过自己的交际圈来收集数据,则要注意与各行各业的人建立友好关系,并用数据库的形式储存从各种企业关系中收集到的数据,使零散的信息建立起一定的联系,避免重复收集。

本章小结

>>>

本章首先介绍了统计数据的计量与类型。统计计量有定类、定序、定距和定比计量。这四种计量方式对应了四种类型的统计数据,分别为定类、定序、定距和定比数据。前两者统称为定性数据,后两者统称为定量数据。定类数据用于描述统计中定类变量的值,定序数据描述定序变量的值,而定量数据描述数字变量的值。然后本章重点介绍了统计数据的来源,有直接和间接来源两种,通过直接来源调查数据时的调查方法有询问调查和观察实验两大类。不论采用哪种调查方法收集数据,总会产生数据误差,主要有抽样性误差和非抽样性误差两大类。本章最后阐述了企业进行数据收集的过程。

关键术语

>>>

统计变量(statistical variable)　　　数据误差(data error)

直接来源(direct source)　　　　　　统计推断(statistical inference)

统计调查(statistical survey)　　　　普查(census)

间接来源(indirect source)

习题

>>>

1. 数据的计量尺度分为哪几种? 不同计量尺度各有什么特点?

2. 统计变量分类有哪些? 统计数据有哪几种?

3. 统计数据的来源主要有哪些? 简述普查和抽样调查的特点。

4. 统计调查方法中的室内实验法和市场实验法各自的特点是什么?

5. 统计数据是如何做到准确的?

6. 简述企业收集统计数据的过程,说明需要注意的地方。

案例研究
>>>

MBL 公司与充满潜力的 SUV 市场(1)

SUV 是英文 Sports Utility Vehicles 的缩写,即运动型多功能车。SUV 诞生于 1984 年,美国克莱斯勒公司制造的四门"切诺基"驶出生产线后,一个新的车种 SUV 就此问世;1990 年福特打造的"探险者"广泛吸引了大众的眼球,SUV 家族开始迅速壮大。目前每 4 辆新车中就有一辆是 SUV。SUV 的特点是强动力、越野性好、宽敞舒适及良好的载物和载客功能,也有人说,SUV 是豪华轿车的舒适精细加上吉普车的本性。近年来,随着我国经济的快速发展以及消费水平的逐步提高,轿车在不断走进城市家庭的同时,SUV 作为一种运动型越野车的概念也在渐渐深入人心。目前 SUV 正以其强大的越野性能及多功能的组合为部分高收入者、热爱运动休闲的个体户、私营企业主与自由职业者等社会群体所喜爱。据最新统计数据显示,2010 年,相比轿车销量全年 949.43 万辆,同比增长 27.05% 的成绩,SUV 车型的增长可谓"迈大步",以全年累计售出 132.6 万辆,同比增长 1 倍、增速 101.27% 的表现,占乘用车近 10%,增速近 4 倍于轿车。此外有专家分析认为,SUV 之战将在 2011 年达到前所未有的激烈程度,市场已经初步形成"三足鼎立"之势:进口 SUV 主走高端、合资 SUV 主走中端、自主 SUV 主走低端。如何在这种局面中找到自己的位置就成为 SUV 生产企业首要考虑的问题。

MBL 公司(此处略去企业真实名称)是中国的一家自主品牌汽车生产企业。该公司于 2008 年推出了旗下首个 SUV 车型"Stone"(此处为虚拟名称),该车虽然在 2010 年的销量也保持了稳中有升的态势,但相对于 SUV 井喷式的整体市场发展,"Stone"销量业绩似乎并没有 SUV 整体市场那么诱人。在这样的背景下,MBL 公司的高层决策者们也开始考虑对"Stone"车型进行升级改良,并且对"Stone"的整体市场定位和市场策略进行全新的设计。MBL 公司的战略决策部门的负责人,期望通过数据的分析来研究中国 SUV 市场的发展现状和主要竞争对手在 SUV 市场上的表现。那么如果你是该公司的负责人,请你思考以下问题。

管理报告

1. 为了了解中国 SUV 市场的发展现状和主要竞争对手在 SUV 市场上的表现,请以统计变量的形式罗列出你所需要的数据清单。

2. 结合你列出的所需统计变量的数据清单,分别描述这些统计数据的类型。

3. 你可以分别通过哪些渠道收集这些数据?并请设计相应的数据收集方案。

CHAPTER 3

第3章　　　描述数据的图表方法

在我国加入 WTO 以后,关税逐渐降低,非关税壁垒也在逐渐消除,我国经济正在快速地融入世界经济之中。在这个过程中,我国企业在境外屡遭倾销指控,甚至发生多起我国某一类产品被迫退出某一市场的事件。而在国内,一些外国企业对我国实行大肆倾销以打击我国企业。于是产生一个问题,如何判断一种商品在某地以某一价格出售是否属于倾销。

当我国某一类企业投诉外国企业倾销后,商务部应收集这些相关企业的成本数据,并设立参照企业,对比判断该外国企业是否属于倾销。对这些数据进行整理,并用图形方法来阐明其意义,这正是本章要研究的主题。

3.1　数据描述的意义及分类

我们收集数据的意义在于对其进行处理以得到其中的含义,使之符合我们的需要。对数据的处理有多种方法,本章我们将论述如何绘制各种图表,以表达数据的性质。在对数据进行处理时,首先要弄清数据的类型,对于不同种类的数据的处理方法是不同的。

我们所处理的数据分为两类:定量数据和定性数据,用数值来表现观察值,称为定量数据;只能归入某一类而不能用数值进行测度的数据,称为定性数据。由定性数据反映的变量有定类变量和定序变量;由定量数据反映的变量有数字变量,相关内容在第2章中已经讲述。

3.2　定量数据的图形描述

本章首先介绍如何对数字变量的定量数据值进行描述。收集统计数据之后,首先要对获取的数据进行系统化、条理化地整理,然后进行恰当的图形描述,以提取有用的信息。

3.2.1　定量数据整理

对定量数据进行统计分组是数据整理中的主要内容。根据统计研究的目的和客观现象的内在特点,按某个标志(或几个标志)把被研究的总体划分为若干个不同性质的组,称为统计分组。统计分组的对象是总体。从分组的性质来看,分组兼有分合双重含义。对于总体而言,是"分",即把总体分为性质相异的若干部分;而对于单位而言,又是"合",即把性质相同的许多单位结合为一组。例如收集到了某班所有同学的英语考试成绩,为了研究需要划分高、中、低三个成绩段,每个成绩段的范围分别是 85~100,70~85,0~70,然后将每个成绩归入相应的组中。

频数分布表反映以上数据整理的结果信息。将数据按其分组标志进行分组的过程,就是频数分布或频率分布形成的过程。表示各组的单位的次数称为频数;各组次数与总次数之比为频率;频数分布则是观察值按其分组标志分配在各组内的次数,由分组标志序列和各组对应的分布次数两个要素构成。在对这些定量数据进行分组时,需要建立频数分布表,以便更有效地显示数据的特征和分布。

对于某一变量,其定量数据为离散值且数据个数较少时,可以把每一个定量数据值作为一组,整理出每一组(即每一个定量数据值)出现的频数,从而得到频数分布表。在实际情况下,所分析的定量数据很多都是连续型的,即使是离散型的数据往往也是数据个数较多,在这些情况下就无法像上面那样简单地得到频数分布表了。因此,下面具体介绍在定量数据为连续值或定量数据为离散值但个数较多情况下,编制频数分布表的过程。

(1) 选择组数。所处理的数据集合分多少组合适?这取决于数据本身的特点和数据量的大小。由于分组的目的之一是观察数据分布的特征,因此组数的多少应适中。若组数太少,数据的分布会过于集中,而组数太多则数据的分布就会过于分散。所以组数的确定以能够显示数据的分布特征和规律为目的。实际分组时可以参考 Sturges 的经验公式 $K=1+\dfrac{\lg n}{\lg 2}$,式中 n 为数据的个数,并根据数据量的大小、数据的特点及分析的要求来决定 K。

(2) 确定各组的宽度。一个组的最小值称为下限(lower limit),最大值称为上限(upper limit)。组的宽度即为其上限和下限之差,可根据全部数据的最大值和最小值及所分的组数来确定,即

$$组宽度=(最大值-最小值)/区间数$$

(3) 根据确定好的组宽度,计算出组界,即上限和下限。

(4) 计算组中值,组中值反映了该组数据的一个代表值,它体现各组数据的一般水平,组中值=(该组下限值+该组上限值)/2。

(5) 根据分组整理成频数分布表。计算出每个组的频数,即算出落入每个组中的观察值数,同时得到与组频数对应的组相对频数,组相对频数=类频数/观察值总数。为了统计分析的需要,有时要观察某一数值以上或某一数值以下频数或频率之和,这就需要在频数分布表基本分组的基础上绘出累积频数或累积频率。由表的上方向表的下方的频数

或频率相加就称为"向下累积",反之称为"向上累积"。

例 3.1 某电商平台 2015 年 4 月份至 7 月份的销售收入数据如下(单位:万元)。

492	494	355	463	434	406	392	512	478	420	453	377
409	444	386	382	407	432	436	489	376	494	355	382
470	399	379	433	447	398	372	469	494	444	386	416
446	439	388	413	366	405	451	354	424	399	381	512
394	463	427	339	377	375	446	422	325	440	388	399
481	388	373	445	382	507	347	409	436	463	427	473
372	443	388	527	416	469	376	390	364	388	373	406
407	421	510	471	512	424	428	454	417	443	388	432
398	375	493	421	399	371	366	407	392	421	510	398
409	453	379	466	473	416	389	409	325	375	493	405

描述这些销售收入数据的频数分布,编制出包含累积频数分布的完整的频数分布表,如表 3-1 所示。

表 3-1 销售收入频数分布表

按销售收入分组/万元	组中值/万元	组距/万元	频数	百分数/%	向下累计频数	向下累计百分数/%
290～320	305	30	0	0	0	0
320～350	335	30	4	3.3	4	3.3
350～380	365	30	20	16.7	24	20.0
380～410	395	30	35	29.2	59	49.2
410～440	425	30	23	19.2	82	68.4
440～470	455	30	19	15.8	101	84.2
470～500	485	30	12	10.0	113	94.2
500～530	515	30	7	5.8	120	100.0

3.2.2 单变量定量数据的图形描述

将定量数据整理成频数分布形式后,已经可以初步看出数据的一些规律了。例如,从表 3-1 就可以大致看出该电商平台 120 天中每天的销售收入大多在 350 万元～470 万元,其中以 380 万元～410 万元居多,低于该营业额的销售天数比例占 20.0%,高于该营业额的销售天数占 50.8%,因而该电商平台在 2015 年 4—7 月的销售收入所呈现的是一种非对称的分布,如果通过一些图形来表示这个分布会更形象直观。下面介绍最常用的图形表示方法:直方图、折线图、累积折线图、茎叶图、箱线图。

1. 直方图、折线图和累积折线图

直方图是用来描述定量数据集最普及的图形方法,它将频数分布表的信息以图形的方式表达出来。直方图是用矩形的高度和宽度来表示频数分布的图形。在直角坐标系中以横轴表示所分的组,纵轴表示频数或频率,因此直方图可分为频数直方图和相对频数直方图。在得到频数分布表的基础上,绘制直方图的过程很简单,即在平面直角坐标系上,将分组标志作为横轴并将各组频数(或频率)作为纵轴,给出各组的长方形图,即得到直方图。

折线图也称频数多边形图,其作用与直方图相似。以直方图中各组标志值中点位置作为该组标志的代表值,然后用折线将各组频数连接起来,再把原来的直方图去掉,就形成了折线图。

当组距很小并且组数很多时,所绘出的折线图就会越来越光滑,逐渐形成一条光滑的曲线,这种曲线即频数分布曲线,它反映了数据的分布规律。统计曲线在统计学中很重要,是描绘各种分布规律的有效方法。常见的频数分布曲线有正态分布曲线、偏态分布曲线、J 形分布曲线和 U 形分布曲线等。

当编制频数分布表的时候,常会根据实际需要计算每组数据的累积频数或频率,累积折线图正是用来描述累积频数信息的。

根据表 3-1,绘制出该电商平台 2015 年 4—7 月 4 个月销售收入的直方图、折线图和累积折线图,如图 3-1～图 3-3 所示。

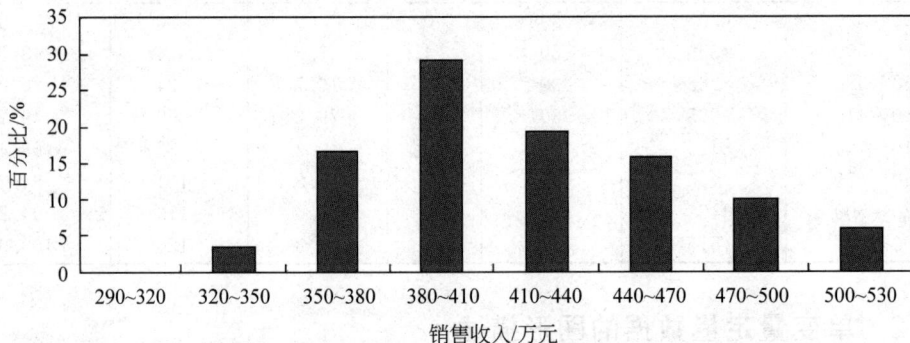

图 3-1　销售收入直方图

直方图与折线图表示了相同的销售收入分布规律。图 3-1 中显示的数据分布有点向左边倾斜的趋势,因此这里的数据分布是有些右偏的。

2. 茎叶图与箱线图

前面介绍的对数据进行图形描述一般是先将数据分组,得到频数分布表,然后将分布表中的信息画成直方图或折线图,以观察数据的分布规律。这种传统数据整理方法的局限性表现为整理后就损失了原始数据的信息。因此国外在 20 世纪 70 年代末出现了探索

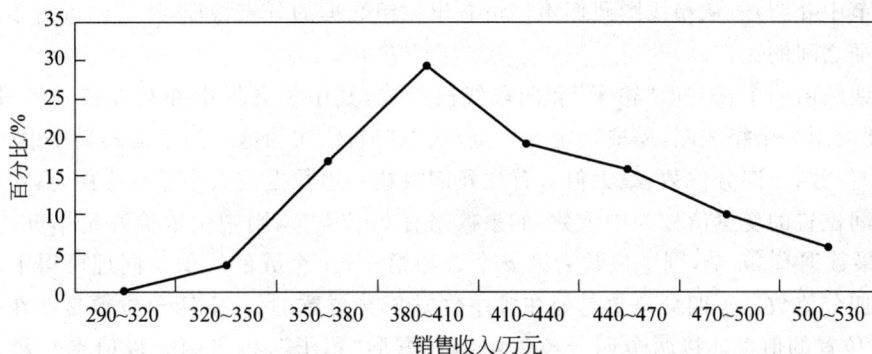

图 3-2 销售收入折线图

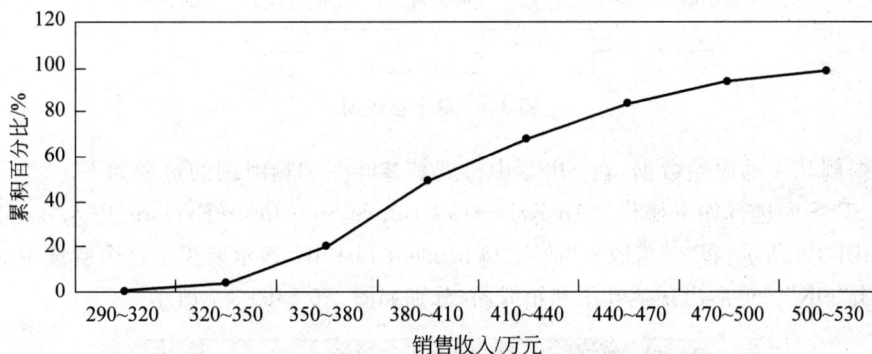

图 3-3 销售收入累积折线图

性数据分析统计,即直接描述和分析未分组的原始数据,直观地描述原始数据的分布特征,并能根据数据的特点选择适当的分析工具探索数据的内在数量规律,这样有助于用户思考对数据进一步分析的方案。茎叶图和箱线图是探索性数据分析中最简单的图形,SPSS 中有专门用于探索性数据分析统计的功能,因此在 SPSS 中绘制茎叶图和箱线图很方便。

茎叶图将传统的统计分组与画直方图两步工作一次完成,既保留了数据的原始信息,又为准确计算均值等提供了方便和可能。通过茎叶图可以看出数据的分布形状及数据的离散状况。比如分布是否对称,数据是否集中,是否有极端值等。在茎叶图画好后,不仅可以一目了然地看出频数分布的形状,而且茎叶图中还保留了原始数据的信息。利用茎叶图进行分组还有一个好处,就是在连续数据的分组中,不会出现重复分组的可能性。

我们还可以用箱线图对未分组的原始数据描述其分布特征。当只有一组数据时,可以绘制单个箱线图来进行描述。当有多组数据需要处理时,可绘制组箱线图(组箱线图将在下一节中介绍）。从箱线图我们不仅可看出一组数据的分布特征,还可以进行多组数据分布特征之间的比较。

箱线图由一个长方形"箱子"和两段线段组成,其中长方形中部某处被一线段隔开。因此,要绘制一个箱线图,需要确定五个点,从左向右依次为这一组数据的最小值、下四分位数、中位数、上四分位数、最大值。首先我们将这一组数据按大小进行排序,其中排序后处在中间位置的变量值称为中位数,如果数据有 $2n+1$ 个,则中位数恰好是第 $n+1$ 个数据;如果数据有 $2n$ 个,则中位数为第 n 个数和第 $n+1$ 个数的均值。同理可得下四分位数和上四分位数。下四分位数是处在排序数据 25% 位置的值,上四分位数是处在排序数据 75% 位置的值。连接两个四分位数画出长方形"箱子",再将两个极值点与箱子相连接。一般形式如图 3-4 所示。

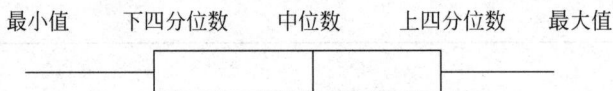

最小值　　下四分位数　　中位数　　上四分位数　　最大值

图 3-4　单个箱线图

根据例 3.1 的原始数据,在 SPSS 中得到其茎叶图和箱线图的过程如下。

在 SPSS 中进行如下操作:Analysis→Descriptive Statistics→Explore,进入"Explore"定义框,如图 3-5 所示,将"销售收入"放入"Dependent List"中,表示要探索这个变量中的数据,然后单击"OK"。最后出现茎叶图和箱线图,分别如图 3-6 和图 3-7 所示。

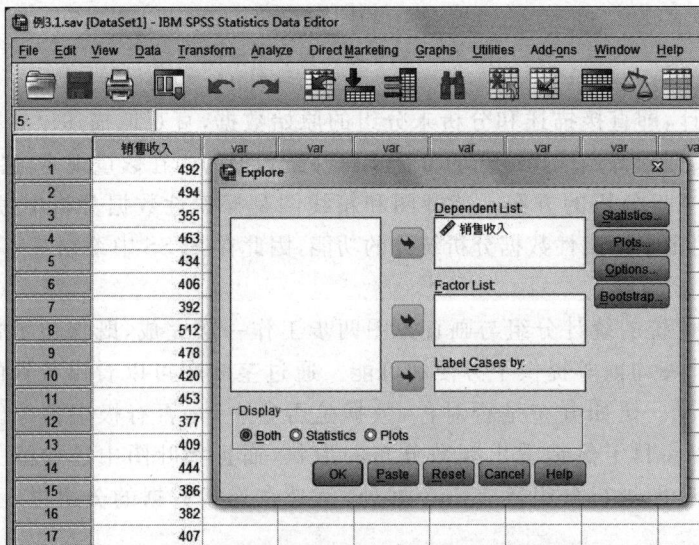

图 3-5　Explore 定义框

```
销售收入  Stem-and-Leaf Plot
Frequency      Stem &   Leaf
    3.00        3 .  223
    4.00        3 .  4555
   18.00        3 .  666777777777777777
   23.00        3 .  88888888888899999999999
   16.00        4 .  0000000000011111
   15.00        4 .  222222222233333
   15.00        4 .  444444444445555
   11.00        4 .  66666677777
    8.00        4 .  88999999
    6.00        5 .  011111
    1.00        5 .  2
Stem width:          100
Each leaf:           1 case(s)
```

图 3-6　销售收入的茎叶图

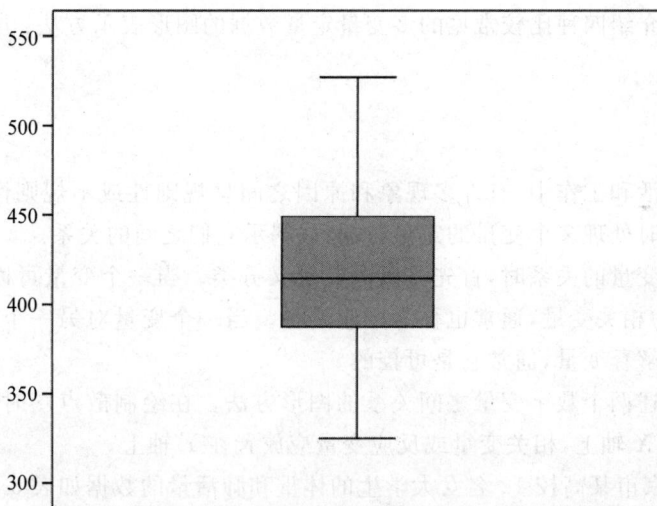

图 3-7　销售收入的箱线图

从图 3-6 可知该茎叶图中的茎宽度为 100。因为这里所描述的变量值——销售收入都是三位数的,所以 Stem(树茎)表示销售收入值得百位数,而 Leaf(树叶)则表示销售收入值的十位数。如茎叶图的第一行内容显示 Frequency 等于 3,Stem 为 3,Leaf 分别为 2,2,3,这就表示销售收入在 320 多万元的记录有 2 条,销售收入在 330 多万元的记录有 1 条,可以通过查看原始数据来验证这个结果,根据原始数据可以知道销售收入在 320 多万元和 330 多万元的具体值分别为 325,325,339。将 120 天的销售收入全部分成树茎和树叶两部分,按照每一数字百位数和十位数的数值分别选定树茎并写上树叶,就得到了完整的茎叶图。

在画图时,要注意树叶竖行要对齐,这样,树叶的个数是各组的频数。当我们将图画好后,不难看出这就是一个放倒了的直方图,各树茎上树叶的个数就是各组的频数。从图中可以大致了解销售收入的分布是有些右偏的。

图 3-7 是销售收入的箱线图,图中"箱子"中那条黑色的线即为销售收入的中位数(值为 414.5),最外的上下两条线分别代表了销售收入的最大值(值为 527)和最小值(值为 325),箱子的上下两条线分别为下四分位数(值为 386.5)和上四分位数(值为 450)。从图中可见,中位数 414.5 离下四分位数 386.5 的距离更近,因此销售收入反映的数据分布有点右偏,这和由茎叶图中得到的结果相一致。

3.2.3 多变量定量数据的图形描述

以上我们对如何以图表描述单变量的定量数据进行了讨论,而实际上往往只对一个变量进行数据分析是不能满足研究目的的,通常把多个变量放在一起来描述,并进行分析比较。本章主要介绍四种比较常见的多变量定量数据的图形表示方法:散点图、线图、组箱线图和雷达图。

1. 散点图

在我们的生活和工作中,有许多现象和原因之间呈规则性或不规则性的关联。因此我们往往需要同时处理多个变量的定量数据,以揭示它们之间的关系。

在讨论两个变量的关系时,首先可以对其定义分类。当一个变量可以视为另一个变量的函数时,称为相关变量,通常也称为反应变量。当一个变量对另一个变量有影响时,称为独立变量或解释变量,通常它是可控的。

散点图是描述两个数字变量之间关系的图形方法。在绘制散点图时,独立变量或解释变量应放置在 X 轴上,相关变量或反应变量应放置在 Y 轴上。

例 3.2 北京市某高校 12 名女大学生的体重和肺活量的数据如表 3-2 所示。

表 3-2 北京市某高校 12 名女大学生体重和肺活量

女大学生	体重/kg	肺活量/L	女大学生	体重/kg	肺活量/L
1	42	2.20	7	50	3.10
2	42	2.55	8	50	3.40
3	46	2.40	9	52	2.90
4	46	2.75	10	52	3.40
5	46	2.85	11	58	3.00
6	50	2.80	12	58	3.50

根据表 3-2 中的数据在 SPSS 中绘制散点图。

在 SPSS 菜单项中执行如下步骤：Graphs→Legacy Dialog→Scatter/Dot，进入"Scatter/Dot"对话框，如图 3-8 所示，依次选择"Simple Scatter"（简单分布）和"Define"，进入简单散点图定义框。

在定义框中分别选择"体重/kg"和"肺活量/L"作为 X Axis 和 Y Axis 上的值，如图 3-9 所示，单击"OK"，即可得到散点图，如图 3-10 所示。

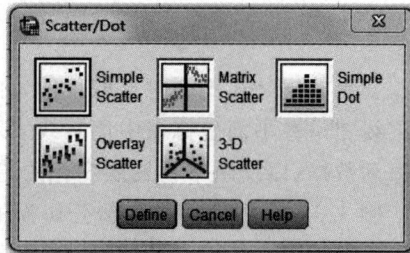

图 3-8　进入散点图

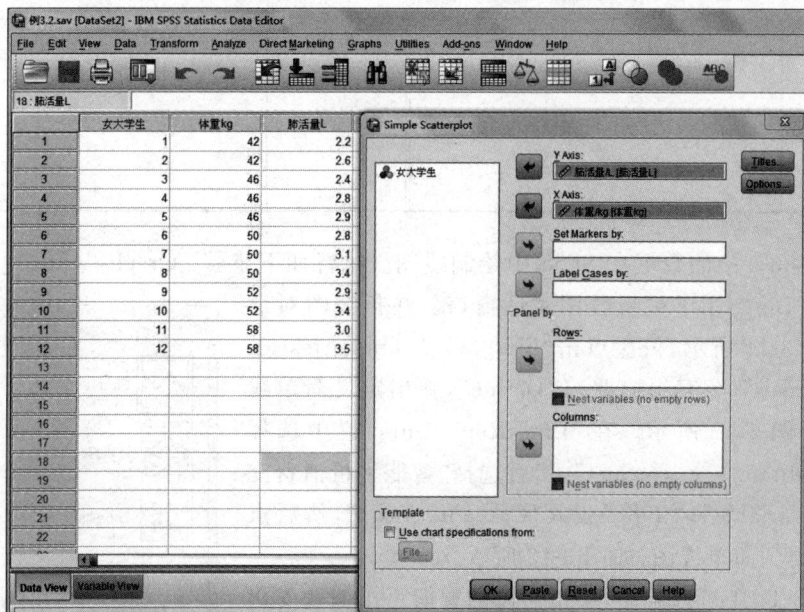

图 3-9　定义散点图

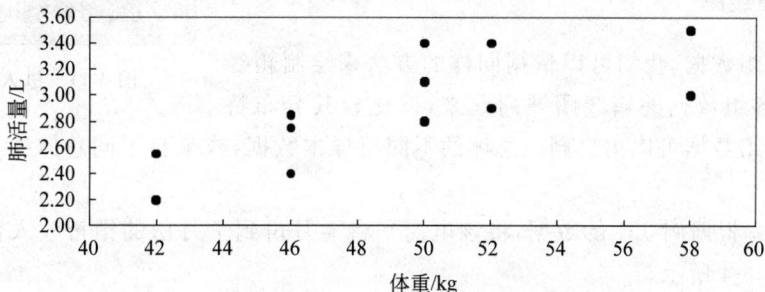

图 3-10　体重与肺活量之间的关系

2. 线图

如果数据是在不同时点取得的,称为时间序列数据,这时还可绘制线图和面积图。

线图是在平面坐标系中用折线表示数量变化特征和规律的统计图,主要用于描述时间序列数据,以反映事物发展变化的趋势。

例 3.3 某智能手机制造公司为了进入某市市场,对该市居民 2005—2014 年的智能手机消费状况进行了市场调研,其中智能手机的平均消费支出一项的数据如表 3-3 所示。

表 3-3　2005—2014 年某市居民的智能手机消费支出

年份	智能手机消费支出/(元/人·年)	年份	智能手机消费支出/(元/人·年)
2005	5.3	2010	30.5
2006	8.1	2011	49.5
2007	12.5	2012	72.5
2008	15.1	2013	100.4
2009	17.4	2014	122.6

根据表 3-3 中的数据在 SPSS 中绘制线图。执行如下步骤:Graphs→Legacy Dialog→Line,弹出"Line Charts"折线图对话窗口。在折线图对话窗口,如图 3-11 所示,依次点击"Simple","Summaries for group of cases"(个案组摘要),"Define",弹出定义简单线图窗口,如图 3-12 所示。在"Line Represents"栏中选择"Other statistic(e.g.,mean)",然后选择"智能手机消费支出"放入"Variable","年份"放入"Category Axis",然后点击"OK",得到简单线图,如图 3-13 所示。

从图 3-13 中可以看出,某市居民的智能手机消费支出逐年提高,尤其是 2010—2014 年的提高速度日益增长。

3. 组箱线图

对于多组数据,我们可以依据同样的方法来绘制箱线图,然后将各组数据的箱线图并列起来,以比较其分布特征。这里多组数据可以出自同一总体的不同组样本数据,或来自不同总体的不同组样本数据。

例 3.4 根据例 3.1 的数据,将该电商平台 4 月份到 7 月份的销售收入数据经排序后结果如表 3-4 所示。

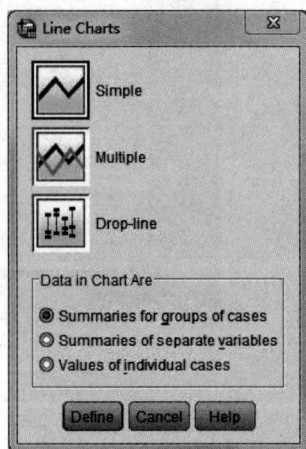

图 3-11　进入线图

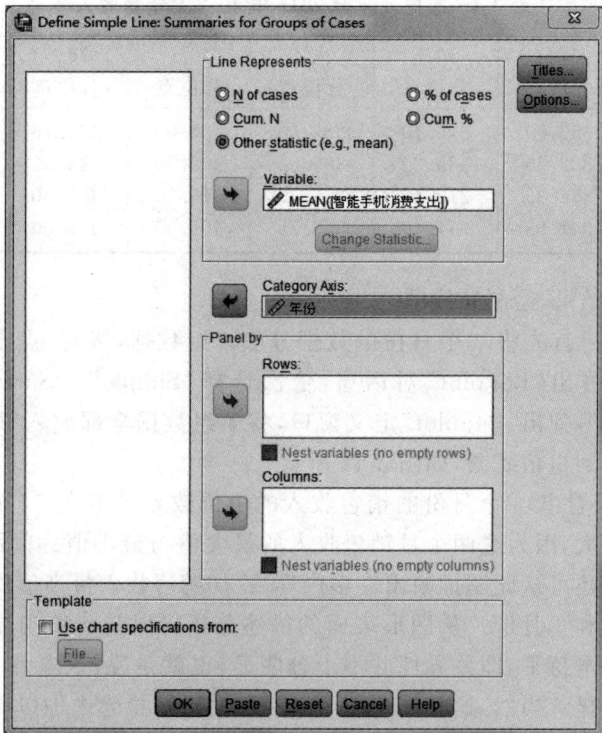

图 3-12　定义线图

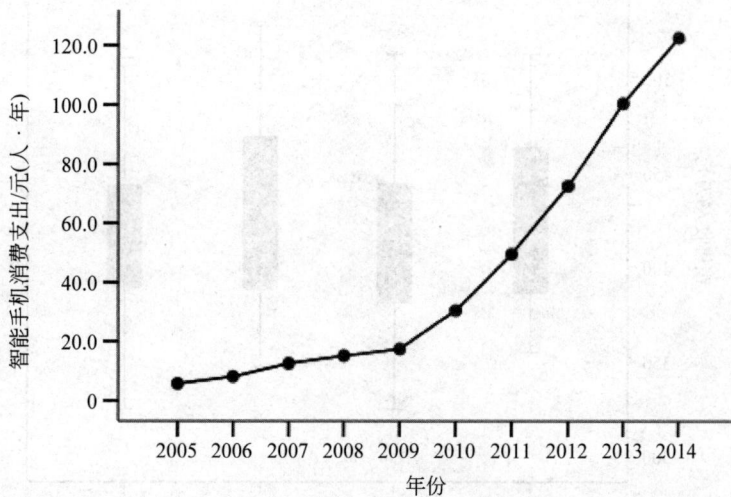

图 3-13　智能手机消费支出线图

表 3-4　某电商平台 2015 年 4—7 月销售收入　　　　　　　　　万元

月份	最小值	5% 分位点	10% 分位点	25% 分位点	50% 分位点	75% 分位点	90% 分位点	最大值
4	355	355.00	376.10	385.00	426.00	464.75	493.80	512
5	325	332.70	355.20	380.00	409.00	444.50	468.40	512
6	347	356.35	372.10	386.50	418.50	469.50	509.70	527
7	325	347.55	371.40	388.75	409.00	445.50	491.00	510

根据表 3-4 的结果,绘制箱线图。

执行如下步骤:首先将 4 个月份的数据分成 4 组数据,接着,点击 Graphs→Legacy Dialog→Boxplot,弹出"Boxplot"对话窗,依次选择"Simple","Summaries of separate variables","Define",弹出"Boxplot"定义窗口,将 4 组数据全部放入"Boxes Represent",最后点击"OK",得到组箱线图,如图 3-14 所示。

由图 3-14 可以看出,4 个月份的销售收入的中位数差异不大。5 月份和 6 月份的销售收入波动性比较大,因为这两个月销售收入的最大值与最小值的间距(即极差)较 4 月份和 7 月份要大。还可从此图推断出许多内容,比如销售收入最高值出现在 6 月份,而最低值出现在 5 月份和 7 月份。从图形表面的描述分析可以初步得出结论,4 个月的销售收入除 5 月份外基本持平,即差异性并不十分明显,也就是说,该电商平台的销售收入随时间的变化并不明显。当然,这种结论需要在后续的推断检验中加以验证,即通过假设检验中的方差分析来进行显著性检验判定,在此不再赘述。

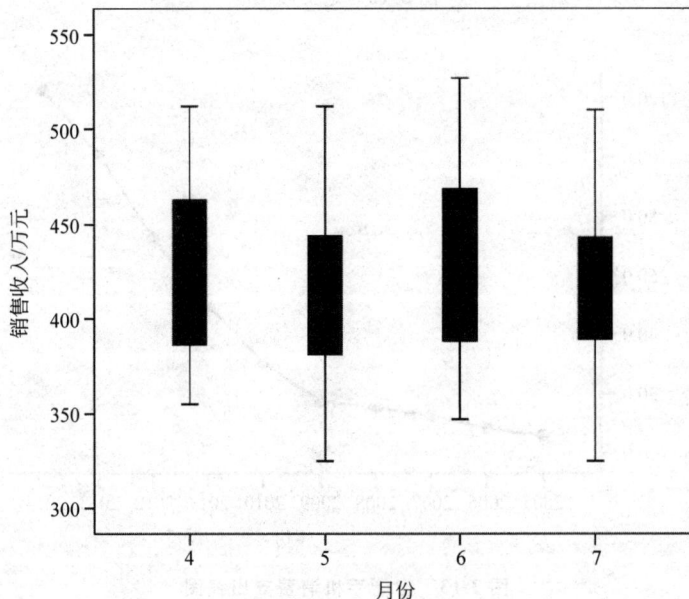

图 3-14　2015 年 4—7 月销售收入的组箱线图

4. 雷达图

当研究的变量或指标只有两个时,可以用散点图等在平面直角坐标进行绘图。当有三个变量或指标时,也可以用三维的散点图来描述,但看起来不方便,而且散点图能表达的最高维度就只有三个,当指标或变量超过三个时,它就无能为力了。这时就需要使用多指标的图示方法,目前这类图示方法有雷达图、脸谱图、连接向量图和星座图等,其中雷达图最为常用。

例 3.5 甲、乙、丙三个班的语文、数学、外语、物理、化学等学科的平均成绩如表 3-5 所示,请以表 3-5 数据为依据制作雷达图,比较分析三个班各科的平均成绩。

表 3-5 甲、乙、丙三个班各科成绩

班	语文	数学	外语	物理	化学
甲	94	95	84	64	90
乙	75	93	66	85	88
丙	86	76	96	93	67

利用 Excel 绘制雷达图,得到图形,如图 3-15 所示。通过雷达图可以看出,甲班语文、数学、化学成绩最好,物理成绩最差;乙班语文和外语成绩最差,其他科成绩还不错;丙班物理和外语成绩最好,化学和数学成绩较差。

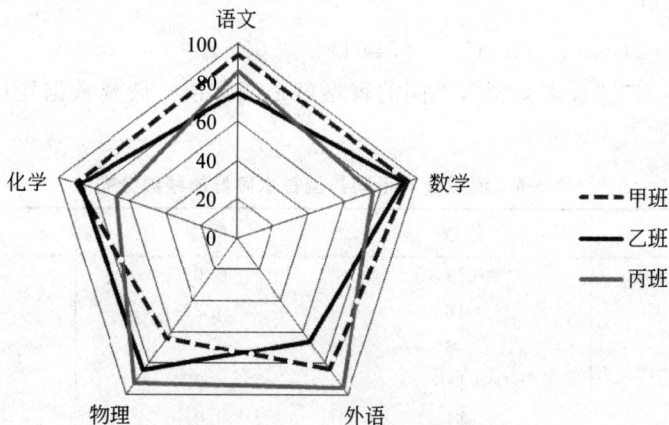

图 3-15 三个班各科成绩雷达图

3.3 定性数据的图表描述

以上介绍了如何用图表对数字变量的定量数据值进行整理和描述。而实际上在企业管理中很多问题和现象无法通过数值直接表示出来。因此人们经常使用定性数据来反映对应的定类或定序变量的值。下面我们介绍如何用图表对定类或定序变量的定性数据值进行整理和描述。

3.3.1 定性数据的整理

数据的整理是为下一步对数据描述和分析打好基础。对于定量数据,一般通过对它们进行分组整理,然后作出相应的频数或频率分布表、直方图、折线图等描述数据分布和特征,也可以利用茎叶图和箱线图等直接描述未分组数据。由于定性数据用来描述事物的分类,因此对调查收集的繁杂定性数据进行整理时,除了要将这些数据进行分类、列出所有类别之外,还要计算每一类别的频数、频率或比率,并将频数分布以表格的形式表示出来,作为对定性数据的整理结果,这个表格就是类似于定量数据整理中的频数分布表。

1. 频数分布表

对定性数据整理的频数分布表包含如下两个内容:①分类的频数,指落在某一特定类中的观察值数;②分类的相对频数,或称为频率,指某个特定类的频数除以观察值总数所得的商,经常用百分数表示,也称为百分比。

例 3.6 某公司为了测试目标消费群对本公司某新型香水的接受程度,设计了 5 种香型的香水调查问答,随机选取 200 名消费者进行试验,其中的一个问题是:"5 种香水中你最喜欢哪一种?"

(1) A   (2) B   (3) C   (4) D   (5) E

这里的变量就是"香水类型",不同的香型就是变量值。调查数据经过分类整理后形成频数分布表,如表 3-6 所示。

表 3-6 消费者对不同类型香水偏好的频数分布

香水类型	频数	频率	百分比/%
A	124	0.62	62
B	42	0.21	21
C	6	0.03	3
D	14	0.07	7
E	14	0.07	7
合　计	200	1	100

很显然,经过分类整理后,可以大大简化数据,很容易看出偏好"香水类型 A"的人最多。

2. 累积频数分布表

无论对于定性数据还是定序数据,都可以整理成如上的频数分布表形式。同时,对同一定序变量而言,其对应的各定序数据值有等级高低之分,但频数分布表却无法回答高于某个等级(或对应的类别)的总频数是多少,低于某个等级的总频数有多少这样的问题,而这些问题正是人们分析定序数据中最想了解的内容之一。因此为了能更好地反映这些信息,除了可以用频数分布表外,还可以用累积频数分布表来对定序数据进行整理,将各类别的频数逐级向上或向下累加起来,当然也可以将各类的相对频数逐级累加。

例 3.7　在一项有关评价 IT 行业人均工资的调查中,研究人员调查了该行业 B 公司员工对其工资的评价。调查人员事先设定了工资评价等级：①很满意；②满意；③一般；④不满意。调查结果经整理如表 3-7 所示。

表 3-7　B 公司员工对工资的评价

评价等级	员工数	百分比/%	向上累积		向下累积	
			员工数	累积百分比/%	员工数	累积百分比/%
非常满意	10	15.1	10	15.1	66	100
满意	25	37.9	35	53.0	56	84.9
一般	18	27.3	53	80.3	31	47.0
不满意	13	19.7	66	100	13	19.7
合　计	66	100	66	100	66	100

3.3.2　单变量定性数据的图形描述

以上我们以频数分布表和累积频数分布表来反映定性数据的频数分布表。如果以相应的图形来表示这些分布表,则会使我们对数据特征及分布有更直观和形象的了解。本章主要介绍如下几种图形描述方法：条形图、饼图、累积频数分布图、帕雷托图。

条形图和饼图通过反映频数分布表的内容,来描述定性数据(定类数据和定序数据),是使用最为广泛的两种图形方法,说明了落入每一个定性类别中的观察值有多少。累积频数分布图通过反映累积频数分布表的内容来描述定序数据。帕雷托图的形式和累积频数分布图类似,但不像后者只在针对定序数据进行描述时才有意义,帕雷托图能对所有定性数据(定类数据和定序数据)进行描述,以反映哪些类别对问题的研究更有价值。目前有多种计算机统计软件可以帮助我们方便地绘制这些图形,如 Excel、SAS、SPSS 等。

1. 条形图

当我们所寻求的关于定性变量的信息是落入每一类中的观察值数,或是落入每一类中的观察值数在观察值总数中所占的比率时,可以使用条形图(bar chart)来描述。条形图与直方图很像,只不过条形图的横轴表示的是各个分类,而直方图的横轴表示所分的组。条形图是用宽度相同的条形来表示数据变动的图形,它可以横排或竖排,竖排时也可称为柱形图。如果两个总体或两个样本的分类相同且问题可比时,还可以绘制环形图。

在表示各类定性数据的分布时,用条形图的高度或长度表示各类数据的频数或频率。绘制时,各类别放在纵轴即为条形图,放在横轴即为柱形图。例如,根据表 3-6 的数据,在 Excel 中绘制条形图,如图 3-16 所示。

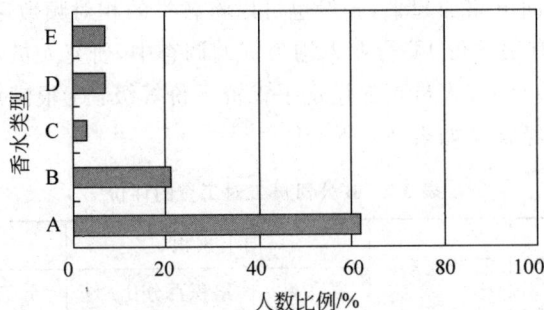

图 3-16　消费者对不同香水类型的偏好分布条形图

如果扩展例3.6,把所调查的香水消费者按年龄分为三类:青年、中年和老年,得到的结果如表 3-8 所示。

表 3-8　各年龄段消费者对不同类型香水偏好的频数分布

香水类型	青年	中年	老年	总人数	频率/%
A	64	40	20	124	62
B	9	25	8	42	21
C	2	3	1	6	3
D	4	8	2	14	7
E	8	5	1	14	7
合　计	87	81	32	200	100

根据表 3-8,在 Excel 中绘制出条形图,如图 3-17 所示。

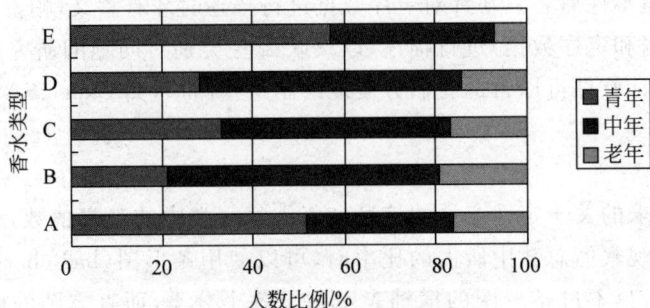

图 3-17　各年龄段消费者对不同香水类型的偏好分布条形图

2. 饼图

饼图(pie chart)也可称为圆形图,是以圆形以及圆内扇形的面积来描述数值大小的图形。饼图通常用来描述落在各个类中的测量值数分别在总数中所占的比率,对于研究结构性问题相当有用。在绘制饼图时,总体中各部分所占的比率用圆内的各个扇形面积描述,其中心角度按各扇形百分比占360°的相应比例来确定。

在例3.6中,偏好香水类型A的消费者占总人数的比例为62%,那么其扇形的中心角度就应该是$360° × 62\% = 223.2°$,其余各项依此类推。根据表3-6的数据,在Excel中绘制的饼图如图3-18所示。

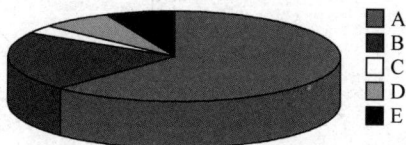

图 3-18 消费者对不同香水类型的
偏好分布饼图

3. 累积频数分布图

根据累积频数或累积频率,可以绘制出累积频数或累积频率分布图。例如,根据表3-7的B公司员工对工资评价的累积频数分布表,得到相应的累积频数图,如图3-20所示。由于在Excel中绘制定性数据的累积频数分布图很不方便,因此这里选择在SPSS中绘制累积频率分布图。

在SPSS中设置两个变量:评价等级和频数,并按评价等级从低到高的顺序排列记录。进入Graphic→Line,出现"Line Charts"框,选择"Simple",并定义图中数据为"Summaries for groups of cases",然后进入"Simple Line"的定义框,如图3-19所示,将分类频数放入"Variable"框中,并选择在图中如何显示这些频数。按实际要求单击"Change Summary",进入"Summary Function"框中,选择"Cumulative sum",表示图中显示分类频数的累积。最后得到B公司员工对工资评价的累积频数分布图,如图3-20所示。

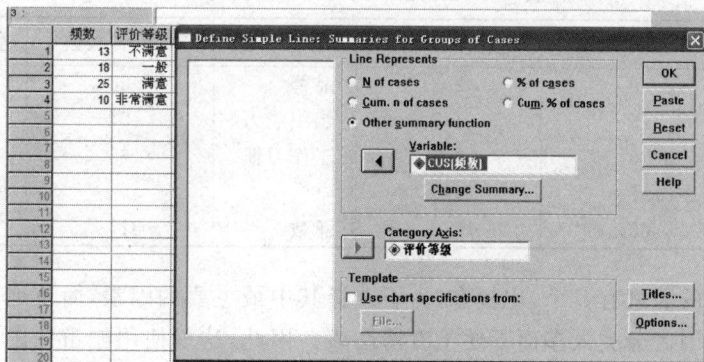

图 3-19 累积频率分布图定义框

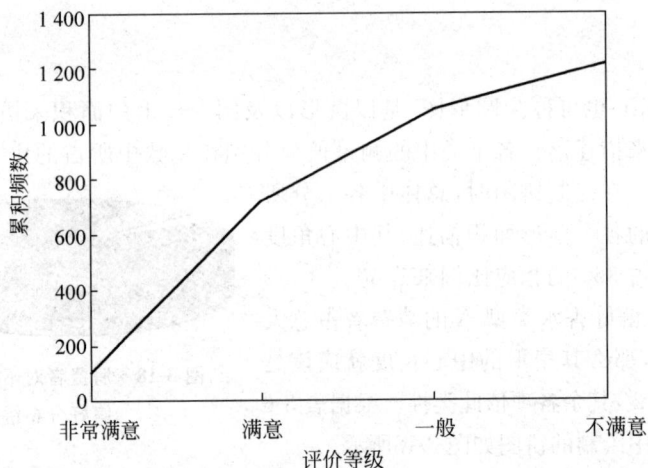

图 3-20　B 公司员工对工资评价的累积频数分布图

4. 帕雷托图

当定类或定序变量的分类数目(即定性数据)较多时,用帕雷托图(Pareto chart)要比条形图和饼图更能直观地显示信息。帕雷托图根据意大利经济学家威尔佛多·帕雷托命名,他认为 20% 的潜在因素是引起 80% 的问题所在。通过帕雷托图,可以从众多的分类中,找到那些比较重要的分类。该图被广泛应用于过程分析和质量分析,它可以提供直接证据,表明首先应该改进哪些地方。

例 3.8　某公司要进行一项调研,评价影响管理质量的因素有哪些。根据调查,人们认为以下因素会影响管理的质量:学历、勤奋、专业知识、常识、智力、品德、组织能力、工作习惯。调查之后得到表 3-9。

表 3-9　被调查者对各因素的赞成情况

因　　素	赞成者人数	赞成者比例/%	因　　素	赞成者人数	赞成者比例/%
学历	8	2.5	品德	58	18.3
勤奋	15	4.7	组织能力	54	17.0
专业知识	30	9.5	工作习惯	65	20.5
常识	27	8.5			
智力	60	19.0	总数	317	100

因为得到的因素有 8 个,比较多,为了选择其中最主要的因素,简单地使用条形图或饼图等往往会因为分类太多而不便于看清图表。因此,这里使用帕雷托图对这 8 个因素的赞成者比例进行描述,从而直观地选出对管理质量最重要的几个因素。这里使用 SPSS 绘制帕雷托图。

根据表 3-9,在 SPSS 中进入 Data→Weight Cases,将赞成人数作为权重,如图 3-21 所示。

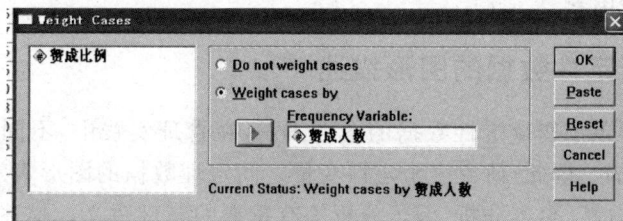

图 3-21 设定权重框

进入 Graphs→Pareto,出现"Pareto Charts"框,选择"Simple",并定义 Pareto 图中显示的数据是每类因素的赞成人数,即选择"Counts or sums for groups of cases"。进入"Simple Pareto"的定义框,如图 3-22 所示,最后得到帕雷托图,如图 3-23 所示。

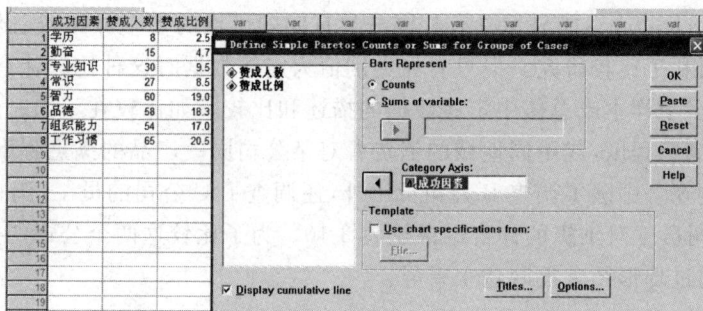

图 3-22 Simple Pareto 的定义框

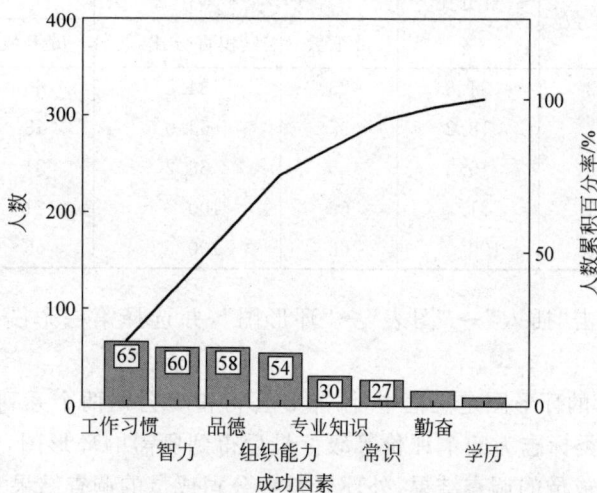

图 3-23 被调查者对各因素赞成分布的帕雷托图

通过帕雷托图，我们可以很快得出：工作习惯、智力、品德和组织能力是影响管理质量最重要的前四个因素。

3.3.3 多变量定性数据的图形描述

以上介绍了对单个变量定性数据的图形表示，在管理实践中，不同现象之间总有联系，不可能是独立的。因此，研究多个定性变量之间定性数据的图形表示，对进行深入的统计分析，如回归分析、聚类分析、因子分析等有重要的基础意义。描述多个定性变量之间关系的方法有很多，本章主要从两个角度来讨论：①环形图在比较具有相同分类且问题可比的各样本或总体中的应用；②用于描述同时产生的两个变量关系中最常用的两种方式——交叉表和多重条形图。

1. 环形图

环形图(circle chart)能显示具有相同分类且问题可比的多个样本或总体中各类别所占的比例，从而利于比较研究。但只有在类别值为定序数据时这种比较才有意义，因此环形图适用于对多个样本或总体中定序数据的描述和比较。如比较在不同时点上消费者对某公司产品的满意程度，或不同地域的消费者对某公司同一产品的满意程度等。

例如，在例 3.7 中除了调查 B 公司员工外，还调查了 C 公司的员工，调查人数与 B 公司相同。C 公司员工对工资的评价结果见表 3-10。为了比较这两个公司的员工对工资的评价，就可以通过环形图来反映这个差异。

表 3-10　C 公司员工对工资的评价

评价等级	员工数	百分比/%	向上累积		向下累积	
			员工数	累积百分比/%	员工数	累积百分比/%
非常满意	23	34.8	23	34.8	66	100
满意	12	18.2	35	53.0	43	65.2
一般	10	15.2	45	68.2	31	47.0
不满意	21	31.7	66	100	21	31.8
合　计	66	100	66	100	66	100

进入 Excel，单击"插入"→"图表"→"环形图"，并选择第一个图表类型，如图 3-24 所示。

在图 3-25 所示的环形图定义框中，添加 B 公司和 C 公司两个系列，对应的值分别为 B 列和 C 列值。分类标志为四个评价等级。最后得到所需的环形图，如图 3-26 所示，其中内环代表 B 公司成员的调查结果，外环代表 C 公司成员的调查结果。

图 3-24　进入环形图

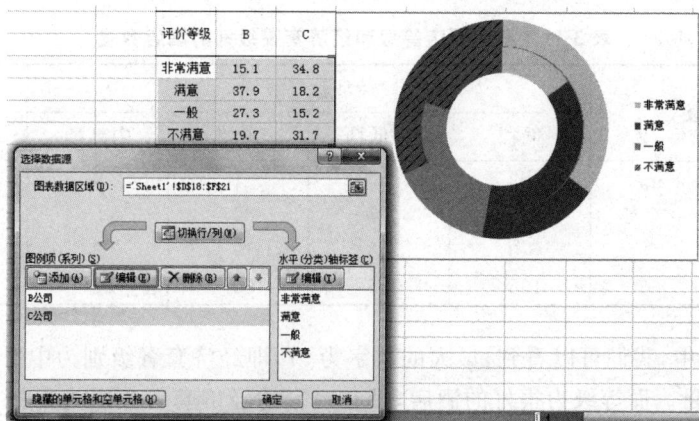

图 3-25　定义环形图

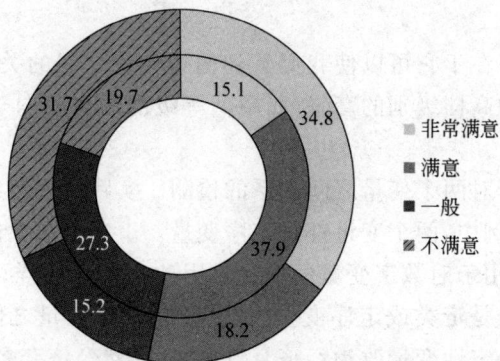

图 3-26　B、C 公司员工对工资的评价比较（%）

2. 交叉表

交叉表(cross table)是用来描述同时产生两个定性变量的数据的图形方法。我们可以通过下面的例子对其有一个大致的了解。

例 3.9 一个旅游咨询网站需要提供国内各主要城市及旅游景点酒店的相关信息以备顾客查询。在此提取其中两个变量：酒店等级和经济套餐级别。酒店等级是一个定性变量，取值为一般、好、很好。经济套餐级别也是一个定性变量，取值为低档、中低档、中档、中高档。从所有的数据中抽出 400 家酒店的相关数据进行分析。

在绘制交叉表时，将哪个变量置于表的左边或右边，主要视研究方便而定。

本例使用 SPSS 绘制交叉表：执行 Analysis→Descriptive Statistics→Crosstabs 命令，进入"Crosstabs"定义框，分别将酒店等级和经济套餐级别放入"Row(s)"和"Column(s)"中，单击"OK"，即可绘制成如表 3-11 所示的交叉表。

表 3-11　不同酒店等级和经济套餐级别的酒店数量

酒店等级	经济套餐级别				总计
	低档	中低档	中档	中高档	
一般	89	30	1	0	120
好	46	97	82	5	230
很好	0	8	19	23	50
总计	135	135	102	28	400

从表 3-11 中，我们可以看到，最大的数字为 97，即经济套餐级别为中低档且酒店等级为好的酒店数目。而等级为很好的酒店，没有一家的经济套餐等级为低档。同样的方法可以解释其他的数字。从表中的两个总计可以看出，共有 120 家等级为一般的酒店，230家等级为好的酒店及 50 家等级为很好的酒店。同样可以看到每个经济套餐级别的酒店数目。

交叉表的使用价值在于它可以使我们看到两个变量之间的关系。如在本例中，高等级的酒店倾向于提供中高档级别的套餐，而中低等级的酒店倾向于提供中低档和低档级别的套餐。

交叉表广泛应用于对两个变量之间关系的检测。实践中许多统计报告都包含了大量的交叉表。另外，在本例中，两个变量都是定序变量。事实上只要能用于描述定类或定序变量的图表，都同样适用于对数字变量的描述。因此交叉表同样可以用于描述两个变量都是数字变量或者一个是定类或定序变量，另一个是数字变量之间的关系。如将例 3.9中的经济套餐级别这个定性变量改为经济套餐价格，显然经济套餐价格是一个数字变量，在本例中可以将其取值范围定为 40～200 元。将交叉表表头中的经济套餐价格分为四类：40～80元、80～120元、120～160元、160～200元。这样可以得到和表3-11类似的交叉表，如表3-12所示。

表3-12　不同酒店等级和经济套餐价格的酒店个数

酒店等级	经济套餐价格				总计
	40～80元	80～120元	120～160元	160～180元	
一般	89	30	1	0	120
好	46	97	82	5	230
很好	0	8	19	23	50
总计	135	135	102	28	400

3. 多重条形图

多重条形图(clustered bar chart)也是描述两个定类或定序变量间关系的主要图形方式。根据交叉表3-11，利用Excel可以方便地绘制出反映酒店等级与经济套餐级别之间关系的二重条形图。首先进入"插入"→"图表"，选择条形图，并选择第一个子图形类型。如图3-27所示。

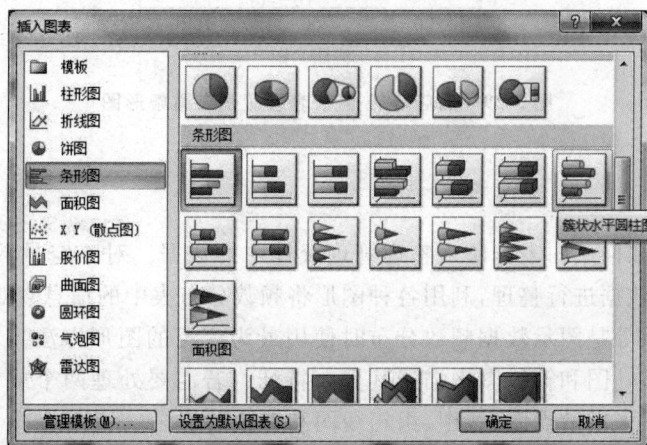

图3-27　进入多重条形图

鼠标放在条形图上方，点击鼠标右键，单击"选择数据源"，如图3-28所示，在"选择数据"框内单击"编辑"，弹出"编辑数据系列"对话框，系列表示酒店等级，其中每个系列值即为该系列酒店等级下各经济套餐级别的酒店数目。最终得到多重条形图，如图3-29所示。

酒店等级	低档	中低档	中档	中高档
一般	89	30	1	0
好	46	97	82	5
很好	0	8	19	23

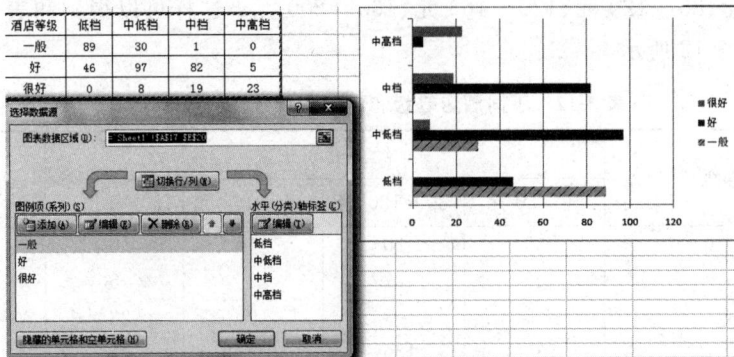

图 3-28　定义多重条形图

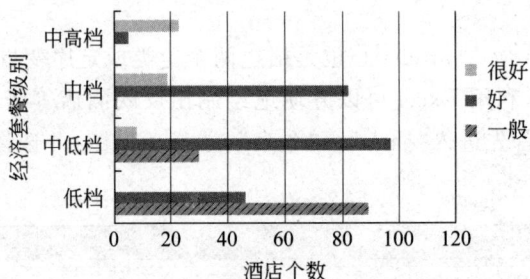

图 3-29　酒店等级-经济套餐级别二重条形图

本章小结

>>>

　　本章介绍了如何用图表方法来整理管理统计中的数据。对于定量数据,通常用频数分布表的形式对数据进行整理,利用各种图形将频数分布表中的信息直观地表现出来,其中直方图、折线图等是图示数据频数分布时使用最为广泛的图形方法。对于未分组的原始数据,可以用茎叶图和箱线图来描述其分布特征。若需要处理两个或多个定量变量之间的关系,则可以采用散点图、线图、组箱线图和雷达图等。

　　对于定性数据,可以利用类似定量数据频数分布表的形式对其进行整理,并利用条形图和饼图等对定性数据的频数分布进行图示描述。当变量的分类数目较多时,可以利用帕雷托图进行描述,它比条形图和饼图更能直观地显示信息。若需要处理两个或多个定类或定序变量之间的关系,则可以采用环形图、交叉表、多重条形图等形式。其中交叉表和多重条形图同样适用于描述两个变量都是数字变量或者一个是定类或定序变量,另一个是数字变量之间的关系。

关键术语

>>>

定类变量（qualitative variable）　　　频数分布（frequency distribution）

定序变量（ordinal variable）　　　　茎叶图（stem-and-leaf display）

数字变量（quantitative variable）　　交叉表（cross table）

定性数据（qualitative data）　　　　散点图（scatter diagram）

定量数据（quantitative data）　　　　直方图（histogram）

习题

>>>

基础习题

1. 数据描述的意义是什么？它有哪些分类？

2. 简述编制频数分布表的过程。

3. 直方图和条形图有什么异同点？

4. 饼图和环形图有什么不同？

5. 如何绘制茎叶图？它和直方图相比有什么优点？

应用习题

6. 随机抽取 30 名学生，调查了他们在一次管理统计学测验前一天所花费的学习时间（单位：h）。调查数据如下（对应辅助资源数据文件 3.6）。试绘制该组数据的茎叶图，并探索其内在数据规律。

4.9	5.7	5	4.1	3.7	3.8	4.8	5.9	5.9	5.7
4.5	3.4	5.5	4.7	5.8	5.5	4.3	5.6	3.1	4.5
5.8	4.3	5.8	3.9	4.8	3.6	5.9	5.3	3.3	4.3

7. 某地 100 例健康男子血清总胆固醇值测定结果如下。

4.77	3.37	6.14	3.95	3.56	4.23	4.31	4.71	5.69	4.12
4.56	4.37	5.39	6.30	5.21	7.22	5.54	3.93	5.21	4.12
5.18	5.77	4.79	5.12	5.20	5.10	4.70	4.74	3.50	4.69
4.38	4.89	6.25	5.32	4.50	4.63	3.61	4.44	4.43	4.25
4.03	5.85	4.09	3.35	4.08	4.79	5.30	4.97	3.18	3.97
5.16	5.10	5.86	4.79	5.34	4.24	4.32	4.77	6.36	6.38
4.88	5.55	3.04	4.55	3.35	4.87	4.17	5.85	5.16	5.09
4.52	4.38	4.31	4.58	5.72	6.55	4.76	4.61	4.17	4.03
4.47	3.40	3.91	2.70	4.60	4.09	5.96	5.48	4.40	4.55
5.38	3.89	4.60	4.47	3.64	4.34	5.18	6.14	3.24	4.90

（1）试绘制该组数据的频数分布表。

(2) 绘制该组数据的直方图和折线图。

8. 中国游戏市场近 7 年的销售收入如下表(来源自《2014 年中国游戏产业报告》)。

年份	2008	2009	2010	2011	2012	2013	2014
销售收入/亿元	185.6	262.8	333.0	446.1	602.8	831.7	1 144.8

(1) 绘制此组数据的折线图。

(2) 根据绘制的折线图对此组数据进行分析。

9. 一家保险公司十分关心其总公司营业部加班的程度,决定认真调查一下现状。经过 10 周时间,收集了该公司每周加班工作时间 x(小时)和签发的新保单数目 y(张)的数据,见下表。试绘制该组数据的散点图,并分析判断 x 与 y 之间的关系。

周	1	2	3	4	5	6	7	8	9	10
y	825	215	1 070	550	480	920	1 350	325	670	1 215
x	3.5	1	4	2	1	3	4.5	1.5	3	5

10. 某公司主管统计了 6 个部门所有员工的年龄,结果如下表(对应辅助资源数据文件 3.10)。请绘制该公司各部门及公司总体的员工年龄分布条形图和饼状图,并据此分析该公司员工的年龄分布情况。

部门	20~25 岁	26~30 岁	31~35 岁	36~40 岁	41~45 岁	46~50 岁
A	3	6	5	4	4	3
B	5	8	6	5	2	1
C	7	9	7	8	4	3
D	6	7	8	6	5	2
E	8	10	7	5	7	8
F	4	9	9	6	5	6

11. 某社区随机抽取 18 个住户,开展住房和社区服务问题调查,调查住户的住房是自购还是租用(1="自购",2="租用")以及对社区服务的满意程度(1="不满意",2="满意",3="很满意"),调查情况如下表所示。

社区调查情况表

住户	住房情况	社区服务满意程度	住户	住房情况	社区服务满意程度
1	1	1	5	2	2
2	2	2	6	1	2
3	1	1	7	1	1
4	1	1	8	1	1

住户	住房情况	社区服务满意程度	住户	住房情况	社区服务满意程度
9	2	1	13	1	3
10	2	3	14	1	2
11	2	1	15	2	1
12	2	1	16	1	3

（1）以住房情况和社区服务满意程度为两个变量绘制交叉表。

（2）分析两个变量之间的关系。

12. 实践习题：就本班同学的基本情况做一次统计调查，并对调查资料进行整理，绘制相关的统计表和统计图。

案例研究

>>>

MBL 公司与充满潜力的 SUV 市场（2）

为了给 MBL 公司的高层决策者提供足够的决策信息，以帮助他们决策如何加大在 SUV 产品研发及市场推广上的投入，MBL 公司的战略决策部门专门成立了 SUV 市场研究小组来研究 SUV 市场的发展现状及潜力。该小组在前期的市场研究中通过中国汽车工业协会报告、中国统计年鉴等收集了部分 2010 年中国 SUV 市场的基本数据，并通过初步的整理形成了基本数据文件（见辅助资源中"第 3 章案例研究数据"文件）。

管理报告

使用数据整理方法，分析中国 SUV 市场的发展现状及其数量特征。报告中需要完成以下分析内容：

1. 2010 年各月中国乘用车销量及 SUV 市场销量的柱状图。

2. 用折现图的形式表示出 2010 年各月乘用车销量及 SUV 市场销量的环比变化情况。

3. 请使用你认为合适的图表表示出 2010 年各月 SUV 在整个乘用车市场销售上所占份额的变化情况。

4. 将 SUV 市场进行市场区隔，并按照不同区隔市场进行数据分析，对于 MBL 公司的 SUV 车型的定价和市场定位都是十分有意义的。根据初步的市场调研，SUV 市场研究小组认为可以将 25 万元以上的 SUV 车型作为高端市场，17 万～25 万元的为次高端市场，13 万～17 万元的为中端市场，13 万元以下的为低端市场。那么请根据数据文件中的数据，利用合适的图表对 2010 年全年以及各月不同区隔市场的销量和份额的变化情况进行分析。

5. 请你结合上述分析，对 2010 年中国 SUV 市场的发展现状和发展形势进行描述。

CHAPTER 4
第4章　　　描述统计中的测度

统计数据经过一定的整理后,我们对数据分布的类型和特点就有了一个大致的了解,然而这种了解也只是停留在表面上。为了对数据分布的形状和趋势进行更深入的分析和挖掘,得到更多有价值的信息,还需要使用有代表性的数量特征值来准确地描述统计数据的分布。

本章将主要介绍描述统计中数据的测度,即数据分布的特征,以对统计数据进行更深入的分析和描述,从而掌握数据分布的特征和规律。对于描述统计中数据的测度,主要可以分为三个方面:①数据分布的集中趋势,反映各数据向其中心值靠拢或聚焦的程度;②数据分布的离散程度,反映各数据远离其中心值的趋势;③数据分布的形状,即数据分布的偏态和峰度。在本章的最后,还将介绍如何用 Excel 计算描述统计中的各种测度。

4.1　数据分布的集中趋势测度

集中趋势(central tendency)是指分布的定位,它是指一组数据向某一中心值靠拢的倾向,或表明一组统计数据所具有的一般水平。对集中趋势进行测度也就是寻找数据一般水平的代表值或中心值。对集中趋势的度量有数值平均数和位置平均数之分。本节主要讨论根据一组给定的数据确定其集中趋势的方法。

4.1.1　数值平均数

数值平均数又称均值(mean),根据统计资料的数值计算而得到,在统计学中具有重要的作用和地位,是度量集中趋势最主要的指标之一。在以下平均数的论述中,平均的对象可理解为变量 x,平均数可记为 $\bar{x}$。比如,年龄可理解为变量 x,不同人员年龄的具体数值理解为变量 x 的不同取值,平均年龄可记为 $\bar{x}$。

1. 算术平均数

(1) 简单算术平均数

简单算术平均数是根据原始数据直接计算的平均值。一般地,设一组数据为 x_1, x_2,…,x_n,其简单算术平均数 $\bar{x}$ 的一般计算公式可表达为

$$\bar{x} = \frac{x_1 + x_2 + \cdots + x_n}{n} = \frac{\sum\limits_{i=1}^{n} x_i}{n} \qquad (4\text{-}1)$$

例如,为了研究目前大学中班级学生人数的情况,从北京某大学抽样 5 个班级,其学生人数分别为:46,54,42,46,32。

我们使用 $x_1, x_2, \cdots, x_5$ 分别表示该 5 个数据,计算其平均值,可以写成

$$\bar{x} = \frac{\sum\limits_{i=1}^{5} x_i}{n} = \frac{x_1 + x_2 + x_3 + x_4 + x_5}{5}$$

$$= \frac{46 + 54 + 42 + 46 + 32}{5} = 44$$

(2) 加权算术平均数

简单算术平均数的计算方法只适用于单位数较少的总体。在实际工作中,汇总和计算总体标志总量的资料常常是大量的,计算方法虽然简单,工作量却很大。所以,一般不是根据原始资料——加总,计算简单算术平均数,而是根据经分组整理后编制的变量数列来计算加权算术平均数。加权算术平均数计算所依据的数据是经过一定整理的,即是根据一定规则分组的。

① 由数列计算加权算术平均数。由单项变量数列计算加权算术平均数,首先要将数据进行分组,即将 n 个数据按变量值(x_i)进行分组,并统计在每组中各个变量取值出现的次数,或称为频数(f_i)。加权算术平均数的计算公式如下:

$$\bar{x} = \frac{x_1 f_1 + x_2 f_2 + \cdots + x_k f_k}{f_1 + f_2 + \cdots + f_k} = \frac{\sum\limits_{i=1}^{k} x_i f_i}{\sum\limits_{i=1}^{k} f_i} = \frac{\sum\limits_{i=1}^{k} x_i f_i}{n} \qquad (4\text{-}2)$$

设某班级 10 名同学的年龄分别为:18,19,17,18,17,18,19,18,18,19。则根据简单平均数的公式,可计算得到该班 10 名同学的平均年龄为

$$\bar{x} = \frac{\sum\limits_{i=1}^{10} x_i}{n} = \frac{18 + 19 + 17 + 18 + 17 + 18 + 19 + 18 + 18 + 19}{10} = 18$$

根据加权算术平均数的公式(4-2),则有

$$\bar{x} = \frac{\sum\limits_{i=1}^{3} x_i f_i}{\sum\limits_{i=1}^{3} f_i} = \frac{17 \times 2 + 18 \times 6 + 19 \times 2}{2 + 6 + 2} = 18$$

表 4-1 列示了加权算术平均数的计算。

表 4-1　加权算术平均数算例表

年龄 x/岁	人数 f	人数比重 $f/\sum f$
17	2	0.2
18	6	0.6
19	2	0.2
合　计	10	1

② 根据组距计算加权算术平均数。有的情况下,给定的数据较为分散,而且数据的取值种类较多,如果仍然采取按每个数据的取值不同来分组,往往工作量较大,费时、费力。此时,选择适当的组距对数据进行分组,再求加权平均数往往就简单、容易许多。

根据组距计算加权平均数的方法与上面所述的数列加权平均数方法基本相同,只需以各组的组中值来代替式(4-2)中相应的 x 值即可。

例如,某班级 30 名学生的身高情况如表 4-2 所示。

表 4-2　根据组距计算加权算术平均数算例表

按身高分组/cm	组中值 x/cm	人数 f	各组学生身高总数 xf/cm
150 以下	145	1	145
150～160	155	6	930
160～170	165	14	2 310
170～180	175	6	1 050
180 以上	185	3	555
合　计	—	30	4 990

根据上述资料,可以计算出该班级学生的平均身高为

$$\bar{x} = \frac{\sum\limits_{i=1}^{5} x_i f_i}{\sum\limits_{i=1}^{5} f_i} = \frac{4\ 990}{30} = 166.3(\text{cm})$$

通过上述公式和举例介绍,我们可以得到以下几条有用的结论:

(ⅰ) 简单算术平均数适用于数据量较少的未分组数据;加权算术平均数则只适用于分组数据,且在进行数据分组时,可以根据每个变量的取值来分组,或根据一定的区间来分组,这应该根据所针对问题的具体数据来选取。

(ⅱ) 简单算术平均数数值的大小只与变量值的大小有关。加权算术平均数大小的影响因素有两个:一个是各组变量值的影响;另一个是各组变量值频数的影响。

(ⅲ) 加权算术平均数计算公式中频数的大小起重要作用,当变量值较大的频数大时,平均数就接近于变量值大的一方;当变量值较小的频数大时,平均数就接近于变量值小的

一方。可见,频数对变量值在平均数中的影响起着某种权衡轻重的作用,因此被称为权数。

(iv) 在加权算术平均数计算中,当各组变量的权重相等时,权重的权衡轻重的作用也就消失了,此时加权算术平均数转化为简单算术平均数的计算形式。

2. 调和平均数

在统计分析中,有时由于资料的原因无法掌握总体单位数(频数),只有每组的变量值和相应的标志总量。这种情况下就不能直接运用算术平均方法来计算了,而需要以间接的形式,即用每组的标志总量除以该组的变量值推算出各组的单位数,才能计算出平均数,这就是调和平均的方法。

调和平均数(harmonic mean)是均值的另一种重要表示形式,由于它是根据变量值倒数计算的,也叫倒数平均数,一般用字母 H_m 表示。根据所给资料情况的不同,调和平均数可分为简单调和平均数和加权调和平均数两种。

(1) 简单调和平均数

例如,某种商品在甲、乙、丙三个商店的单价分别 0.5 元、0.4 元、0.2 元,某人在三个商店各买了 2 元钱的该商品,若求商品的平均价格,不能简单求单价的算术平均值,而应该根据平均价格的定义进行求解,平均价格等于花费金额的总数除以购买商品的总数量。即

$$平均价格 = \frac{总金额}{总数量} = \frac{总金额}{\sum\limits_{i=1}^{3}\dfrac{金额}{单价}} = \frac{2+2+2}{\dfrac{2}{0.5}+\dfrac{2}{0.4}+\dfrac{2}{0.2}} = \frac{6}{19} = 0.32(元)$$

用公式表达即为

$$H_m = \frac{n}{\dfrac{1}{x_1}+\dfrac{1}{x_2}+\cdots+\dfrac{1}{x_n}} = \frac{n}{\sum\limits_{i=1}^{n}\dfrac{1}{x_i}} \tag{4-3}$$

事实上,简单调和平均数是权数均相等条件下的加权调和平均数的特例。

(2) 加权调和平均数

仍以前面对某商品计算平均价格为例,但现在甲、乙、丙三个商店所花钱数不再是 2 元钱,而是如表 4-3 的情形,求所购商品的平均价格。

表 4-3　调和平均数计算表

商店	单价 x/(元/件)	所花钱数 m/元	购买量 m/x/件
甲	0.5	3	6
乙	0.4	4	10
丙	0.2	2	10
合　计	—	9	26

$$\text{平均价格} = \frac{\text{总金额}}{\text{总数量}} = \frac{\text{总金额}}{\sum \dfrac{\text{金额}}{\text{单价}}} = \frac{9}{26} = 0.35(\text{元})$$

用公式表示则为

$$H_m = \frac{m_1 + m_2 + \cdots + m_n}{\dfrac{m_1}{x_1} + \dfrac{m_2}{x_2} + \cdots + \dfrac{m_n}{x_n}} = \frac{\displaystyle\sum_{i=1}^{n} m_i}{\displaystyle\sum_{i=1}^{n} \dfrac{m_i}{x_i}} \tag{4-4}$$

其中,m_i 为加权调和平均数的权数。

由此可以看出,当权重 m_i 相等时,加权调和平均数转换为简单调和平均数。

3. 几何平均数

几何平均数(geometric mean)是 n 个变量值连乘积的 n 次方根,常用字母 G 表示。它是平均指标的另一种计算形式。几何平均数是计算平均比率的一种方法。根据掌握的数据资料不同,几何平均数可分为简单几何平均数和加权几何平均数两种。

(1) 简单几何平均数

假设有 n 个变量值 $x_1, x_2, \cdots, x_n$,则简单几何平均数的基本计算公式为

$$G = \sqrt[n]{x_1 x_2 \cdots x_n} = \sqrt[n]{\prod_{i=1}^{n} x_i} \tag{4-5}$$

例如,某厂加工的某种产品需要经过 6 道工序,每道工序的合格率分别为 98%、93%、97%、91%、98%、93%,求这 6 道工序的平均合格率。

因为成品的合格率等于各道工序产品合格率的连乘积,因此要用几何平均数来计算这 6 道工序的平均合格率。即

$$G = \sqrt[n]{x_1 x_2 \cdots x_n} = \sqrt[6]{98\% \times 93\% \times 97\% \times 91\% \times 98\% \times 93\%} = 94.96\%$$

(2) 加权几何平均数

当掌握的数据资料为分组资料,且各个变量值出现的次数不相同时,应用加权方法计算几何平均数。加权几何平均数的公式为

$$G = \sqrt[f_1 + f_2 + \cdots + f_n]{x_1^{f_1} x_2^{f_2} \cdots x_n^{f_n}} = \sqrt[f_1 + f_2 + \cdots + f_n]{\prod_{i=1}^{n} x_i^{f_i}} \tag{4-6}$$

继续用前例中的数据,产品合格率为 98% 的有两道工序,合格率为 93% 的有两道工序,合格率为 91% 的和 97% 的各有一道工序。故用加权方法计算如下:

$$G = \sqrt[f_1 + f_2 + \cdots + f_n]{x_1^{f_1} x_2^{f_2} \cdots x_n^{f_n}} = \sqrt[2+2+1+1]{98\%^2 \times 93\%^2 \times 97\% \times 91\%} = 94.96\%$$

4.1.2　位置平均数

数值平均数根据所提供资料的具体数值计算而得到,与通常观念中的平均含义比较

接近,但它有比较明显的缺陷。现举一例说明。

例如,为了得到某学期数学考试的平均成绩,随机挑选某班 6 位同学进行调查,其数学成绩分别为:84,90,88,87,13,92。则这 6 名同学的数学平均成绩为

$$\bar{x} = \frac{\sum_{i=1}^{6} x_i}{n} = \frac{84 + 90 + 88 + 87 + 13 + 92}{6} = 75.67(\text{分})$$

显然结果受极端值 13 的影响,而不能真实地反映该组资料的整体集中趋势。在这种情况下,一般可以考虑用位置平均数取代算术平均数来对数据的集中趋势进行描述。常用的位置平均数有:中位数、众数和分位数。

1. 中位数

中位数(median)是度量数据集中趋势的另一重要测度,它是一组数据按数值的大小从小到大排序后,处于中点位置上的变量值。通常用 M_e 表示。定义表明,中位数就是将某变量的全部数据均等地分为两半的那个变量值。其中,一半数值小于中位数,另一半数值大于中位数。中位数是一个位置代表值,因此它不受极端变量值的影响。

根据所掌握资料的情况不同,确定中位数的方法也不尽相同,下面针对三种情况来介绍相应的方法。

(1) 根据未分组数据确定中位数

对于未分组的数据,确定其中位数的具体步骤如下。

① 将变量按变量值大小从小到大排列。

② 确定中位数的位置,即中点位置。一般地,设一组数据的个数为 n,则中点的位置为 $\frac{n+1}{2}$。

③ 确定中位数。

如果观测值的数目 n 为奇数,则 $\frac{n+1}{2}$ 为整数,该位置上所对应的变量即为所求的中位数。例如,根据 9,5,8,3,4 五个数据求中位数,则先将数据排序为:3,4,5,8,9。由于中位数位置 $\frac{5+1}{2}=3$,则在这个序列中找到处在第 3 个位置的数 5 作为中位数。可以看到,小于 5 的数值有两个,大于 5 的数值也有两个,所以 5 就是这 5 个数值中的中位数。

如果观测值的数目 n 为偶数,则 $\frac{n+1}{2}$ 为非整数,则取位于中间位置的两个变量值的算术平均数作为中位数。例如,根据已经按大小排序的 6 个数据 3,5,7,9,10,11 求中位数,由于中位数位置 $\frac{6+1}{2}=3.5$,则取位于第 3 位置的数 7 和第 4 位置的数 9 的算术平均

值作为中位数，即 $M_e = \dfrac{7+9}{2} = 8$。

（2）根据单项数列确定中位数

根据单项数列资料确定中位数与根据未分组资料确定中位数方法基本一致，具体步骤如下。

① 计算各组的累积次数（或频数）。

② 确定中位数的位置，$k = \dfrac{\sum\limits_{i=1}^{n} f_i + 1}{2}$。 (4-7)

③ 确定中位数后，中位数所在组的变量值即为中位数。

例如，某班同学按年龄分组资料如表 4-4 所示。

表 4-4　根据单项数列确定中位数算例表

年龄/岁	学生人数	从低到高累积	从高到低累积
20	6	6	50
21	9	15	44
22	22	37	35
23	10	47	13
24	3	50	3
合　计	50	—	—

年龄中位数的位置为 $k = \dfrac{50+1}{2} = 25.5$，说明位于第 25 位与第 26 位同学之间，从累积次数看，不论按由低到高累积，还是按由高到低累积，中位数都在第三组，即标志值 22 岁为年龄中位数。

（3）根据组距数列确定中位数

如果掌握的资料是分组后的组距数列，则确定中位数的步骤如下。

① 确定中位数的位置，$k = \dfrac{\sum\limits_{i=1}^{n} f_i + 1}{2}$。 (4-8)

② 计算累积次数，据以找出中位数所在的组。

③ 利用以下公式，确定中位数的近似值。

下限公式：　　　　$M_e = L + \dfrac{\dfrac{\sum\limits_{i=1}^{n} f_i}{2} - S_{m-1}}{f_m} i$ (4-9)

上限公式：
$$M_e = U - \frac{\frac{\sum_{i=1}^{n} f_i}{2} - S_{m+1}}{f_m} i \qquad (4-10)$$

式中：L 为中位数所在组的下限；

$\quad U$ 为中位数所在组的上限；

$\quad S_{m-1}$ 为从低到高累积至中位数所在组前一组的次数；

$\quad S_{m+1}$ 为从高到低累积至中位数所在组后一组的次数；

$\quad f_m$ 为中位数所在组的次数；

$\quad i$ 为中位数所在组的组距。

例如，对表 4-2 中的数据，求其中位数，整理如表 4-5 所示。

表 4-5 根据单项数列确定中位数算例

按身高分组/cm	人数	从低到高累积	从高到低累积
150 以下	1	1	30
150～160	6	7	29
160～170	14	21	23
170～180	6	27	9
180 以上	3	30	3
合 计	30	—	—

确定中位数的位置，$k = \dfrac{\sum_{i=1}^{n} f_i + 1}{2} = \dfrac{31}{2} = 15.5$，对照表中数据可知在第三组。

将表 4-5 的数据代入计算中位数的上限公式和下限公式，所得结果完全一致。

按上限公式计算：$M_e = U - \dfrac{\dfrac{\sum_{i=1}^{n} f_i}{2} - S_{m+1}}{f_m} i = 170 - \dfrac{\dfrac{30}{2} - 9}{14} \times 10 = 165.71 \text{(cm)}$

按下限公式计算：$M_e = L + \dfrac{\dfrac{\sum_{i=1}^{n} f_i}{2} - S_{m-1}}{f_m} i = 160 + \dfrac{\dfrac{30}{2} - 7}{14} \times 10 = 165.71 \text{(cm)}$

由以上分析可知，中位数实际上就是位于累积次数达到 $\dfrac{\sum f_i}{2}$ 的这一组组距中的某个数值。该数值就是这一组下限加上按一定几何比例分割组距所得的一段组距，或这一组上限减去按一定几何比例分割组距所得的一段组距。

2. 众数

众数(mode)是一组数据中出现次数最多的那个变量值,通常用 M_o 表示。如果在一个总体中,各变量值均不同,或各个变量值出现的次数均相同,则没有众数。如果在一个总体中,有两个标志值出现的次数都最多,称为双众数。只有在总体单位比较多、变量值又有明显集中趋势的条件下确定的众数,才能代表总体的一般水平;在总体单位较少,或虽多但无明显集中趋势的条件下,众数的确定是没有意义的。众数的确定方法要根据给定资料的具体情况而定。

(1)未分组数据或单项数列数据众数

观察给定的数据,某个变量出现次数最多,则该变量即为所求的众数。这样的确定方法比较容易,不需要计算。

按表 4-4 中的数据,观察可知在 22 岁的人数最多,有 22 人,故 22 岁就为该组数据的众数。

(2)根据组距变量数量确定众数

如果掌握的资料是分组后的组距数列,则确定众数的步骤如下。

① 确定众数的位置。将次数最多的组确定为众数组,因为众数一定在次数最多的组里面。

② 利用以下公式,确定众数的近似值。

下限公式: $$M_o = L + \frac{f_m - f_{m-1}}{(f_m - f_{m-1}) + (f_m - f_{m+1})} i \qquad (4\text{-}11)$$

上限公式: $$M_o = U - \frac{f_m - f_{m+1}}{(f_m - f_{m-1}) + (f_m - f_{m+1})} i \qquad (4\text{-}12)$$

式中: L 为众数所在组的下限;

$\quad$ U 为众数所在组的上限;

$\quad$ f_m 为众数所在组的次数;

$\quad$ f_{m-1} 为众数所在组前一组的次数;

$\quad$ f_{m+1} 为众数所在组后一组的次数;

$\quad$ i 为众数所在组的组距。

例如,求表 4-2 中数据的众数。

首先,观察得知次数最多的组为第三组,故该组为众数组,相应的上限和下限分别为170 和 160,代入上限公式(4-12)可得

$$M_o = U - \frac{f_m - f_{m+1}}{(f_m - f_{m-1}) + (f_m - f_{m+1})} i$$

$$= 170 - \frac{14 - 6}{(14 - 6) + (14 - 6)} \times 10$$

$$= 165 (\text{cm})$$

代入下限公式(4-11)可得

$$M_o = L + \frac{f_m - f_{m-1}}{(f_m - f_{m-1}) + (f_m - f_{m+1})} i$$

$$= 160 + \frac{14 - 6}{(14 - 6) + (14 - 6)} \times 10$$

$$= 165 \text{(cm)}$$

对比可知,用这两个公式的计算结果是相同的。

3. 分位数

中位数从中间点将全部数据等分为两部分。与中位数类似的还有四分位数、八分位数、十分位数和百分位数等。它们分别是用 3 个点、7 个点、9 个点和 99 个点将数据四等分、八等分、十等分和一百等分后各分位点上的值。这里只介绍百分位数和四分位数的计算,其他分位数与之类似。

(1) 百分位数

百分位数(percentile)是用 99 个点将排列好的数据一百等分后,分别给出的从最小值到最大值区间内数据的信息分位点上的值。其中每个部分包含了 1% 的数据。百分位数的计算方法与中位数的类似,具体步骤如下。

① 将 n 个数据按一定顺序(升序或降序)排列。

② 确定所求百分位数的位置。

假设求第 p 百分位数,则位置为 $\quad i = \frac{(n+1)p}{100}$ (4-13)

③ 确定百分位数。如果计算的 i 为整数,则直接在排列的数据列中找到第 i 个变量即为所求。若 i 不为整数,则取位于 i 两侧变量的平均数为所求的百分位数。

(2) 四分位数

一组数据排序后处于 25% 和 75% 位置上的值,称为四分位数(quartile)。四分位数是通过三个点即 Q_1, Q_2, Q_3,将全部数据等分为四部分,其中每部分包含 25% 的数据。很显然,中间的分位数就是中位数。因此通常所说的四分位数是指处在 25% 位置上的数值(下四分位数)和处在 75% 位置上的数值(上四分位数)。与中位数的计算方法类似,根据未分组数据计算四分位数时,首先对数据排序,然后确定四分位数所在的位置。设下四分位数为 Q_1,中间的四分位数为 Q_2,上四分位数为 Q_3,则

Q_1 的位置为 $\frac{n+1}{4}$; (4-14)

Q_2 的位置为 $\frac{2(n+1)}{4} = \frac{n+1}{2}$,即中位数点的位置;

Q_3 的位置为 $\frac{3(n+1)}{4}$。 (4-15)

例如,表 4-4 中的数据,$k_1 = \dfrac{n+1}{4} = \dfrac{51}{4} = 12.75$,$k_3 = \dfrac{3(n+1)}{4} = \dfrac{3 \times 51}{4} = 38.25$,从而可知下四分位数在第 12 个数与第 13 个数之间,因此位于第二组,所对应的变量值 21 岁即为下分位数。同理可知,上四分位数位于第 38 与 39 个数之间,对照表格可知在第四组,故变量值 23 岁为上四分位数。

单项变量数列中,只要确定了四分位数的位置,便可以求得相应的四分位数。在组距变量数列中,四分位数的计算可采用如下公式:

下限公式:
$$Q_1 = L_1 + \frac{\dfrac{\sum\limits_{i=1}^{n} f_i}{4} - S_{m_1 - 1}}{f_{Q_1}} i \tag{4-16}$$

$$Q_3 = L_3 + \frac{\dfrac{3\sum\limits_{i=1}^{n} f_i}{4} - S_{m_3 - 1}}{f_{Q_3}} i \tag{4-17}$$

上限公式:
$$Q_1 = U_1 - \frac{\dfrac{3\sum\limits_{i=1}^{n} f_i}{4} - S_{m_1 + 1}}{f_{Q_1}} i \tag{4-18}$$

$$Q_3 = U_3 - \frac{\dfrac{\sum\limits_{i=1}^{n} f_i}{4} - S_{m_3 + 1}}{f_{Q_3}} i \tag{4-19}$$

式中:L_1 为下四分位数所在组的下限;

L_3 为上四分位数所在组的下限;

U_1 为下四分位数所在组的上限;

U_3 为上四分位数所在组的上限;

f_{Q_1} 为下四分位数所在组的次数;

f_{Q_3} 为上四分位数所在组的次数;

$S_{m_1 - 1}$ 为从低到高累积至下四分位数所在组前一组的次数;

$S_{m_3 - 1}$ 为从高到低累积至上四分位数所在组前一组的次数;

$S_{m_1 + 1}$ 为从低到高累积至下四分位数所在组后一组的次数;

$S_{m_3 + 1}$ 为从高到低累积至上四分位数所在组后一组的次数;

i 为上四分位数或下四分位数所在组的组距。

上面所提及的下四分位数、中位数和上四分位数,用第 3 章所介绍的箱图可以很清楚地表现出来,读者可以参见第 3 章介绍。

4.1.3 中位数与算术平均数的比较

算术平均数和中位数都是描述频数分布集中趋势比较常用的方法,从前面关于它们的特征与性质的讨论中可以知道,这些方法各有各的优缺点。就同样的资料,究竟是采用算术平均数,还是采用中位数来反映集中趋势,需要结合频数分布特征的不同来确定。

1. 单峰对称分布时算术平均数与中位数的关系

单峰对称分布是以算术平均数为对称轴,两边频数相等。其中频数最大的标志值就是数列居中位置的标志值。因此,正态分布时,算术平均数和中位数二者相等,即 $\bar{x}=M_e$。如图 4-1 所示。

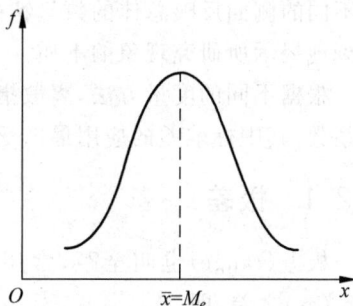

图 4-1 单峰对称分布平均数与中位数的关系

2. 偏态分布时算术平均数与中位数的关系

频数分布呈偏态时,算术平均数和中位数的计算结果不同。当右偏时,算术平均数大于中位数,左偏时中位数大于算术平均数。在偏态分布情况下,算术平均数和中位数的上述关系是容易理解的,以图 4-2 为例,由于算术平均数受极端值影响,在发生右偏出现较大极端值时,算术平均数将增加得更快,因而 $\bar{x}>M_e$。左偏同样可作类似的解释,从而有 $\bar{x}<M_e$,见图 4-3。

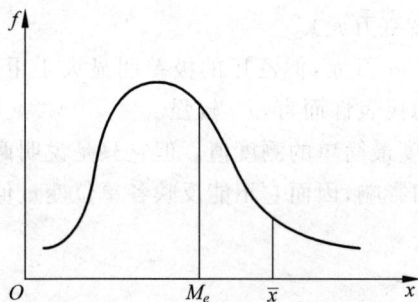

图 4-2 右偏分布平均数与中位数的关系

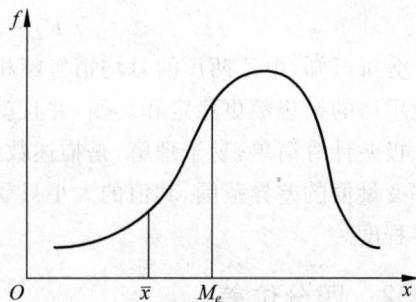

图 4-3 左偏分布平均数与中位数的关系

4.2 数据分布的离散趋势测度

对于任意一组数据而言,根据其实际背景和已知条件,选择 4.1 节论述的计算方法,可以得到反映该组数据一般水平的平均数(集中趋势)。变量数列中各变量值之间存在差异,平均数将变量数列中各变量值的差异抽象化,是各个变量值共同的代表,反映的是这些变量值的一般水平,体现总体的集中趋势。变量离散程度的度量则将变量值的差异揭示出来,反映总体各变量值对其平均数这个中心的离中趋势。离散指标与平均指标分别从不同的侧面反映总体的数量特征。只有把平均指标与离散指标结合起来运用,才能更深刻地揭示所研究现象的本质。

根据不同的度量方法,离散指标可分为极差、四分位差、平均差、方差与标准差、标准差系数,其中标准差的应用最广泛。下面分别介绍它们的含义、特点及计算方法。

4.2.1　极差

极差(range)也叫全距,常用 R 表示,它是一组数据的最大值 $\max(x_i)$ 与最小值 $\min(x_i)$ 之差,即

$$R = \max(x_i) - \min(x_i) \tag{4-20}$$

极差表明数列中各变量值变动的范围。R 越大,表明数列中变量值变动的范围越大,即数列中各变量值差异越大;反之,R 越小,表明数列中变量值的变动范围越小,即数列中各变量值差异越小。

例:分别调查甲乙两厂 1—6 月的销售额(单位:万元),得到数据如下。

甲厂:36,33,39,36,37,35

乙厂:23,29,38,35,40,51

$$\bar{x}_甲 = \bar{x}_乙 = 36(万元)$$

$$R_甲 = 39 - 33 = 6(万元)$$

$$R_乙 = 51 - 23 = 28(万元)$$

分析可知,甲乙两厂的月均销售额相等,均为 36 万元,但乙厂的极差明显大于甲厂,因此甲厂的销售额更稳定和均衡,并且就平均数的代表性而言,$\bar{x}_甲$ 较强。

极差计算简单,易于理解,是描述数据离散程度最简单的测度值。但它只是说明两个极端变量值的差异范围,其值的大小只受极端值的影响,因而它不能反映各单位变量值的变异程度。

4.2.2　四分位差

四分位差(interquartile range)是度量离散趋势的另一种方法,也称为内距或四分位距,是第一四分位数(下四分位数 Q_1)与第三四分位数(上四分位数 Q_3)的差,也就是 75% 百分位数与 25% 百分位数间的差。它代表数据分布中间 50% 的距离。常用 IQ_R 表示,其计算公式为

$$IQ_R = x_{Q_3} - x_{Q_1} \tag{4-21}$$

例如,对表 4-4 中的数据求四分位差,由于我们之前已经得到 $x_{Q_1} = 21$,$x_{Q_3} = 23$,代入

公式(4.21)可知：$IQ_R = x_{Q_3} - x_{Q_1} = 23 - 21 = 2$，故该班同学年龄的四分位差为 2 岁。

四分位差不受极值的影响，并且由于中位数处于数据的中间位置，因此四分位差的大小在一定程度上也说明了中位数对一组数据的代表程度。

4.2.3　平均差

平均差(mean deviation)是变量数列中各个变量值与算术平均数的绝对离差的平均数，常用 M_D 表示。各变量值与平均数离差的绝对值越大，平均差也越大，说明变量值变动越大，数列离散趋势越大；反之亦然。根据所给资料的形式不同，对平均差的计算可以划分为简单平均差和加权式平均差两种形式。

1. 简单平均差

对未经分组的数据资料，采用简单平均差，公式如下：

$$M_D = \frac{\sum\limits_{i=1}^{n} |x_i - \bar{x}|}{n} \tag{4-22}$$

如对 4.1.1 中第一个举例的数据求平均差。知 $\bar{x} = 44$，则

$$M_D = \frac{|46-44| + |54-44| + |42-44| + |46-44| + |32-44|}{5} = 5.6$$

2. 加权式平均差

根据分组整理的数据计算平均差，应采用加权式，公式如下：

$$M_D = \frac{\sum\limits_{i=1}^{n} |x_i - \bar{x}| f_i}{\sum\limits_{i=1}^{n} f_i} \tag{4-23}$$

用表 4-2 的资料计算平均差，如表 4-6 所示。

表 4-6　加权式平均差算例

按身高分组/cm	组中值 x/cm	人数 f	$x - \bar{x}$	$|x - \bar{x}| f$
150 以下	145	1	−21.33	21.33
150～160	155	6	−11.33	68
160～170	165	14	−1.33	18.67
170～180	175	6	8.67	52
180 以上	185	3	18.67	56
合　计	—	30		216

$$M_{\mathrm{D}} = \frac{\sum\limits_{i=1}^{n} |x_i - \bar{x}| f_i}{\sum\limits_{i=1}^{n} f_i} = \frac{216}{30} = 7.2(\mathrm{cm})$$

在可比的情况下,一般平均差的数值越大,则其平均数的代表性越小,说明该组变量值分布越分散;反之,平均差的数值越小,则其平均数的代表性越大,说明该组变量值分布越集中。

平均差克服了极差、四分位差的不足,较综合、准确地反映了各标志值的离散程度,但由于它以绝对离差的形式表现,不利于代数运算,在应用上有较大的局限性。

4.2.4　方差与标准差

方差(variance)是变量数列中各变量值与其算术平均数差的平方的算术平均数,常用 s^2 表示。标准差(standard deviation)是方差的平方根,故又称均方差或均方差根的算术平均数,常用字母 s 表示,其计量单位与平均数的计量单位相同。标准差和方差不仅反映了各个变量的差异和频数分布,而且利用算术平均数中的差异和频数分布 $\sum\limits_{i=1}^{n}(X_i - \overline{X})^2$ 为最小的数学性质,消除了离差的正、负号,避免了平均差计算中取绝对值的问题,可以直接进行代数运算,增加指标的灵敏度和准确性。标准差和方差是测度离散趋势常用的指标。

根据给定资料的不同,对方差和标准差的计算也可以分为两种形式。

1. 简单式

对未经分组的数据资料,采用简单式,公式如下。

样本方差的计算公式:
$$s^2 = \frac{\sum\limits_{i=1}^{n}(x_i - \bar{x})^2}{n-1} \tag{4-24}$$

标准差的计算公式:
$$s = \sqrt{\frac{\sum\limits_{i=1}^{n}(x_i - \bar{x})^2}{n-1}} \tag{4-25}$$

例如,在 4.1.1 第一个举例中,这五个班同学人数的方差和标准差分别为

$$s^2 = \frac{\sum\limits_{i=1}^{n}(x_i - \bar{x})^2}{n-1}$$

$$= \frac{(46-44)^2 + (54-44)^2 + (42-44)^2 + (46-44)^2 + (32-44)^2}{5-1}$$

$$= 64$$

$$s = \sqrt{64} = 8$$

2. 加权式

根据分组整理的数据计算标准差,应采用加权式,公式如下。

样本方差:
$$s^2 = \frac{\sum_{i=1}^{n}(x_i - \bar{x})^2 f_i}{\sum_{i=1}^{n} f_i - 1} \qquad (4\text{-}26)$$

样本标准差:
$$s = \sqrt{s^2} \qquad (4\text{-}27)$$

用表 4-2 的资料计算样本标准差,如表 4-7 所示。

表 4-7 加权式标准差算例

按身高分组/cm	组中值 x/cm	人数 f	$x - \bar{x}$	$(x - \bar{x})^2$	$(x - \bar{x})^2 f$
150 以下	145	1	-21.33	455.11	455.10
150~160	155	6	-11.33	128.44	770.67
160~170	165	14	-1.33	1.78	24.89
170~180	175	6	8.67	75.11	450.67
180 以上	185	3	18.67	348.44	1 045.33
合 计	—	30			2 746.67

$$s^2 = \frac{\sum_{i=1}^{n}(x_i - \bar{x})^2 f_i}{\sum_{i=1}^{n} f_i - 1} = \frac{2\,746.67}{30 - 1} = 94.71$$

$$s = \sqrt{s^2} = \sqrt{94.71} = 9.73$$

4.2.5 相对位置和相对离散程度的度量

1. 标准分数

有了均值和标准差后,我们可以计算一组数据中各个位置的标准分数,并可以用它来判断一组数据中某个数据的相对位置。

标准分数(standard score)也称标准化值或 z 分数,它是变量值与其平均数的离差除以标准差后的值,是对每个数据在该组数据中相对位置的测量。常用字母 z 表示,公式如下:

$$z = \frac{x_i - \bar{x}}{\sigma} \qquad (4\text{-}28)$$

根据标准分数,我们可以很清楚地知道各个数值在一组数据中的相对位置。例如,已知某个数值的标准分数为2,则可以知道该数据比均值大2倍的标准差。在对多个具有不同量纲的变量进行处理时,我们也常用上式来对各个变量的数值进行标准化处理。

例 4.1 对表4-8的数据标准化,知 $\bar{x}=44, \sigma=7.16$。

表 4-8 标准分数示例

x	$x - \bar{x}$	$z = \dfrac{x_i - \bar{x}}{\sigma}$
46	2	0.28
54	10	1.40
42	−2	−0.28
46	2	0.27
32	−12	−1.68

实际上,z 分数是将原始数据进行了线性变换,它并没有改变一个数据在该数据组中的位置,也没有改变该组数据的分布形状,只是将该组数据变为均值为0,标准差为1。

2. 离散系数

前面介绍的极差、四分位差、平均差和标准差都是反映数据分散程度的绝对值,其数据的大小一方面取决于原变量值本身绝对水平高低的影响,也就是与变量的平均数大小有关,变量值绝对水平高的,离散程度的测度值自然也就大,绝对水平低的,离散程度的测度值自然也就小;另一方面,它们与原变量值的计量单位相同,采用不同计量单位计量的变量值,其离散程度的测度值也就不同。因此,在对比分析中,不宜直接用上述各种标志离散指标来比较不同水平数列之间的离散程度,必须剔除数列水平的影响,用反映离散程度的相对指标来比较,用离散系数来反映数列的离散趋势。

离散系数(coefficient of variation)通常是就标准差来计算的,因此,也称为标准差系数,它把离散趋势绝对数与数列均值进行对比,将其抽象化,反映数列离散趋势的相对程度,是一组数据的标准差与其对应的平均数之比,是测度数据离散程度的相对指标,常用C.V.表示,其计算公式如下:

$$\text{C.V.} = \frac{\sigma}{\bar{x}} \tag{4-29}$$

离散系数的作用主要用于比较不同总体或样本数据的离散程度。离散系数大,说明数据的离散程度大,离散系数小,说明数据的离散程度小。

例如,某地两个不同类型的企业全年平均月销售额资料如表4-9所示。

表 4-9　离散系数算例

公　　　司	月平均销售额 $\bar{x}$ /万元	标准差 σ/万元	离散系数/% C.V. $=\dfrac{\sigma}{\bar{x}}$
房地产公司	500	100	20
副食品公司	20	5	25

上例中,房地产公司的标准差远远大于副食品公司,但我们却不能直接断定房地产公司的平均月销售额的代表性就比副食品公司的小。因为,这两个厂的平均月产量相差悬殊。因此只能根据离散系数的大小来判断。表 4-9 中最后一栏两个企业的离散系数表明,房地产公司的平均月销售额的代表性就比副食品公司的大,销售比较稳定。其结果与用标准差判断的结果正好相反。

4.3　数据分布的形状测度

集中趋势和离散程度是数据分布的两个重要特征,但要全面了解数据分布的特点,还需要掌握数据分布的形状是否对称、偏斜的程度以及扁平程度等。反映这些分布特征的测度值有两个:偏态和峰度。

4.3.1　分布偏态测度

偏态(skewness)是对分布偏斜方向和程度的测度,是次数分配的非对称程度。它与平均数和标准差一样,是反映次数分布特征的又一重要指标。在实际生活中,数据的次数分布的形状并非都是正态的,即次数分配并非都是完全对称的,而呈现出偏斜的分布状况,统计上将其称为偏态分布。实践中,有时两个数列的平均数和标准差都相同,而频数分布的形态则不完全相同;而有时两个数列的频数分布完全相同,但平均数和标准差却不同。因此研究测定数列的偏态方向和程度十分必要,尤其是对避免错误假定、正确地进行统计推断具有重要的意义。

偏态通常分为两种:左偏(或负偏)和右偏(或正偏)。它们是以对称分布为标准相比较而言的。一般我们可以通过偏态系数(α)来判断偏态的方向和偏斜的程度。

统计分析中测定偏态系数的方法很多,常采用下面的公式。

$$\alpha = \frac{\sum\limits_{i=1}^{n} (x_i - \bar{x})^3 f_i}{\sum\limits_{i=1}^{n} f_i \sigma^3} \tag{4-30}$$

从上式可以看到,偏态系数是离差三次方的平均数再除以标准差的三次方。当分布对称时,离差三次方后正负离差可以相互抵消,因而 α 的分子等于 0,则 $\alpha=0$;当分布不对称时,正负离差不能抵消,就形成了正与负的偏态系数 α。当 α 为正值时,表示正偏离差值较大,可以判断为正偏或右偏;反之,α 为负值时,表示负偏离差值较大,可以判断为负偏或左偏。

偏态系数 α 的数值一般在 0 与 ±3 之间,α 越接近 0,分布的偏斜度越小;α 越接近 ±3,分布的偏斜度越大。

例 4.2 对某班 30 名女生身高测量的数据如表 4-10 所示,要求计算该变量数列的偏斜状况。

表 4-10 分布偏态测度算例

按身高分组/cm	组中值 x/cm	人数 f	$(x-\bar{x})^2 f$	$(x-\bar{x})^3 f$	$(x-\bar{x})^4 f$
145 以下	140	1	400	$-8\,000$	160 000
145~155	150	7	700	$-7\,000$	70 000
155~165	160	15	0	0	0
165~175	170	5	500	5 000	50 000
175 以上	180	2	800	16 000	320 000
合　计	—	30	2 400	6 000	600 000

利用相关数据计算得均值 $\bar{x}=160(\text{cm})$,标准差为

$$\sigma = \sqrt{\frac{\sum_{i=1}^{n}(x-\bar{x})^2 f_i}{\sum_{i=1}^{n} f_i}} = \sqrt{\frac{2\,400}{30}} = 8.94(\text{cm})$$

$$\alpha = \frac{\sum_{i=1}^{n}(x_i-\bar{x})^3 f_i}{\sum_{i=1}^{n} f_i \sigma^3} = \frac{6\,000}{30 \times 8.94^3} = \frac{6\,000}{21\,466.25} = 0.279\,5$$

计算结果表明,该班女生身高的分布状况呈轻微正偏(右偏)分布。

4.3.2 分布峰态测度

峰度(kurtosis)是分布集中趋势高峰的形状,指次数分布曲线顶端的尖峭程度。在变量数列的分布特征中,常常将次数分布曲线与正态曲线相比较,判断是尖顶还是平顶及其尖顶或平顶的程度。峰度通常分为三种:正态峰度、尖顶峰度和平顶峰度。公式如下:

$$\beta = \frac{\sum_{i=1}^{n}(x_i-\bar{x})^4 f_i}{\sum_{i=1}^{n} f_i \sigma^4} \tag{4-31}$$

由于正态分布的峰度为3,当$\beta>3$时为尖峰分布,当$\beta<3$时为平顶分布,如图4-4所示。

仍以某班30名女生的身高数据为例,计算其峰度,从表4-10中可以得到

$$\beta = \frac{\sum\limits_{i=1}^{n}(x_i-\bar{x})^4 f_i}{\sum\limits_{i=1}^{n} f_i \sigma^4} = \frac{600\,000}{30 \times 8.94^4}$$

$$= \frac{600\,000}{192\,000} = 3.125$$

计算结果表明,上述女生身高的分布呈尖峰峰度,且由于峰度测度比较接近于3,故与正态分布差距不大,各变量值分布较为均匀。

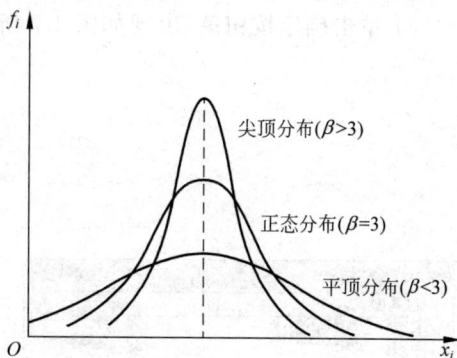

图4-4 峰度系数与分布形态

4.4 用统计软件计算描述统计量

以上我们介绍了描述数据集中趋势、离中趋势以及数据分布的常用统计量。这些统计量如果都用人工手动计算,操作性不强、比较费时且计算的准确率不高。以下介绍如何利用统计软件,如 Excel、SPSS 等,来计算这些统计量。

4.4.1 用 Excel 计算描述统计量

在 Excel 中配备了许多统计函数,为方便说明,我们以某班50名学生的年龄数据为例(表4-11)来说明如何应用 Excel 描述数据的集中趋势、离中趋势及数据的分布状况。

表 4-11 演示算例

18	18	20	21	19	18	19	19	19	20
21	18	17	19	19	19	17	19	19	19
21	20	20	19	19	18	21	21	20	19
20	20	19	19	20	19	19	18	19	19
18	18	21	19	19	18	20	19	21	20

将以上数据输入 Excel 表的 A1 至 A50,然后进行以下操作。

(1) 在菜单栏中选择"数据"下拉菜单,并选择"数据分析"选项,如图4-5所示。

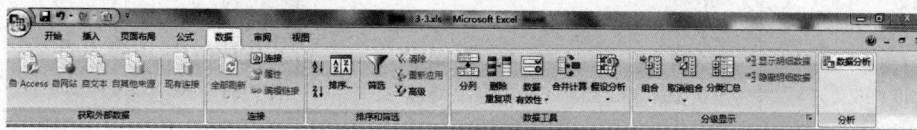

图4-5 选择"数据分析"

（2）在"数据分析"对话框中选择分析工具"描述统计"，如图 4-6 所示。

（3）单击确定按钮后，出现如图 4-7 所示对话框。

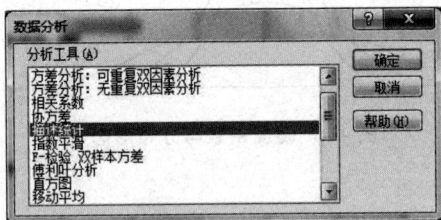

图 4-6　选择"描述统计"

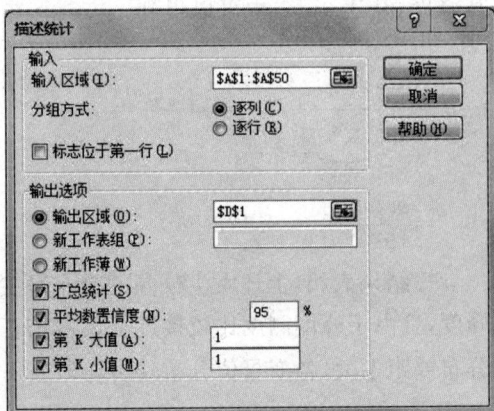

图 4-7　描述统计对话框

在"输入区域"方框内选取刚才输入的数据区域或者键入 A1：A50；选择"汇总统计"单选框（表明需要输出全部的描述统计量）；单击"确定"按钮，即可得到所需结果，如图 4-8 所示。

本章介绍的有些统计量，如调和平均数、几何平均数、四分位数、极差等在图 4-8 中没有出现，但可以运用 Excel 的函数工具进行计算（如表 4-12 所示），或通过在 Excel 中编写公式来实现。

平均	19.22
标准误差	0.146 496 5
中位数	19
众数	19
标准差	1.035 886 685
方差	1.073 061 224
峰度	−0.337 237 17
偏度	0.110 250 401
区域	4
最小值	17
最大值	21
求和	961
观测数	50
最大(1)	21
最小(1)	17
置信度(95.0%)	0.294 395 733

图 4-8　描述统计量结果

表 4-12　Excel 的函数工具统计值与函数对照表

统 计 量	调 用 函 数
均值	AVERAGE
调和平均数	HARMEAN
几何平均数	GEOMEAN
中位数	MEDIAN
众数	MODE
百分位数	PERCENTILE
四分位数	QUARTILE
极差	MAX，MIN，再计算两者之差
平均差	AVEDEV
方差	VAR
标准差	STDEV
偏度	SKEW
峰度	KURT

4.4.2 用 SPSS 计算描述统计量

SPSS 的许多模块均可完成描述性分析,但专门为该目的而设计的几个模块则集中在主菜单 Analyze 中的"Descriptive Statistics"菜单项中。最常用的是列在最前面的四个过程。

- Frequencies:产生频数表。
- Descriptives:进行基本的统计描述分析。
- Explore:探索性分析。
- Crosstabs:列联表分析。

1. 频数分析过程 Frequencies

频数分布表是描述性统计中最常用的方法之一,主要能够了解变量取值的状况,对把握数据分布特征非常有用。Frequencies 过程是专门为产生频数分布表而设计的,它不仅可以产生详细的频数表,还可以按要求给出某百分位点的数值以及常用的条形图、饼图等统计图。

频数分析过程的操作步骤如下。

(1) 打开主窗口。执行菜单栏 Analyze(分析)→Descriptive Statistics(描述性统计)→Frequencies(频数)命令,打开"Frequencies"(频数)对话框,这是频数分析的主操作窗口,如图 4-9 所示。

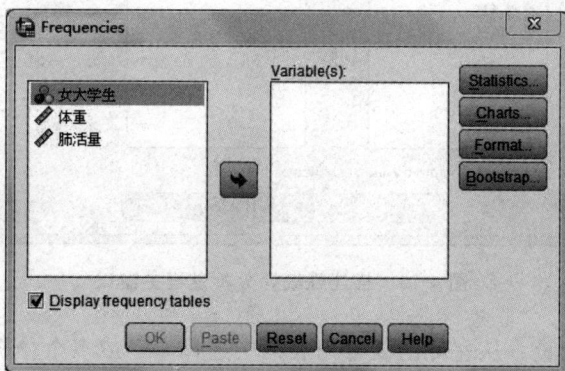

图 4-9 频数分析主窗口

(2) 选择分析变量。从"Frequencies"(频数)对话框左侧的候选变量列表框中,选取一个或多个待分析的变量,将它们移至右侧的"Variable(s)"选定的分析变量框中。同时,可选择"Display frequency tables"确定是否输出频数分布表。

（3）确定输出选择项。在对话框中还可以单击"Statistics"（统计量）和"Charts"（图表）等按钮，设置丰富的统计输出结果。

- 单击"Statistics"（统计量）按钮，在弹出的对话框可以设置百分位值、均值、众数、标准差、方差、偏度、峰度等统计量，用以反映变量的百分位值、集中趋势、离散程度和分布特征等。

- 单击"Charts"（图表）按钮，打开统计图对话框，对图形类型（不显示图形、显示条形图 bar chart、显示饼图 pie chart、显示直方图 histograms）等进行设置。

2. 描述统计量过程 Descriptives

Descriptives 过程是连续资料统计描述应用最多的一个过程，它可对变量进行描述性统计分析计算，并列出一系列相应的统计指标。SPSS 中主要给出了均值、算术和、标准差、最大值、最小值、极差和平均数标准误差等常用的统计量，这跟其他过程相比并无不同。但该过程有个特殊功能，可将原始数据转换成标准化值，并以变量的形式保存。

（1）打开主窗口。执行菜单栏 Analyze（分析）→Descriptive Statistics（描述性统计）→Descriptives（描述）命令，打开"Descriptives"对话框，即描述性统计分析过程的主操作窗口，如图 4-10 所示。

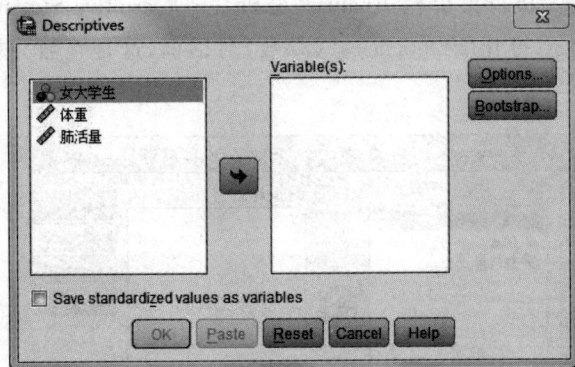

图 4-10　描述性统计分析过程主窗口

（2）选择分析变量。从左侧的变量列表框中选择一个或多个分析变量移至"Variable(s)"栏中。对话框左下方有一个选项"Save standardized value as variables"（将标准化值作为新变量保存），选择此项，系统将根据选定变量的观测值产生一个相应的标准化变量。

（3）计算基本描述性统计量。单击"Options"按钮，打开"Options"对话框，选择均值、标准差、最小值、最大值、峰度、偏度等统计量。并可在"Display Order"显示顺序选项栏中选择分析变量的显示输出结果顺序。

3. 探索分析过程 Explore

SPSS 中的 Explore 过程用于计算制定变量的探索性统计量和有关的图形,既可以对观测量整体分析,也可以进行分组分析。分析过程结果可获得箱线图、茎叶图、直方图、各种正态检验图、频数表、方差齐性检验等结果,以及对非正态或正态非齐性数据进行变换,并标明和检验连续变量的数值分布情况。

(1) 打开主窗口。执行菜单栏 Analyze(分析)→Descriptive Statistics(描述性统计)→Explore(数据探索)命令,打开"Explore"对话框,即数据探索分析过程的主操作窗口,如图 4-11 所示。

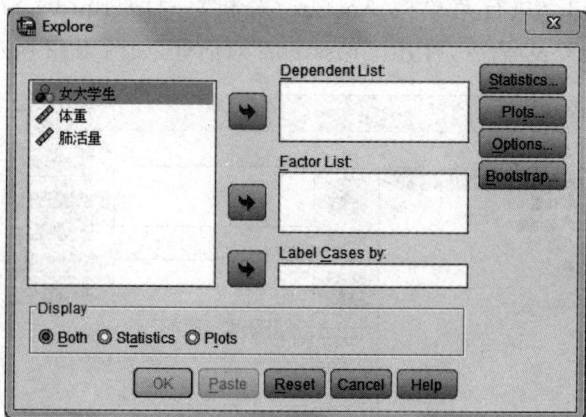

图 4-11　数据探索分析过程主窗口

(2) 选择分析变量。从左侧的变量列表框中选择一个或多个分析变量移至"Dependent List"(因变量)框中,若此时单击"OK",即可获得所有系统默认的选项下做出的数据探索结果,它们包括:针对选定分析变量的基本描述统计量的值、箱式图、茎叶图等。

(3) 选取分组变量。从左侧的变量列表框中选择一个或多个分析变量移至"Factor List"(因素)框,若此时单击"OK"即可获得因变量按各分组变量进行的各项系统默认的分组探索结果。

(4) 选择标签值。从左侧的变量列表框中选择一个或多个分析变量移至"Label Cases by"(标注个案)框,选择标识变量的作用在于,当系统在数据探索时发现了异常值,便可利用标识变量加以标记,以便于用户查找这些异常值。如果不选择它,系统默认以 ID 变量作为标识变量。

(5) 确定输出类型。在打开"Explore"对话框下方"输出"选项栏选择"Display"输出项,有 3 个选项,即"Both""Statistics""Plots"。"Both"是系统默认的选项。

(6)确定输出结果。在对话框右侧还可以单击"Statistics"(统计量)和"Plots"(绘制)等按钮,设置丰富的统计输出结果。

4. 交叉表分析过程 Crosstabs

交叉表过程可以显示两个或多个变量的联合频数分布表,是指一个频数对应两个变量的表(一个变量用来对行分类,一个变量用来对列分类),经常被用来分析调查结果。一是根据收集到的样本数据产生的二维和多维交叉列联表;二来在交叉表基础上,可以对两两变量间是否存在一定的相关性进行分析。

(1)打开主窗口。执行菜单栏 Analyze(分析)→Descriptive Statistics(描述性统计)→Crosstabs(交叉表)命令,打开"Crosstabs"对话框,如图 4-12 所示。

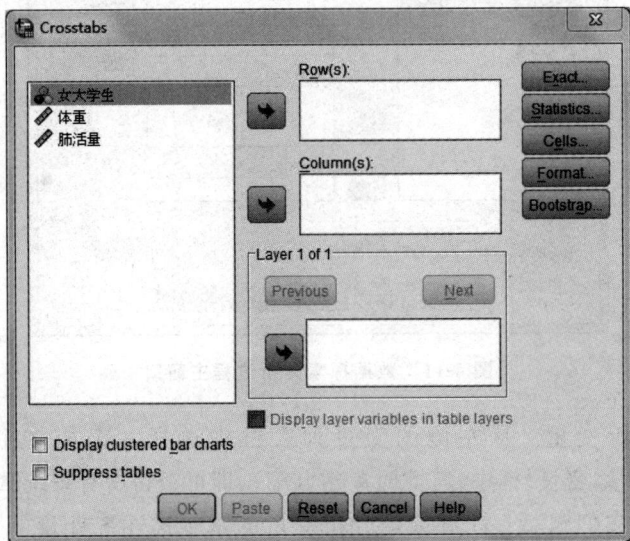

图 4-12 交叉表分析过程主窗口

(2)选择行、列变量。从左侧的变量列表框中选择一个或多个分析变量移至右侧"Row(s)"框中,作为交叉表的行变量;同理,选择一个或几个变量移至"Column(s)"框中,作为交叉表的列变量,此时,单击"OK"按钮提交系统执行,系统将按默认的选项输出二维交叉表。

(3)选择层变量。如果要进行三维或多维交叉表分析,可以根据需要选择控制变量进入"Layer"(层)列表框中。该变量决定交叉表的层。可以选择多个控制变量,通过"Next"按钮,单击左边的"Previous"按钮可选择前面已经选定的变量。如果不选择层变量,则对全部数据形成交叉表。

(4)行、列变量相关程度的度量。单击"Statistics"按钮,在打开的对话框中,可以根据数据类型选择不同的独立行检验方法和相关度量。

本章小结 >>>

本章主要介绍了描述统计中数据的测度,即数据分布的特征。主要从三个方面进行了描述:一是数据分布集中趋势的描述,主要包括算术平均数、调和平均数和几何平均数等数值平均数,还包括中位数、众数、百分位数和四分位数等,这些指标都反映各数据向其中心值靠拢或聚焦的程度;二是数据分布离散程度的描述,包括极差、四分位距、平均差、方差、标准差及标准分数和离散系数等,这些指标反映各数据远离其中心值的趋势;三是数据分布形状的描述,介绍了数据分布的偏度和峰度。在本章的最后,还介绍了如何用Excel来计算描述统计中的各种数字测度。

通过对本章的学习,读者可以针对不同的数据资料,选用适当的方法对统计数据进行更深入的分析和描述,从而掌握数据分布的特征和规律。

关键术语 >>>

均值(mean)	四分位差(interquartile range)
调和平均数(harmonic mean)	平均差(mean deviation)
几何平均数(geometric mean)	方差(variance)
中位数(median)	标准差(standard deviation)
众数(mode)	标准分(standard score)
百分位数(percentile)	离散系数(coefficient of variation)
四分位数(quartile)	偏态(skewness)
极差(range)	峰度(kurtosis)

习题 >>>

基础习题

1. 描述数据集中趋势的量有哪些?它们各自的含义是什么?

2. 列举5个描述数据分布离散程度的统计量,并简述各自的计算方法。

3. 什么是数据分布的偏态系数?什么是峰度?它们在描述数据分布中有哪些作用?

4. 甲、乙两单位人数及月工资资料如下表所示。

月工资/元	甲单位人数/人	乙单位人数比例/％
400 以下	4	2
400～600	25	8
600～800	84	30
800～1 000	126	42
1 000 以上	28	18
合　计	267	100

根据以上资料：

(1) 比较甲、乙两单位哪个单位工资水平高。

(2) 说明哪个单位平均工资更具代表性。

5. 设某笔为期 20 年的投资按复利计算收益，前 10 年的年利率为 10％，中间 5 年的年利率为 8％，最后 5 年的年利率为 6％。请计算整个投资期内的年平均利率。

应用习题

6. 某车间 40 名工人日加工零件数（单位：个）如下。

121	135	112	108	125	122	118	119	127	124
130	133	123	122	123	128	117	126	127	120
109	133	134	113	115	139	122	133	119	124
117	108	110	112	137	114	134	118	131	122

试计算样本的均值、中位数、众数和四分位数。

7. 某项目组完成项目所需时间分布如下表所示。

项目时间/天	频　数	组中值/天
10～14	4	12
15～19	8	17
20～24	5	22
25～29	2	27
30～34	1	32
合计	20	—

请利用表中数据计算：

(1) 项目平均所需时间。

(2) 项目所需时间中位数。

(3) 项目所需时间众数。

(4) 项目所需时间的方差及标准差。

8. 测量某企业下属 50 家公司的年销售额,数据如下。

万元

946	926	895	967	921	978	821	924	951	850
898	977	907	956	900	963	838	961	948	950
893	900	800	937	864	919	863	981	916	878
851	901	800	914	991	827	909	904	891	996
903	891	910	870	986	913	850	911	886	950

(1) 描述该组数据的集中趋势。

(2) 描述该组数据的离中趋势。

(3) 描述该组数据的分布状况。

9. 两批轮胎按每只轮胎寿命(用最大行驶里程表示)分组资料如下表。试比较两批轮胎的质量,并说明哪一批的质量比较稳定。

最大行驶里程/百公里	第一批/个	第二批/个
150~200	12	15
200~250	6	21
250~300	44	30
300~350	33	24
350 以上	5	10
合　计	100	100

10. 某租房中介公司 200 套出租房屋的每周租金资料如下,请根据该资料:

(1) 计算房屋租金的平均差。

(2) 计算房屋租金的偏态系数和峰度,并分析其分布形态。

每周租金/元	房屋套数/套
800 以下	16
800~900	26
900~1 000	34
1 000~1 100	45
1 100~1 200	60
1 200~1 300	62
1 300~1 400	65
1 400~1 500	70
1 500~1 600	56
1 600~1 700	50
1 700~1 800	42

续表

每周租金/元	房屋套数/套
1 800～1 900	37
1 900～2 000	28
2 000 以上	9
合　计	600

案例研究

>>>

MBL 公司与充满潜力的 SUV 市场（3）

在了解中国 SUV 市场整体发展现状和趋势的基础上，MBL 公司的市场研究小组还对 2010 年中国市场上热销的主要 SUV 车型的售价进行了市场调研（见辅助资源中"第 4 章案例研究数据"文件），以进一步明确"Stone"的主要竞争车型，并为未来公司推广升级后的 SUV 车型的市场定价提供数据参考。

管理报告

利用本章中所介绍的数据描述分析方法，分析中国市场热销 SUV 车型的价格信息。管理报告应讨论下列内容。

1. 计算中国市场 SUV 车型价格的平均数和中位数，并比较其区别。

2. 计算中国市场 SUV 车型价格的离散趋势测度指标以及偏度与峰度指标。

3. 根据 MBL 公司市场研究小组所确定的 SUV 市场区隔方式（25 万元以上的 SUV 车型作为高端市场，17 万～25 万元的为次高端市场，13 万～17 万元的为中端市场，13 万元以下的为低端市场），分别对不同区隔市场的 SUV 车型价格进行数据描述性分析。

4. 根据第 3 章案例研究和本案例研究的数据分析结果，讨论这些分析结果对 MBL 公司未来 SUV 车型的市场定位以及市场定价策略的制定具有什么指导意义。

CHAPTER 5

第 5 章　　概率与概率分布

在统计学的应用中,所有理论和方法均建立在概率论的基础上。因此在本章中我们将介绍一些概率论方面的基础知识,这对于统计学的理解与应用是非常必要的。统计学最基本的任务之一就是利用数据作出决策,即根据部分信息去推断一般情况。这个过程会冒一定的风险,其原因在于不确定性,而概率就是描述随机现象不确定性的一种测度。

5.1　概率及其运算

我们每个人都清楚,现象充满整个世界。通常,我们把自然界的现象称为事件。在自然界中,许多事件在一定条件下是必然发生或出现的,例如:一个在树上熟透了的苹果,必然会掉下来;易燃物在温度达到着火点并且氧气充足的条件下,必然会发生燃烧;抛出的一枚硬币,必然会有一面朝上;等等。当然,也有许多事件,在一定的条件下是不会发生或出现的,例如:一个在树上的苹果,不会飞到空中;在北极的冬天下雨是不会发生的。这类事件称为确定性事件。另外,人们也经常遇到下列事件,例如:今天是否会下雨? 今天的股票是否涨价? 自己的汽车是否会发生故障? 这些事件是否发生,都有一定的可能性,即它们可能发生也可能不发生。这类事件称为随机事件。

一般地,人们把事件视为一个集合,因此,集合的运算完全可以应用于事件本身和事件之间的运算。如果用符号 A 和 B 分别表示两个事件,用符号 C 表示两者之间的某种运算结果,则对于两个事件,人们规定了如下的运算。

(1)“并”的运算:事件 C 为事件 A 发生或事件 B 发生。记为 $C=A\bigcup B$。

(2)“与”的运算:事件 C 为事件 A 和事件 B 都发生。记为 $C=A\bigcap B$。

(3)“差”的运算:事件 C 为事件 A 发生但事件 B 不发生。记为 $C=A-B$。

同样,对于两个事件的关系可用集合的关系来描述。例如,如果事件 A 发生,事件 B 必然发生,则称事件 B 包含事件 A,记为 $A\subseteq B$ 或 $B\supseteq A$。如果事件 A 和事件 B 相互包含,即 $A\supseteq B$ 且 $A\subseteq B$,则称事件 A 和事件 B 等价,记为 $A=B$。

如果事件 Ω 是随机事件试验的所有可能结果,则称其为样本空间,也称为必然事件,其逆事件即不可能事件 $\varnothing$。对于事件 A 的逆事件定义为事件 $\overline{A}=\Omega-A$。

对于随机事件,每次试验的结果都有一定的随机性,但经过反复试验,其统计规律会呈现出来。相对于事件 A,如果进行 N 次随机试验,事件 A 发生的次数为 n,则事件 A 不

发生的次数为 $N-n$。用比值 $\dfrac{n}{N}$ 来表示事件 A 在 N 次随机试验中发生的频率。通常,当

试验次数 N 取得很大时,比值 $\dfrac{n}{N}$ 趋于稳定,此时,人们用这个频率作为随机事件 A 的概率

近似。这就是所谓的"频率代替概率原则"。

所谓概率是指对于事件 A,指定 $[0,1]$ 区间上的一个数 $P(A)$,这个数成为事件 A 的概率。事件的概率必须满足以下两个条件:

(i) $P(\Omega)=1$,即必然事件的概率为 1;

(ii) 如果事件 A 和事件 B 互不相容,即如果事件 A 发生,则事件 B 不发生;如果事件 B 发生,则事件 A 不发生,以集合的形式表示为 $A\cap B=\varnothing$,则有

$$P(A\cup B) = P(A) + P(B)$$

(注:准确地说,应该为可列个互不相容事件并集的概率等于每个事件概率的可列和,但这里只定义了有限个事件的情况。)

根据概率的定义,可得出如下的概率基本运算规则。

(i) $P(\overline{A})=1-P(A)$。

这是因为,$A\cap\overline{A}=\varnothing$,且 $A\cup\overline{A}=\Omega$,则

$$1 = P(\Omega) = P(A\cup\overline{A}) = P(A) + P(\overline{A})$$

因此得出结论。

(ii) 如果事件 A 和事件 B 有包含关系,即 $A\subseteq B$,则有 $P(A)\leqslant P(B)$。

这是因为,$B=A\cup(\overline{A}\cap B)$,且 A 和 $\overline{A}\cap B$ 互不相容,则有

$$P(B) = P(A) + P(\overline{A}\cap B)$$

因为 $P(\overline{A}\cap B)\geqslant 0$,所以得出结论。

(iii) 如果事件 A 和事件 B 有包含关系,即 $A\subseteq B$,则有 $P(B-A)=P(B)-P(A)$。

这是因为,$B=A\cup(\overline{A}\cap B)$,而 $\overline{A}\cap B=B-A$,则由结论(ii)得出本结论。

(iv) $P(A\cup B)=P(A)+P(B)-P(A\cap B)$。

因为 $A\cup B=A\cup(\overline{A}\cap B)$,且事件 A 与事件 $\overline{A}\cap B$ 互不相容,而且事件 $\overline{A}\cap B=B-A\cap B$,$(A\cap B)\subseteq B$,因此,根据概率定义的规则(ii)和概率基本运算规则(iii)得出本结论。

例 5.1 假定随机试验是由一个三面涂有红色一面涂有黑色的均匀的正四面体抛两次组成。样本空间 Ω(所有试验结果)包含四个点,即 $\Omega=\{\omega_1,\omega_2,\omega_3,\omega_4\}$,其中

$\omega_1=\{$黑色面朝下,黑色面朝下$\}$,　　$\omega_2=\{$黑色面朝下,黑色面不朝下$\}$,

$\omega_3=\{$黑色面不朝下,黑色面朝下$\}$,　　$\omega_4=\{$黑色面不朝下,黑色面不朝下$\}$,

其中$\{$黑色面朝下,黑色面朝下$\}$表示第一次抛出黑色面朝下,第二次抛出黑色面也朝下,等等。由于四面体的均匀性,我们对每个样本点可有下面的似乎合理的概率赋值:

$P(\omega_1)=P\{$黑色面朝下,黑色面朝下$\}=1/16$;

$P(\omega_2)=P\{$黑色面朝下,黑色面不朝下$\}=3/16$;

$P(\omega_3)=P\{$黑色面不朝下,黑色面朝下$\}=3/16$;

$P(\omega_4)=P\{$黑色面不朝下,黑色面不朝下$\}=9/16$;

假设事件 A 为第一次抛出黑色不朝下,则 $A=\omega_3\bigcup\omega_4$,因此根据概率定义的规则 (ii) 得出,$P(A)=P(\omega_3)+P(\omega_4)=3/16+9/16=3/4$;假设事件 B 为第一次抛出黑色不朝下,第二次抛黑色也不朝下,则 $B\subset A$,且 $P(B)=P(\omega_4)=9/16$,因此,验证了 $P(B)<P(A)$。进一步,$A-B=\omega_3$,因而也验证了概率基本运算规则(iii)。

5.2 全概率公式、贝叶斯公式和事件的独立性

为了完善概率的运算,本节将对其进行进一步的扩展。因为概率是针对随机事件而言的,但随机事件可在各种不同的条件下,不同的环境下和不同的对象之间发生,且所发生的概率是有所不同的。下面,先给出条件概率的定义。

给定事件 B,且 $P(B)>0$,所谓事件 A 在给定事件 B 的条件下的条件概率记为 $P(A|B)$,其定义为

$$P(A\mid B)=\frac{P(A\bigcap B)}{P(B)}$$

如何理解上面的条件概率呢?下面的例子将给予帮助。

例 5.2 在一个重复抛掷一个均匀硬币 20 次的随机试验中,如果事件 A 为在一次试验中正面朝上,事件 B 为在连续两次试验中,第一次(奇次)试验反面朝上而第二次(偶次)试验正面朝上。在 20 次的试验结果中,得到表 5-1 的数据。

表 5-1 试验数据

试验号	1	2	3	4	5	6	7	8	9	10	11	12	13	14	15	16	17	18	19	20
正面	√			√		√	√		√	√				√		√		√	√	
反面		√	√		√			√			√	√	√		√		√			√

注:√表示事件发生。

事件 A 发生了 12 次,而事件 B 发生了 5 次。则由"频率代替概率原则",给出 $P(A)=12/20=3/5$,$P(B)=5/10=1/2$。如果现在已知事件 B 发生,问事件 A 发生的概率为多少?

从统计表中,得出事件 $A\bigcap B$ 发生的次数为 5 次,则 $P(A\bigcap B)=5/20=1/4$。根据条件概率的定义,有

$$P(A\mid B)=\frac{P(A\bigcap B)}{P(B)}=\frac{1/4}{1/2}=\frac{1}{2}$$

事实上,从统计表中容易得到,在事件 B 已发生的条件下,事件 A 发生的次数为

5 次,而事件 B 最多可发生 10 次,因而,$P(A|B)=5/10=1/2$。

条件概率 $P(A|B)$ 可理解为相对于事件 B 发生的次数中,事件 A 发生的频率。从概率的观点来看,条件概率 $P(A|B)$ 可理解为事件 B 已经发生,事件 A 发生的概率。

以下是三个经常用到的结论。它们共同的前提条件是:事件 $A_1,A_2,\cdots,A_n$ 是互不相容的,且事件 B 的概率大于零,即 $P(B)>0$。

结论 5.1 $P\left(\bigcup_{i=1}^{n} A_i \mid B\right)=\sum_{i=1}^{n} P(A_i \mid B)$。

证明 因为 $P\left(\bigcup_{i=1}^{n} A_i \mid B\right)=\dfrac{P\left(B \bigcap \left(\bigcup_{i=1}^{n} A_i\right)\right)}{P(B)}=\dfrac{P\left(\bigcup_{i=1}^{n} (A_i \bigcap B)\right)}{P(B)}$,又因为事件 $A_1 \bigcap B$,$A_2 \bigcap B,\cdots,A_n \bigcap B$ 也互不相容,则由 5.1 节中的概率定义规则(ii)得出本结论。

结论 5.2 $P(A \bigcap B)=P(A \mid B)P(B)$。

此结论被称为"乘法法则",由条件概率的定义可得出。

结论 5.3 $P\left(\bigcap_{i=1}^{n} A_i\right)=P(A_1)P(A_2 \mid A_1)P(A_3 \mid A_1 \bigcap A_2)\cdots P(A_n \mid A_1 \bigcap \cdots \bigcap A_{n-1})$。

证明 $P\left(\bigcap_{i=1}^{n} A_i\right)=P(A_n \mid A_1 \bigcap A_2 \bigcap \cdots \bigcap A_{n-1})P(A_1 \bigcap A_2 \bigcap \cdots \bigcap A_{n-1})$

$\qquad = P(A_n \mid A_1 \bigcap A_2 \bigcap \cdots \bigcap A_{n-1})P(A_{n-1} \mid A_1 \bigcap A_2 \bigcap \cdots \bigcap A_{n-2})P(A_1 \bigcap$

$\qquad\qquad A_2 \bigcap \cdots \bigcap A_{n-2})$

$\qquad = \cdots$

$\qquad = P(A_1)P(A_2 \mid A_1)P(A_3 \mid A_1 \bigcap A_2)\cdots P(A_n \mid A_1 \bigcap A_2 \bigcap \cdots \bigcap A_{n-1})$

条件概率概念的引进,使得事件的概率运算更加丰富多彩。求一些事件的概率,可先对所求概率的事件进行条件分解,然后再分别进行概率计算,最后进行综合。下面的全概率公式和贝叶斯公式就是这种思想的具体体现。

5.2.1 全概率公式

定理 5.1 如果事件 $B_1,B_2,\cdots,B_n$ 是互不相容的事件,且每个事件发生的概率均大于零,同时事件 $B_1,B_2,\cdots,B_n$ 的并集构成整个样本空间,即 $\bigcup_{i=1}^{n} B_i=\Omega$,则对于任何事件 A,有

$$P(A)=\sum_{i=1}^{n} P(A \mid B_i)P(B_i)$$

证明 因为事件 $A=A \bigcap \Omega=A \bigcap \left(\bigcup_{i=1}^{n} B_i\right)=\bigcup_{i=1}^{n} (A \bigcap B_i)$,且事件 $A \bigcap B_1,A \bigcap B_2,\cdots,$

$A \bigcap B_n$ 互不相容,则根据概率定义的规则(ii),得出本结论。

5.2.2 贝叶斯公式

定理 5.2 如果事件 $B_1, B_2, \cdots, B_n$ 是互不相容的事件,且每个事件发生的概率均大于零,同时事件 $B_1, B_2, \cdots, B_n$ 的并集构成整个样本空间,即 $\bigcup\limits_{i=1}^{n} B_i = \Omega$,且 $P(A) > 0$,则有

$$P(B_i \mid A) = \frac{P(A \mid B_i)P(B_i)}{\sum\limits_{i=1}^{n} P(A \mid B_i)P(B_i)}$$

证明 根据条件概率与全概率公式即可得出本结论。

在概率统计学中,理论和实际上常常要求假设事件之间的关系,即事件 A 的发生与否是否与事件 B 有联系。如果事件 A 和事件 B 发生的概率有如下关系,则称这两个事件相互独立。

$$P(A \bigcap B) = P(A)P(B)$$

直观上讲,如果两个事件是否发生没有任何相互影响,则认为这两个事件相互独立。当然,事件独立的概念可推广到多个事件中去。我们说,如果 $P(A_{i1} \bigcap A_{i2} \bigcap \cdots \bigcap A_{ik}) = P(A_{i1})P(A_{i2})\cdots P(A_{ik})$ 成立,其中,集合 $\{i1, i2, \cdots, ik\}$ 为集合 $\{1, 2, \cdots, n\}$ 的任意一个子集合,k 为任意正整数,$1 \leqslant k \leqslant n$,则事件 $A_1, A_2, \cdots, A_n$ 相互独立。

事件独立的概念是概率论中最重要的概念之一,因为许多概率与数理统计结论都依赖于它。例如,如果事件 A 和事件 B 相互独立,则 $P(A|B) = P(A)$(当然要求 $P(B) > 0$)。

通常,为了简化书写,将 $P(A_1 \bigcap A_2 \bigcap \cdots \bigcap A_n)$ 记为 $P(A_1, A_2, \cdots, A_n)$;将不相容的两个事件的并集 $A \bigcup B$ 记为 $A + B$;将事件的交集 $A \bigcap B$ 记为 AB。

例 5.3 在一个包装箱中有三类产品,其中产品甲、乙和丙分别占 40%、50% 和 10%。产品处于合格和不合格两种状态之一。现已知产品甲、乙和丙的合格率分别为 90%、80% 和 95%。问:(1)如果随机地从包装箱中抽取一个产品,它是合格品的概率为多少?(2)如果抽取的是一个合格品,则它是产品甲的概率为多少?

解 令事件 $B_i (i = 1, 2, 3)$ 为产品甲、乙和丙;事件 A 为合格品。由题意可知,

$$P(B_1) = 40\%, \quad P(B_2) = 50\%, \quad P(B_3) = 10\%,$$
$$P(A|B_1) = 90\%, \quad P(A|B_2) = 80\%, P(A|B_3) = 95\%.$$

则由全概率公式得

$$P(A) = \sum_{i=1}^{3} P(A \mid B_i)P(B_i) = 0.9 \times 0.4 + 0.8 \times 0.5 + 0.95 \times 0.1$$
$$= 0.855$$

即如果随机地从包装箱抽取一个产品,它是合格品的概率为 0.855。

另一方面,由贝叶斯公式得

$$P(B_1 \mid A) = \frac{P(A \mid B_1)P(B_1)}{\sum_{i=1}^{3} P(A \mid B_i)P(B_i)} = \frac{P(A \mid B_1)P(B_1)}{P(A)}$$

$$= \frac{0.9 \times 0.4}{0.855} = 0.421\ 1$$

即如果抽取的是一个合格品,则它是产品甲的概率为 0.421 1。

例 5.4 已知某种疾病的发病率是 0.001,即 1 000 人中会有 1 个人得病。现有一种试剂可以检验人是否得病,它的准确率是 0.99,即在某个人确实得病的情况下,它有 99% 的可能呈现阳性。它的误报率是 5%,即在某个人没有得病的情况下,它有 5% 的可能呈现阳性。现有一人检验结果为阳性,请问他确实得病的可能性有多大?

解 令 A 表示"某人得病";B 表示"检验结果为阳性"。那么

$$P(A) = 0.001, P(\bar{A}) = 0.999,$$
$$P(B \mid A) = 0.99, P(B \mid \bar{A}) = 0.05。$$

根据贝叶斯公式,得

$$P(A \mid B) = \frac{P(B \mid A) \cdot P(A)}{P(B \mid A) \cdot P(A) + P(B \mid \bar{A}) \cdot P(\bar{A})}$$

$$= \frac{0.99 \times 0.001}{0.99 \times 0.001 + 0.05 \times 0.999} \approx 0.019$$

从结果看,$P(A|B)$ 约等于 0.019。也就是说,即使检验呈现阳性,病人得病的概率,也只是从 0.1% 增加到了 2% 左右。这就是所谓的"假阳性",即阳性结果完全不足以说明病人得病,出现这种情况的原因主要与它的误报率太高有关。

5.3 离散型随机变量的概率分布

在概率论中,对给定的样本空间 Ω,其中的点常常是一组数字,即把随机试验的结果与一组实数联系起来。实现这一点是通过定义一个随机变量来进行的。通常,用大写字母来表示随机变量,用小写字母表示随机变量的一个实现。

定义 5.1 设 Ω 是一个样本空间,在其上定义了一个概率函数。并令 X 是定义在 Ω 上的一个实函数(函数 X 把 Ω 中的点与 x 轴上的实数点对应),则称 X 为随机变量(一维随机变量)。

为了更好地理解随机变量的概念,这里用例 5.1 的情况加以说明。在例 5.1 中,样本空间 $\Omega = \{\omega_1, \omega_2, \omega_3, \omega_4\}$,则随机变量 X 就是函数 $X(\omega)$ 在点 ω 处的取值。例如,可定义函数 $X(\omega)$ 为:$X(\omega_1) = 0, X(\omega_2) = 1, X(\omega_1) = 1, X(\omega_1) = 2$,即 $X(\omega_i)$ 等于 ω_i 中的黑色面不朝下的数目。

同理,可以将随机变量扩展到二维、三维和多维的情况。例如,对于二维随机变量(X,Y)的定义如下。

定义 5.2 设 Ω 是一个样本空间,在其上定义了一个概率函数。并令 X 和 Y 是分别定义在 Ω 上的两个实函数,则称(X,Y)为二维随机变量。

例如,对于例 5.1,可定义函数 $X(\omega_i)$ 和 $Y(\omega_i)$ 如下:

$X(\omega_i)$为 ω_i 中的第一个元素为黑色面不朝下的数目,即

$$X(\omega_1) = 0, \quad X(\omega_2) = 0, \quad X(\omega_3) = 1, \quad X(\omega_4) = 1$$

$Y(\omega_i)$为 ω_i 中的第二个元素为黑色面不朝下的数目,即

$$Y(\omega_1) = 0, \quad Y(\omega_2) = 1, \quad Y(\omega_3) \doteq 0, \quad Y(\omega_4) = 1$$

则二维随机变量(X,Y)的定义为

$$(X(\omega_1),Y(\omega_1)) = (0,0), \quad (X(\omega_2),Y(\omega_2)) = (0,1)$$
$$(X(\omega_3),Y(\omega_3)) = (1,0), \quad (X(\omega_4),Y(\omega_4)) = (1,1)$$

由以上随机变量的定义可知,随机变量至少有两种类型:离散型和连续型。

定义 5.3 如果随机变量 X 在 x 轴上只取有限个或可数个数值,则称其为离散型随机变量。

假设随机变量 X 以概率 $P(x_1),P(x_2),\cdots,P(x_n),\cdots$ 取值 $x_1,x_2,\cdots,x_n,\cdots$。事件 A 是点 $x_1,x_2,\cdots,x_n$ 的任意一个子集,则事件 A 的概率为

$$P(A) = \sum_A P(x)$$

其中 $\sum\limits_A P(x)$ 表示对在集合 A 中的那些 x_i 求 $P(x_i)$ 的和。

$P(x_i)$ 称为离散随机变量 X 的密度。事实上,对于任何一个满足下列关系的函数均可作为一个离散随机变量的密度。

$$\begin{cases} P(x_i) \geqslant 0 \\ \sum P(x_i) = 1 \end{cases}, \quad i = 1,2,\cdots$$

离散型随机变量的密度函数可以是一个数学公式,也可以是一张表格。

函数 $F(x) = \sum\limits_{x_i \leqslant x} P(x_i)$ 称为随机变量的累积分布函数,其中求和是对于所有满足 $x_i \leqslant x$ 的 i 而言的。

通常描述或了解一个随机变量会很烦琐,但是,可以用某些特征值粗略地勾画出随机变量的特点。因此,人们定义了随机变量的均值和方差等特征值。

定义 5.4 离散型随机变量 X 分别以概率 $P(x_1),P(x_2),\cdots,P(x_n),\cdots$ 取相应的可能值 $x_1,x_2,\cdots,x_n,\cdots$ 则称

$$E(X) = \sum_i x_i P(x_i)$$

为离散型随机变量 X 的均值或数学期望值。

（注：此种定义不是非常严谨，但一般不会影响使用。）

离散型随机变量 X 的均值描述了其取值的平均程度，即它是随机变量 X 的概率加权平均值。注意，有时它可为正无穷大或负无穷大。

定义 5.5　离散型随机变量 X 分别以概率 $P(x_1), P(x_2), \cdots, P(x_n), \cdots$ 取相应的可能值 $x_1, x_2, \cdots, x_n, \cdots$ 则称

$$\text{Var}(X) = \sum_i (x_i - E(X))^2 P(x_i)$$

为离散型随机变量 X 的方差。

离散型随机变量 X 的方差描述了其取值的分散程度，其值大，则分布的离散程度大；其值小，则分布的离散程度小。它是一个非负的数值。

下面介绍几个常用的离散型随机变量及其概率分布。

5.3.1　伯努利分布

如果随机变量 X 的密度函数为

$$P(X = a) = p, \quad P(X = b) = q \equiv 1 - p$$

则称随机变量 X 服从伯努利分布（Bernoulli distribution）。记为：$X \sim B(a, b; p)$。当 $a = 0, b = 1$ 时，此分布称为 0-1 分布。许多事件的结果可分为两种情况，这类事件可以用伯努利分布来描述。伯努利分布的均值和方差为

$$E(X) = ap + b(1 - p)$$
$$\text{Var}(X) = (a - ap - b(1 - p))^2 p + (b - ap - b(1 - p))^2 (1 - p)$$

5.3.2　二项分布

如果随机变量 X 的密度函数为

$$P(X = k) = C_n^k p^k (1 - p)^{n-k}, \quad k = 0, 1, 2, \cdots, n$$

则称随机变量 X 服从二项分布（binomial distribution），记为 $X \sim B(n, p)$。其均值和方差分别为

$$E(X) = \sum_{k=0}^n kP(X = k) = \sum_{k=0}^n kC_n^k p^k (1 - p)^{n-k}$$

$$= \sum_{k=0}^n nC_{n-1}^{k-1} p^k (1 - p)^{n-k} = np \sum_{k=0}^n C_{n-1}^{k-1} p^{k-1} (1 - p)^{n-1-(k-1)}$$

$$= np \sum_{k=0}^{n-1} C_{n-1}^k p^{k-1} (1 - p)^{n-1-k} = np$$

由于 $\text{Var}(X) = E(X^2) - [E(X)]^2$，而 $[E(X)]^2 = (np)^2$。另一方面，

$$E(X^2) = \sum_{k=0}^{n} k^2 C_n^k p^k q^{n-k} = n \sum_{k=0}^{n} k C_{n-1}^{k-1} p^k q^{n-k}$$

$$= n \sum_{k=0}^{n} (k-1) C_{n-1}^{k-1} p^k q^{n-k} + n \sum_{k=0}^{n} C_{n-1}^{k-1} p^k q^{n-k}$$

$$= np \sum_{k=0}^{n} (k-1) C_{n-1}^{k-1} p^{k-1} q^{n-1-(k-1)} + np \sum_{k=0}^{n} C_{n-1}^{k-1} p^{k-1} q^{n-1-(k-1)}$$

$$= np \sum_{k=0}^{n-1} k C_{n-1}^{k} p^k q^{n-1-k} + np \sum_{k=0}^{n-1} C_{n-1}^{k} p^k q^{n-1-k}$$

$$= np(n-1)p + np = (np)^2 + npq$$

因此，$\mathrm{Var}(X) = npq$。

结论 5.4 如果 $X_1, X_2, \cdots, X_k$ 是独立的随机变量，且分别服从 $B(n_1, p), B(n_2, p), \cdots,$ $B(n_k, p)$，则 $X_1 + X_2 + \cdots + X_n$ 服从 $B(n_1 + n_2 + \cdots + n_k, p)$。

5.3.3 几何分布

如果随机变量 X 的密度函数为

$$P(X = k) = pq^{k-1}, \quad k = 0, 1, 2, \cdots, p + q = 1$$

则称随机变量 X 服从几何分布。记为：$X \sim G(p)$。其均值和方差分别为

$$E(X) = \frac{q}{p}$$

$$\mathrm{Var}(X) = \frac{q}{p^2}$$

5.3.4 超几何分布

如果随机变量 X 的密度函数为

$$P(X = k) = \frac{C_D^k C_{N-D}^{n-k}}{C_N^n}$$

其中 k 是满足 $\max\{0, n-(N-D)\} \leqslant k \leqslant \min\{n, D\}$ 的自然数，则称随机变量 X 服从超几何分布（hypergeometric distribution）。记为：$X \sim H(D, N, n)$。其均值和方差分别为

$$E(X) = \frac{nD}{N}$$

$$\mathrm{Var}(X) = \frac{nD}{N} \left(1 - \frac{D}{N}\right) \frac{N-n}{N-1}$$

几何分布的物理背景是对 N 个产品进行 n 次非放回抽样，且 N 个产品中有 D 个不合格品，几何分布的概率为抽到 k 个不合格品的概率。

5.3.5 泊松分布

如果随机变量 X 的密度函数为

$$P(X = k) = \frac{\lambda^k \exp(-\lambda)}{k!}, \quad k = 0, 1, 2, \cdots, \lambda \text{ 为正数}$$

则称随机变量 X 服从泊松分布(Poisson distribution)。记为 $X \sim P(\lambda)$。其均值和方差分别为

$$E(X) = \text{Var}(X) = \lambda$$

结论 5.5 如果 $X_1, X_2, \cdots, X_n$ 是独立的随机变量,且分别服从 $P(\lambda_1), P(\lambda_2), \cdots,$ $P(\lambda_n)$,则

$$X_1 + X_2 + \cdots + X_n \text{ 服从 } P(\lambda_1 + \lambda_2 + \cdots + \lambda_n)$$

5.3.6 多项分布

如果随机向量 $(X_1, X_2, \cdots, X_t)$ 的密度函数为

$$P(X_i = k_i, i = 1, 2, \cdots, t) = \frac{n!}{\prod\limits_{i=1}^{t} (k_i)!} (p_1)^{k_1} (p_2)^{k_2} \cdots (p_t)^{k_t}$$

其中 $k_i, i = 1, \cdots, t$ 为非负整数,且 $\sum\limits_{i=1}^{t} k_i = n$,并且 $\sum\limits_{i=1}^{t} p_i = 1, p_i \geqslant 0, i = 1, \cdots, t$,则称随机向量 $(X_1, X_2, \cdots, X_t)$ 服从多项分布。记为 $(X_1, X_2, \cdots, X_t) \sim M(n; p_1, p_2, \cdots, p_t)$。其均值和方差分别为

$$E(X_i) = np_i$$
$$\text{Var}(X_i) = np_i(1 - p_i)$$

协方差为 $\qquad \text{Cov}(X_i, X_j) = -np_i p_j, \quad i \neq j, i, j = 1, \cdots, t$

5.4 连续型随机变量的概率分布

如果一个随机变量在 x 轴上、x-y 平面上或高维空间的某个区间、某个区域或某个区间集合中的任何数值,则称此随机变量为连续型的一维、二维或多维随机变量。

离散型随机变量只能取有限或无限可列个值,而连续型随机变量必然取不可列个值。这就是连续型随机变量同离散型随机变量之间的差别。

定义 5.6 对于一个一维随机变量 X,函数 $F(x) = P(X \leqslant x)$ 称为随机变量 X 的分布函数。

分布函数有如下的性质:

(1) 对于任意实数 x,则 $0 \leqslant F(x) \leqslant 1$。

（2）如果 $x \leqslant y$，则 $F(x) \leqslant F(y)$，即分布函数为不减函数。

（3）如果数列 x_n 是一个递增数列，且 $\lim\limits_{n \to \infty} x_n = x$，则 $\lim\limits_{n \to \infty} F(x_n) = F(x)$，即分布函数是一个右连续函数。

（4）$F(-\infty) = 0, F(\infty) = 1$。

定义 5.7 对于一个一维随机变量 X，如果分布函数 $F(x)$ 在点 x 可微，则函数 $f(x) = \dfrac{\mathrm{d}F(x)}{\mathrm{d}x}$ 称为随机变量 X 的密度函数，即 $F(x) = \displaystyle\int_{-\infty}^{x} f(u)\mathrm{d}u$。

密度函数有如下的性质：

（1）对于任意实数 x，则 $0 \leqslant f(x)$。

（2）$P(a \leqslant X \leqslant b) = F(b) - F(a) = \displaystyle\int_{a}^{b} f(x)\mathrm{d}x$。

（3）$\displaystyle\int_{-\infty}^{\infty} f(x)\mathrm{d}x = 1$。

对于二维随机变量的密度函数和边际分布也有类似的定义，这里只作简单介绍，即 $f(x,y) = \dfrac{\partial^2 F(x,y)}{\partial x \partial y}$ 为密度函数，$G_X(x) = \displaystyle\int_{-\infty}^{\infty} F(x,y)\mathrm{d}y$ 和 $G_Y(x) = \displaystyle\int_{-\infty}^{\infty} F(x,y)\mathrm{d}x$ 为边际分布。

下面介绍几个常用的连续型随机变量及其概率分布。

5.4.1 正态分布

如果随机变量 X 的密度函数为

$$f(x) = \frac{1}{\sqrt{2\pi}\sigma} \exp\left(-\frac{(x-\mu)^2}{2\sigma^2}\right) \quad \mu, \sigma \text{ 为实数}, \sigma > 0$$

则称随机变量 X 服从正态分布（normal distribution）。记为：$X \sim N(\mu, \sigma^2)$。其密度函数的曲线如图 5-1 所示。

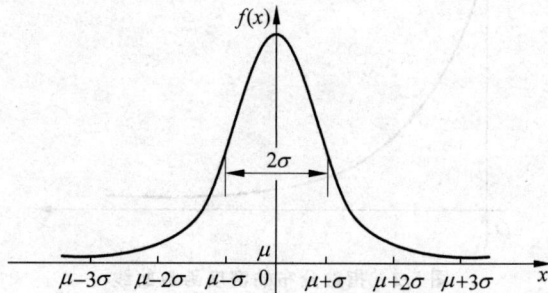

图 5-1 正态分布密度曲线

其均值和方差分别为：$E(X)=\mu$，$\mathrm{Var}(X)=\sigma^2$。

如果 $\mu=0$，$\sigma=1$，则称随机变量服从标准正态分布，记为，$X\sim N(0,1)$。关于标准正态分布的分布函数，即 $\Phi(x)=\displaystyle\int_{-\infty}^{x}\frac{1}{\sqrt{2\pi}}\mathrm{e}^{-\frac{x^2}{2}}\mathrm{d}x$，一般有表可查。

结论 5.6 如果随机变量 X 服从正态分布，则
$$P(\mu-\sigma\leqslant X\leqslant\mu+\sigma)=0.683$$
$$P(\mu-2\sigma\leqslant X\leqslant\mu+2\sigma)=0.955$$
$$P(\mu-3\sigma\leqslant X\leqslant\mu+3\sigma)=0.997$$

结论 5.7 如果随机变量 $X_1,X_2,\cdots,X_n$ 是相互独立的正态分布，且 $E(X_i)=\mu_i$，$\mathrm{Var}(X_i)=\sigma_i^2$，则随机变量 $X_1,X_2,\cdots,X_n$ 的线性组合，即 $\displaystyle\sum_{i=1}^{n}c_iX_i$ 服从正态分布，
$$\sum_{i=1}^{n}c_iX_i\sim N\left(\sum_{i=1}^{n}c_i\mu_i,\sum_{i=1}^{n}c_i^2\sigma_i^2\right)。$$

结论 5.8 如果随机变量 X 服从正态分布，即 $X\sim N(\mu,\sigma^2)$，则 $\dfrac{X-\mu}{\sigma}\sim N(0,1)$。

正态分布是人们所了解和应用的最广泛的一种分布。下面的一些变量可认为服从正态分布，人的身高、体重、智商和学习成绩等。

5.4.2 指数分布

如果随机变量 X 的密度函数为
$$f(x)=\lambda\exp(-\lambda x)\lambda\ 为实数，\quad \lambda>0$$
则称随机变量 X 服从指数分布（exponential distribution）。记为：$X\sim E(\lambda)$。其密度函数的曲线如图 5-2 所示。

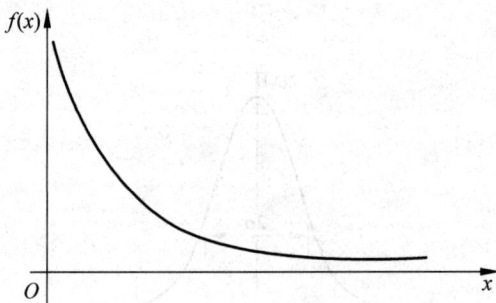

图 5-2 指数分布的密度函数曲线

其均值和方差分别为：$E(X)=\dfrac{1}{\lambda}$，$\mathrm{Var}(X)=\dfrac{1}{\lambda^2}$。

指数分布一般用来描述随机事件发生的时间间隔。实际应用中,它与泊松分布关系十分密切,泊松分布通常用来表示随机事件发生的时刻。

5.4.3　均匀分布

如果随机变量 X 的密度函数为

$$f(x) = \begin{cases} \dfrac{1}{b-a}, & \text{当 } x \in [a,b] \text{ 时} \\ 0, & \text{其他情况} \end{cases}$$

其中, a,b 为两个参数,并且 $b > a$,则称随机变量 X 服从均匀分布(rectangular distribution)。记为: $X \sim U(a,b)$。其密度函数的曲线如图 5-3 所示。

其均值和方差分别为

$$E(X) = \frac{a+b}{2}, \quad \text{Var}(X) = \frac{(b-a)^2}{12}$$

结论 5.9　如果随机变量 X 的分布函数为 $F(x)$,函数 $F(x)$ 的反函数存在,且随机变量 $U \sim U(0,1)$,则随机变量 $F^{-1}(U)$ 与随机变量 X 具有相同的分布。

(注:此结论在随机数的产生中是一个最基本的方法。)

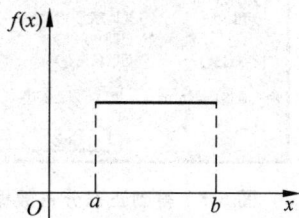

图 5-3　均匀分布密度函数曲线

软件应用
>>>

1. 使用 Excel 绘制正态分布图形

如何使用工具绘制一张精确的正态分布密度函数曲线呢? 有两个步骤:数据的获取和图形的绘制。

(1) 数据获取:我们知道,正态分布的密度函数为 $f(x) = \dfrac{1}{\sqrt{2\pi}\sigma} \exp\left(-\dfrac{(x-\mu)^2}{2\sigma^2}\right)$,标准正态分布 $\mu=0, \sigma=1$,且其分布的标准差范围为 $[-3,3]$,进行如下操作,便可获得一个标准正态分布数据序列。

① 在 Excel 工作区相应位置输入 $-3,0,1$,以及公式,如图 5-4 所示。

	A	B	C	D	E	F
1	−3	=1/(2*PI())^0.5*$E$2)*EXP(− 0.5*((A1−$E$1)/$E$2)^2			0	0
2					1	1

图 5-4　输入数据及公式

② 选中 A1—A301,单击"编辑"→"填充"→"序列",填写下列信息,便可得到 A 列的等差数列,即正态分布数据序列,如图 5-5 所示。

③ 拷贝 B1,粘贴至 B2—B301。得到 B 列的正态分布密度数据序列。

(2)绘制图形:选中 A1—B301,单击"插入"→"图表"→"折线图",得到如图 5-6 所示的图形。

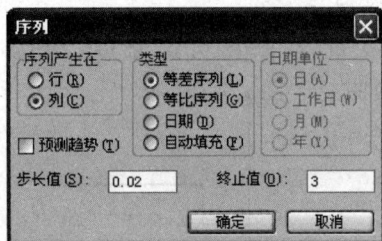

图 5-5 得到正态分布数据序列

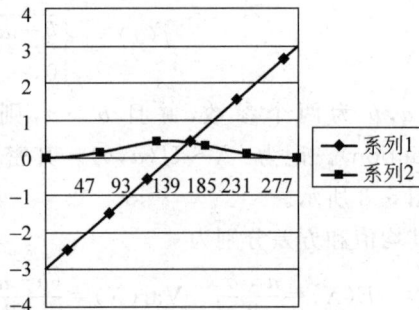

图 5-6 绘制图形

对数据线,单击右键,选数据系列格式坐标轴,选择"次坐标轴",单击"确定",即得如图 5-7 所示的正态分布密度函数图形。

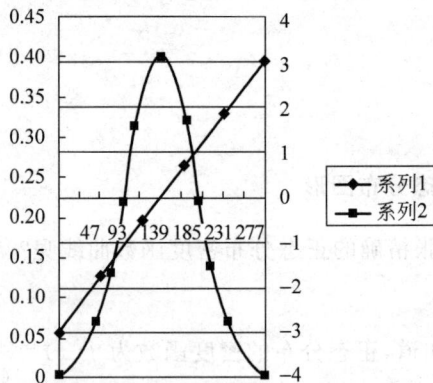

图 5-7 正态分布密度函数曲线

2. 用 Excel 代替查表求概率

以下介绍 Excel 中几种计算分布概率值的函数(代替查表)。

BINOMDIST()——返回二项分布的概率值。

例 5.5 某公司想知道其推出的手机 APP 的市场欢迎度,6 成使用者反映非常喜欢。

市场部门随机对 100 名使用者进行调研,其中恰好有 45 人喜欢的概率为多少? 用 Excel 求概率值,如图 5-8 所示。

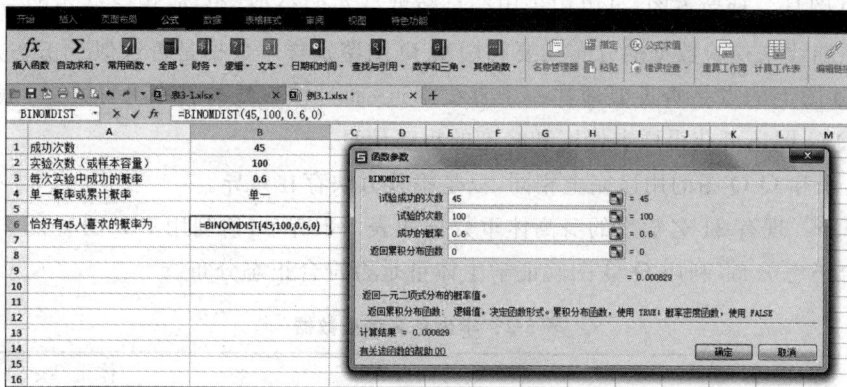

图 5-8 用 Excel 求概率

注:cumulative 表示"单一概率"或"累积概率"逻辑值,分别对应"0"和"1"。如本例中,单一概率即 $X=45$ 的概率;累积概率即 $X \leqslant 45$ 的概率。

POISSON()——返回泊松分布的概率值。

HYPGEOMDIST()——返回超几何分布的概率值。

EXPONDIST()——返回指数分布的概率值。

NORMDIST()——返回正态分布的概率值。

3. 用 SPSS 验证数据正态分布

(1)用偏态系数和峰度检验数据正态性

偏态系数(α)是对分布偏斜方向和程度的测量,用于检验不对称性;峰态系数(β)是分布集中趋势高峰的情况,用于检验峰态。适用条件:样本含量应大于 200。

$\alpha=0$ 时,分布呈正态;$\alpha>0$ 时,分布呈正偏态;$\alpha<0$ 时,分布呈负偏态。

$\beta=3$ 时,呈正态分布;$\beta>3$ 时,为尖峰分布;$\beta<3$ 时,为平顶分布。

具体操作步骤:执行菜单栏 Analyze(分析)→Descriptive Statistics(描述性统计)→Frequencies(频数)命令,打开"Frequencies"(频数)对话框,从"Frequencies"对话框左侧的候选变量列表框中,选取一个或多个待分析的变量,将它们移至右侧的"Variable(s)"选定的分析变量框中,单击"Statistics"(统计量)按钮,在弹出的对话框中选定偏度、峰度等统计量,相继点击"Continue"、"OK",即可输出结果。

(2)图示法:P-P 图和 Q-Q 图

P-P 图是根据变量的累积比例与指定分布的累积比例之间的关系所绘制的图形。通过 P-P 图可以检验数据是否符合指定的分布。当数据符合指定分布时,P-P 图中各点近似呈一条直线或者聚集在直线周围。

Q-Q 图是一种散点图,可以用于用变量数据分布的分位数与所指定分布的分位数之间的关系曲线来检验数据的分布。要利用 Q-Q 图鉴别样本数据是否近似于正态分布,只需看 Q-Q 图上的点是否近似地在一条直线附近,而且该直线的斜率为标准差,截距为均值。用 Q-Q 图还可获得样本偏度和峰度的粗略信息。

P-P 图和 Q-Q 图的用途完全相同,只是检验方法存在差异。

例 5.6　现有 21 名学生的身高体重数据如表 5-2 所示,请利用 P-P 图验证学生身高是否符合正态分布,利用 Q-Q 图验证学生体重是否符合正态分布。

表 5-2　学生身高体重数据

学 生 编 号	身高/cm	体重/kg
1	169	58.00
2	170	60.00
3	168	58.00
4	159	49.00
5	160	55.00
6	166	50.00
7	170	58.00
8	160	49.00
9	154	49.00
10	155	48.00
11	160	50.00
12	167	67.00
13	166	50.00
14	159	49.00
15	165	50.00
16	158	48.00
17	140	40.00
18	150	42.00
19	156	50.00
20	166	51.00
21	168	53.00

（1）利用 P-P 图验证学生身高是否符合正态分布，步骤如下：

打开主窗口，执行菜单栏 Analyze（分析）→Descriptive Statistics（描述性统计）→P-P Plots，弹出"P-P Plots"定义框，把"身高"导入"Variables"中，然后在"Test Distribution"中选择"Normal"，在"Distribution Parameters"中选择"Estimate from data"，如图 5-9 所示，最后点击"OK"，得到"身高的正态 P-P 图"，如图 5-10 所示。

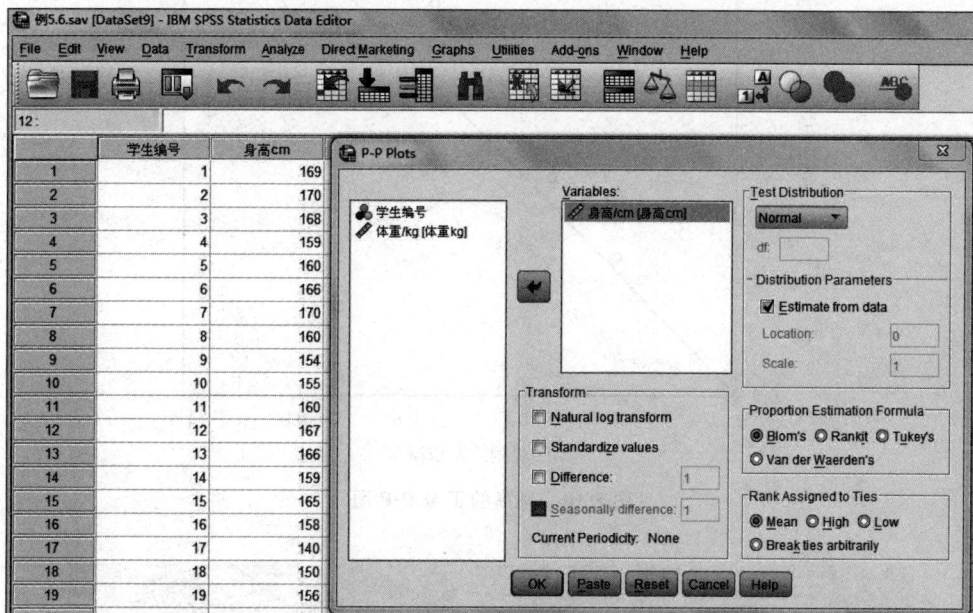

图 5-9　P-P 图定义框

结果分析：由"身高的正态 P-P 图"（图 5-10）可见，数据点在直线的附近，但并不是都位于直线上，所以正态性不是很强。

（2）利用 Q-Q 图验证学生体重是否符合正态分布，步骤如下：

执行菜单栏 Analyze（分析）→Descriptive Statistics（描述性统计）→Q-Q Plots，弹出"Q-Q Plots"定义框，把"体重"导入"Variables"中，然后在"Test Distribution"中选择"Normal"，在"Distribution Parameters"中选择"Estimate from data"，如图 5-11 所示，最后点击"OK"，得到"体重的正态 Q-Q 图"，如图 5-12 所示。

结果分析：由"体重的正态 Q-Q 图"（图 5-12）可见，数据点在直线的附近，但并不是都位于直线上，所以正态性不是很强。

身高/cm的正态P-P图

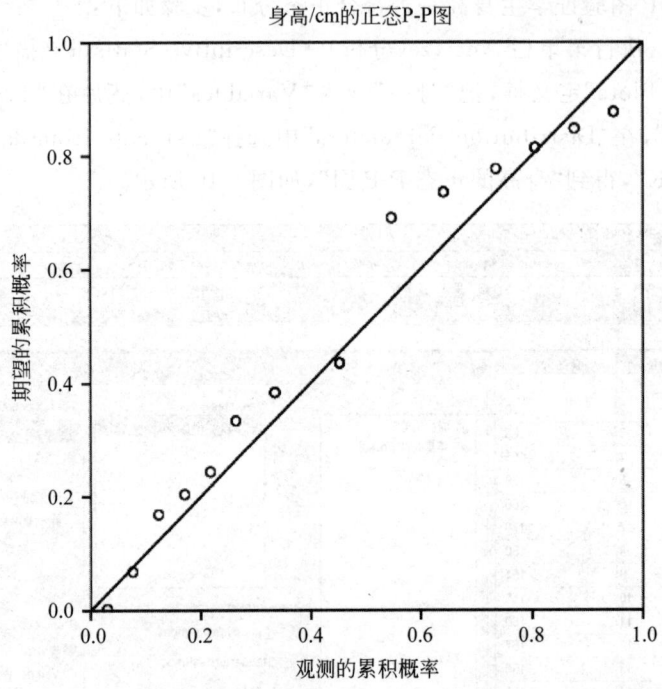

图 5-10　身高的正态 P-P 图

图 5-11　Q-Q 图定义框

体重/kg的正态Q-Q图

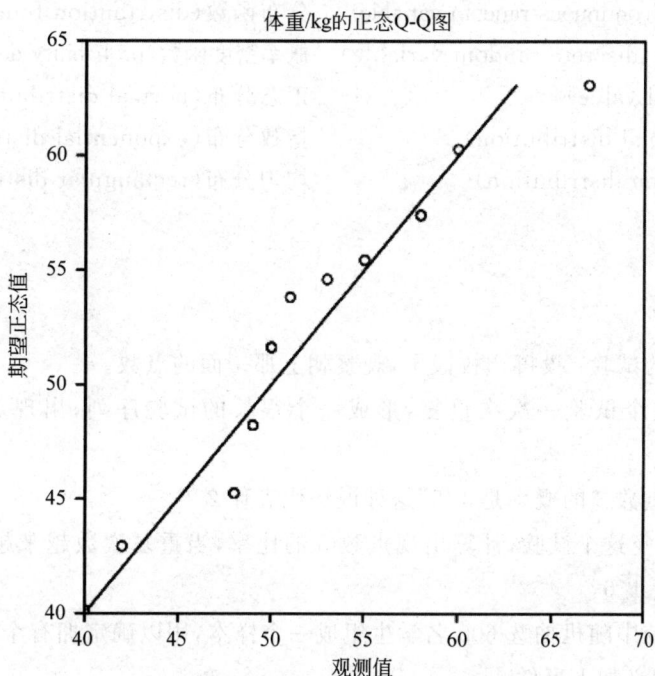

图 5-12 体重的正态 Q-Q 图

本章小结

>>>

本章主要介绍了概率与概率分布的基础知识。首先引入了概率的基本概念,什么是随机事件,某随机事件出现的概率怎样计算,以及概率运算的基本法则。其次按照随机变量的特性,把随机变量分为两类,即离散型随机变量和连续型随机变量。为了能够全面表达随机变量 X 的概率性质及其在经济管理中的实际意义,引入了随机变量 X 的重要数字特征:均值和标准差。离散型随机变量和连续型随机变量都有许多重要的概率分布,本章仅介绍了常用的几种:0-1 分布、二项分布、泊松分布、正态分布、指数分布等。这对今后理解概率在各种统计推断方法中的作用相当有益。

关键术语

>>>

随机事件(random event)   条件概率(conditional probability)

必然事件(certain event)   验前概率(prior probability)

不可能事件(impossible event)   验后概率(posterior probability)

互斥事件(mutually exclusive events) 概率分布(probability distribution)

连续型随机变量(continuous random variable)　分布函数(distribution function)

离散型随机变量(discrete random variable)　概率密度函数(probability density function)

期望值(expected value)　正态分布(normal distribution)

二项分布(binomial distribution)　指数分布(exponential distribution)

泊松分布(Poisson distribution)　均匀分布(rectangular distribution)

习题

>>>

基础习题

1. 做如下的试验：投掷一枚骰子，观察朝上那一面的点数。

(1) 如果这个试验一次次重复，形成一个很长的试验序列，出现点数 3 的比率有多大？

(2) "出现点数 3 的概率是 1/6"这种说法代表什么？

(3) 多次重复这个试验，计算出现点数 3 的比率，当重复次数越来越多时，这个比率是否越来越接近 1/6？

2. 从某高校中随机抽选 600 名学生组成一个样本，用以确定拥有个人计算机的学生所占的比例。定义如下事件。

A：恰有 186 人拥有个人计算机；

B：恰有 203 人拥有个人计算机；

C：特定学生李明拥有个人计算机。

试讨论 A 与 B，B 与 C，C 与 A 是否为互斥事件。说明理由。

3. 将一枚均匀的硬币抛掷 20 次，结果出现了 18 次正面。若再抛掷一次，这次出现反面的概率有多大？

4. 调查某市的智能电视和电脑两种电器的拥有情况，有 60% 的家庭有智能电视，有 80% 的家庭有电脑，假定这两个事件是独立的。

(1) 随机抽出一个家庭，发现该家庭既有智能电视又有电脑的概率是多大？

(2) 一个家庭至少拥有一种电器的概率。

5. 一个口袋中装有 3 个乒乓球，其中一个黄色，两个白色。从中相继抽取两次，每次抽一个球。

(1) 第二次抽到白球的概率是多少？

(2) 已知第一次抽到的是白球，第二次抽到的还是白球的概率有多大？

6. 设 $0 < P(A) < 1, 0 < P(B) < 1, P(A|B) + P(\overline{A}|\overline{B}) = 1$。问 A 与 B 是否独立？

7. 设 $P(A) = p, P(B) = q, P(AB) = l$，求下列事件的概率：$P(\overline{A} \cup \overline{B})$，$P(\overline{A} \cup B)$

$P(\overline{A}\overline{B}),P(\overline{A}\overline{B})$。

8. 在一个箱中有 5 个球,其中 3 个为白色;在第二个箱中有 8 个球,其中 4 个为白色。现从每个箱中任取一球,然后从这两个中任取一球,取到白球的概率是多少?

9. 考虑掷三枚硬币的试验。令 X 表示观察到反面的个数,试求 X 的概率分布。

10. 投掷两枚骰子,观察所出的点数,试求两枚骰子点数之和为 8 的概率。

11. 某家超市顾客调查表明,有 80% 的顾客到超市是来购买食品,60% 的顾客购买其他商品,40% 的顾客既购买食品也购买其他商品。求:

(1) 已知某顾客购买食品的条件下,也购买其他商品的概率。

(2) 已知某顾客购买其他商品的条件下,也购买食品的概率。

12. 一个投资者拥有三种股票,且相互独立,每种股票的涨、平、跌概率相等,预测至少有两种股票涨的概率有多大?

13. 一高校老师已任教多年,她知道有 80% 的学生能完成每次布置的作业,其中有 90% 将通过考试,而那些没有完成作业的学生中将有 50% 通过考试,问最终的通过率会是多少?

14. 某篮球队在一年的比赛中,晚间比赛占 60%,日间比赛占 40%,晚间比赛得胜率为 50%,日间比赛得胜率为 90%。若该球队在某场球赛取胜,则该场球赛为晚间比赛的概率是多少?

15. 某人花 10 元钱买彩票,他抽中 1 000 元奖的概率是 0.1%,抽中 100 元奖的概率是 1%,抽中 5 元奖的概率是 20%,各种奖不能同时抽中。求:此人收益的概率分布和收益的期望值。

16. 某公共汽车站从早上 6 时起每隔 15 分钟开出一趟班车,假定某乘客在 6 点以后到达车站的时刻是随机的,他等候乘车的时间长度 X 服从参数为 $a=0,b=15$ 的均匀分布。试求该乘客等候乘车的时间长度少于 5 分钟的概率。

17. 一部电梯在一周内发生故障的次数 X 及相应的概率如下表。

故障次数 $X=x_i$	0	1	2	3
概率 $P(X=x_i)=p_i$	0.10	0.25	0.35	α

(1) 确定 α 的值;

(2) 求正好发生两次故障的概率;

(3) 求故障次数多于一次的概率;

(4) 求最多发生一次故障的概率;

(5) 求最多发生两次故障的概率。

应用习题

18. 某医院从两个供应商处购买了同一种医疗仪器配件,质量状况如下表所示。

供 应 商	正 品 数	次 品 数	合 计
甲	84	6	90
乙	102	8	110
合 计	186	14	200

从这 200 个仪器配件中任取一个进行检查,求:

(1) 取出的一个为正品的概率。

(2) 取出的一个为供应商甲的配件的概率。

(3) 取出的一个为供应商甲的正品的概率。

(4) 已知取出一个为供应商甲的配件,它是正品的概率。

19. 某厂所生产的产品平均每 10 件中有 1 件次品,这些次品在生产线上就被挑选出来再次加工合格后入库。假定在某一段时间内,你观察到生产线上连续出现 4 件次品。

a. 假定次品通常是随机出现在生产线上,那么连续出现 4 件次品的概率是多大?

b. 假如确实发生了连续出现 4 件次品,你将对生产线作出什么结论?

20. 某公司董事会由 8 位男性和 6 位女性组成,现随机选出 6 个人作为分公司的董事。问:

(1) 选出的 6 人均为女性的概率是多大?

(2) 选出的 6 人均为男性的概率是多大?

(3) 选出的 6 人由 3 位男性和 3 位女性组成的概率是多大?

21. 某大型公司对员工进行培训,培训结束时给员工打分,10%被评为杰出,85%为满意,5%为不满意。对一个随机选择的含有 10 个培训人员的样本,求下列概率:

(1) 3 个被评为杰出;

(2) 3 个或 3 个以上被评为杰出;

(3) 没有人员被评为不满意。

22. 假定某医院护士每周的加班津贴服从均值为 50 元、标准差为 10 元的正态分布,那么全医院护士每周的加班津贴超过 70 元的概率是多少,每周加班津贴在 40~60 元的概率呢?

23. 现有 20 名学生的考试成绩数据如下所示,请利用 SPSS 软件绘制 P-P 图并说明学生成绩是否符合正态分布。

学 生 编 号	考 试 成 绩	学 生 编 号	考 试 成 绩
1	83	11	68
2	81	12	70
3	73	13	71
4	67	14	72
5	72	15	73
6	74	16	75
7	76	17	59
8	73	18	72
9	77	19	81
10	76	20	69

24. 一个售票处,在时间间隔 t(分钟)内来买票的人数 X 服从参数 $\lambda = \frac{1}{5}t$ 的泊松分布。售票人员 4 分钟可完成一张票的办理手续,因此,如果顾客来买票的间隔时间 t 小于 4 分钟的话就意味着要等待。假设一个顾客刚开始接受服务,问下一个客户需要等待的概率是多少?

25. 从甲地乘公共汽车到乙地,有两条路线可以选择。第一条路线经过市区,路线较短,但容易堵车,所需时间服从正态分布 $N(50,100)$;第二条路线走外环路,路线较长,但意外堵塞少,所需时间服从正态分布 $N(60,16)$。问:

(1) 若有 70 分钟可用,应走哪一条路线?

(2) 若仅有 65 分钟可用,又应走哪一条路线?

26. 科幻小说每年的销售量服从正态分布,期望值和标准差都不知道,但已知销售量超过 470 000 本的概率是 40%,超过 500 000 本的概率是 10%。求其期望值和标准差。

27. 某次研究生的考试中参加某门考试的考生有 20 000 人,考生考试成绩服从正态分布,已知平均成绩为 55 分,标准差为 8 分。现从中随机抽取 1 名考生,试求其成绩在下述区间的概率:

(1) 40~55 分的概率;

(2) 55~70 分的概率。

28. 某公司从 A、B、C 三个供应商处订购零部件,公司发现从三个供应商处订购的零部件中完好的和有缺陷的比例如下表。

	供　应　商		
	A	B	C
完好	0.30	0.27	0.33
有缺陷	0.03	0.05	0.02

（1）从所有零件中随机抽取一个，求该零件有缺陷的概率。

（2）从所有零件中随机抽取一个，求该零件来自供应商 A 的概率。

（3）从所有零件中随机抽取一个，经查验知该零件是有缺陷的，求该零件来自供应商 B 的概率。

29. 某学校餐馆为在校学生提供外卖服务。过去一个月的数据表明，从电话下单到外卖送达，这一段时间服从均值为 20，标准差为 4 的正态分布（单位：min）。

（1）求某学生在 15～25min 之内收到外卖的概率。

（2）该餐馆承诺如果送外卖时间超过 30min，外卖将免费。求某位同学获得免费外卖的概率。

30. 思考题：在中国证券市场中，常有"中国股市是被认为操纵"的说法，即一只股票的价格与发行公司的经营业绩无关，也就是说一个业绩很好的公司，它的股票（绩优股）可以被庄家打压得很低；一个经营业绩很差的公司，它的股票（垃圾股）可以被庄家拉得很高。事实真的是这样吗？请用贝叶斯公式的有关原理来分析论证。

案例研究

>>>

MBL 公司与充满潜力的 SUV 市场（4）

从中国市场消费者对 SUV 车型的认可程度以及基于 MBL 公司市场研究小组对 SUV 市场发展现状的分析，MBL 公司的高层决策者们一直认为有必要持续提高 SUV 车型的升级改良和市场推广的投入。然而 MBL 公司作为中国的一家自主品牌汽车生产企业，对 SUV 车型研发和市场的持续投入对于 MBL 公司来说是一笔不小的投资。中国汽车市场的竞争是激烈的，许多大型的国际汽车生产企业，如日本的丰田、本田和日产，德国的大众，美国的福特和通用等，它们都有充足的资金，并且具有使用竞争性的价格席卷 SUV 市场的能力。

MBL 公司的高层决策者们除了考虑通过自有资金加大对 SUV 车型研发和市场的投入外，也正在考虑与一家来自法国的汽车生产企业共同研发新的 SUV 车型，推出一个全新品牌的 SUV 车型，这样做的好处在于不仅可以获得该法国公司在车型研发上的技术支持，还可以借助该企业品牌和市场渠道上的优势来弥补 MBL 公司在这些方面的不足，以节约一部分的市场营销投入。然而，如果与法国企业合作推出的全新 SUV 车型没有得到市场的认可,MBL 公司巨大的投资将会付之东流。

MBL 公司的高层决策者认为有四个方面的不确定因素决定着该公司在 SUV 市场上的营销成败:

- 国际知名汽车品牌是否会使用竞争性的价格席卷中国 SUV 市场;
- 未来市场是否会对 MBL 公司推出的 SUV 车型有高的需求;
- MBL 公司的自主品牌形象相对于国际知名品牌是否会对新推出的 SUV 车型起负面影响;
- MBL 公司是否能够保证必要的资金供应。

MBL 公司的高层决策者认为所有这些事件几乎彼此独立,于是在自主投入和考虑与法国公司合作这两种决策方案下,估计了各种事件的概率(见下表)。MBL 公司的高层决策者们估计,如果四个方面的因素都是积极的,那么有 90% 的机会新推出的 SUV 会取得成功。如果四个因素中的任何三个因素是积极的,并且仅有一个因素是不利的,那么有 50% 的机会成功。最后,如果有两个或者更多的因素是不利的,那么 MBL 公司新推出的 SUV 车型就没有任何成功的可能性。

积 极 因 素	发生的概率 (自主投入时)	发生的概率 (与法国企业合作时)
国际知名汽车品牌不会使用竞争性的价格席卷中国 SUV 市场	0.70	0.70
MBL 公司推出的 SUV 车型未来的需求是高的	0.60	0.65
MBL 公司的自主品牌形象不会对新推出的 SUV 车型起负面影响	0.50	0.60
MBL 公司能够保证必要的资金供应	0.85	0.90

管理报告

根据所给出的这些概率估计值,使用本章的概率计算方法分别计算两种决策方案下新推出的 SUV 车型成功的概率,并对 MBL 公司的高层管理者提供决策方案的建议。

CHAPTER 6
第 6 章　　　　抽样与抽样分布

对实际问题进行研究时,很难对总体的所有个体进行测量。我们通常采用抽样的方法,从总体中抽取一部分样本进行研究,来推断总体的数量特征。抽样是一种常用的统计技术,其目的在于推断我们所关心的总体特征,而这种推断的基础则是抽样分布。本章首先介绍一些常用的抽样方法,然后讨论样本统计量的抽样分布,包括一个总体参数推断和两个总体参数推断时样本统计量的抽样分布。

6.1　概率抽样方法

样本是按照一定的抽样规则从总体中抽取的一部分元素的集合。根据抽取的原则不同,抽样方法有概率与非概率抽样两种。概率抽样是根据一个已知的概率来抽取样本单位,也就是说,哪个单位被抽中与否不取决于研究人员的主观意愿,而是取决于客观的机会——概率。因此,哪个单位被抽中与否完全是随机的。非概率抽样则是研究人员有意识地选取样本单位,样本单位的抽取不是随机的。一般的抽样推断都是建立在概率抽样的基础上,因此本节主要介绍一些常用的概率抽样方法。

6.1.1　简单随机抽样

从含有 N 个元素的总体中,抽取 n 个元素作为样本,使得每一个容量为 n 的样本都拥有相同的机会(概率)被抽中,这样的抽样方式称为简单随机抽样(simple random sampling),也称纯随机抽样。

简单随机抽样有两种抽取元素的具体方法,即重复抽样与不重复抽样。

从总体中抽取一个元素后,把这个元素放回到总体中再抽取第二个元素,直至抽取 n 个元素为止,这样的抽样方法称为重复抽样(sampling with replacement)。在重复抽样中,元素有可能被重复抽中。

一个元素被抽中后不再放回总体,而后再从所剩下的元素中抽取第二个元素,直至抽取出 n 个元素为止,这样的抽样方法称为不重复抽样(sampling without replacement)。不重复抽样时,总体中每个元素不会被重复抽中。

6.1.2　分层抽样

在抽样之前先将总体的元素划分为若干层(类),然后从各个层中抽取一定数量的元素组成一个样本,这样的抽样方式称为分层抽样,也称为分类抽样(stratified sampling)。

在分层或分类时,应使层内各元素的差异尽可能小,而使层与层之间的差异尽可能大。各层的划分可根据研究者的判断或研究的需要进行。例如,研究的对象为人时,可按性别、年龄等分层;研究收入的差异时,可按城乡分层;等等。

分层抽样是一种常用的抽样方法。它具有以下优点:(1)分层抽样不仅可以对总体进行估计,还可以对各层的子总体进行估计。(2)分层抽样可以按自然区域或行政区域进行分层,使抽样的组织和实施都比较方便。(3)分层抽样的样本分布在各个层内,从而使样本在总体中的分布比较均匀。(4)分层抽样可以提高估计的精度。

采取分层抽样方法时,为了保持样本结构与总体结构相同,通常采用按比例抽样,也就是说,按各层元素数占总体元素数的比例从中抽取样本,使各层样本元素数占总样本元素数的比例等于各层元素数占总体元素数的比例。

例 6.1　设某专业研究生共 2 000 人,其中数学成绩优秀者 800 人,良好者 1 000 人,一般水平者 200 人。为了了解该专业研究生数学成绩与其他成绩的情况,从中抽取 300 人进行考试,应该怎样抽取?

解　可以将这个总体分成几部分:优秀者、良好者、一般水平者,把每一部分称为一个层,因此该总体可划分为 3 层。根据按比例抽样的原理可以确定每层抽取的人数。

已知 $N=2\,000$ 人, $N_1=800$ 人, $N_2=1\,000$ 人, $N_3=200$ 人, $n=300$ 人,所以每一层的抽取人数分别为

$$\frac{n_1}{n}=\frac{N_1}{N}, 即 \ n_1=\frac{N_1}{N}\cdot n=\frac{800}{2\,000}\times 300=120$$

$$\frac{n_2}{n}=\frac{N_2}{N}, 即 \ n_2=\frac{N_2}{N}\cdot n=\frac{1\,000}{2\,000}\times 300=150$$

$$\frac{n_3}{n}=\frac{N_3}{N}, 即 \ n_3=\frac{N_3}{N}\cdot n=\frac{200}{2\,000}\times 300=30$$

因此,在分层抽样时,优秀者、良好者、一般水平者三个层次分别抽取 120 人、150 人以及 30 人。

6.1.3　系统抽样

先将总体中各元素按某种顺序排列,并按某种规则确定一个随机起点,然后每隔一定的间隔抽取 1 个元素,直至抽取 n 个元素形成一个样本。这样的抽样方式称为系统抽样(systematic sampling),也称等距抽样或机械抽样。

系统抽样具有以下优点:(1)简单易行。当样本容量很大时,简单随机抽样要逐个使用数字表抽选是相当麻烦的,而系统抽样有了总体元素的排序,只要确定出抽样起点和间

隔后,样本元素就随之确定了,而且可以利用现有的排列顺序,如抽选居民时可利用居委会的户口本等,便于操作。因此,系统抽样常用来代替简单随机抽样。(2)系统抽样的样本在总体中的分布一般比较均匀,由此抽样,误差通常要小于简单随机抽样。如果掌握了总体的有关信息,将总体各元素按有关标志排列,就可以提高估计的精度。

6.1.4　整群抽样

在抽样之前先将总体的元素划分为若干群,然后以群作为抽样单位从中抽取部分群,再对抽中的各个群中所包含的所有元素进行观察,这种抽样方式称为整群抽样(cluster sampling)。

整群抽样具有以下优点:(1)不需要有总体元素的具体名单,只要有群的名单就可以进行抽样,而群的名单比较容易得到。(2)整群抽样时群内各元素比较集中,对样本进行调查比较方便,节约成本。(3)当群内的各元素存在差异时,整群抽样可以提供较好的结果,理想的情况是每个群都是总体的一个缩影。这时抽取很少的群就可以提供有关总体特征的信息。如果实际情况不是这样,整群抽样的误差会很大,效果也就很差。

6.2　由正态分布导出的几个重要分布

6.2.1　χ^2分布

设随机变量 $X_1, X_2, \cdots, X_n$ 相互独立且均服从标准正态分布 $N(0,1)$,如果随机变量 $Y = \sum_{i=1}^{n}(X_i)^2$,则称随机变量 Y 服从自由度为 n 的 χ^2 分布(也称为卡方分布),记为 $Y \sim \chi^2(n)$。其密度函数为

$$f(x) = \begin{cases} \dfrac{x^{\frac{1}{2}(n-2)}}{2^{n/2}\Gamma(n/2)}\exp\left(-\dfrac{x}{2}\right), & \text{当 } x \geqslant 0 \text{ 时} \\ 0, & \text{其他情况} \end{cases}$$

$Y \sim \chi^2(n)$的数学期望为

$$E(Y) = E\left(\sum_{i=1}^{n}(X_i)^2\right) = nE[(X_1)^2] = n$$

方差为

$$\mathrm{Var}(Y) = nD[(X_1)^2] = 2n$$

当 $n = \dfrac{1}{2}, n = 4, n = 6$ 时,χ^2 分布的概率密度曲线如图 6-1 所示。

由图 6-1 可以看出,随着自由度 n 的不断增大,χ^2 分布的概率密度曲线逐渐趋于对称。当 $n \to \infty$ 时,χ^2 分布的极限分布是正态分布。

如果随机变量 $X_1, X_2, \cdots, X_n$ 独立并均服从指数分布 $E(\lambda)$,则随机变量 $T = $

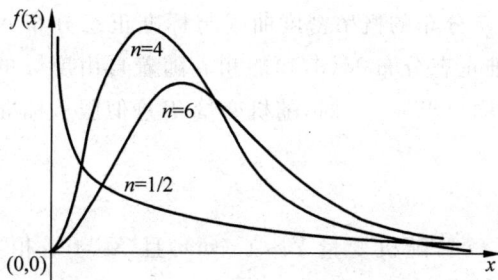

图 6-1 χ^2 分布的概率密度函数曲线

$2\lambda \sum\limits_{i=1}^{n} X_i$ 服从自由度为 $2n$ 的 χ^2 分布。

χ^2 分布具有可加性。如果随机变量 $X_1 \sim \chi^2(n), X_2 \sim \chi^2(m)$，且 X_1 和 X_2 相互独立，则有

$$X_1 + X_2 \sim \chi^2(n+m)$$

6.2.2 t 分布

设随机变量 $X \sim N(0,1)$，随机变量 $Y \sim \chi^2(n)$，且 X 与 Y 相互独立，则称随机变量 $T = \dfrac{X}{\sqrt{Y/n}}$ 服从自由度为 n 的 t 分布，记为 $T \sim t(n)$。其密度函数为

$$f(x) = \frac{\Gamma(n+1)/2)}{\Gamma(n/2)\sqrt{n\pi}}(1 + x^2/n)^{-(n+1)/2}$$

当 $n \geq 2$ 时，t 分布的数学期望为

$$E(T) = 0$$

当 $n \geq 3$ 时，t 分布的方差为

$$\mathrm{Var}(T) = \frac{n}{n-2}$$

当 $n=1, n=4$ 时，t 分布的概率密度曲线如图 6-2 所示。

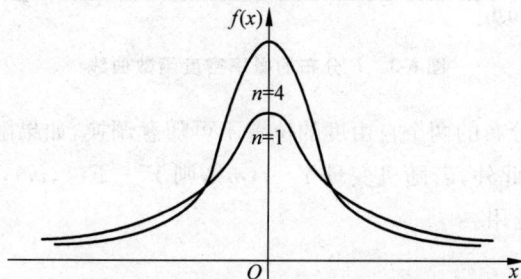

图 6-2 t 分布的概率密度函数曲线

由图 6-2 可以看出，t 分布的概率密度曲线与标准正态分布 $N(0,1)$ 非常相似，只是 t 分布的两侧尾部比标准正态分布 $N(0,1)$ 略粗。随着自由度 n 的不断增大，t 分布的概率密度曲线逐渐趋于对称。当 $n \to \infty$ 时，随机变量 T 近似服从标准正态分布。

6.2.3　F 分布

设随机变量 $X \sim \chi^2(n)$，随机变量 $Y \sim \chi^2(m)$，且 X 与 Y 相互独立，则称随机变量 $F_{n,m} = \dfrac{X/n}{Y/m}$ 服从第一自由度为 n，第二自由度为 m 的 F 分布，记为 $F_{n,m} \sim F(n,m)$。其密度函数为

$$f(x) = \begin{cases} \dfrac{(n/m)^{\frac{1}{2}n} x^{\frac{1}{2}(n-2)} (1+(n/m)x)^{-\frac{1}{2}(n+m)}}{B(n/2,m/2)}, & \text{当 } x > 0 \text{ 时} \\ 0, & \text{其他情况} \end{cases}$$

$F_{n,m} \sim F(n,m)$ 的数学期望为

$$E(F_{n,m}) = \frac{m}{m-2}, \quad (m > 2)$$

$F_{n,m} \sim F(n,m)$ 的方差为

$$\mathrm{Var}(F_{n,m}) = \frac{m^2(2n+2m-4)}{n(m-2)^2(m-4)}, \quad (m > 4)$$

当自由度 n 和 m 取不同值时，F 分布的概率密度曲线如图 6-3 所示。

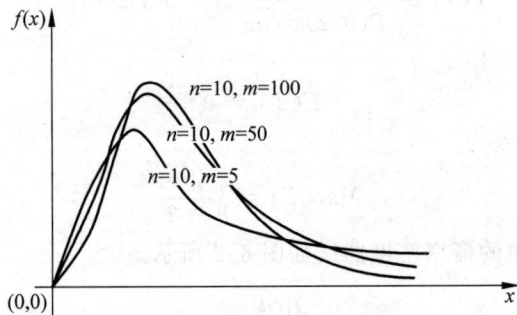

图 6-3　F 分布的概率密度函数曲线

值得注意的是，F 分布的两个自由度的位置不可随意调换，如果随机变量 $X \sim F(n,m)$，那么 $1/X \sim F(m,n)$。此外，若随机变量 $Y \sim t(m)$，则 $Y^2 \sim F(1,m)$，这条性质在回归系数显著性检验中有重要应用。

6.3　样本均值的分布与中心极限定理

在重复选取容量为 n 的样本时,由样本均值的所有可能值形成的相对频数分布,称为样本均值的抽样分布,即 $\overline{X}$ 的概率分布。下面我们通过一个简单的例子来说明样本均值抽样分布的形成过程。

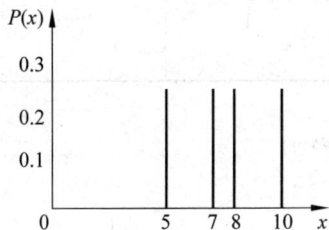
图 6-4　总体分布

例 6.2　设一个总体包含 4 个元素,分别是 $x_1=5$, $x_2=7$, $x_3=8$, $x_4=10$,从这个总体中采取重复抽样的方法抽取容量为 $n=2$ 的随机样本,写出样本均值 $\bar{x}$ 的抽样分布。

解　总体的分布情况如图 6-4 所示,由于 x_i 取每一个值的概率都相等,均为 $1/4$,可计算如下:

总体的均值:
$$\mu = \frac{\sum_{i=1}^{4} x_i}{N} = \frac{5+7+8+10}{4} = 7.5$$

总体的方差:
$$\sigma^2 = \frac{\sum_{i=1}^{4}(x_i-\mu)^2}{N} = \frac{13}{4} = 3.25$$

采取重复抽样的方法,从总体中抽取容量为 $n=2$ 的随机样本,共有 16 种可能的样本,分别计算每个样本的均值,结果如表 6-1 所示。

表 6-1　16 种可能的样本及其均值和方差

$\{X_i,X_j\}$ ＼ $\overline{X}$	5	8	7	10
5	{5,5}　　5	{5,8}　　6.5	{5,7}　　6	{5,10}　　7.5
8	{8,5}　　6.5	{8,8}　　8	{8,7}　　7.5	{8,10}　　9
7	{7,5}　　6	{7,8}　　7.5	{7,7}　　7	{7,10}　　8.5
10	{10,5}　　7.5	{10,8}　　9	{10,7}　　8.5	{10,10}　　10

由于每个样本被抽中的概率相等,均为 $1/16$,因此将样本均值进行整理,如表 6-2

所示。

表 6-2 样本均值 $\bar{x}$ 的分布

$\bar{x}$ 的取值	$\bar{x}$ 的个数	$\bar{x}$ 取值的概率	$\bar{x}$ 的取值	$\bar{x}$ 的个数	$\bar{x}$ 取值的概率
5	1	1/16	8	1	1/16
6	2	1/8	8.5	2	1/8
6.5	2	1/8	9	2	1/8
7	1	1/16	10	1	1/16
7.5	4	1/4			

将 $\bar{x}$ 的分布绘制成图 6-5,并与总体分布图 6-4 作比较后不难发现,总体分布是均匀分布,而样本均值的抽样分布在形状上却是对称的。

样本均值抽样分布的形式与原有总体的分布和样本量有关。如果总体是正态分布,那么无论样本容量的大小如何,样本均值的抽样分布都服从正态分布。如果总体的分布不是正态分布,则要看样本容量 n 的大小。当样本容量 n 足够大时($n \geqslant 30$),不论总体是否服从正态

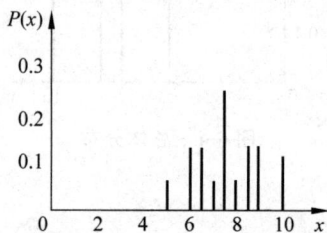

图 6-5 样本均值的抽样分布

分布,样本均值的抽样分布近似服从正态分布。$\bar{x}$ 的数学期望等于总体均值,方差为总体方差的 $1/n$。这就是统计学中著名的中心极限定理。

中心极限定理(central limit theorem):设从均值为 μ,方差为 σ^2 的任意一个总体中抽取样本容量为 n 的随机样本,则当 n 充分大时,样本均值 $\bar{x}$ 的抽样分布近似服从均值为 μ,方差为 σ^2/n 的正态分布。

图 6-6 说明了 $\bar{x}$ 的抽样分布趋近于正态分布的过程。

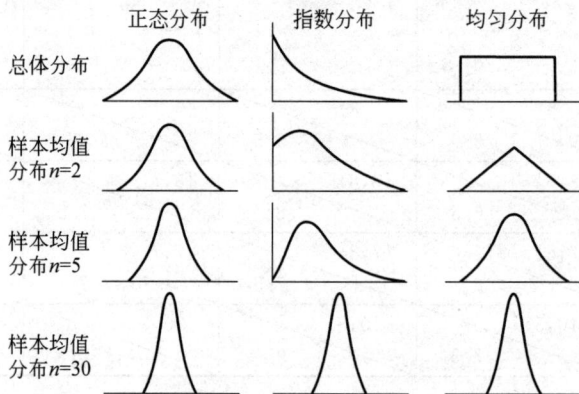

图 6-6 $\bar{x}$ 的抽样分布趋近于正态分布的过程

例 6.3 在北京一居室的房租平均为每月 1 500 元,房租的分布并不服从正态分布,随机抽取容量为 100 的样本,样本的标准差为 200 元,请问样本均值至少为 1 550 元的概率是多少?

解 根据中心极限定理,虽然房租的分布并不服从正态分布,但是由于样本容量 $n=100>30$,可以认为样本均值 $\overline{X}$ 近似服从均值 $\mu_{\overline{X}}=\mu=1\,500$ 元、标准差 $\sigma_{\overline{X}}=\dfrac{\sigma}{\sqrt{n}}=\dfrac{200}{\sqrt{100}}=20$ 元的正态分布,即 $N(1\,500,400)$。由正态变量标准化,得

$$P(\overline{X} \geqslant 1\,550) \approx P\left(\frac{\overline{X}-1\,500}{20} \geqslant \frac{1\,550-1\,500}{20}\right)$$
$$= P(Z \geqslant 2.5) = 1 - \Phi(2.5) = 0.006$$

即样本均值至少为 1 550 元的概率为 0.006。

结合以上例题,我们就中心极限定理应用时应满足的条件做如下小结:

(1) 当 $n \geqslant 30$ 时,无论总体分布形态如何,中心极限定理均适用;

(2) 当 $n \geqslant 15$ 时,对于分布较为对称的总体,中心极限定理适用;

(3) 当总体服从正态分布时,无论样本大小,中心极限定理均适用。

6.4 样本比例的抽样分布

在经济管理中的许多情况,我们都需要用到比例估计。即用样本比例 $\hat{p}$ 去推断总体比例 π。例如,在民意调查中对支持某一政策的人数进行研究时,通常需要假设总体中拥护人数所占比例为 π,而后从总体中随机抽取 n 个个体,其中支持该政策的人数为 X,则样本比例 $\hat{p}$ 为

$$\hat{p} = \frac{X}{n}$$

然后就用样本比例 $\hat{p}$ 来估计总体比例 π。又如,利用样本的不合格品率去估计整批产品的不合格品率等问题。

$\hat{p}$ 的抽样分布是样本比例 $\hat{p}$ 的所有可能取值的概率分布。当样本容量很大时,样本比例 $\hat{p}$ 的抽样分布可用正态分布近似。对于一个具体的样本比例 $\hat{p}$,若满足 $n\hat{p} \geqslant 5$ 或 $n(1-\hat{p}) \geqslant 5$ 就可以认为样本容量足够大。

可以证明,$\hat{p}$ 的数学期望等于总体比例 π,方差为 $\pi(1-\pi)/n$,即

$$\hat{p} \sim N\left(\pi, \frac{\pi(1-\pi)}{n}\right)$$

例 6.4 某商场正在推销一种洗发用品,据统计,在上一年度购买此种洗发用品的 10 万顾客中,约有 6 万名女性顾客。如果采取重复随机抽取方法,从购买者中抽出 100 人进行调查,试估计该洗发用品的女性顾客比例超过 65% 的可能性有多大?

解 根据题意可知,样本容量 $n=100$,对于样本中女性顾客比例 $\hat{p}$,有

$$E(\hat{p}) = \pi = 0.60, \mathrm{Var}(\hat{p}) = \frac{\pi(1-\pi)}{n} = \frac{0.60 \times 0.40}{100} = 0.0024$$

因此,$\hat{p}$ 近似服从正态分布 $N(0.60, 0.0024)$,由正态变量标准化,得

$$P(\hat{p} > 0.65) \approx P\left(\frac{\hat{p}-0.60}{\sqrt{0.0024}} > \frac{0.65-0.60}{\sqrt{0.0024}} \right)$$
$$= P(Z > 1.021) = 1 - \Phi(1.021) = 0.1539$$

即当样本容量为 100 时,估计该洗发用品的女性顾客比例超过 65% 的概率为 0.1539。

6.5 与样本方差有关的抽样分布

除了样本均值 $\overline{X}$ 的抽样分布,我们在处理和分析实际问题时,还常常用到样本方差 S^2 的抽样分布,并以此推断总体的方差 σ^2。

在重复选取容量为 n 的样本时,由样本方差的所有可能取值形成的相对频数分布,称为样本方差的抽样分布。已证明,对于来自正态总体的简单随机样本,统计量

$$\frac{(n-1)S^2}{\sigma^2} \sim \chi^2(n-1)$$

的抽样分布为自由度为 $n-1$ 的卡方分布。即

$$\chi^2 = \frac{(n-1)S^2}{\sigma^2} \sim \chi^2(n-1)$$

式中,$S^2 = \frac{1}{n-1} \sum_{i=1}^{n} (X_i - \overline{X})^2, \overline{X} = \frac{1}{n} \sum_{i=1}^{n} X_i$。

χ^2 分布在总体方差的估计和非参数检验中有重要应用。利用书后所附的 χ^2 分布表很容易找到给定显著性水平的临界值,进而推断总体方差的区间。

6.6 两个总体参数推断时的样本统计量的抽样分布

6.6.1 两个样本均值差的抽样分布

在实际问题中,有时我们关心的是两个总体的均值之差,例如对于不同投资行为的预期回报的比较。在研究两个总体均值之差 $\mu_1 - \mu_2$ 的问题时,可以考虑比较从两个总体中抽取的两个独立随机样本的均值之差 $\overline{X}_1 - \overline{X}_2$。那么 $\overline{X}_1 - \overline{X}_2$ 与 $\mu_1 - \mu_2$ 的接近程度如何呢?这就需要研究 $\overline{X}_1 - \overline{X}_2$ 的抽样分布。

从两个总体中分别独立地抽取容量为 n_1 和 n_2 的样本,在重复选取容量为 n_1 和 n_2 的

样本时,由两个样本均值之差的所有可能取值形成的相对频数分布,称为两个样本均值之差的抽样分布。

设 $\overline{X}_1$ 是来自正态总体 $N(\mu_1,\sigma_1^2)$ 的一个容量为 n_1 的独立随机样本的均值,$\overline{X}_2$ 是来自正态总体 $N(\mu_1,\sigma_2^2)$ 的一个容量为 n_2 的独立随机样本的均值,则两个样本均值之差 $\overline{X}_1-\overline{X}_2$ 的抽样分布为正态分布,其分布的数学期望为两个总体均值之差,即

$$E(\overline{X}_1-\overline{X}_2)=E(\overline{X}_1)-E(\overline{X}_2)=\mu_1-\mu_2$$

方差为

$$\mathrm{Var}(\overline{X}_1-\overline{X}_2)=\mathrm{Var}(\overline{X}_1)+\mathrm{Var}(\overline{X}_2)=\frac{\sigma_1^2}{n_1}+\frac{\sigma_2^2}{n_2}$$

即 $(\overline{X}_1-\overline{X}_2)\sim N\left(\mu_1-\mu_2,\dfrac{\sigma_1^2}{n_1}+\dfrac{\sigma_2^2}{n_2}\right)$。

当两样本均为大样本时,即当 $n_1\geqslant30,n_2\geqslant30$ 时,不管总体分布如何,两个样本均值差的抽样分布均可用正态分布来近似,其数学期望和方差的计算公式如上所示。

6.6.2 两个样本比例差的抽样分布

在商务与经济管理中,常常遇到诸如对消费者中偏爱甲产品的比例与偏爱乙产品的比例的比较、不同车间合格品率的比较等问题。以上问题都可以概括为两个样本比例差的比较问题。

从两个服从二项分布的总体中,分别独立地抽取容量为 n_1 和 n_2 的样本,在重复选取容量为 n_1 和 n_2 的样本时,由两个样本比例之差的所有可能取值形成的相对频数分布,称为两个样本比例之差的抽样分布。

设分别从参数为 π_1 和 π_2 二项分布总体中抽取容量为 n_1 和 n_2 的两个独立样本,则这两个样本比例之差的抽样分布为

$$\hat{p}_1-\hat{p}_2=\frac{X_1}{n_1}-\frac{X_2}{n_2}$$

当两样本均为大样本时,即当 $n_1\geqslant30,n_2\geqslant30$ 时,可用正态分布来近似两个样本比例之差的抽样分布,其数学期望为

$$E(\hat{p}_1-\hat{p}_2)=\pi_1-\pi_2$$

方差为

$$\mathrm{Var}(\hat{p}_1-\hat{p}_2)=\mathrm{Var}(\hat{p}_1)+\mathrm{Var}(\hat{p}_2)=\frac{\pi_1(1-\pi_1)}{n_1}+\frac{\pi_2(1-\pi_2)}{n_2}$$

即 $(\hat{p}_1-\hat{p}_2)\sim N\left(\pi_1-\pi_2,\dfrac{\pi_1(1-\pi_1)}{n_1}+\dfrac{\pi_2(1-\pi_2)}{n_2}\right)$。

例 6.5 甲、乙两名财会人员在每次填写一份报表时分别有 1.5% 和 3% 的可能出

错,现在从甲、乙两人填写的报表中各独立抽取 100 份报表组成两个随机样本,请分析甲出错报表所占比例与乙的出错报表比例低 1% 的可能性有多大?

解 由题意可知 $\pi_1 = 1.5\%$,$\pi_2 = 3\%$,$n_1 = 100$,$n_2 = 100$,两份样本比例差 $\hat{p}_1 - \hat{p}_2$ 的抽样分布近似服从正态分布 $N(-1.5\%, 4.388 \times 10^{-4})$,从而所求的概率为

$$P(\hat{p}_1 - \hat{p}_2 < 1\%) \approx P\left(\frac{\hat{p}_1 - \hat{p}_2 + 1.5\%}{\sqrt{4.388 \times 10^{-4}}} < \frac{1\% + 1.5\%}{\sqrt{4.388 \times 10^{-4}}}\right)$$

$$= P(z < 1.194) = \Phi(1.194) = 0.883$$

即甲出错报表所占比例与乙的出错报表比例低 1% 的可能性为 0.883。

6.6.3　两个样本方差比的抽样分布

在介绍两个样本方差比的抽样分布之前,首先回顾一下样本方差的分布。

设 $X_1, X_2, \cdots, X_n$ 是来自正态总体 $N(\mu, \sigma^2)$ 的一个样本,则样本方差 S^2 的分布为

$$\frac{(n-1)S^2}{\sigma^2} \sim \chi^2(n-1)$$

式中,$S^2 = \dfrac{1}{n-1}\sum_{i=1}^{n}(X_i - \overline{X})^2$,$\overline{X} = \dfrac{1}{n}\sum_{i=1}^{n}X_i$,$\chi^2(n-1)$ 是自由度为 $n-1$ 的 χ^2 分布。

从两个正态总体中分别独立地抽取容量为 n_1 和 n_2 的样本,在重复选取容量为 n_1 和 n_2 的样本时,由两个样本方差比的所有可能取值形成的相对频数分布,称为两个样本方差比的抽样分布。

设 $X_1, X_2, \cdots, X_n$ 是来自正态总体 $N(\mu, \sigma_1^2)$ 的一个样本,$Y_1, Y_2, \cdots, Y_{n_2}$ 是来自正态总体 $N(\mu_2, \sigma_2^2)$ 的一个样本,且 $X_i(i=1, \cdots, n_1)$ 与 $Y_j(j=1, \cdots, n_2)$ 相互独立。根据样本方差的抽样分布,有

$$\frac{(n_1-1)S_1^2}{\sigma_1^2} \sim \chi^2(n_1-1)$$

$$\frac{(n_2-1)S_2^2}{\sigma_2^2} \sim \chi^2(n_2-1)$$

根据 F 分布的有关知识,两个独立的 χ^2 分布除以其自由度后相比即得到 F 分布,即

$$\frac{(n_1-1)S_1^2}{\sigma_1^2(n_1-1)}\bigg/\frac{(n_2-1)S_2^2}{\sigma_2^2(n_2-1)} = \frac{S_1^2}{S_2^2} \cdot \frac{\sigma_2^2}{\sigma_1^2} \sim F(n_1-1, n_2-1)$$

当两总体方差相等时,即 $\sigma_1^2 = \sigma_2^2$ 时,两个样本方差比 S_1^2/S_2^2 的抽样分布为

$$\frac{S_1^2}{S_2^2} \sim F(n_1-1, n_2-1)$$

$F(n_1-1, n_2-1)$ 是第一自由度为 n_1-1,第二自由度为 n_2-1 的 F 分布。

软件应用

........................>>>

1. 使用 Excel,产生二项分布、泊松分布、均匀分布、正态分布等的随机数

单击 Excel"数据"菜单下的"分析"模块中的"数据分析"按钮,在弹出的对话框中选择"随机数发生器",并单击"确定"(如图 6-7 所示),随后会弹出"随机数发生器"对话框(如图 6-8 所示),输入相应的参数即可得到相应分布的随机数。

图 6-7　调用随机数发生器模块

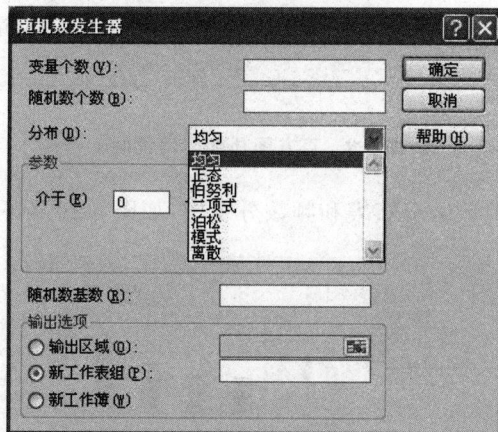

图 6-8　随机数发生器对话框

若没有"数据分析"按钮,则按以下步骤加载"数据分析"模块:

(1) 单击"Office"按钮，然后单击"Excel"选项。

(2) 单击"加载项",然后在"管理"框中,选择"Excel 加载宏"。

(3) 单击"转到"。

（4）在"可用加载宏"框中,选中"分析工具库"复选框,然后单击"确定"。

提示　如果"可用加载宏"框中未列出"分析工具库",请单击"浏览"以找到它。如果系统提示计算机当前未安装分析工具库,请单击"是"以安装它。

（5）加载分析工具库之后,"数据分析"命令将出现在"数据"选项卡上的"分析"组中。

2. 在 Excel 中绘制分布频数图

我们以"样本的均值"这个字符串中每个字的笔画数：10,5,8,7,10 为总体。在 Excel 中绘制该总体的分布频数图,具体操作如下：

在工作区中输入总体数值和频数区段,单击 Excel 的"数据"选项卡下的"分析"模块的"数据分析"中的"直方图"（如图 6-9 所示）。

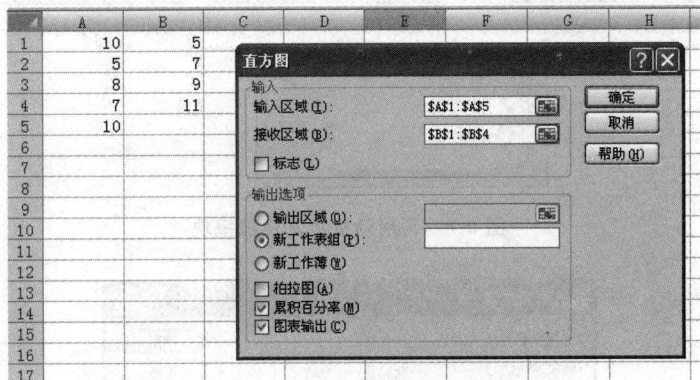

图 6-9　直方图功能调用说明 1

确定后,可见总体的频数分布表和频数分布图,如图 6-10 所示。

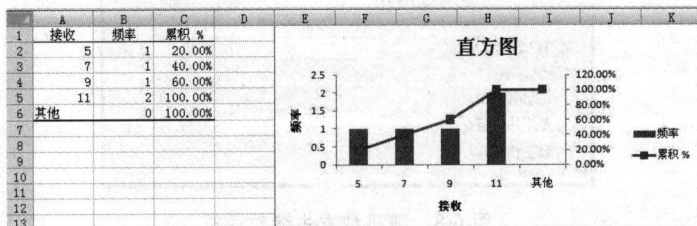

图 6-10　总体频数分布表和频数分布图

在工作区中输入样本均值抽样和频数区段,单击 Excel 的"数据"选项卡下的"分析"模块的"数据分析"中的"直方图"（如图 6-11 所示）。抽样分布的频数分布如图 6-12 所示。

图 6-11　直方图功能调用说明 2

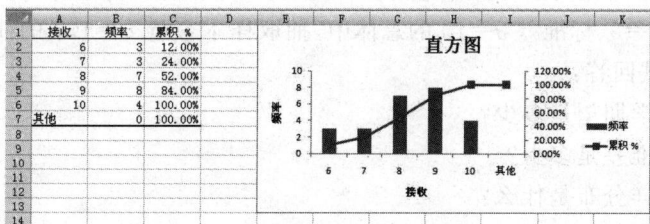

图 6-12　样本均值抽样分布直方图

本章小结

>>>

本章为统计推断的开篇,是以下章节参数估计和假设检验的基础。本章首先介绍了常用的一些抽样方法,然后讨论样本统计量的抽样分布,包括一个总体参数推断和两个总体参数推断时样本统计量的分布。

关键术语

>>>

统计描述(statistical description)

统计推断(statistical inferences)

抽样分布(sampling distributions)

总体参数(population parameters)

样本统计量(sample statistics)

样本均值(the sample mean)

样本均值的分布(sampling distribution of the mean)

样本方差(the sample variance)

样本比例(the sample proportion)

样本比例的分布(sampling distribution of the proportion)

独立同分布(independently identical distributed,IID)

习题

>>>

基础习题

1. 解释总体分布、样本分布和抽样分布的含义。

2. 简述卡方分布、t 分布、F 分布及正态分布之间的关系,它们的概率密度曲线各有什么特点?

3. 解释中心极限定理的含义。

4. 某公司有 20 名销售员,以下是他们每个人的销售量:3,2,2,3,4,3,2,5,3,2,7,3,4,5,3,3,2,3,3,4。

(1) 计算总体均值。

(2) 用随机抽样的方法,随机抽取 5 个样本容量为 5 的样本,计算每个样本的样本均值。

(3) 计算样本均值的抽样分布的均值,你认为这个值应该与总体均值相等吗?

5. 从均值 $\mu = 5$、标准差 $\sigma = 10$ 的总体中,抽取样本容量 $n = 100$ 的简单随机样本,样本均值记为 $\overline{X}$,试回答:

(1) $\overline{X}$ 的数学期望是多少?

(2) $\overline{X}$ 的标准差是多少?

(3) $\overline{X}$ 的抽样分布是什么?

应用习题

6. 某高校在研究生入学体检后对所有结果进行统计分析,得出其中某一项指标的均值是 7,标准差 2.2。从这个总体中随机选取一个容量为 31 的样本。

(1) 计算样本均值大于 7.5 的概率;

(2) 计算样本均值小于 7.2 的概率;

(3) 计算样本均值在 7.2 和 7.5 之间的概率。

7. 已知某高校女生比例为 46%,现对全体学生做两次随机抽样 $n = 200$ 和 $n = 1\,000$,求这两次抽样中女生的比例在 50% 以上的概率。

8. 甲、乙两所高校在某年录取新生时,甲校新生的平均分为 620,标准差为 10,乙校新生的平均分为 609,标准差为 25。设两总体均服从正态分布,现从甲、乙两所高校各抽取 50 名新生组成两个独立随机样本并分别计算平均分,试分析出现乙校平均分高于甲校平均分的可能性有多大?

9. 某手机厂商对甲、乙两省份居民进行抽样调查后发现,甲省消费者中有约 18% 的人使用过该品牌手机,而乙省消费者中使用过该品牌手机的人数比例为 14%。假设以上调查结果是真实的,现在从甲省抽取 1 500 人,乙省抽取 2 000 人组成两个独立随机样本,请分析甲省用过该品牌手机的人数比例低于乙省用过该品牌手机人数比例的可能性有多大?

10. 某总体中个体的数量是 400,其均值为 195,标准差为 20,从总体中随机选取容量为 100 的样本,样本均值大于 200 的概率是多少?

11. 有一总体分布未知,但知道其均值和标准差分别为 2.7 和 0.8,从中随机抽取一个容量为 49 的样本,计算样本均值小于 2.9 的概率。

12. 总体中成功的概率为 $\pi=0.3$,现在随机抽取一个容量为 1 000 的样本。

(1) 总体中成功的数量的期望值是多少?

(2) 样本中成功比例 p 的期望值是什么?

(3) 样本中成功比例 p 的标准差是多少?

(4) 计算样本中成功比例小于 0.32 的概率。

案例研究 >>>

MBL 公司与充满潜力的 SUV 市场(5)

MBL 公司于 2008 年推出首个 SUV 车型"Stone",该车型 2010 年的销量相比 2009 年有了一定提升。SUV 市场研究小组做了广泛的研究,以图发现进一步提高销量的方法。市场研究小组在不同的总体中进行了一系列针对个体和团体的调查,包括不同年龄阶段的人群、不同教育程度的人群、社会不同行业的人群,等等。通过调查,市场研究小组发现了"Stone"车型受其目标顾客群认可的原因。其中该车型的广告宣传取得了一定成功。据调查:能回忆起该广告的人数从 2009 年的 25% 提高到了 35%;超过 25 万份的宣传手册被免费发放;公司网站"信赖 Stone"的活动影响巨大。通过把"Stone"塑造成一个可以信赖的 SUV 品牌,有助于提高该车型的销售量。

管理报告

1. 假设你被要求制订一份抽样计划,确定公众最受欢迎的 SUV 车型。你会选择哪种抽样方法? 目标总体是什么? 可以使用抽样方法的组合吗? 如果可以,怎么做?

2. 假设 20% 的公众认为"Stone"是可信赖的 SUV 品牌,你从总体中随机抽取了 300 个样本,其中 30% 的人认为"Stone"车型是可以信赖的品牌。请使用已学习的方法计算这一结果发生的概率。

3. 市场研究小组进行了定量调查以测试不同宣传策略的有效性。假设测试开始时某策略的效果为 1.8,标准差为 0.7。后来该策略受到批评并改进后,对 50 个人进行抽样,样本均值为 2.0,如果总体的均值为 1.8,得到大于等于该均值的概率是多少? 你认为样本均值是总体均值的偶然波动吗? 证明你的结论。假设样本均值为 2.5,当总体均值仍为 1.8 时,偶然得到大于等于这一均值的可能性是多少? 假设这发生在策略改善之后,这说明了什么?

CHAPTER 7
第 7 章　　　　　参 数 估 计

我们已经了解了样本的统计量的分布情况,再次回到统计推断的目标,即利用样本的信息去推断总体的性质。那么又如何利用样本来推断总体?由于参数能够提供刻画总体性质的重要信息,当参数未知时,我们就要利用样本对参数进行估计,进而获得总体的信息。参数估计是推断统计的重要内容之一,它是在抽样及抽样分布的基础上,根据样本统计量来推断所关心的总体参数,从而达到认识总体的未知参数的目的。本章将首先介绍常用的点估计方法,之后分别介绍总体均值的区间估计、总体比例的区间估计和总体方差的区间估计,内容既包括一个总体的参数估计,也包含两个总体的参数估计,最后讨论参数估计中样本容量的确定问题。

7.1　参数点估计

在参数估计中,用来估计总体参数的样本统计量称为待估计参数的估计量,样本统计量的观察值为待估计参数的估计值。点估计就是用样本统计量的某个取值直接作为总体参数的估计值。比如,我们想要推断某市出售的所有楼盘的平均销售价格,可获取包含55个楼盘价格的一个随机样本,然后计算此随机样本的平均数 $\overline{X}$,并以 $\overline{X}$ 作为总体均值 μ 的估计。如果已知总体 X 的分布形式,但是其中一个或多个参数未知,这种借助于总体 X 的一个样本统计量来估计其未知参数的数值,就被称为参数的点估计。

点估计的方法包括矩估计法、极大似然估计法、顺序统计量法、最小二乘法以及贝叶斯方法等。在这里只介绍矩估计法和极大似然估计法这两种常用的点估计方法。

7.1.1　矩估计法

由前面所讲到的样本统计量,我们很自然会想到借助样本矩去估计总体的矩,从而得到总体相应的未知参数的估计值,这种估计方法被称为矩估计法。比如,用样本的一阶原点矩来估计总体的均值 μ,用样本的二阶中心矩来估计总体的方差 σ^2。我们以例 7.1 来说明矩估计法的具体做法。

例 7.1　设某批产品的寿命在 $[a,b]$ 上服从均匀分布,但是参数 a,b 未知,随机地抽取五个产品,测得寿命分别是 1 265 h,1 257 h,1 276 h,1 269 h 和 1 266 h,试求 a,b 的矩估计值。

解 由于均匀分布总体的均值 $\mu=(a+b)/2$,方差 $\sigma=\dfrac{1}{12}(b-a)^2$;而样本的一阶原点矩(即样本的均值)$A_1=\bar{x}=\dfrac{1}{5}\sum\limits_{i=1}^{5}X_i=1\,266.6$,样本的二阶中心矩 $B_2=\dfrac{1}{5}\sum\limits_{i=1}^{5}(X_i-\overline{X})^2=37.84$。根据矩估计的基本思想,令

$$(a+b)/2=\frac{1}{5}\sum_{i=1}^{5}X_i$$

$$\frac{1}{12}(b-a)^2=\frac{1}{5}\sum_{i=1}^{5}(X_i-\overline{X})^2$$

联列求解以上两式,容易计算出参数 a 和 b 的矩估计量分别为

$$\hat{a}=1\,277.26,\qquad \hat{b}=1\,255.95$$

令 $\theta_1,\theta_2,\cdots,\theta_k$ 为总体 X 的 k 个未知参数,利用从该总体中抽取的样本 $X_1,X_2,\cdots,X_n$ 构造统计量(样本矩)$\hat{\theta}=\hat{\theta}(X_1,X_2,\cdots,X_n)$,令总体的均值等于样本的一阶原点矩,总体的方差等于样本的二阶中心矩,从而得到相应的方程组,用该方程组的解分别作为 $\theta_1,\theta_2,\cdots,\theta_k$ 的估计量,称为矩估计量。

注意到,这个例子中方差的估计量是 $\dfrac{1}{n}\sum\limits_{i=1}^{n}(X_i-\overline{X})^2$,而不是 S^2。

矩估计是由大数定律得来的,即样本经验分布函数依概率收敛于总体分布函数,是一种替换的思想,简单易行,但是它最大的缺点是矩估计量有可能不唯一,如泊松分布中期望和方差均等于 λ,因此 λ 的矩估计量可以取 $\overline{X}$ 或 $\dfrac{1}{n}\sum\limits_{i=1}^{n}(X_i-\overline{X})^2$。矩估计也没有充分利用总体分布的信息。

7.1.2 极大似然估计法

令 $X_1,X_2,\cdots,X_n$ 为从某一总体中抽出的一个随机样本,$x_1,x_2,\cdots,x_n$ 是对应的样本值,θ 为总体的未知参数。当总体的分布函数已知时,我们可以得到事件——样本 $X_1,X_2,\cdots,X_n$ 取到样本值 $x_1,x_2,\cdots,x_n$ 发生的概率,也即样本的联合密度函数为

$$L(\theta)=L(x_1,x_2,\cdots,x_n;\theta)$$

把上式称为参数 θ 的似然函数。极大似然估计法的基本思想是:在 θ 的一切可能取值中选取使得似然函数 $L(\theta)$ 最大化的 $\hat{\theta}$ 作为未知参数 θ 的估计值,也即得到参数的估计值 $\hat{\theta}$ 使得

$$L(\hat{\theta})=\max_{\theta}L(x_1,x_2,\cdots,x_n;\theta)$$

$\hat{\theta}=\hat{\theta}(x_1,x_2,\cdots,x_n)$ 被称为 θ 的极大似然估计值,$\hat{\theta}(X_1,X_2,\cdots,X_n)$ 被称为 θ 的极大

似然估计量。如果似然函数 $L(\theta)$ 是可微的，$\hat{\theta}$ 可从对 $L(\theta)$ 求导得到的如下方程解得：

$$\frac{\mathrm{d}}{\mathrm{d}\theta} L(\theta) = 0$$

如果似然函数 $L(\theta_1, \theta_2, \cdots \theta_k)$ 是可微的，$\hat{\theta}_1, \hat{\theta}_2, \cdots, \hat{\theta}_k$ 可从对 $L(\theta_1, \theta_2, \cdots, \theta_k)$ 求偏导得到的如下方程解得：

$$\begin{cases} \dfrac{\partial}{\partial\theta_1} L(\theta_1, \theta_2, \cdots, \theta_k) = 0 \\[2mm] \dfrac{\partial}{\partial\theta_2} L(\theta_1, \theta_2, \cdots, \theta_k) = 0 \\[2mm] \dfrac{\partial}{\partial\theta_k} L(\theta_1, \theta_2, \cdots, \theta_k) = 0 \end{cases}$$

一般地，利用极大似然估计法进行参数的点估计，步骤如下。

（1）由总体概率密度 $f(x, \theta)$ 写出样本的似然函数；

（2）建立似然方程；

（3）求解似然方程。

我们以例 7.2 来说明极大似然估计法的具体做法。

例 7.2 设 $x_1, x_2, \cdots, x_n$ 为来自正态总体 $N(\mu, \sigma^2)$ 的一个样本值，试求总体均值 μ 和方差 σ^2 的极大似然估计量。

解 由正态总体的概率密度函数可以写出相应的似然函数

$$L(\mu, \sigma^2) = \prod_{i=1}^{n} \frac{1}{\sigma\sqrt{2\pi}} \exp\left(-\frac{1}{2\sigma^2}(x_i - \mu)^2\right)$$

$$= (2\pi\sigma^2)^{-\frac{n}{2}} \exp\left(-\frac{1}{2\sigma^2} \sum_{i=1}^{n}(x_i - \mu)^2\right)$$

对 $L(\mu, \sigma^2)$ 取对数，得

$$\ln L(\mu, \sigma^2) = -\frac{n}{2}\ln(2\pi) - \frac{n}{2}\ln\sigma^2 - \frac{1}{2\sigma^2}\sum_{i=1}^{n}(x_i - \mu)^2$$

因为 $\ln L(\mu, \sigma^2)$ 与 $L(\mu, \sigma^2)$ 在同一点处取到极值，因而分别令 $\ln L(\mu, \sigma^2)$ 对 μ 和 σ^2 的偏导数为 0，得到方程组

$$\begin{cases} \dfrac{\partial L(\mu, \sigma^2)}{\partial\mu} = \dfrac{1}{\sigma^2}\left(\sum_{i=1}^{n} x_i - n\mu\right) = 0 \\[3mm] \dfrac{\partial L(\mu, \sigma^2)}{\partial\sigma^2} = -\dfrac{n}{2\sigma^2} + \dfrac{1}{2(\sigma^2)^2}\sum_{i=1}^{n}(x_i - \mu)^2 = 0 \end{cases}$$

由上述方程组容易解得估计值为

$$\hat{\mu} = \frac{1}{n}\sum_{i=1}^{n} x_i = \bar{x}, \quad \hat{\sigma}^2 = \frac{1}{n}\sum_{i=1}^{n}(x_i - \bar{x})^2$$

因此，μ 和 σ^2 的极大似然估计量分别为

$$\hat{\mu} = \overline{X}, \quad \hat{\sigma}^2 = \frac{1}{n} \sum_{i=1}^{n} (X_i - \overline{X})^2$$

注意到，正态总体 $N(\mu, \sigma^2)$ 均值 μ 和方差 σ^2 的极大似然估计量与相应的矩估计量相同。

7.2 点估计的评价准则

让我们回到统计推断的目标，即利用样本的信息去推断总体的性质。从上几节的学习中，我们看到，对于同一参数可以采用不同的估计方法，而不同的估计方法可能得到不同的估计量。比如，我们既可以选择用样本的二阶中心矩 $B_2 = \frac{1}{n} \sum_{i=1}^{n} (X_i - \overline{X})^2$ 来估计总体的方差，也可以选择样本方差 $S^2 = \frac{1}{n-1} \sum_{i=1}^{n} (X - \overline{X})^2$ 来估计总体的方差。那么我们在实践中，应该选择哪一个估计量或者说哪一个估计量更好？这实际上引发出一个关于估计量评价的问题。这同时也是参数估计理论的一个要点，对于一个好的估计量通常要满足如下三个基本的评价准则。

7.2.1 无偏性

所谓无偏性是指样本估计量的数学期望应等于被估计总体参数的真值，即

$$E(\hat{\theta}) = \theta$$

也就是说，不同的样本有不同的估计值，虽然从一个样本来看估计值可能大于或小于总体参数的真值，但如果反复抽取样本并计算相应的估计值，估计值的均值与真值相等，这样的估计量 $\hat{\theta}$ 称为 θ 的无偏估计量。

例7.3 试证明样本的二阶中心矩不是总体方差的无偏估计量，而样本方差是总体方差的无偏估计量。

解 样本的二阶中心矩为

$$B_2 = \frac{1}{n} \sum_{i=1}^{n} (X_i - \overline{X})^2$$

因为

$$E(B_2) = E\left(\frac{1}{n} \sum_{i=1}^{n} (X_i - \overline{X})^2\right) = E\left(\frac{1}{n} \sum_{i=1}^{n} X_i^2 - \overline{X}^2\right)$$

$$= \frac{1}{n} E\left(\sum_{i=1}^{n} X_i^2\right) - E(\overline{X}^2) = \frac{1}{n} \sum_{i=1}^{n} E(X_i^2) - \{D(\overline{X}) + [E(\overline{X})]^2\}$$

$$= \frac{1}{n} \sum_{i=1}^{n} \{D(X_i) + [E(X_i)]^2\} - \{D(\overline{X}) + [E(\overline{X})]^2\}$$

$$= \frac{1}{n} n(\sigma^2 + \mu^2) - \left(\frac{\sigma^2}{n} + \mu^2\right) = \frac{n-1}{n} \sigma^2 \neq \sigma^2$$

所以样本的二阶中心矩不是总体方差的无偏估计量。

样本方差为
$$S^2 = \frac{1}{n-1} \sum_{i=1}^{n} (X - \overline{X})^2$$

又因为
$$E(S^2) = E\left(\frac{n}{n-1} B_2\right) = \frac{n}{n-1} E(B_2) = \frac{n}{n-1} \cdot \frac{n-1}{n} \sigma^2 = \sigma^2$$

所以样本方差是总体方差的无偏估计量。

还需要知道,对于总体的一个未知参数也可以有不同的无偏估计量。

7.2.2　有效性

令 $\hat{\theta}_1$ 和 $\hat{\theta}_2$ 是总体未知参数 θ 的两个无偏估计量,所谓有效性是指在样本容量 n 相同的情况下,$\hat{\theta}_1$ 对应的观测值较 $\hat{\theta}_2$ 对应的观测值更为集中于 θ 的真值附近,即

$$D(\hat{\theta}_1) < D(\hat{\theta}_2)$$

则称 $\hat{\theta}_1$ 是较 $\hat{\theta}_2$ 有效的估计量。

7.2.3　一致性

参数点估计的无偏性与有效性都是在样本容量 n 固定的前提下提出的,所谓一致性是指当样本容量增大,即当 n 趋近于无穷大时候,要求 $\hat{\theta}$ 依概率收敛于 θ,即

$$\lim_{n \to \infty} P(|\hat{\theta} - \theta| < \varepsilon) = 1 \quad (\varepsilon \text{ 为任意小的正数})$$

则称 $\hat{\theta}$ 为 θ 的一致估计量。也就是说,当样本容量 n 越来越大时,估计量 $\hat{\theta}$ 接近参数 θ 的真值的概率也越来越大。

不过,估计量的一致性只有当样本容量 n 相当大时才能够显示出来,这在实际中往往不会出现,因此在实际应用中我们往往只使用无偏性和有效性这两个评价准则。

7.3　区间估计的概念和原理

引例　2011 年由于国家持续对楼市进行了严厉的调控,造成北京的房屋租赁价格不断攀升。为了估计目前北京房屋租赁市场的平均租金价格,制定相应的营销策略,某房地产中介公司在 2011 年 3 月的某一日随机抽取了 40 套北京中关村地区二居室精装修的房

屋租赁价格作为样本,得到的数据如表 7-11 所示。

表 7-1　2011 年 3 月北京中关村地区二居室精装修的房屋租赁价格　　　　元

4 500	3 800	5 800	5 000	4 000	4 250	5 500	4 800
6 500	5 600	8 000	5 600	4 200	4 500	7 500	3 800
3 700	3 850	4 200	4 000	8 500	7 300	4 000	5 300
3 900	3 700	5 800	4 100	4 000	7 500	8 000	4 000
3 850	5 500	7 500	3 200	4 200	13 000	9 000	4 800

注:数据来源于北京赶集网(http://bj.ganji.com/fang1/)、好租北京网(http://beijing.haozu.com/)。

　　根据上述数据如何估计北京中关村地区二居室精装修的房屋租赁总体的价格水平?如需要进一步推断房租价格在 4 000 元以上的房源占全部房源的比例,应如何分析?

　　上述问题可以通过参数估计的方法解决。对统计总体中含有的参数进行估计的方法,除了前一节介绍的点估计方法以外,另一种常用的方法就是接下来要介绍的区间估计。

7.3.1　区间估计的基本原理

　　区间估计(interval estimate)是在点估计的基础上,根据给定的置信度估计总体参数取值范围的方法。例如,根据样本数据估计出北京中关村地区二居室精装修的房屋租赁总体的均价介于 4 000～5 000 元之间,而其估计的概率是 95%,这就是区间估计。

　　我们以总体均值的区间估计为例说明区间估计的原理。

　　由样本均值的抽样分布可知,在重复抽样或无限总体抽样的条件下,样本均值的数学期望等于总体均值,即 $E(\bar{x}) = \mu$,样本均值的标准差为 $\sigma_{\bar{x}} = \dfrac{\sigma}{\sqrt{n}}$,由此可知,样本均值 $\bar{x}$ 落在总体均值 μ 的两侧各为一个抽样标准差范围内的概率为 0.687 3;落在两个抽样标准差范围内的概率为 0.954 5;落在三个抽样标准差范围内的概率为 0.997 3;等等。

　　理论上,可以求出样本均值 $\bar{x}$ 落在总体均值 μ 的两侧任何一个抽样标准差范围内的概率。但这与实际应用时的情况恰好相反。实际估计中,$\bar{x}$ 是已知的,而总体均值 μ 是未知的,也正是我们要估计的。由于 μ 与 $\bar{x}$ 的距离是对称的,如果某个样本的平均值落在 μ 的两个标准差范围之内,那么 μ 也被包括在以 $\bar{x}$ 为中心左右两个标准差的范围之内。因此约有 95% 的样本均值会落在 μ 的两个标准差的范围内。样本均值 $\bar{x}$ 的区间估计示意图见图 7-1。

　　在区间估计中,由样本统计量所构成的总体参数的估计区间称为置信区间(confidence interval),区间的最小值称为置信下限,最大值称为置信上限。一般的,将构造置信区间的步骤重复很多次,置信区间包含总体参数真值的次数所占的比例称为置信水平(confidence level)。比如,抽取 100 个样本,根据每个样本构造一个置信区间,那么,如果这 100 个样本构造的总体参数的 100 个置信区间中,有 95% 的区间包含了总体参数

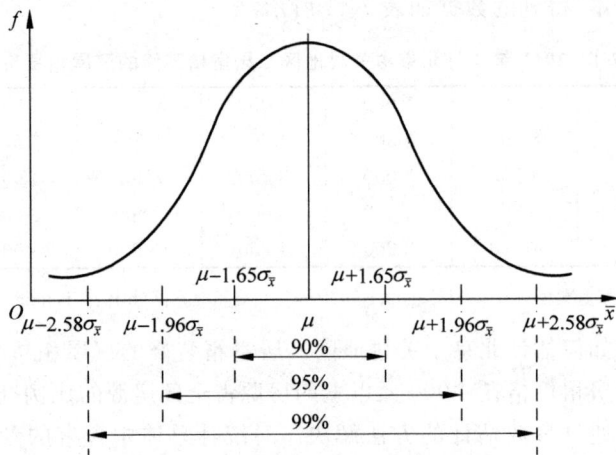

图 7-1　样本均值 $\bar{x}$ 的区间估计示意图

的真值,而 5% 没有包含,那么置信水平就是 95%。

7.3.2　区间估计的步骤

这里以总体均值的区间估计为例,归纳区间估计的步骤如下。

(1)确定置信水平 $(1-\alpha)$。实际统计推断中比较常用的置信水平即正态分布上侧面积为 $\frac{\alpha}{2}$ 时的 z 值 $(z_{\frac{\alpha}{2}})$,见表 7-2。

表 7-2　常用的置信水平的 z 值

置信水平/%	α	$z_{\frac{\alpha}{2}}$
90	0.10	1.645
95	0.05	1.96
99	0.01	2.58

(2)根据置信水平 $(1-\alpha)$,查标准正态分布表确定其 $z_{\frac{\alpha}{2}}$ 值。

(3)实际抽样,并计算样本的均值 $\bar{x}$ 和抽样误差 $\sigma_{\bar{x}}$。

(4)确定置信区间: $\bar{x} \pm z_{\frac{\alpha}{2}} \sigma_{\bar{x}}$。

7.4　总体均值的区间估计

在实际估计中,通常根据研究问题的具体条件采用不同的处理方法。本节主要讨论:方差已知条件下单一总体均值的区间估计、方差未知条件下单一总体均值的区间估计以及两个正态总体均值之差的区间估计。

7.4.1 单一总体均值的区间估计(方差已知或大样本)

当总体服从正态分布且总体方差 σ^2 已知时,样本均值 $\bar{x}$ 的抽样分布均为正态分布,其数学期望为总体均值 μ,方差为 $\dfrac{\sigma^2}{n}$。在重复抽样的情况下,总体均值 μ 在 $(1-\alpha)$ 置信水平下的置信区间为

$$\bar{x} \pm z_{\frac{\alpha}{2}} \frac{\sigma}{\sqrt{n}} \tag{7-1}$$

式中,$\bar{x} - z_{\frac{\alpha}{2}} \dfrac{\sigma}{\sqrt{n}}$ 称为置信下限,$\bar{x} + z_{\frac{\alpha}{2}} \dfrac{\sigma}{\sqrt{n}}$ 称为置信上限;α 是事先确定的一个概率值,它是总体均值不包括在置信区间的概率;$(1-\alpha)$ 称为置信水平;$z_{\frac{\alpha}{2}}$ 为标准正态分布上侧面积为 $\dfrac{\alpha}{2}$ 时的 z 值;$z_{\frac{\alpha}{2}} \dfrac{\sigma}{\sqrt{n}}$ 为估计总体均值的边际误差,也称为估计误差。

依据中心极限定理可知,只要进行大样本抽样($n > 30$),无论总体是否服从正态分布,样本均值 $\bar{x}$ 的抽样分布均为正态分布。当总体方差 σ^2 未知时,只要在大样本条件下,则可以用样本方差 s^2 代替总体方差 σ^2,这时无论总体是否服从正态分布,总体均值 μ 在 $(1-\alpha)$ 称为置信水平下的置信区间为

$$\bar{x} \pm z_{\frac{\alpha}{2}} \frac{s}{\sqrt{n}} \tag{7-2}$$

我们按照上述方法解决本章引例中的问题。

例 7.4 沿用引例,假定从上个月的北京中关村地区二居室精装修房屋租赁的成交价格中得到以下信息:虽然每套房源的价格不同,但是每套房源租金的标准差为 1 500 元,于是我们假定总体标准差 $\sigma = 1 500$。试在 95% 的置信水平下估计所有北京中关村地区二居室精装修房屋租赁价格平均水平的置信区间。

解 由题意 $n = 40$,本例题属于大样本抽样,已知总体标准差 $\sigma = 1 500$,按照式(7-1)做出区间估计如下:

计算得到样本均值 $\bar{x} = \dfrac{\sum\limits_{i=1}^{n} x_i}{n} = 5\,406.25$。

由 $1-\alpha = 0.95$,查标准正态分布概率表得:$z_{0.025} = 1.96$。于是在 95% 的置信水平下的置信区间为

$$\bar{x} \pm z_{\frac{\alpha}{2}} \frac{\sigma}{\sqrt{n}} = 5\,406.25 \pm 1.96 \times \frac{1\,500}{\sqrt{40}} = 5\,406.25 \pm 464.85$$

即 $(4\,941.40, 5\,871.10)$。

结果表明：可以有 95％ 的把握认为，顾客平均消费金额介于 4 941.40～5 871.10 元之间。

例 7.5 仍然沿用引例，假定北京中关村地区二居室精装修房屋租赁价格的方差未知，试在 95％ 的置信水平下估计北京中关村地区二居室精装修房屋租赁价格的置信区间。

解 由题意 $n=40$，本例题属于大样本抽样；总体方差 σ^2 未知，可以样本方差 s^2 替代。按照式（7-2）作出区间估计如下：

计算得到样本均值 $\bar{x}=5\ 406.25$，样本标准差 $s=\sqrt{\dfrac{\sum\limits_{i=1}^{n}(x_i-\bar{x})^2}{n-1}}=1\ 992.01$。

由 $1-\alpha=0.95$，查标准正态分布概率表得：$z_{0.025}=1.96$。于是在 95％ 的置信水平下的置信区间为

$$\bar{x}\pm z_{\frac{\alpha}{2}}\frac{\sigma}{\sqrt{n}}=5\ 406.25\pm1.96\times\frac{1\ 992.01}{\sqrt{40}}$$
$$=5\ 406.25\pm617.330\ 3$$

即（4 788.92，6 023.58）。

结果表明：可以有 95％ 的把握认为，北京中关村地区二居室精装修房屋的租赁价格介于 4 788.92～6 023.58 元之间。

7.4.2　单一总体均值的区间估计（小样本且方差未知）

在实际统计应用中，由于受到客观条件的限制，利用小样本对总体均值进行估计的情况较为常见。如果总体服从正态分布，则无论样本量如何，样本均值 $\bar{x}$ 的抽样分布均服从正态分布。这时，如果总体方差 σ^2 已知，即使是在小样本的情况下，也可以按式（7-1）建立总体均值的置信区间；如果总体方差 σ^2 未知，而且是在小样本的情况下，则需要用样本方差 s^2 代替 σ^2，这时应采用 t 分布来建立总体均值 μ 在 $(1-\alpha)$ 置信水平下的置信区间

$$\bar{x}\pm t_{\frac{\alpha}{2}}\frac{s}{\sqrt{n}} \tag{7-3}$$

式中，$t_{\frac{\alpha}{2}}$ 是自由度为 $(n-1)$ 时，t 分布中上侧面积为 $\dfrac{\alpha}{2}$ 的 t 值，该值可以通过书后所附的 t 分布表查得。

例 7.6 沿用引例，假定某日在北京中关村地区二居室精装修房屋租赁的房源中随机抽取 16 套，得到这些房源的租金如表 7-3 所示。

表 7-3　中关村二居某日房源租金　　　　　　　　　　　　元

| 6 300 | 4 200 | 5 500 | 4 800 | 7 900 | 3 700 | 4 200 | 4 800 |
| 3 600 | 5 700 | 4 500 | 3 950 | 4 100 | 4 600 | 5 000 | 4 900 |

假设北京中关村地区二居室精装修房屋的租赁价格服从正态分布,但总体方差未知。试在 95% 的置信水平下估计北京中关村地区二居室精装修房屋租赁价格的置信区间。

解　由题意知:本例题属于小样本抽样,且北京中关村地区二居室精装修房屋的租赁价格服从正态分布,总体方差 σ^2 未知,故按照式(7-3)做出区间估计如下:

计算得到样本均值 $\bar{x} = 4\,859.375$,样本标准差 $s = \sqrt{\dfrac{\sum\limits_{i=1}^{n}(x_i - \bar{x})^2}{n-1}} = 1\,091.36$。

由 $1-\alpha = 0.95$,查表得: $t_{0.025}(15) = 2.131$。于是在 95% 的置信水平下的置信区间为

$$\bar{x} \pm t_{\frac{\alpha}{2}} \frac{s}{\sqrt{n}} = 4\,859.375 \pm 2.131 \times \frac{1\,091.36}{\sqrt{16}} = 4\,859.375 \pm 581.42$$

即 $(4\,277.95, 5\,440.80)$。

结果表明:可以有 95% 的把握认为,北京中关村地区二居室精装修房屋租赁的价格介于 $4\,277.95 \sim 5\,440.80$ 元之间。

对比例 7.6 和例 7.5 可以看出,在小样本情况下,由于 $t_{\frac{\alpha}{2}} > z_{\frac{\alpha}{2}}$,所以即使其他条件一致,通常式(7-3)的区间宽度会大于式(7-2)。因此在实际抽样中,最好抽取大样本,以提高估计的精度。

我们将单一总体均值的区间估计归纳如表 7-4 所示。

表 7-4　单一总体均值的区间估计总结

总体分布	样本容量	σ 已知	σ 未知
正态分布	大样本($n \geqslant 30$)	$\bar{x} \pm z_{\frac{\alpha}{2}} \dfrac{\sigma}{\sqrt{n}}$	$\bar{x} \pm z_{\frac{\alpha}{2}} \dfrac{s}{\sqrt{n}}$
	小样本($n < 30$)	$\bar{x} \pm z_{\frac{\alpha}{2}} \dfrac{\sigma}{\sqrt{n}}$	$\bar{x} \pm t_{\frac{\alpha}{2}} \dfrac{s}{\sqrt{n}}$
非正态分布	大样本($n \geqslant 30$)	$\bar{x} \pm z_{\frac{\alpha}{2}} \dfrac{\sigma}{\sqrt{n}}$	$\bar{x} \pm z_{\frac{\alpha}{2}} \dfrac{s}{\sqrt{n}}$

7.4.3　两个总体均值之差的区间估计

在实际应用中,经常需要对两个不同总体的均值进行比较。例如,比较两种产品的平均寿命的差异、比较两种药品的平均疗效的差异等。

1. 独立样本

如果两个样本是从两个总体中独立地抽取的,即一个样本中的元素与另一个样本中的元素相互独立,则称为独立样本(independent sample)。

(1) 大样本情况下两个总体均值之差的估计问题

如果两个总体都为正态分布,或者两个总体不服从正态分布但两个样本容量都较大($n_1 \geqslant 30$ 且 $n_2 \geqslant 30$)时,根据第 6 章抽样分布的内容可知,两个样本均值之差$(\bar{x}_1 - \bar{x}_2)$的抽样分布服从期望为$(\mu_1 - \mu_2)$、方差为$\left(\dfrac{\sigma_1^2}{n_1} + \dfrac{\sigma_2^2}{n_2}\right)$的正态分布。

① 在两个总体的方差 σ_1^2 和 σ_2^2 都已知的情况下,两个总体均值之差$(\mu_1 - \mu_2)$在$(1-\alpha)$置信水平下的置信区间为

$$(\bar{x}_1 - \bar{x}_2) \pm z_{\frac{\alpha}{2}} \sqrt{\frac{\sigma_1^2}{n_1} + \frac{\sigma_2^2}{n_2}} \tag{7-4}$$

② 在两个总体的方差 σ_1^2 和 σ_2^2 都未知的情况下,可用两个样本的方差 s_1^2 和 s_2^2 来替代。这时两个总体均值之差$(\mu_1 - \mu_2)$在$(1-\alpha)$置信水平下的置信区间为

$$(\bar{x}_1 - \bar{x}_2) \pm z_{\frac{\alpha}{2}} \sqrt{\frac{s_1^2}{n_1} + \frac{s_2^2}{n_2}} \tag{7-5}$$

例 7.7 沿用引例。为对比 2011 年春节前后北京中关村地区二居室精装修房屋租赁的价格水平的差异,从中关村各小区中随机抽取 36 个,得到这些小区 2011 年春节前夕(2 月)二居室精装修房屋租赁的平均成交价格,结果如表 7-5 所示。

表 7-5　2011 年 2 月中关村地区 36 个小区二居室精装修房屋租赁的平均成交价格　　元

3 500	3 780	8 124	3 477	3 622	7 220	5 000	3 592	4 166
3 670	7 220	3 622	3 714	4 633	8 066	3 496	7 462	3 455
4 633	3 959	3 800	5 000	5 581	6 588	4 962	5 514	4 200
3 800	3 700	3 559	3 262	9 812	10 500	3 500	6 696	3 666

将以上数据和引例中 2011 年 3 月北京中关村地区二居室精装修房屋租赁房源价格(表 7-1)进行整理,得到表 7-6。

表 7-6　中关村二居室房屋租赁价格整理表

	2011 年 3 月	2011 年 2 月
样本容量	40	36
样本均值/元	5 406.25	4 876.42
样本标准差/元	1 992.01	1 612.29

根据以上数据,试以 95% 置信水平估计北京中关村地区二居室精装修房屋租赁平均

价格的差值的置信区间。

解 由于两个样本相互独立,且均为大样本,因此两个样本的均值之差 $\bar{x}_1 - \bar{x}_2$ 服从正态分布。故可以按照式(7-5),在 95% 置信水平下作出区间估计如下:

$$(\bar{x}_1 - \bar{x}_2) \pm z_{\frac{\alpha}{2}} \sqrt{\frac{s_1^2}{n_1} + \frac{s_2^2}{n_2}}$$

$$= (5\,406.25 - 4\,876.42) \pm 1.96 \times \sqrt{\frac{1\,992.01^2}{40} + \frac{1\,612.29^2}{36}}$$

$$= 529.83 \pm 1.96 \times 414.02$$

即 $(-281.64, 1\,341.31)$。

结果表明:有 95% 的把握认为,2011 年 3 月和 2 月的中关村地区二居室精装修房屋租赁的平均价格的差异介于 $-281.64 \sim 1\,341.31$ 元之间。

(2) 小样本情况下两个总体均值之差的估计问题

在两个样本均为小样本的情况下,为了估计两个总体均值之差,需要作出如下假设:两个总体都服从正态分布;两个随机样本独立地分别抽取自两个总体。此时,无论样本容量大小,两个样本均值之差均服从正态分布。具体情况包括:

① 当 σ_1^2 和 σ_2^2 已知时,可以采用式(7-4)建立两个总体均值之差的置信区间。

② 当两个总体的方差 σ_1^2 和 σ_2^2 未知但 $\sigma_1^2 = \sigma_2^2$ 时,需要用两个样本的方差 s_1^2 和 s_2^2 来估计,需要计算总体方差的合并估计量 s_p^2,计算公式为

$$s_p^2 = \frac{(n_1 - 1)s_1^2 + (n_2 - 1)s_2^2}{n_1 + n_2 - 2} \tag{7-6}$$

这时,两个样本均值之差经标准化后服从自由度为 $(n_1 + n_2 - 2)$ 的 t 分布,两个总体均值之差 $(\mu_1 - \mu_2)$ 在 $(1-\alpha)$ 置信水平下的置信区间为

$$(\bar{x}_1 - \bar{x}_2) \pm t_{\frac{\alpha}{2}}(n_1 + n_2 - 2) \sqrt{s_p^2 \left(\frac{1}{n_1} + \frac{1}{n_2}\right)} \tag{7-7}$$

例 7.8 沿用引例。为对比北京中关村地区与北京其他地区的二居室精装修房屋租赁平均价格的差异,从海淀区中关村和丰台区六里桥 2011 年 5 月二居室精装修房屋租赁成交房源中各抽取 8 个,得到这些房源的租赁的价格如表 7-7 所示。

表 7-7 中关村和六里桥地区 2011 年 5 月二居室精装修房屋租赁成交价格 元

| 中关村 | 3 800 | 4 500 | 5 500 | 4 500 | 7 500 | 5 000 | 8 000 | 8 500 |
| 六里桥 | 4 000 | 2 750 | 3 800 | 3 500 | 2 500 | 2 800 | 3 600 | 2 700 |

假定两个地区的二居室精装修房屋租赁价格服从正态分布,且方差相等。试以 95% 置信水平估计 2011 年 5 月中关村和六里桥的二居室精装修房屋租赁平均价格差值的置信区间。

解 由题意计算得到：$\bar{x}_1 = 5\,912.50, \bar{x}_2 = 3\,206.25; s_1^2 = 1\,813.79, s_2^2 = 579.68$。

$$
\begin{aligned}
s_p^2 &= \frac{(n_1 - 1)s_1^2 + (n_2 - 1)s_2^2}{n_1 + n_2 - 2} \\
&= \frac{(8 - 1) \times 1\,813.79 + (8 - 1) \times 579.68}{8 + 8 - 2} \\
&= 1\,196.74
\end{aligned}
$$

由 $\alpha = 0.05$，自由度 $8 + 8 - 2 = 14$，查 t 分布表得：$t_{0.025}(14) = 2.145$。

故可以按照式(7-7)，在 95% 置信水平下作出区间估计如下：

$$
\begin{aligned}
&(\bar{x}_1 - \bar{x}_2) \pm t_{\frac{\alpha}{2}}(n_1 + n_2 - 2)\sqrt{s_p^2\left(\frac{1}{n_1} + \frac{1}{n_2}\right)} \\
&= (5\,912.50 - 3\,206.25) \pm 2.145 \times \sqrt{1\,196.74 \times \left(\frac{1}{8} + \frac{1}{8}\right)} \\
&= 2\,706.25 \pm 37.10
\end{aligned}
$$

即$(2\,669.15, 2\,743.35)$。

结果表明：有 95% 的把握认为,2011 年 5 月海淀区中关村和丰台区六里桥的二居室精装修房屋租赁平均价格的差异介于 $2\,669.15 \sim 2\,743.35$ 元之间。因此,在本例中,我们有足够的理由认为 2011 年 5 月北京市二居室精装修房屋租赁的平均价格在海淀区中关村和丰台区六里桥存在显著差异。

③ 当两个总体的方差 σ_1^2 和 σ_2^2 未知且 $\sigma_1^2 \neq \sigma_2^2$ 时,如果两个总体都服从正态分布且两个样本的容量相等,即 $n_1 = n_2 = n$,则可以采用下列公式建立两个总体均值之差在 $(1 - \alpha)$ 置信水平下的置信区间。

$$
(\bar{x}_1 - \bar{x}_2) \pm t_{\frac{\alpha}{2}}(n_1 + n_2 - 2)\sqrt{\left(\frac{s_1^2}{n_1} + \frac{s_2^2}{n_2}\right)} \tag{7-8}
$$

当两个总体的方差 σ_1^2 和 σ_2^2 未知且 $\sigma_1^2 \neq \sigma_2^2$ 时,如果两个样本的容量也不相等,即 $n_1 \neq n_2$,两个样本均值之差经标准化后不再服从自由度为 $(n_1 + n_2 - 2)$ 的 t 分布,而是近似服从自由度为 $\delta = \left(\frac{s_1^2}{n_1} + \frac{s_2^2}{n_2}\right)^2 \bigg/ \left[\frac{\left(\frac{s_1^2}{n_1}\right)^2}{n_1 - 1} + \frac{\left(\frac{s_2^2}{n_2}\right)^2}{n_2 - 1}\right]$ 的 t 分布。则两个总体均值之差在 $(1 - \alpha)$ 置信水平下的置信区间为

$$
(\bar{x}_1 - \bar{x}_2) \pm t_{\frac{\alpha}{2}}(\delta)\sqrt{\left(\frac{s_1^2}{n_1} + \frac{s_2^2}{n_2}\right)} \tag{7-9}
$$

2. 配对样本

以上对两个总体均值之差进行置信区间估计的讨论中,我们假设样本是独立的。但是在一些情况下需要采用存在相依关系的配对样本进行分析。配对样本(paired sample)

即一个样本中的数据与另一个样本中的数据相对应。比如在引例中,如果要剔除房源本身的差异,估计同一地区不同年份的二手房平均价格的差值时,就需要使用配对数据,即比较同一房源在不同年份的价格差异。

使用配对样本进行估计时,在大样本条件下,两个总体均值之差$(\mu_1 - \mu_2)$在$(1-\alpha)$置信水平下的置信区间为

$$\bar{d} \pm z_{\frac{\alpha}{2}} \frac{\sigma_d}{\sqrt{n}} \tag{7-10}$$

式中,$\bar{d}$为各差值的均值;σ_d为各差值的标准差,当总体标准差未知时,可以用样本差值的标准差s_d替代。

在小样本条件下,假定两个总体均服从正态分布,差值也服从正态分布。则两个总体均值之差$(\mu_1 - \mu_2)$在$(1-\alpha)$置信水平下的置信区间为

$$\bar{d} \pm t_{\frac{\alpha}{2}}(n-1) \frac{s_d}{\sqrt{n}} \tag{7-11}$$

例 7.9 为比较分析中关村地区二居室精装修房屋租赁价格在不同时间的差异,从中关村地区随机抽取了 8 个小区,得到了这 8 个小区在 2011 年 2 月和 2011 年 5 月二居室精装修房屋租赁的平均成交价格如表 7-8 所示。

表 7-8　中关村地区 8 个小区二居室精装修房屋租赁的平均成交价格　　　　　元

2011 年 2 月平均成交价 x_1	3 503	5 581	3 496	3 622	5 000	7 220	7 266	3 714
2011 年 5 月平均成交价 x_2	3 800	6 500	4 000	4 000	5 000	7 900	7 500	3 900
差额 $d = x_2 - x_1$	297	919	504	378	0	680	234	186

假定中关村地区二居室精装修房屋租赁价格服从正态分布,且方差相等。试以 95% 置信水平估计中关村地区 2011 年 2 月与 2011 年 5 月的二居室精装修房屋租赁价格差值的置信区间。

解 由题意计算得到:$\bar{x}_1 = 4\,925.25$,$\bar{x}_2 = 5\,325$;$\bar{d} = 399.75$,$s_d = 293.51$;

由 $\alpha = 0.05$,自由度 7,查 t 分布表得:$t_{0.025}(7) = 2.365$

故可以按照式(7-11),在 95% 置信水平下作出区间估计如下:

$$\bar{d} \pm t_{\frac{\alpha}{2}}(n-1) \frac{s_d}{\sqrt{n}} = 399.75 \pm 2.365 \times \frac{293.51}{\sqrt{8}} = 399.75 \pm 245.42$$

即$(154.33, 645.17)$。

结果表明:有 95% 的把握认为,中关村地区二居室精装修房屋租赁价格在 2011 年 2 月和 5 月的差异介于 154.33~645.17 元之间。即认为中关村地区 2011 年 5 月比 2011 年 2 月二居室精装修房屋的租赁价格有显著提高。

7.5 总体比例的区间估计

本节将介绍总体比例的区间估计,具体包括对单一总体比例的区间估计以及对两个总体比例之差的区间估计。这里我们只讨论大样本情况下总体比例的区间估计问题。

7.5.1 单一总体比例的区间估计

在统计推断中,常常需要推断总体中具有某种特征的数量所占的比例,这种随机变量与二项分布有密切关系。如第 6 章所述,当样本容量很大时,通常要求 $np \geqslant 5$ 和 $n(1-p) \geqslant 5$,样本比例 p 的抽样分布可以用正态分布近似。p 的数学期望等于总体比例 π,即 $E(p) = \pi$;p 的方差为 $\sigma_p^2 = \dfrac{\pi(1-\pi)}{n}$。样本比例经标准化后的随机变量服从标准正态分布,即

$$Z = \frac{p - \pi}{\sqrt{\pi(1-\pi)/n}} \sim N(0,1) \tag{7-12}$$

则总体比例 π 在 $1 - \alpha$ 置信水平下的置信区间为

$$p \pm z_{\frac{\alpha}{2}} \sqrt{\frac{\pi(1-\pi)}{n}} \tag{7-13}$$

在实际应用中,有时需要利用样本比例 p 来估计总体比例 π。在大样本的情况下,可以用样本比例 p 来代替 π,这时总体比例 π 在 $(1 - \alpha)$ 置信水平下的置信区间为

$$p \pm z_{\frac{\alpha}{2}} \sqrt{\frac{p(1-p)}{n}} \tag{7-14}$$

例 7.10 沿用引例。试以 95% 置信水平估计 2011 年 3 月北京中关村地区二居室精装修房屋租赁价格在 4 000 元以上所占比例的置信区间。

解 已知 $n = 40$,由 $\alpha = 0.05$,$z_{\frac{\alpha}{2}} = 1.96$;

根据抽样数据得到的样本比例为:$p = \dfrac{27}{40} = 67.5\%$;

故可以按照式(6-14),在 95% 置信水平下作出区间估计如下:

$$p \pm z_{\frac{\alpha}{2}} \sqrt{\frac{p(1-p)}{n}} = 67.5\% \pm 1.96 \times \sqrt{\frac{67.5\% \times (1 - 67.5\%)}{40}}$$
$$= 67.5\% \pm 14.52\%$$

即(53%,82%)。结果表明:有 95% 的把握认为,北京中关村地区二居室精装修房屋租赁价格在 4 000 元以上的比例介于 53%~82% 之间。

7.5.2　两个总体比例之差的区间估计

根据第 6 章抽样分布介绍过的内容,可以判定:当两个样本容量足够大时,从两个二项总体中抽出两个独立的样本,则两个样本比例之差的抽样分布服从正态分布;两个样本的比例之差经标准化后则服从标准正态分布。即

$$Z = \frac{(p_1 - p_2) - (\pi_1 - \pi_2)}{\sqrt{\frac{\pi_1(1-\pi_1)}{n_1} + \frac{\pi_2(1-\pi_2)}{n_2}}} \sim N(0,1) \tag{7-15}$$

在对总体参数估计时,两个总体比例 π_1 和 π_2 通常是未知的,可以用样本比例 p_1 和 p_2 来代替。这时,两个总体比例之差 $(\pi_1 - \pi_2)$ 在 $(1-\alpha)$ 置信水平下的置信区间为

$$(p_1 - p_2) \pm z_{\frac{\alpha}{2}} \sqrt{\frac{p_1(1-p_1)}{n_1} + \frac{p_2(1-p_2)}{n_2}} \tag{7-16}$$

例 7.11　根据引例以及例 7.7 的数据,整理得出 2011 年 2 月与 2011 年 3 月北京中关村地区二居室精装修房屋租赁价格在 4 000 元以上所占的比例,试在 95% 置信水平下估计这两个月份,北京中关村地区二居室精装修房屋租赁价格在 4 000 元以上所占比例的差值的置信区间。整理数据,如表 7-9 所示。

表 7-9　中关村二居室房屋租赁价格整理表

项　　目	2011 年 3 月	2011 年 2 月
样本容量 n	40	36
4 000 元以上的房源数	27	18
所占比例 p/%	67.50	50.00

解　已知 $n_1 = 40, n_2 = 36$;由 $\alpha = 0.05, z_{\frac{\alpha}{2}} = 1.96$;

样本比例 $p_1 = 67.50\%, p_2 = 50.00\%$;

故按照式(7-16),在 95% 置信水平下作出区间估计如下:

$$(p_1 - p_2) \pm z_{\frac{\alpha}{2}} \sqrt{\frac{p_1(1-p_1)}{n_1} + \frac{p_2(1-p_2)}{n_2}}$$

$$= (67.50\% - 50.00\%) \pm 1.96 \times$$

$$\sqrt{\frac{50\% \times (1-50\%)}{40} + \frac{67.5\% \times (1-67.5\%)}{36}}$$

$$= 17.5\% \pm 21.78\%$$

即 $(-4.28\%, 39.28\%)$。

结果表明:有 95% 的把握认为,两个月份北京中关村地区二居室精装修房屋租赁价格在 4 000 元以上所占比例的差异介于 $-4.28\% \sim 39.28\%$ 之间。本例中,所求置信区间

包含 0,说明我们没有足够的理由认为 2011 年 3 月比 2011 年 2 月中关村地区二居室精装修房屋租赁价格在 4 000 元以上的房源数所占比例存在显著差异。

7.6 总体方差的区间估计

7.6.1 单个总体方差的区间估计

在统计应用中,有时不仅需要估计正态总体的均值、比例,而且需要估计正态总体的方差。例如,在房地产价格的区间估计中,方差可以反映房价的稳定性,方差大,说明房价的波动大;方差小,说明房价比较稳定。

由第 6 章抽样分布的知识,$\dfrac{(n-1)s^2}{\sigma^2} \sim \chi^2(n-1)$,因此我们用 χ^2 分布构造总体方差的置信区间。

建立总体方差 σ^2 的置信区间,就是要找到一个 χ^2 值,满足:$\chi^2_{1-\frac{\alpha}{2}} \leqslant \chi^2 \leqslant \chi^2_{\frac{\alpha}{2}}$;由 $\dfrac{(n-1)s^2}{\sigma^2} \sim \chi^2(n-1)$,于是得到 $\chi^2_{1-\frac{\alpha}{2}} \leqslant \dfrac{(n-1)s^2}{\sigma^2} \leqslant \chi^2_{\frac{\alpha}{2}}$。

根据上式得到总体方差 σ^2 在 $(1-\alpha)$ 置信水平下的置信区间为

$$\frac{(n-1)s^2}{\chi^2_{\frac{\alpha}{2}}} \leqslant \sigma^2 \leqslant \frac{(n-1)s^2}{\chi^2_{1-\frac{\alpha}{2}}} \tag{7-17}$$

例 7.12 沿用引例,假定北京中关村地区二居室精装修房屋的租赁价格服从正态分布。试在 95% 的置信水平下估计北京中关村地区二居室精装修房屋租赁价格方差的置信区间。

解 计算得到样本均值 $\bar{x}=5\,406.25$,样本标准差 $s = \sqrt{\dfrac{\sum\limits_{i=1}^{n}(x_i-\bar{x})^2}{n-1}} = 1\,992.01$

由 $\alpha=0.05$,自由度 $(n-1)=39$,查 χ^2 分布表得到:

$\chi^2_{1-\alpha/2}(n-1)=\chi^2_{0.975}(39)=24.433$,$\chi^2_{\frac{\alpha}{2}}(n-1)=\chi^2_{0.025}(39)=59.342$(注:由于自由度 $n-1=39$ 数值表中没有,故取 40。)

则按式(7-17),总体方差 σ^2 在 95% 置信水平下的置信区间为

$$\frac{(40-1)\times 1\,992.01^2}{59.342} \leqslant \sigma^2 \leqslant \frac{(40-1)\times 1\,992.01^2}{24.433}$$

即(2 607 867.11,6 333 894.72)。相应地,总体标准差的置信区间为(1 614.89,2 516.72)。

结果表明:有 95% 的把握认为,2011 年 3 月北京中关村地区二居室精装修房屋租赁价格的标准差介于 1 614.89～2 516.72 元之间。

7.6.2　两个总体方差比的区间估计

由第 6 章抽样分布的知识 $\dfrac{S_1^2}{S_2^2}\Big/\dfrac{\sigma_1^2}{\sigma_2^2}\sim F(n_1-1,n_2-1)$，我们可以用 F 分布构造两个总体方差比的区间估计。

建立两个总体方差比 $\dfrac{\sigma_1^2}{\sigma_2^2}$ 的置信区间，就是找到两个统计量 $F_{1-\frac{\alpha}{2}}(n_1-1,n_2-1)$，$F_{\frac{\alpha}{2}}(n_1-1,n_2-1)$，使得满足

$$P\left\{F_{1-\frac{\alpha}{2}}(n_1-1,n_2-1)<\frac{S_1^2}{S_2^2}\Big/\frac{\sigma_1^2}{\sigma_2^2}<F_{\frac{\alpha}{2}}(n_1-1,n_2-1)\right\}=1-\alpha$$

根据上式得到两个总体方差比 $\dfrac{\sigma_1^2}{\sigma_2^2}$ 在 $(1-\alpha)$ 置信水平的置信区间为

$$\frac{S_1^2}{S_2^2}\cdot\frac{1}{F_{\frac{\alpha}{2}}(n_1-1,n_2-1)}<\frac{\sigma_1^2}{\sigma_2^2}<\frac{S_1^2}{S_2^2}\cdot\frac{1}{F_{1-\frac{\alpha}{2}}(n_1-1,n_2-1)}\tag{7-18}$$

例 7.13　为研究某公司男女职工在日常生活消费支出（单位：元）上的差异，在某公司各随机抽取 25 名男职工和女职工，得到下面的结果。

男职工：$\bar{x}_1=520$，$S_1^2=260$；女职工：$\bar{x}_2=480$，$S_2^2=280$。

试以 95% 的置信水平估计男女职工在日常消费支出方差比的置信区间。

解　根据自由度 $n_1=25-1=24$ 和 $n_2=25-1=25$ 查 F 分布表，得

$$F_{\frac{\alpha}{2}}(24,24)=F_{0.025}(24,24)=2.27$$

由 F 分布性质，得

$$F_{1-\frac{\alpha}{2}}(24,24)=\frac{1}{F_{\frac{\alpha}{2}}(24,24)}=\frac{1}{F_{0.025}(24,24)}=\frac{1}{2.27}=0.44$$

则按式(7-18)，总体方差比 $\dfrac{\sigma_1^2}{\sigma_2^2}$ 在 95% 的置信水平下的置信区间为

$$\frac{260}{280}\cdot\frac{1}{2.27}<\frac{\sigma_1^2}{\sigma_2^2}<\frac{260}{280}\cdot\frac{1}{0.44}$$

即 $(0.41,2.11)$，相应地，总体标准差的置信区间为 $(0.64,1.45)$。

结果表明：有 95% 的把握认为，该公司男职工的日常消费水平与女职工的日常消费水平标准差之比介入 0.64～1.45 元之间。

7.7　样本容量的确定

样本容量是指抽取的样本中包含的单位数目，通常用 n 表示。在进行参数估计之前，首先应该确定一个适当的样本容量。在进行抽样调查时，如果样本容量很小，抽样误差就会较大，抽样推断就会失去意义；如果样本容量很大，就会增加调查的费用和工作量。因

此,样本容量的确定是抽样设计中的一个重要环节。

样本容量的确定方法,通常是根据所研究的具体问题,首先确定估计的置信度和允许的误差范围,然后结合经验值或抽样数据估计总体的方差,在通过抽样允许的误差范围计算公式推算所需的样本容量。

7.7.1 单个总体均值区间估计时样本容量的确定

根据上文所述总体均值区间估计的知识,假定 E 是在一定置信水平下允许的误差范围,$E = z_{\frac{\alpha}{2}} \frac{\sigma}{\sqrt{n}}$。

由此可以推导出确定样本容量的计算公式如下:

$$n = \frac{z_{\frac{\alpha}{2}}^2 \sigma^2}{E^2} \qquad (7\text{-}19)$$

$z_{\frac{\alpha}{2}}$ 的值可以直接由置信水平确定。在实际应用中,总体方差 σ^2 通常未知,需要对 σ^2 进行估计,一般采用以前相同或类似的样本的方差 s^2 来代替。从式(7-18)可以看出,在其他条件不变的情况下,置信水平越大、总体方差越大、允许的误差范围越小,所需的样本容量 n 就越大。

例 7.14 沿用引例,假定某租户想要估计 2011 年 6 月北京中关村地区二居室精装修房屋的平均租赁价格。按照历史经验,总体标准差为 1 500 元。试问:在 95% 的置信水平下,使估计的误差范围小于 500 元,样本容量应定为多少?

解 已知 $\sigma = 1\,500$,$E = 500$,$1 - \alpha = 0.95$;

则 $z_{\frac{\alpha}{2}} = 1.96$,且根据式(7-18)得到样本容量

$$n = \frac{\left(z_{\frac{\alpha}{2}}\right)^2 \sigma^2}{E^2} = \frac{1.96^2 \times 1\,500^2}{500^2} = 34.57 \approx 35$$

即应抽取 35 个交易作为样本。

7.7.2 单个总体比例区间估计时样本容量的确定

与估计总体均值时样本容量的确定方法类似,根据比例的允许误差计算式 $E = z_{\frac{\alpha}{2}} \sqrt{\frac{\pi(1-\pi)}{n}}$,可以推导出确定样本容量的计算公式如下:

$$n = \frac{z_{\frac{\alpha}{2}}^2 \pi(1-\pi)}{E^2} \qquad (7\text{-}20)$$

式中,允许误差 E 的值是事先确定的;$z_{\frac{\alpha}{2}}$ 的值可以直接由置信水平确定。

在实际应用中,总体比例 π 通常未知(总体方差 $\sigma^2 = \pi(1-\pi)$),可以采用以前相同或类似的样本的比例 π 来代替;通常取其最大值 $\pi = 0.5$ 来推断。

例 7.15 沿用引例,假定想要估计北京中关村地区二居室精装修房屋租赁价格在 4 000 元以上所占的比例,根据历史数据,这一比例约为 65%。试问:在 95% 的置信水平下,要求比例的误差范围不超过 5%,样本容量应定为多少?

解 $E = 5\%$,$\pi = 65\%$;由 $1 - \alpha = 0.95$,$z_{\frac{\alpha}{2}} = 1.96$;

则根据式(7-20)得到样本容量

$$n = \frac{\left(z_{\frac{\alpha}{2}}\right)^2 \pi(1-\pi)}{E^2} = \frac{1.96^2 \times 65\% \times (1 - 65\%)}{5\%^2}$$

$$= 349.59 \approx 350$$

即应抽取 350 个交易作为样本。

7.7.3 两个总体均值之差区间估计时样本容量的确定

在估计两个总体均值之差时,样本容量的确定方法与上述类似。在给定允许误差 E 和置信水平 $(1-\alpha)$ 的条件下,估计两个总体均值之差所需的样本容量为

$$n_1 = n_2 = \frac{z_{\frac{\alpha}{2}}^2 (\sigma_1^2 + \sigma_2^2)}{E^2} \tag{7-21}$$

式中,n_1 和 n_2 为来自两个总体的样本容量;σ_1^2 和 σ_2^2 为两个总体的方差。

7.7.4 两个总体比例之差区间估计时样本容量的确定

在估计两个总体均值之差时,样本容量的确定方法与上述类似。在给定允许误差 E 和置信水平 $(1-\alpha)$ 的条件下,估计两个总体均值之差所需的样本容量为

$$n_1 = n_2 = \frac{z_{\frac{\alpha}{2}}^2 [\pi_1(1-\pi_1) + \pi_2(1-\pi_2)]}{E^2} \tag{7-22}$$

式中,n_1 和 n_2 为来自两个总体的样本容量;π_1 和 π_2 为两个总体的比例。

软件应用
>>>

1. 单一总体均值的区间估计(方差已知或大样本)

我们通过例 7.4 来说明方差已知或大样本情况下,单一总体均值的区间估计,其操作步骤如下:

(1)将相关数据录入 Excel 表格;

(2)在 Excel 的"数据"选项卡下的"分析"模块中选择"数据分析"并单击;

(3)在分析工具中选择"描述统计";

(4)在"输入区域"设置框内键入数据单元格区域"A1:A40",在"输出区域"设置框内键入数据单元格区域"B1"。选择"汇总统计",然后选择"确定"(见图 7-2),得到输出结果。

（5）选择单元格 D2，键入单元格公式"＝C3－1.96＊C4"，选择单元格 D3，键入单元格公式"＝C3＋1.96＊C4"，按下回车键。其中，C3 单元格中是样本均值；C4 单元格中是标准误差。以上操作结果见图 7-3。

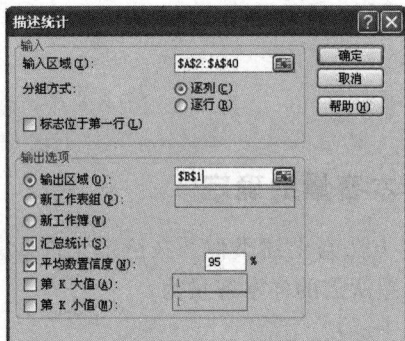

图 7-2　单一总体均值区间估计的描述统计

	A	B	C	D	E
1	4500	列1			
2	3800			4788.9199	
3	5800	平均	5406.25	6023.5801	
4	5000	标准误差	314.9643		
5	4000	中位数	4650		
6	4250	众数	4000		
7	5500	标准差	1992.009		
8	4800	方差	3968101		
9	6500	峰度	4.066123		
10	5600	偏度	1.77465		
11	8000	区域	9800		
12	5600	最小值	3200		
13	4200	最大值	13000		
14	4500	求和	216250		
15	7500	观测数	40		
16	3800	置信度(95	637.0755		
17	3700				
18	3850				
19	4200				
20	4000				

图 7-3　单一总体均值的区间估计(1)

2. 单一总体均值的区间估计（小样本且方差未知）

我们通过例 7.6 来说明小样本且方差未知的情况下，单一总体均值的区间估计，其操作步骤如下。

（1）将相关数据录入 Excel 表格；

（2）在 Excel 的"数据"选项卡下的"分析"模块中选择"数据分析"并单击；

（3）在分析工具中选择"描述统计"；

（4）在"输入区域"设置框内键入数据单元格区域"A1：A16"，在"输出区域"设置框内键入数据单元格区域"B1"。选择"汇总统计"，然后选择"确定"，得到输出结果。

此时，单元格 C3 中是样本均值，单元格 C4 中是抽样误差。

（5）选择单元格 D3，键入单元格公式"＝C3－2.131＊C4"；选择单元格 D4，键入单元格公式"＝C3＋2.131＊C4"，按回车键，得到总体均值 95％的置信区间，结果见图 7-4。

	A	B	C	D
1	6300	列1		
2	4200			
3	5500	平均	4859.375	4277.951
4	4800	标准误差	272.8407	5440.799
5	7900	中位数	4700	
6	3700	众数	4200	
7	4200	标准差	1091.363	
8	4800	方差	1191073	
9	3600	峰度	3.046795	
10	5700	偏度	1.557821	
11	4500	区域	4300	
12	3950	最小值	3600	
13	4100	最大值	7900	
14	4600	求和	77750	
15	5000	观测数	16	
16	4900	置信度(95	581.5462	
17				

图 7-4　单一总体均值的区间估计(2)

3. 两个总体均值之差的区间估计（大样本）

我们通过例 7.7 来说明大样本情况下，两个总体均值的区间估计，其操作步骤如下。

（1）将相关数据录入 Excel 表格；

（2）在 Excel 的"数据"选项卡下的"分析"模块中选择"数据分析"并单击；

（3）在分析工具中选择"描述统计"；

（4）在"输入区域"设置框内键入数据单元格区域"A1：B40"，在"输出区域"设置框内键入数据单元格区域"C1"。选择"汇总统计"，然后选择"确定"，得到输出结果，见图 7-5。

	A	B	C	D	E	F	G
			C19	▼	f_x =(D3−F3)+1.96*C17		
1	4500	3500	列1		列2		
2	3800	3780					
3	5800	8124	平均	5406.25	平均	4876.417	
4	5000	3477	标准误差	314.9643	标准误差	268.7154	
5	4000	3622	中位数	4650	中位数	4062.5	
6	4250	7220	众数	4000	众数	3500	
7	5500	5000	标准差	1992.009	标准差	1612.293	
8	4800	3592	方差	3968101	方差	2599487	
9	6500	4166	峰度	4.066123	峰度	−0.711	
10	5600	3670	偏度	1.77465	偏度	0.914603	
11	8000	7220	区域	9800	区域	4862	
12	5600	3622	最小值	3200	最小值	3262	
13	4200	3714	最大值	13000	最大值	8124	
14	4500	4633	求和	216250	求和	175551	
15	7500	8066	观测数	40	观测数	36	
16	3800	3496	置信度(95	637.0755	置信度(95	545.5213	
17	3700	7462	414.01751				
18	3850	3455	−281.641				
19	4200	4633	1341.3077				
20	4000	3959					

图 7-5　两个总体均值之差的区间估计

此时，单元格 D3 和 F3 中分别是两个总体的样本均值，单元格 D7 和 F7 中分别是两个总体的样本标准差。

（5）选择单元格 C17，并键入单元格公式"＝sqrt(D7 * D7/D15＋F7 * F7/F15)"，按下回车键，得到一个数值。

选择单元格 C18，并键入单元格公式"＝(D3−F3)−1.96 * C17"，按下回车键，得到下限；选择单元格 C19，并键入单元格公式"＝(D3−F3)＋1.96 * C17"，按下回车键，得到上限。结果见图 7-5 中相对应的单元格所示。

本章小结
>>>

本章首先介绍了点估计的概念及其常用方法，并对点估计的评价准则作了介绍，然后结合实例分析，介绍了总体均值、总体比例以及总体方差的区间估计方法，最后，介绍了确定样本容量的意义和确定方法。对总体均值以及总体比例的区间估计具体情况如下表。

区间估计的对象	已知条件的情况	置 信 区 间
单个总体均值 μ	σ^2 已知	$\left(\bar{x}-z_{\frac{\alpha}{2}}\dfrac{\sigma}{\sqrt{n}},\bar{x}+z_{\frac{\alpha}{2}}\dfrac{\sigma}{\sqrt{n}}\right)$
	σ^2 未知但大样本抽样	$\left(\bar{x}-z_{\frac{\alpha}{2}}\dfrac{s}{\sqrt{n}},\bar{x}+z_{\frac{\alpha}{2}}\dfrac{s}{\sqrt{n}}\right)$
	σ^2 未知但小样本抽样	$\left(\bar{x}-t_{\frac{\alpha}{2}}\dfrac{\sigma}{\sqrt{n}},\bar{x}+t_{\frac{\alpha}{2}}\dfrac{\sigma}{\sqrt{n}}\right)$
两个总体均值差 $\mu_1-\mu_2$	两个总体方差 σ_1^2,σ_2^2 已知	$\left(\bar{x}_1-\bar{x}_2-z_{\frac{\alpha}{2}}\sqrt{\dfrac{\sigma_1^2}{n_1}+\dfrac{\sigma_2^2}{n_2}},\right.$ $\left.\bar{x}_1-\bar{x}_2+z_{\frac{\alpha}{2}}\sqrt{\dfrac{\sigma_1^2}{n_1}+\dfrac{\sigma_2^2}{n_2}}\right)$
	两个总体方差 σ_1^2,σ_2^2 未知但大样本抽样	$\left(\bar{x}_1-\bar{x}_2-z_{\frac{\alpha}{2}}\sqrt{\dfrac{s_1^2}{n_1}+\dfrac{s_2^2}{n_2}},\bar{x}_1-\bar{x}_2+z_{\frac{\alpha}{2}}\sqrt{\dfrac{s_1^2}{n_1}+\dfrac{s_2^2}{n_2}}\right)$
	两个总体方差 σ_1^2,σ_2^2 未知但小样本抽样	$\left(\bar{x}_1-\bar{x}_2-t_{\frac{\alpha}{2}}(n_1+n_2-2)\sqrt{s_p^2\left(\dfrac{1}{n_1}+\dfrac{1}{n_2}\right)},\right.$ $\left.\bar{x}_1-\bar{x}_2+t_{\frac{\alpha}{2}}(n_1+n_2-2)\sqrt{s_p^2\left(\dfrac{1}{n_1}+\dfrac{1}{n_2}\right)}\right)$
	配对样本时，σ^2 已知	$\left(\bar{d}-z_{\frac{\alpha}{2}}\dfrac{\sigma_d}{\sqrt{n}},\bar{d}+z_{\frac{\alpha}{2}}\dfrac{\sigma_d}{\sqrt{n}}\right)$
	配对样本时，σ^2 未知且大样本	$\left(\bar{d}-z_{\frac{\alpha}{2}}\dfrac{s_d}{\sqrt{n}},\bar{d}+z_{\frac{\alpha}{2}}\dfrac{s_d}{\sqrt{n}}\right)$
	配对样本时，σ^2 未知且大样本	$\left(\bar{d}-t_{\frac{\alpha}{2}}(n-1)\dfrac{s_d}{\sqrt{n}},\bar{d}+t_{\frac{\alpha}{2}}(n-1)\dfrac{s_d}{\sqrt{n}}\right)$
单个总体比例 π	大样本抽样	$\left(p-z_{\frac{\alpha}{2}}\sqrt{\dfrac{p(1-p)}{n}},p+z_{\frac{\alpha}{2}}\sqrt{\dfrac{p(1-p)}{n}}\right)$
两个总体比例之差 $\pi_1-\pi_2$	大样本抽样	$\left(p_1-p_2-z_{\frac{\alpha}{2}}\sqrt{\dfrac{p_1(1-p_1)}{n_1}+\dfrac{p_2(1-p_2)}{n_2}},\right.$ $\left.p_1-p_2+z_{\frac{\alpha}{2}}\sqrt{\dfrac{p_1(1-p_1)}{n_1}+\dfrac{p_2(1-p_2)}{n_2}}\right)$
单个总体方差 σ^2	总体均值 μ 未知	$\left(\dfrac{(n-1)s^2}{\chi_{\frac{\alpha}{2}}^2},\dfrac{(n-1)s^2}{\chi_{1-\frac{\alpha}{2}}^2}\right)$

关键术语
>>>

点估计（point estimation）

样本 k 阶（原点）矩

样本 k 阶中心矩

中心极限定理（the central limit theorem）

极大似然估计法（the maximum likelihood estimation）

无偏估计量（an unbiased estimator）

有效估计量（an efficient estimator）

一致估计量（a consistent estimator）

区间估计（interval estimate）

置信区间（confidence interval）

独立样本（independent sample）

配对样本（paired sample）

习题
>>>

基础习题

1. 以下是一个简单随机样本的数据资料：

$$5 \quad 8 \quad 10 \quad 7 \quad 10 \quad 14 \quad 9 \quad 11 \quad 6 \quad 12$$

(1) 总体均值的矩估计值是多少？

(2) 总体标准差的矩估计值是多少？

2. 对一个容量为 150 的样本进行调查，结果显示：回答"是"的有 75 个，回答"不是"的有 55 个，弃权的有 20 个。

(1) 在总体中回答"是"所占比例的矩估计值是多少？

(2) 在总体中回答"不是"所占比例的矩估计值是多少？

3. 设从某灯泡厂某天生产的灯泡中随机抽取 10 只灯泡，测得其寿命如下（单位：h）

$$1\,050,1\,100,1\,080,1\,120,1\,200$$
$$1\,250,1\,040,1\,130,1\,300,1\,200$$

试用矩估计法估计该厂这天生产的灯泡的平均寿命及寿命分布的方差。

4. 设总体 X 的概率密度为 $f(x)=\begin{cases}(\alpha+1)x^{\alpha}, & 0<x<1 \\ 0, & \text{其他}\end{cases}$ ，其中 $\alpha>-1$ 是未知参数，$X_1,X_2,\cdots,X_n$ 是取自总体 X 的样本，求参数 α 的矩估计。

5. 设总体 X 服从参数为 λ 的指数分布，$X_1,X_2,\cdots,X_n$ 是取自总体 X 的样本，求参数的 λ 矩估计和极大似然估计。

6. 设 X_1,X_2,X_3 是取自某总体的容量为 3 的样本。试证明下列统计量都是该总体均值 μ 的无偏估计量，并判断哪一个估计量更有效。

(1) $\hat{\mu}_1=\dfrac{1}{2}X_1+\dfrac{1}{3}X_2+\dfrac{1}{6}X_3$

(2) $\hat{\mu}_2 = \dfrac{1}{3}X_1 + \dfrac{1}{3}X_2 + \dfrac{1}{3}X_3$

(3) $\hat{\mu}_3 = \dfrac{1}{6}X_1 + \dfrac{1}{6}X_2 + \dfrac{2}{3}X_3$

应用习题

7. 一家研究机构调查了吸烟者每月在香烟上的花费,总共抽取了 100 名吸烟者作为样本,调查结果显示样本均值 $\bar{x}=200$ 元,样本方差 $s=35$ 元。

(1) 总体均值的点估计是多少? 并解释其含义。

(2) 用 95% 的置信水平,总体均值的置信区间是什么? 并解释其含义。

(3) 如果总共抽取了 64 个人,其他条件不变,那么总体均值 95% 的置信区间是什么? 比较这两个置信区间有何不同?

8. 某银行准备对它的信用卡客户作一次调查,以便了解每月的平均透支额,总共抽取了 400 个客户,样本均值和标准差分别为 $\bar{x}=26\,100$ 元,$s=980$ 元。

(1) 求出每月平均透支额 90% 的置信区间。

(2) 假设只抽取了 40 个客户,样本均值和标准差都不变,求每月平均透支额 90% 的置信区间,并与(1)的结果进行比较,说明两个区间不同的原因。

9. 某购物中心想了解有多大比例的顾客在付款时使用会员卡,调查了 100 个顾客,发现有 32 人在付款时用会员卡。

(1) 估计总体比例的值。

(2) 计算所估计比例的标准差。

(3) 求出总体比例 95% 的置信区间。

(4) 解释以上你所求出的结果。

10. 某部门决定对一电视广告的播放效果进行评估。一周内在电视台 A、B 各播放了 7 次,一周后该部门对收看过该广告的人进行了一次电话调查,要求收看过该广告的人陈述广告的主要词语。下表是记录的结果。

电 视 台	收看过该广告的人	能够回忆起广告主要词语的人数
A	150	65
B	240	80

计算在电视台 A、B 收看过该广告并且能够回忆主要词语人数比例之差的 95% 的置信区间。

11. 总体的标准差大概是 50,现在想要估计总体均值,用 95% 的置信水平,允许误差为 5,需要的样本量为多大?

12. 一项研究计划估计在一片森林中平均每年一棵树长高了多少,研究人员准备用

90％的置信度,并希望估计出的均值在±0.5cm 的误差范围内。以前的研究显示样本标准差为2厘米,这项研究的样本容量需要多大才能满足要求?

13. M 公司作为汽车制造商的主要供应商,想了解润滑油冷却器的渗漏率(单位: cm^3/s)是否满足确定的规格极限。随机选择 50 个冷却器进行检验。其渗漏率记录见辅助资源数据文件 7.13。

(1) 是否能够证明数据的分布是正态的?

(2) 找出总体均值方差最小的无偏点估计。

(3) 用无偏估计的方法找出样本均值方差的一个点估计。

14. 某瓶装水公司的生产经理想要知道 2L 装瓶装水的灌装过程是否运作正常。假设检测 75 瓶水组成的随机样本。测量结果见辅助资源数据文件 7.14。

(1) 是否能够证明该组数据的分布不是正态的?

(2) 找出总体均值方差最小的无偏点估计。

(3) 找出总体方差的方差最小的无偏点估计。

15. A 投资公司计划要估计顾客在他们的投资组合中持有的共同基金的数量。投资公司的随机样本数据见辅助资源数据文件 7.15。

(1) 根据样本数据,对公司顾客所持有的共同基金的平均数量建立 90％的置信区间估计,并对该区间进行解释。

(2) 假设你在问题(1)中计算的区间估计所包含的误差幅度大于 A 公司管理层的期望。讨论 A 公司面临哪几种选择。每种选择的优缺点各是什么。

16. B 银行信用卡部的市场部经理正在考虑进行一项专门针对女性信用卡持卡人的广告促销计划。在开始促销活动之前,他想知道男性和女性信用卡持卡人在账户平均余额上的差异。因此他通过数据中心选择了 300 名客户的简单随机样本,数据见辅助资源数据文件 7.16。

(1) 根据这些样本数据,计算男性和女性持卡人的信用卡账户余额均值之差的 95％的置信区间。

(2) 对上述区间估计进行说明,讨论一下从这个区间估计中能得到什么结论。

17. 近期进行了一项关于某大学图书馆的研究。询问学生学校图书馆藏书是否丰富。调查结果见辅助资源数据文件 7.17。

(1) 求认为学校图书馆藏书丰富的学生比例的一个无偏估计。

(2) 求认为学校图书馆藏书丰富的学生比例的 90％的置信区间。

18. 高年级学生和新生对大学图书馆藏书的丰富程度是否持有不同的观点?利用上题的数据文件,在 90％的置信水平下估计高年级学生和新生中认为图书馆藏书丰富的比例之差的置信区间。(年级数据列中 1 为新生,2、3、4 为高年级学生)

>>>

MBL 公司与充满潜力的 SUV 市场（6）

MBL 公司目前在市场上销售的 SUV 车型共有 4 款 2.0 排量车型，下面为 4 款 2.0 车型的具体厂家市场指导价格："Stone"2.0L 手动标准 10.98 万元；"Stone"2.0L 自动标准 11.98 万元；"Stone"2.0L 手动豪华 12.38 万元；"Stone"2.0L 自动豪华 13.38 万元。"Stone"的定价实际上也和 MBL 公司自主品牌在国内的市场竞争地位相一致，其与知名汽车品牌同级别同配置的 SUV 车型相比，其价格的市场优势不言而喻，但与其他自主品牌同级别同配置的 SUV 车型相比，其定价又略显偏高。不过与国内自主品牌 SUV 车型相比，"Stone"无论是在内部空间、外观设计，还是整体性能上都略高一筹，定价稍高也自然是符合市场规律的。实际上 MBL 公司在给出各款车型的市场指导价的同时，为了更好地销售，公司给各地的经销商都有一定的自主定价权利，也就是说不同的经销商可以根据自身所在区域的 SUV 市场情况，制定出自己的"Stone"售价，这也就造成了在有些二级市场区域由于"Stone"相对于其他自主品牌，其在品牌和车本身性能上的优势，其经销商定价会高于厂家的市场指导价格，而在一级市场经销商的定价往往低于厂家的市场指导价格。然而，实际上经销商的定价是一回事，其真正的售价又是另外一回事，实际上购车的顾客在实际的购车过程中还往往可以从经销商那里获得一定的折扣，但这样的折扣就要看顾客的议价能力了。

MBL 公司战略决策部门的 SUV 市场研究小组，为了给今后公司新款 SUV 车型的市场定价提供依据，通过分层抽样的形式在全国不同区域的经销商那里共抽取了 218 辆 4 款"Stone"车型的具体经销商定价、实际售价和该车在经销商那里的库存时间（指该车从到达经销商车库到售出该车的时间间隔），数据见书配辅助资源"第 7 章案例研究数据"文件。

管理报告

1. 请给出目前中国市场 SUV 车型市场价格总体均值的 95％置信区间（数据见"第 4 章案例研究数据"文件）。

2. 分别给出不同市场区隔（高端市场、次高端市场、中端市场、低端市场）的 SUV 车型市场价格总体均值的 95％置信区间（数据见辅助资源"第 4 章案例研究数据"文件）。

3. 分别对 4 款不同"Stone"车型，用适当的描述性统计量对 3 个变量中的每个变量进行汇总。

4. 比较你的汇总结果，讨论有助于 MBL 公司了解终端市场的各种统计结果。

5. 分别对 4 款不同"Stone"车型，求实际售价的总体均值以及车型库存时间的 95％置信区间。解释你的结果。

6. 假定公司经理要求在 0.16 万元的允许误差下对 2.0L 自动标准款"Stone"车型售价的均值进行估计,在 0.20 万元的允许误差下对 2.0L 自动豪华款"Stone"车型售价的均值进行估计。取置信度为 95%,则应该选取多大的样本容量?

7. 如果 MBL 公司未来推出新升级的 2011 版 2.0L 自动标准款"Stone"车型和 2.0L 自动豪华款"Stone"车型,2.0L 自动标准款经销商定价为 11.68 万元,2.0L 自动豪华款经销商定价为 13.68 万元。请估计这两款车型最终的售价以及其可能的库存时间。

C HAPTER 8
第8章　　　　假 设 检 验

引例　某健身俱乐部欲根据往年的会员情况,制定今年的会员发展营销策略。主管经理估计俱乐部会员的平均年龄是 35 岁,其中 25~35 岁的会员占总人数的 70%。研究人员从去年入会的新会员中随机抽取 40 人,调查得知他们的平均年龄是 32 岁,其中 25~35 岁的会员占 74%。根据这份调查结果,问:主管经理对会员年龄的估计是否准确?

类似的问题在管理活动中十分常见。比如,检验产品的质量是否符合标准、检验商品的某项指标是否达到具体规定等。

统计学是通过假设检验的方法来解决上述问题的。假设检验(hypothesis testing)和参数估计(parameter estimation)是统计推断的两个组成部分,它们都是利用样本对总体进行某种推断,只是推断的方向不同。参数估计是用样本统计量估计总体参数的方法,总体参数 μ 在估计之前是未知的。而在假设检验中,则是先对 μ 的值提出一个假设,然后利用样本信息去检验这个假设是否成立。

本章主要介绍如何利用样本信息,对假设成立与否作出判断的原理和方法。

8.1　假设检验的原理

8.1.1　假设检验的基本原理

假设检验也称为显著性检验,是事先作出一个关于总体参数的假设,然后利用样本信息来判断原假设是否合理,即判断样本信息与原假设是否有显著差异,从而决定应接受或否定原假设的统计推断方法。

对总体作出的统计假设进行检验的方法依据是概率论中的“在一次试验中小概率事件几乎不发生”的原理,即概率很小的事件在一次试验中可以把它看成是不可能发生的。下面通过引例来说明假设检验的基本原理。

例 8.1　某健身俱乐部主管经理估计会员的平均年龄是 35 岁,研究人员从去年入会的新会员中随机抽取 40 人,调查得到他们的年龄数据如下。

33 28 32 26 37 35 27 29 33 30 35 29 39 34 27 37 34 36 31 29
29 26 19 21 36 38 42 39 36 38 27 22 29 34 36 20 39 37 22 39

试根据调查结果判断主管经理的估计是否准确。

解 这是关于总体会员的平均年龄是否等于 35 岁的假设检验问题。随机抽取 40 人构成样本，由样本数据计算得：$\overline{X}=32$ 岁，比估计的平均年龄 35 岁小了 3 岁，但是这 3 岁的差异可能产生于不同情况。一种情况是：总体会员的平均年龄与主管所估计的 35 岁没有差别，3 岁的差异是由抽样误差造成的；另一种情况是，抽样的随机性不可能造成 3 岁这么大的差异，是主管经理的估计不准确。

在前面曾经介绍过抽样误差范围与置信度的关系，即在 95% 的置信水平下，样本均值与总体均值的误差范围不超过 1.96 倍的抽样平均误差，即 $|\overline{X}-\mu| \leqslant 1.96 \dfrac{s}{\sqrt{n}}$，也可以说 $\dfrac{|\overline{X}-\mu|}{s/\sqrt{n}} > 1.96$ 的概率只有 5%，通常认为这是一个很小的概率，据此可以将 $\dfrac{|\overline{X}-\mu|}{s/\sqrt{n}} > 1.96$ 视为小概率事件。本例中，已知 $n=40$，假设 $\mu=35$，经计算得 $\overline{X}=32, s=5.96$，计算统计量 $\dfrac{|\overline{X}-\mu|}{s/\sqrt{n}} = \dfrac{|32-35|}{5.96/\sqrt{40}} = 3.184 > 1.96$。

结果表明在一次抽样中小概率事件发生了，这似乎不尽合理，所以可以认为主管经理估计的平均年龄为 35 岁的情况不准确。

从这个例子我们可以发现，假设检验实际上是建立在"在一次试验中，小概率事件几乎不发生"原理之上的反证法，其基本思想是：先根据问题的题意作出原假设 H_0；然后在原假设 H_0 成立的前提下，寻找与问题有关的小概率事件 A，并进行一次试验；观察试验结果，看事件 A 是否发生？ 如果发生了，则与"在一次试验中，小概率事件几乎不发生"原理矛盾，从而推翻原假设 H_0，否则不能拒绝原假设 H_0。

8.1.2 假设检验的步骤

一个完整的假设检验过程，通常包括以下五个步骤：

第一步，根据问题要求提出原假设（null hypothesis）H_0 和备择假设（alternative hypothesis）H_1；

第二步，确定适当的检验统计量及相应的抽样分布；

第三步，选取显著性水平 α，确定原假设 H_0 的接受域和拒绝域；

第四步，计算检验统计量的值；

第五步，作出统计决策。

上述五个步骤中，选择合适的假设是前提，而构造合适的统计量是关键。值得注意的是，作假设检验用的统计量与参数估计用的统计量在形式上是一致的，每一个区间估计法都对应一个假设检验法。

下面结合例 8.1 对每一个步骤的内容进行分析和说明。

1. 提出原假设 H_0 和备择假设 H_1

统计学对每个假设检验问题,一般同时提出两个相反的假设,即原假设和备择假设。通常将研究者想收集数据予以反对的假设选作原假设,或称零假设,用 H_0 表示。与原假设对立的假设是备择假设,通常将研究者想收集数据予以支持的假设选为备择假设,用 H_1 表示。如例 8.1 中,由于我们从样本数据得到的平均值为 32 岁,这里我们想要证实的是主管经理的估计不正确,即 $\mu \neq 35$。因此该问题的原假设和备择假设为:H_0:$\mu = 35$;H_1:$\mu \neq 35$。

提出原假设和备择假设在假设检验中十分重要,它直接关系到检验的结论。下面再通过两个例子来说明原假设和备择假设的建立方法。

例 8.2 质量监督委员会意欲对某品牌矿泉水进行检查,以确定是否符合其标签上注明的"容量至少是 300ml"的说法,并由此决定是否因为包装重量的不足而对其进行处罚。我们假设质量监督委员会抽取了 20 瓶该品牌矿泉水为随机样本,得到样本均值为 289ml。请确定此问题的原假设 H_0 与备择假设 H_1。

解 抽样的目的是为了检测矿泉水容量是否达到标准,如果抽检结果发现 $\mu < 300$,则表明该品牌矿泉水标签的内容是不真实的,应对其进行处罚。一般来说,抽检的意图倾向于证实该品牌矿泉水的平均容量并不符合其标签中的陈述,因为这会损害消费者的利益,如果我们对标签说明丝毫没有质疑,也就没有抽检的必要了。所以 $\mu < 300$ 是我们想要收集数据支持的观点,故建立的原假设与备择假设为:

H_0:$\mu \geqslant 300$(容量符合标签说明);

H_1:$\mu < 300$(容量不符合标签说明)。

例 8.3 已知某电子产品的使用寿命服从正态分布,其平均使用寿命为 8 000h。现采用新的生产工艺进行生产,在新产品中随机抽取了 50 个产品进行检测,得到样本均值为 8 210h。试问这批产品的使用寿命是否有显著提高? 请确定用于检验的原假设与备择假设。

解 由于问题是判断新产品的使用寿命有没有显著提高,我们比较关心的是使用寿命的上限,即我们想通过收集数据予以支持的假设是"该批产品的使用寿命超过了 8 000h"。因此建立如下假设:

H_0:$\mu \leqslant 8\,000$(产品寿命不超过 8 000h);

H_1:$\mu > 8\,000$(产品寿命超过 8 000h)。

通过上面几个例子,我们提出几点确定原假设和备择假设的一些原则和注意事项:

(1) 原假设与备择假设互斥。这意味着,在一项假设检验中,原假设和备择假设必有一个成立,检验结果二者必取其一。

(2) 假设检验是概率意义下的反证法,一般情况下把"不能轻易否定的命题"作为原假设,而把希望得到的结果或想收集数据予以支持的假设作为备择假设。

(3) 在建立假设时,通常是先确定备择假设,然后再确定原假设。这样做的原因是备择假设是我们所关心的,是想予以支持或证实的,因而比较清楚,容易确定。由于原假设和备择假设是对立的,只要确定了备择假设,原假设就容易确定出来。

(4) 在假设检验中,等号"="总是放在原假设上。将等号放在原假设上是因为我们想涵盖备择假设 H_1 不出现的所有情况。

(5) 在面对某一实际问题时,由于不同的研究者有不同的研究目的,即使对同一问题也可能提出截然相反的原假设和备择假设,这是十分正常的,也并不违背我们关于确定原假设与备择假设的上述原则,无论怎样确定假设的形式,只要它们符合研究者的最终目的,便是合理的。

在假设检验中,有些情况下,我们关心的假设问题带有方向性。在实际工作中,试验新工艺而提高产品质量、降低成本、提高生产率,我们往往关心产品的某个性能指标与原先相比是否有显著的提高或降低(如例 8.3),这就给我们提出了所谓的单侧假设检验问题,这种具有方向性的假设检验即称为单侧检验。根据实际工作的关注点不同,单侧假设检验问题可以有不同的方向。一般地,称对假设 $H_0: \mu \geqslant \mu_0$(μ_0 为假设的参数的具体数值)的检验为左侧检验;称对假设 $H_0: \mu \leqslant \mu_0$ 的检验为右侧检验。如例 8.2 属于左侧检验,而例 8.3 属于右侧检验。

设 μ 为总体参数(这里代表总体均值),μ_0 仍为假设的参数的具体数值,我们可将假设检验的基本形式总结如表 8-1 所示。

表 8-1　假设检验的基本形式

假　　设	双 侧 检 验	单 侧 检 验	
		左侧检验	右侧检验
原假设	$H_0: \mu = \mu_0$	$H_0: \mu \geqslant \mu_0$	$H_0: \mu \leqslant \mu_0$
备择假设	$H_1: \mu \neq \mu_0$	$H_1: \mu < \mu_0$	$H_1: \mu > \mu_0$

2. 确定适当的检验统计量

在假设检验中,如同在参数估计中一样,需要借助样本统计量进行统计推断。用于假设检验问题的统计量称为检验统计量。不同的假设检验问题需要选择不同的检验统计量。在具体问题中,选择什么统计量,需要考虑的因素有:总体方差已知还是未知、用于进行检验的样本是大样本还是小样本等。

在例 8.1 中,由于 $n = 40 > 30$ 是大样本,所以 $\overline{X}$ 近似服从正态分布,以样本标准差代替总体标准差,所用的统计量是 $Z = \dfrac{\overline{X} - \mu}{s / \sqrt{n}}$,在 H_0 为真时,Z 近似服从分布 $N(0, 1)$。

3. 选取显著性水平α，确定原假设 H_0 的接受域和拒绝域

假设检验是围绕对原假设内容的审定而展开的。当原假设正确我们接受它，或原假设错误我们拒绝它时，表明作出了正确的决定。但是，由于假设检验是根据样本提供的信息进行推断的，也就有了犯错误的可能。显著性水平（significant level）表示原假设 H_0 为真时拒绝 H_0 的概率，即拒绝原假设所冒的风险，用 α 表示。这个概率是由人们确定的，通常取 $\alpha=0.05$ 或 $\alpha=0.01$，这表明，当作出拒绝原假设的决定时，其犯错误的概率为 5% 或 1%。

在实际应用中，一般是先给定了显著性水平 α，这样就可以由有关的概率分布表查到临界值（critical value）z_α（或 $z_{\frac{\alpha}{2}}$），从而确定 H_0 的接受域和拒绝域。对于不同形式的假设，H_0 的接受域和拒绝域也有所不同。

具体情况如下：

(1)双侧检验：$H_0: \mu=\mu_0$，$H_1: \mu\neq\mu_0$，拒绝域为 $\{Z\,|\,|Z|>z_{\frac{\alpha}{2}}\}$；

(2)左侧检验：$H_0: \mu\geqslant\mu_0$，$H_1: \mu<\mu_0$，拒绝域为 $\{Z\,|\,Z<-z_\alpha\}$；

(3)右侧检验：$H_0: \mu\leqslant\mu_0$，$H_1: \mu>\mu_0$，拒绝域为 $\{Z\,|\,Z>z_\alpha\}$。

如图 8-1 所示，双侧检验的拒绝域位于统计量分布曲线的两侧，左侧检验的拒绝域位于统计量分布曲线的左侧，右侧检验的拒绝域位于统计量分布曲线的右侧。

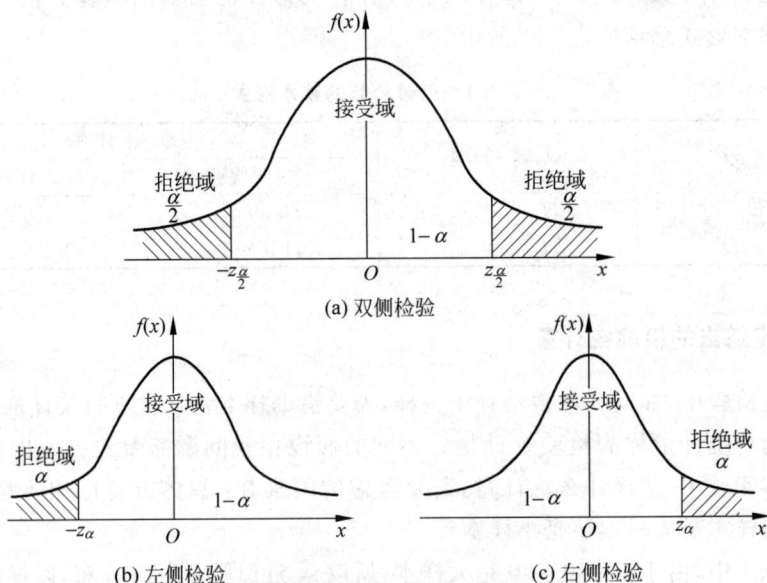

(a) 双侧检验

(b) 左侧检验

(c) 右侧检验

图 8-1 假设检验的接受域和拒绝域示意图

在例 8.1 中,由于是双侧检验,若取 $\alpha=0.05$,则 $z_{\frac{\alpha}{2}}=1.96$。

接受域为 $-1.96\leqslant Z\leqslant1.96$;拒绝域为 $Z<-1.96$ 或 $Z>1.96$。

4. 计算检验统计量的值

在提出原假设 H_0 和备择假设 H_1,确定了检验统计量,给定了显著性水平 α 以后,接下来就要根据样本数据计算检验统计量的值。在例 8.1 中,检验统计量取为

$$Z=\frac{\overline{X}-\mu_0}{\frac{s}{\sqrt{n}}} \tag{8-1}$$

式中,$\overline{X}$ 为样本均值,μ_0 为被假设的参数值,s 为样本标准差,n 为样本容量。

经计算,$|Z|=\dfrac{|\overline{X}-\mu|}{s/\sqrt{n}}=\dfrac{|32-35|}{5.96/\sqrt{40}}=3.184$。

5. 作出统计决策

根据样本信息计算出统计量 Z 的具体值,将它与临界值 z_α 相比较,就可以作出接受原假设或拒绝原假设的统计决策。

在例 8.1 中,由于 $|Z|=3.184>1.96$ 落在拒绝域内,所以拒绝原假设 H_0,可以得出结论:在 $\alpha=0.05$ 的显著性水平下,抽样结果的平均年龄显著低于主管经理的估计值,有理由认为经理的估计不准确。

8.1.3 假设检验中的两类错误

对于原假设提出的命题,我们需要作出接受或者拒绝 H_0 的判断。这种判断是基于样本信息而进行的。由于样本的随机性,使得假设检验有可能出现两类错误,具体如下。

1. 第一类错误

原假设 H_0 为真,但是由于样本的随机性使样本统计量落入了拒绝域,由此作出拒绝原假设的判断。这类错误称为第一类错误,也称为弃真错误。在例 8.1 中,假如真实情况是总体平均年龄为 35 岁,但是抽样到的样本平均年龄是 32 岁,按照检验的规则我们作出了错误的判断,拒绝了原假设 $H_0:\mu_0=35$,这就犯了第一类错误。

犯这类错误的概率用 α 表示,所以也称为 α 错误(α error)。它实质上就是前面提到的显著性水平 α,即 $P($拒绝 $H_0|H_0$ 为真$)=\alpha$。

2. 第二类错误

原假设 H_0 不为真,但是由于样本的随机性使样本统计量落入了接受域,由此作出不

能拒绝原假设的判断。这类错误称为第二类错误,也称为取伪错误。在例 8.1 中,假如真实情况是总体平均年龄为 30 岁,但是抽样得到的样本平均年龄是 32 岁,落在接受域内。按照检验的规则我们作出了错误的判断,不拒绝原假设 $H_0: \mu_0 = 30$,这时就犯了第二类错误。

犯这类错误的概率用 β 表示,即 P(接受 $H_0 \mid H_0$ 不为真)$= \beta$,所以也称为 β 错误(β error)。

假设检验中,原假设 H_0 可能为真也可能不真,我们的判断有拒绝和不拒绝两种。因此,检验结果共有四种可能的情况:① 原假设 H_0 为真,我们却将其拒绝,犯这种错误的概率用 α 表示;② 原假设 H_0 为真,我们没有拒绝 H_0,则表明作出了正确判断,其概率为 $(1-\alpha)$;③ 原假设 H_0 不为真,我们却没有拒绝 H_0,犯这种错误的概率用 β 表示;④ 原假设 H_0 不为真,我们作出拒绝 H_0 的正确判断,其概率为 $(1-\beta)$。这四种情况可以概括为表 8-2。

表 8-2　假设检验中四种可能结果的概率

H_0 情况	不能拒绝 H_0	拒绝 H_0
H_0 为真	$1-\alpha$(正确判断)	α(弃真错误)
H_0 不为真	β(取伪错误)	$1-\beta$(正确判断)

对于一定的样本量 n,不能同时做到减小犯这两种错误的概率。如果减小 α 错误,就会增大 β 错误的机会;如果减小 β 错误,则会增大 α 错误的概率。因此,在假设检验中,需要对这两类错误进行控制。图 8-2 是假设检验中两类错误的示意图。

图 8-2 中上半图显示,如果原假设 $H_0: \mu = \mu_0$ 为真,样本的观察结果应当在 μ_0 附近,落入阴影中的概率为 α,我们是根据样本的观察结果作出判断决策,如果观察结果落入上半图中的阴影部分,我们便拒绝原假设,这时便犯了 α 错误,尽管犯这个错误的概率比较小,但这种错误是不可避免的。图 8-2 中下半图显示,如果原假设为伪,被检验的参数 $\mu > \mu_0$,那么当样本观察结果落入阴影 β 中,我们还是把 μ 看成 μ_0 而没有拒绝,这时便犯了取伪错误,其概率为 β。由图 8-2 还可以看出,如果临界点沿水平方向向两侧移,α 将变小而 β 将变大;如果向中间移,α 将变大而 β 将变小。这也说明了在假设检验中 α 和 β 此消彼长的关系。

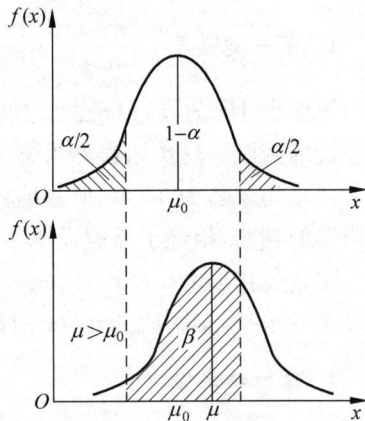

图 8-2　假设检验中两类错误示意图

8.1.4 假设检验中的 P 值

P 值（P-value）是指在原假设 H_0 为真时，样本统计量落在其观测值以外的概率，即表示在实际原假设为真的情况下，拒绝 H_0 犯错误的概率，也称为观测到的显著性水平（observed significant level）或相关概率值。

P 值是反映实际观测到的数据与原假设 H_0 之间不一致程度的一个概率值。P 值越小，说明实际观测到的数据与 H_0 之间不一致的程度越大，检验的结果也就越显著。

P 值也是用于确定是否拒绝原假设的另一个重要工具，它有效地补充了 α 提供的关于检验结果可靠性的有限信息。为便于理解，我们统一使用符号 Z 表示检验统计量，z_c 表示根据样本数据计算得到的检验统计量值，对于假设检验的三种基本形式，P 值的一般表达式如下：

（1）双侧检验：$H_0: \mu = \mu_0$；$H_1: \mu \neq \mu_0$。

P 值是当 $\mu = \mu_0$ 时，检验统计量的绝对值大于或等于根据实际观测样本数据计算得到的统计量观测值的绝对值的概率，即 P 值 $= P(|Z| \geqslant |z_c| \,|\, \mu = \mu_0)$。

（2）左侧检验：$H_0: \mu \geqslant \mu_0$；$H_1: \mu < \mu_0$。

P 值是当 $\mu = \mu_0$ 时，检验统计量小于或等于根据实际观测样本数据计算得到的统计量观测值的概率，即 P 值 $= P(Z \leqslant z_c \,|\, \mu = \mu_0)$。

（3）右侧检验：$H_0: \mu \leqslant \mu_0$；$H_1: \mu > \mu_0$。

P 值是当 $\mu = \mu_0$ 时，检验统计量大于或等于根据实际观测样本数据计算得到的统计量观测值的概率，即 P 值 $= P(Z \geqslant z_c \,|\, \mu = \mu_0)$。

对于不同检验的 P 值，可以用图 8-3 来表示。从图 8-3 可以看出：单侧检验中，P 值由抽样分布的一侧得到，而双侧检验中 P 值则由分布的两侧得到，每一侧为 $\frac{1}{2}P$。

利用 P 值进行决策的规则十分简单。在已知 P 值的条件下，将其与给定的显著性水平 α 进行比较，就可以确定是否应该拒绝原假设。不论是单侧检验还是双侧检验，用 P 值进行决策的准则为：

如果 P 值 $\leqslant \alpha$，则拒绝 H_0；如果 P 值 $> \alpha$，则不拒绝 H_0。

P 值计算可以通过查表来求得，但毕竟很麻烦，多数统计软件都能够输出有关假设检验的主要计算结果，其中就包括 P 值。可以说，应用 P 值的检验方法几乎取代了传统的临界值检验方法，它不仅能得到与传统检验方法相同的结论，而且给出了传统检验方法所不能给出的信息。利用统计量根据显著性水平作出决策，如果我们拒绝原假设，也仅仅是知道我们犯错误的可能性是 α 那么大，但究竟是多少我们却不知道，而 P 值则是我们犯错误的实际概率。

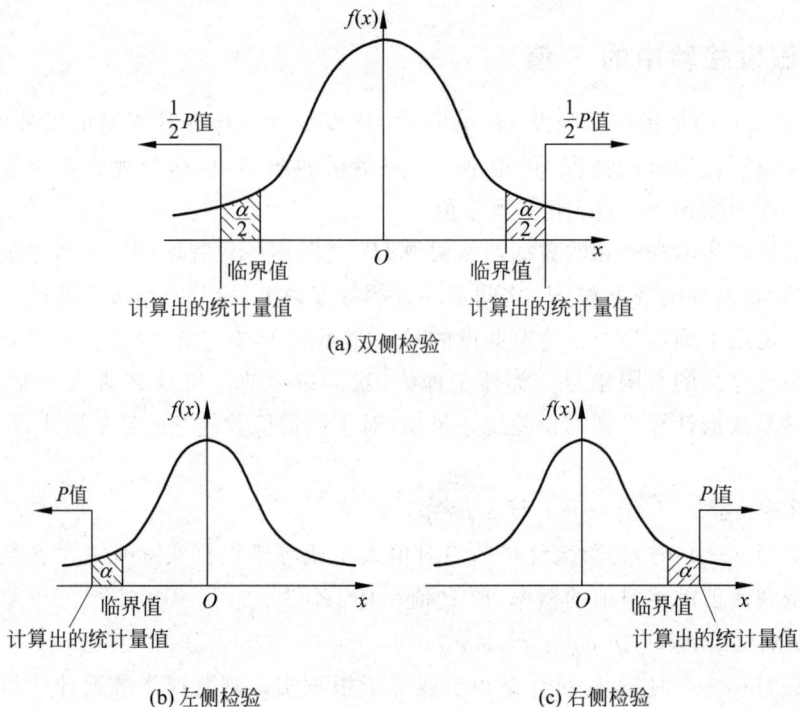

(a) 双侧检验

(b) 左侧检验   (c) 右侧检验

图 8-3   P 值示意图

8.2   单一总体均值的假设检验

上一节介绍了假设检验的基本原理和程序,本节主要通过实例介绍对总体均值进行假设检验方法的应用。在实际检验时,与进行区间估计类似,通常要依据研究问题的不同而采用不同的处理方法,具体包括:大样本情况下对单一总体均值的假设检验、小样本情况下对单一总体均值的假设检验等几种情况。

由第 6 章介绍的抽样分布定理可知:当正态总体方差已知时,无论样本容量大小,样本均值都服从正态分布;若非正态总体的方差已知,当大样本抽样时,样本均值仍然服从正态分布,即样本均值 $\overline{X}$ 服从 $N(\mu, \sigma^2/n)$。

设总体 $X \sim N(\mu, \sigma^2)$,$x_1, x_2, \cdots, x_n$ 是样本 $X_1, X_2, \cdots, X_n$ 的观察值。下面我们区分方差 σ^2 已知和未知两种情况分别讨论对均值 μ 的假设检验的方法。

8.2.1 σ^2 已知的情况下单一总体均值的假设检验

设总体 X 服从正态分布 $N(\mu, \sigma^2)$,其中 σ^2 已知,由正态分布的性质,知 $\overline{X}$ 服从正态

分布 $N\left(\mu,\dfrac{\sigma^2}{n}\right)$，其检验统计量及分布为 $Z=\dfrac{\overline{X}-\mu_0}{\sigma/\sqrt{n}}\sim N(0,1)$，由双侧检验、左侧检验以及右侧检验的规则进行假设检验。

例 8.4 2010 年某市职工年平均工资为 32 808 元，标准差为 3 820 元。现在随机抽取 200 人进行调查，测定 2011 年样本年平均工资为 33 400 元。按照 5% 的显著性水平，判断该市 2011 年的职工平均工资与 2010 年有无明显差异。

解 在本例中，我们关心的是前后两年某市职工的平均工资有没有显著的差异，不涉及差异的方向，因此，本例题属于双侧检验。检验过程如下：

(1) 提出假设：H_0：$\mu=32\ 808$；H_1：$\mu\neq32\ 808$。

(2) 由于大样本抽样，总体标准差 σ 已知，故选用 Z 统计量。

(3) 显著性水平 $\alpha=0.05$，由双侧检验，查表可以得出临界值 $z_{\frac{\alpha}{2}}=\pm1.96$，则判断规则为：若 $z>1.96$ 或 $z<-1.96$，则拒绝 H_0；若 $-1.96\leqslant z\leqslant1.96$，则不能拒绝 H_0。

(4) 计算统计量 Z 的值：$Z=\dfrac{\overline{X}-\mu}{\sigma/\sqrt{n}}=\dfrac{33\ 400-32\ 808}{3\ 820/\sqrt{200}}=2.19$。

(5) 检验判断：由于 $Z=2.19>z_{\frac{\alpha}{2}}=1.96$，落在拒绝域，故拒绝原假设 H_0。

结论 以 5% 的显著性水平可以认为该市 2011 年的职工平均工资与 2010 年有明显的差异。

例 8.5 已知某电子产品的使用寿命服从正态分布，根据历史统计数据，其平均使用寿命为 8 000h，标准差为 370h。现采用新的机器设备进行生产，在新产品中随机抽取了 100 个产品进行检测，得到样本均值为 7 910h。试问在 5% 的显著性水平下，新的机器是否合格？

解 这是一个单侧检验问题。抽样的目的是为了检测新机器生产出的产品使用寿命是否达到标准，我们比较关心的是使用寿命的下限，如果新产品的使用寿命与过去相比没有明显降低，则说明所使用的新机器合格；反之，则说明新机器不合格。于是建立如下假设：

$$H_0：\mu\geqslant8\ 000，\quad H_1：\mu<8\ 000$$

由于总体服从正态分布，总体标准差 σ 已知，故选用 Z 统计量；由显著性水平 $\alpha=0.05$，查表得到临界值：$z_\alpha=z_{0.05}=-1.645$。

$$Z=\dfrac{\overline{X}-\mu_0}{\sigma/\sqrt{n}}=\dfrac{7\ 910-8\ 000}{370/\sqrt{100}}=-2.43$$

由于 $Z<z_\alpha$，即 Z 的值落入拒绝域，故拒绝原假设 H_0，即认为新产品的使用寿命有明显降低。

8.2.2 σ^2 未知且大样本的情况下单一总体均值的假设检验

大样本（$n\geqslant30$）情况下，σ^2 未知时，无论总体是否服从正态分布，根据中心极限定理，

样本均值 $\overline{X}$ 的抽样分布均为正态分布 $N\left(\mu, \dfrac{s^2}{n}\right)$,其检验统计量及分布为 $Z=\dfrac{\overline{X}-\mu_0}{s/\sqrt{n}}\sim$ $N(0,1)$,由双侧检验、左侧检验以及右侧检验的规则进行假设检验。

例 8.6 某乳制品厂的一种盒装鲜奶产品的标准重量是 495g,但是在生产过程中不可避免地出现超重或重量不足的现象。为了控制产品合格率,随机抽取 100 盒鲜奶进行检查,测得产品的平均重量为 494g,样本标准差为 6,试以 5% 的显著性水平判断这批产品的质量是否合格。

解 产品的标准重量是 495g,过轻或者过重都不符合产品质量标准。检验过程如下。

(1) 提出假设:$H_0:\mu=495,H_1:\mu\neq495$;

(2) 总体标准差 σ 未知,但是由于大样本抽样,故仍选用 Z 统计量;

(3) 显著性水平 $\alpha=0.05$,由双侧检验,查表可以得出临界值:$z_{\frac{\alpha}{2}}=\pm1.96$;

(4) 计算统计量 Z 的值:$Z=\dfrac{\overline{X}-\mu}{s/\sqrt{n}}=\dfrac{494-495}{6/\sqrt{100}}=-1.67$,式中用 s 代替 σ;

(5) 检验判断:由于 $|Z|=1.67<|z_{\frac{\alpha}{2}}|=1.96$,落在接受域,故不能拒绝原假设 H_0,即不能说明这批产品不符合质量标准。

8.2.3　σ^2 未知且小样本的情况下单一总体均值的假设检验

设总体 X 服从正态分布 $N(\mu,\sigma^2)$,但总体标准差 σ 未知,此时的检验统计量 Z 中包含了未知参数 σ,因此对总体均值的检验不能用上述 Z 检验。在小样本抽样情况下,利用 t 检验法进行总体均值的检验,其检验统计量及分布为

$$t=\frac{\overline{X}-\mu_0}{s/\sqrt{n}}\sim t(n-1) \tag{8-2}$$

t 检验的决策规则如下:

若采用双侧检验,$H_0:\mu=\mu_0,H_1:\mu\neq\mu_0$;临界值为 $-t_{\frac{\alpha}{2}}$ 和 $t_{\frac{\alpha}{2}}$。当 $-t_{\frac{\alpha}{2}}\leqslant t\leqslant t_{\frac{\alpha}{2}}$ 时,不能拒绝原假设;反之,则拒绝原假设。

若采用左侧检验,$H_0:\mu\geqslant\mu_0,H_1:\mu<\mu_0$;临界值为 $-t_\alpha$。当 $t\leqslant-t_\alpha$ 时,拒绝原假设;反之,则不能拒绝原假设。

若采用右侧检验,$H_0:\mu\leqslant\mu_0,H_1:\mu>\mu_0$;临界值为 t_α。当 $t>t_\alpha$ 时,拒绝原假设;反之,则不能拒绝原假设。

例 8.7 沿用例 8.6,对鲜奶产品进行抽样检查,随机抽取 10 盒产品,测得每盒重量数据如下(单位:g):496、499、481、499、489、492、491、495、494、502。试以 5% 的显著性水平判断这批产品的质量是否合格。

解 根据前面的分析,本例为双侧检验问题,其检验过程如下。

$$H_0: \mu = 495, \quad H_1: \mu \neq 495$$

正态总体的标准差 σ 未知,小样本抽样,故选用 t 统计量;

当 $\alpha = 0.05$,自由度 $n-1 = 9$ 时,查表可以得出临界值: $t_{\frac{\alpha}{2}}(9) = 2.262$;

根据样本数据计算得到: $\overline{X} = 493.8$, $s = 6.01$, $n = 10$。

样本统计量
$$t = \frac{\overline{X} - \mu}{s/\sqrt{n}} = \frac{493.8 - 495}{6.01/\sqrt{10}} = -0.63$$

由于 $|t| = 0.63 < t_{\frac{\alpha}{2}} = 2.262$,落在接受域,故不能拒绝原假设 H_0,即不能说明这批产品不符合质量标准。

8.3 两个总体均值差的假设检验

在实际统计应用中,有时需要对两个总体均值的差异进行检验。例如,比较两种工艺技术下,产品的质量有无差异。这就需要利用两个样本的观察值,对两个总体均值之差作出检验和判断。

两个总体均值之差检验中,可能出现下列情况: σ_1^2, σ_2^2 已知或未知;样本量 n_1, n_2 较大或较小。

8.3.1 σ_1^2、σ_2^2 已知,或 σ_1^2、σ_2^2 未知,但大样本的情况

当两个总体均服从正态分布、两个总体的方差 σ_1^2, σ_2^2 分别已知;或两个总体的分布形式未知、两个总体的方差 σ_1^2, σ_2^2 分别未知、但两个总体的样本量 n_1, n_2 均较大时,可以证明,样本均值之差 $\overline{X}_1 - \overline{X}_2$ 的抽样分布服从或近似服从正态分布,可采用的检验统计量为

$$Z = \frac{(\overline{X}_1 - \overline{X}_2) - (\mu_1 - \mu_2)}{\sqrt{\dfrac{\sigma_1^2}{n_1} + \dfrac{\sigma_2^2}{n_2}}} \tag{8-3}$$

式中, μ_1 为总体1的均值; μ_2 为总体2的均值。

例8.8 瑜伽和舍宾是近年来流行的休闲健身方式,某健身俱乐部对这两种方式的减肥瘦身效果进行了历史数据统计,结果显示:在参加为期一个月的健身班后,瑜伽班成员的减重量标准差为 0.55kg;舍宾班的减重量标准差为 0.7kg。现从两个健身班中各抽取一个随机样本,样本量分别为 $n = 40$, $n = 35$,瑜伽班的平均减重量为 $\overline{X}_1 = 2.35$kg,舍宾班的平均减重量为 $\overline{X}_2 = 2.75$kg。试以 5% 的显著性水平判断两种健身方式在减肥瘦身效果上是否有显著差别?

解 由于检验两种健身方式在减肥效果上是否有显著差别,没有涉及方向,故本例是双侧检验。检验过程如下。

(1)提出假设: $H_0: \mu_1 - \mu_2 = 0$, $H_1: \mu_1 - \mu_2 \neq 0$。

（2）两个总体标准差 σ 均已知，大样本抽样，选用 Z 统计量。

（3）显著性水平 $\alpha=0.05$，由双侧检验，查表可以得出临界值：$z_{\frac{\alpha}{2}}=1.96$。

（4）计算统计量 Z 的值：$Z=\dfrac{(\overline{X}_1-\overline{X}_2)-(\mu_1-\mu_2)}{\sqrt{\dfrac{\sigma_1^2}{n_1}+\dfrac{\sigma_2^2}{n_2}}}=\dfrac{(2.35-2.75)-0}{\sqrt{\dfrac{0.55^2}{40}+\dfrac{0.7^2}{35}}}=-2.72$。

（5）检验判断：由于 $|Z|=2.72>z_{\frac{\alpha}{2}}=1.96$，落在拒绝域，故拒绝原假设 H_0，即认为两种健身方式在减肥效果上有显著差别。

8.3.2 σ_1^2、σ_2^2 未知，且小样本的情况

设两个总体均服从正态分布，在 σ_1^2，σ_2^2 未知，且样本较小的情况下，进行两个总体均值之差的检验需要使用 t 统计量。具体又分以下两种情况。

1. σ_1^2、σ_2^2 未知，且 $\sigma_1^2=\sigma_2^2$

这个条件的成立，往往是从已有的大量经验中得到，或者事先进行了关于两个方差相等的检验，并得到肯定的结论。检验统计量的计算为

$$t=\dfrac{(\overline{X}_1-\overline{X}_2)-(\mu_1-\mu_2)}{s_p\sqrt{\dfrac{1}{n_1}+\dfrac{1}{n_2}}} \tag{8-4}$$

式中，t 的自由度为 n_1+n_2-2，$s_p^2=\dfrac{(n_1-1)s_1^2+(n_2-1)s_2^2}{n_1+n_2-2}$ \tag{8-5}

2. σ_1^2、σ_2^2 未知，且 $\sigma_1^2\neq\sigma_2^2$

当 σ_1^2，σ_2^2 未知且 $\sigma_1^2\neq\sigma_2^2$ 时，抽样分布已不服从自由度为 (n_1+n_2-2) 的 t 分布，而是近似服从自由度为 V 的 t 分布，V 的计算公式为

$$V=\dfrac{\left(\dfrac{s_1^2}{n_1}+\dfrac{s_2^2}{n_2}\right)^2}{\dfrac{\left(\dfrac{s_1^2}{n_1}\right)^2}{n_1-1}+\dfrac{\left(\dfrac{s_2^2}{n_2}\right)^2}{n_2-1}} \tag{8-6}$$

这时，检验统计量 t 的计算公式为

$$t=\dfrac{(\overline{X}_1-\overline{X}_2)-(\mu_1-\mu_2)}{\sqrt{\dfrac{s_1^2}{n_1}+\dfrac{s_2^2}{n_2}}} \tag{8-7}$$

式中，t 的自由度为 V。

例 8.9 沿用例 8.8。从瑜伽班和舍宾班中分别随机抽取 10 名和 15 名成员进行减

重调查,得到表 8-3 的结果。

表 8-3 瑜伽班和舍宾班减重抽样调查数据 kg

班	减 重				
瑜伽	2.15	3.25	2.20	1.05	1.45
	2.75	3.50	1.95	2.00	2.05
舍宾	2.05	0.75	4.95	3.25	2.15
	3.15	3.15	3.45	3.00	2.20
	3.50	3.45	3.50	3.80	2.50

试以 5% 的显著性水平判断两种健身方式在减肥瘦身效果上是否有显著差别?

解 根据前面的分析,本例为双侧检验问题,故建立如下假设:

$$H_0: \mu_1 - \mu_2 = 0, \quad H_1: \mu_1 - \mu_2 \neq 0$$

由于两个样本量均较小,两个总体方差 σ_1^2, σ_2^2 未知,且无法判断 $\sigma_1^2 = \sigma_2^2$ 是否成立,故选用 t 统计量,其自由度为 V。

经过计算,得到 $\bar{X}_1 = 2.235, \bar{X}_2 = 2.99, S_1^2 = 0.566, S_2^2 = 0.931, V = \dfrac{\left(\dfrac{0.566}{10} + \dfrac{0.931}{15}\right)^2}{\dfrac{\left(\dfrac{0.566}{10}\right)^2}{10-1} + \dfrac{\left(\dfrac{0.931}{15}\right)^2}{15-1}}$

≈ 22。由 t 分布表可查知 $t_{\frac{\alpha}{2}}(V) = t_{0.025}(22) = 2.0739$。由式(8-13),样本统计量 t 值为

$$t = \frac{(\bar{X}_1 - \bar{X}_2) - (\mu_1 - \mu_2)}{\sqrt{\dfrac{S_1^2}{n_1} + \dfrac{S_2^2}{n_2}}} = \frac{(2.235 - 2.99) - 0}{\sqrt{\dfrac{0.566}{10} + \dfrac{0.931}{15}}} = -2.192$$

由于 $|t| = 2.192 > t_{\frac{\alpha}{2}} = 2.0739$,落在拒绝域,故拒绝原假设 H_0,即可以认为两种健身方式在减肥效果上有显著差别。

8.3.3 配对样本

在比较两个总体均值之间的差异时,有时需要对比两种不同处理效果有无显著差异。在前面对两个总体均值差进行显著性检验的讨论中,我们假设样本是独立的,但是在一些情况下需要采用存在相依关系的配对样本分析。例如,对比工人经过技术培训前后的工作效率、患者服用某种药物前后的疗效等。这就需要在相同条件下,调查取得一组成对的观察值,进行对比,作出检验和判断,即根据配对样本对两个总体均值差异的检验。

检验的方法是:首先求出每对观察值的差值 d_i 以及差值的均值 $\bar{d}$ 和标准差 s_d,其中

$$\bar{d} = \frac{\sum d_i}{n}, \quad s_d = \sqrt{\frac{\sum (d_i - \bar{d})^2}{n-1}}。$$

假定差值 d_i 来自正态分布的总体,当总体标准差未知且小样本时,可以用自由度为 $(n-1)$ 的 t 分布来检验总体均值差 μ_d 的原假设。检验统计量为

$$t = \frac{\bar{d} - \mu_d}{s_d / \sqrt{n}} \tag{8-8}$$

例 8.10　我们仍然沿用例 8.8,为了比较参加健身班前后体重的变化情况,现从瑜伽训练班中随机抽取 8 名学员,调查得到她们在参加健身班前后的体重数据如表 8-4 所示。

表 8-4　参加健身班前后体重的变化　　　　　　　　　　　　kg

项　　目	体　　重							
健身前 x_1	60.0	68.0	73.0	56.0	62.5	55.0	61.5	75.5
健身后 x_2	58.5	64.0	70.5	55.5	61.0	52.5	59.5	69.0
差值 $d=x_2-x_1$	-1.5	-4.0	-2.5	-0.5	-1.5	-2.5	-2.0	-6.5

假设参加健身班前后的体重均服从正态分布,试以 5% 的显著性水平判断参加健身班后体重是否显著降低?

解　$H_0: \mu_d \geqslant 0$　参加健身班后体重没有显著降低;

$H_1: \mu_d < 0$　参加健身班后体重显著降低。

依题意,由于得到的是配对样本的数据,差值 d_i 服从正态分布,总体标准差未知且小样本,所以按式(8-8)计算统计量。

$$\bar{d} = \frac{\sum d_i}{n} = -2.625, \quad s_d = \sqrt{\frac{\sum (d_i - \bar{d})^2}{n-1}} = 1.866$$

统计量　　　　　$t = \frac{\bar{d} - \mu_d}{s_d / \sqrt{n}} = \frac{-2.625 - 0}{1.866 / \sqrt{8}} = -3.98$

$\alpha = 0.05$,查 t 分布表得到 $t_{0.05}(7) = 1.895$。

接受域为 $t \geqslant -1.895$;拒绝域为 $t < -1.895$。

由于 $t = -3.98 < -1.895$,故拒绝原假设,即可以认为参加健身班后体重显著降低。

8.4　总体比例的假设检验

8.4.1　单一总体比例的假设检验

由比例的抽样分布定理可知,大样本情况下,样本比例近似服从正态分布。因此,对总体比例的检验通常是在大样本条件下进行的,根据正态分布来近似临界值,其检验方法和步骤与均值检验时相同,只是检验统计量不同。

待检验的假设如下。

双侧检验：$H_0: \pi = \pi_0, H_1: \pi \neq \pi_0$

左侧检验：$H_0: \pi \geq \pi_0, H_1: \pi < \pi_0$

右侧检验：$H_0: \pi \leq \pi_0, H_1: \pi > \pi_0$

检验统计量为

$$Z = \frac{p - \pi_0}{\sqrt{\dfrac{\pi_0(1 - \pi_0)}{n}}} \overset{\text{近似}}{\sim} N(0,1) \tag{8-9}$$

例 8.11　在引例中，主管经理估计 $25 \sim 35$ 岁的会员占总人数的 70%，随机抽取 40 人，调查得知其中 $25 \sim 35$ 岁的会员占 74%。试以 5% 的显著性水平判断主管经理的估计是否准确。

解　根据题意，建立如下假设：

$$H_0: \pi = 0.7, \quad H_1: \pi \neq 0.7$$

样本比例 $p = 0.74$。由于是大样本抽样，可以采用式（8-4）检验统计量，样本统计量 Z 值为

$$Z = \frac{p - \pi_0}{\sqrt{\dfrac{\pi_0(1 - \pi_0)}{n}}} = \frac{0.74 - 0.7}{\sqrt{\dfrac{0.7(1 - 0.7)}{40}}} = 0.55$$

显著性水平 $\alpha = 0.05$，由双侧检验，查表可以得出临界值：$z_{\frac{\alpha}{2}} = 1.96$。

由于 $|Z| < z_\alpha$，即 Z 的值落入接受域，故不能拒绝原假设 H_0。即不能认为主管经理的估计错误。

8.4.2　两个总体比例之差的假设检验

设两个总体服从二项分布，大样本情况下，这两个总体中具有某种特征单位数的比例分别为 π_1 和 π_2，但 π_1 和 π_2 未知，可用样本比例 p_1 和 p_2 代替。这时，两个样本比例之差 $(p_1 - p_2)$ 近似服从以 $(\pi_1 - \pi_2)$ 为数学期望，$\dfrac{p_1(1 - p_1)}{n_1} + \dfrac{p_2(1 - p_2)}{n_2}$ 为方差的正态分布。因此，可以选择 Z 作为检验统计量。

$$Z = \frac{(p_1 - p_2) - (\pi_1 - \pi_2)}{\sqrt{\dfrac{p_1(1 - p_1)}{n_1} + \dfrac{p_2(1 - p_2)}{n_2}}} \tag{8-10}$$

例 8.12　某电子产品厂商对两条流水线上生产的同种产品进行质量检测，检测结果如下。

A 流水线：抽样检测产品 100 个，合格 92 个。

B 流水线：抽样检测产品 80 个，合格 76 个。

能否根据上述检测结果，以 5% 的显著性水平判断流水线 B 的合格率比流水线 A 的

合格率高?

解 根据题意,这是一个左单侧检验问题,建立如下假设。

H_0:$\pi_1-\pi_2\geqslant0$,流水线 B 的产品合格率没有比 A 高;

H_1:$\pi_1-\pi_2<0$,流水线 B 的合格率比 A 高。

由题目知 $p_1=0.92$, $p_2=0.95$

由式(8-10),统计量

$$Z=\frac{(p_1-p_2)-(\pi_1-\pi_2)}{\sqrt{\dfrac{p_1(1-p_1)}{n_1}+\dfrac{p_2(1-p_2)}{n_2}}}=\frac{0.92-0.95-0}{\sqrt{\dfrac{0.92(1-0.92)}{100}+\dfrac{0.95(1-0.95)}{80}}}$$

$$=-0.823$$

显著性水平 $\alpha=0.05$,由左单侧检验,查表可以得出临界值 $z_\alpha=-1.645$。

由于 $Z=-0.823>z_\alpha$,落在接受域,故不能拒绝原假设 H_0,即不能认为流水线 B 的产品合格率高于流水线 A。

8.5 总体方差的假设检验

在实际统计应用中,有时不仅需要检验正态总体的均值、比例,而且需要检验正态总体的方差。例如,在产品质量检验中,方差可以反映产品质量的稳定性,方差大,说明产品的性能不稳定、波动大;在居民的平均收入调查中,方差可以反映收入在社会中的分配情况,可以反映平均收入的合理性;等等。

8.5.1 单一总体方差的假设检验

对方差进行检验的程序与均值检验、比例检验是类似的,它们的主要区别在于使用不同的检验统计量。方差检验使用 χ^2 统计量。

$$\chi^2=\frac{(n-1)s^2}{\sigma^2} \tag{8-11}$$

在第 5 章中已经对 χ^2 分布做过专门介绍,这里不再赘述。

例 8.13 仍然沿用例 8.6,某乳制品厂的一种盒装鲜奶产品的标准重量是 495g,标准差为 1g,从新生产出的产品中随机抽取 15 盒进行检查,测得产品的重量误差如下(单位:g)。

2.5 -3.3 -3.1 2.8 3.6 -4.1 2.2 3.1 -3.0 2.9

2.9 2.8 3.3 3.5 3.1

试以 5% 的显著性水平判断这批产品的质量是否合格。

解 本例为双侧检验,拒绝域为 $\chi^2\leqslant\chi^2_{1-\frac{\alpha}{2}}(n-1)$ 或 $\chi^2\geqslant\chi^2_{\frac{\alpha}{2}}(n-1)$;接受域为

$\chi^2_{1-\frac{\alpha}{2}}(n-1) \leqslant \chi^2 \leqslant \chi^2_{\frac{\alpha}{2}}(n-1)$，建立如下假设：

$$H_0: \sigma^2 = 1, \quad H_1: \sigma^2 \neq 1$$

由样本数据可以计算得 $\qquad s^2 = 0.208\ 9$

统计量 $\qquad \chi^2 = \dfrac{(n-1)s^2}{\sigma^2} = \dfrac{(15-1) \times 0.208\ 9}{1} = 2.924\ 6$

显著性水平 $\alpha = 0.05$，查 χ^2 分布表，两个临界点分别为：$\chi^2_{0.975}(14) = 5.628\ 72$，$\chi^2_{0.025}(14) = 26.119\ 0$；$\chi^2 = 2.924\ 6 < \chi^2_{0.975}(14) = 5.628\ 72$ 落在拒绝域（见图8-4），故拒绝原假设 H_0，即认为这批产品的重量没有达到标准。

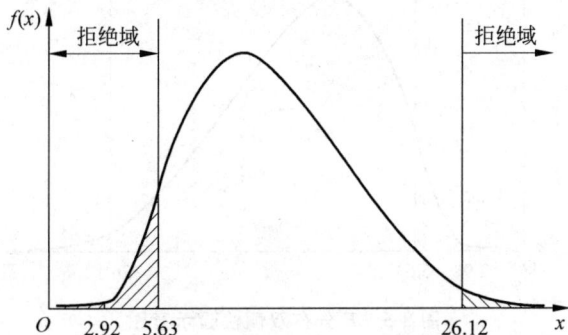

图8-4 χ^2检验示意图

8.5.2 两个总体方差比的假设检验

实际统计应用中，有时需要关注两个总体方差是否相等的问题。例如，比较两套生产设备的稳定性，比较两种投资方案的风险等。检验两个总体方差是否相等，可以通过两个方差之比是否等于1来进行。前面讨论两个总体均值之差检验时，假定两个总体方差相等或不等。在进行两个总体均值之差检验之前，也可以先进行两个总体方差是否相等的检验，由此获得所需信息。

我们用两个样本方差的比来进行判断：如果 s_1^2/s_2^2 接近于1，说明两个未知的总体方差 σ_1^2 和 σ_2^2 很接近；如果比值远离1，说明 σ_1^2 和 σ_2^2 之间有较大差异。由"抽样分布"内容知，在两个正态总体条件下，两个方差之比服从 F 分布。

$$F = \frac{s_1^2/\sigma_1^2}{s_2^2/\sigma_2^2} \tag{8-12}$$

在原假设 $\sigma_1^2 = \sigma_2^2$ 下，检验统计量 F 为：$F = \dfrac{s_1^2}{s_2^2}$，此时 F 统计量的两个自由度分别为：分子自由度 $n_1 - 1$，分母自由度 $n_2 - 1$。

在双侧检验中,拒绝域在 F 分布的两侧,两个临界点的位置分别为:$F_{\frac{a}{2}}(n_1-1,n_2-1)$ 和 $F_{1-\frac{a}{2}}(n_1-1,n_2-1)$,如图 8-5 所示。

在单侧检验中,一般把较大的 s^2 放在分子 s_1^2 的位置,此时 $F>1$,拒绝域在 F 分布的右侧,建立如下假设:$H_0:\sigma_1^2 \leqslant \sigma_2^2, H_1:\sigma_1^2 > \sigma_2^2$。临界点为 $F_a(n_1-1,n_2-1)$。

通常 F 分布表只给出 $F_{\frac{a}{2}}$ 的位置,可以推算出 $F_{1-\frac{a}{2}}$ 的位置(如图 8-5 所示),公式为

$$F_{1-\frac{a}{2}}(n_1-1,n_2-1) = \frac{1}{F_{\frac{a}{2}}(n_2-1,n_1-1)} \tag{8-13}$$

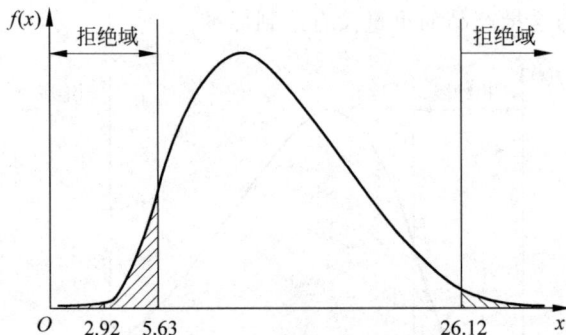

图 8-5 F 分布双侧检验示意图

例 8.14 某校抽查了 20 名学生的管理统计学考试成绩,其中,男生 12 人,女生 8 人,他们的分数见表 8-5。根据这组数据,以 5% 的置信水平检验两个总体(男生、女生的平均成绩)的方差是否相等。

表 8-5 双样本平均差假设检验数据表 分

性别	成 绩											
男	68	80	84	60	81	79	76	55	70	75	88	92
女	80	78	85	79	85	92	94	68				

解 由于检测 σ_1^2 和 σ_2^2 是否相等,故采用双侧检验,建立如下假设。

$$H_0:\sigma_1^2=\sigma_2^2 \text{ 或 } \sigma_1^2/\sigma_2^2=1, \quad H_1:\sigma_1^2 \neq \sigma_2^2 \text{ 或 } \sigma_1^2/\sigma_2^2 \neq 1$$

由题目计算得 $s_1^2=119.1515, s_2^2=69.125, n_1=12, n_2=8$。

$$F = \frac{s_1^2}{s_2^2} = \frac{119.1515}{69.125} = 1.7237$$

$\alpha=0.05$,对于 $F_{\frac{a}{2}}(n_1-1,n_2-1)$ 查表得(可根据书后附表 A.5 中所述方法用 Excel 生成相应的 F 分布临界值表):

$$F_{0.025}(11,7)=4.709$$

$$F_{0.025}(7,11)=3.759$$

由式(8-13),有

$$F_{1-\frac{\alpha}{2}}(n_1-1, n_2-1) = \frac{1}{F_{\frac{\alpha}{2}}(n_2-1, n_1-1)} = \frac{1}{3.759} = 0.266$$

本例中,两个临界点分别是为 $F_{1-\frac{\alpha}{2}} = 0.266$,$F_{\frac{\alpha}{2}} = 4.709$;样本统计量 F 值为 1.723 7,故不能拒绝 H_0,即可以认为这两个总体的方差没有显著差异。

软件应用

>>>

1. 用 Excel 进行单一总体均值的 P 值检验

(1) z 检验中的 P 值计算

我们通过例 8.4 某市职工平均工资一题,来说明 σ 已知条件下的 P 值检验,其操作步骤如下。

① 在"公式"选项卡中单击最左端的"插入函数"按钮。

② 在弹出的"插入函数"对话框的"或选择类别"下拉框中选择"统计",随后在"选择函数"下拉框中选择"NORMSDIST",然后单击"确定",如图 8-6 所示。

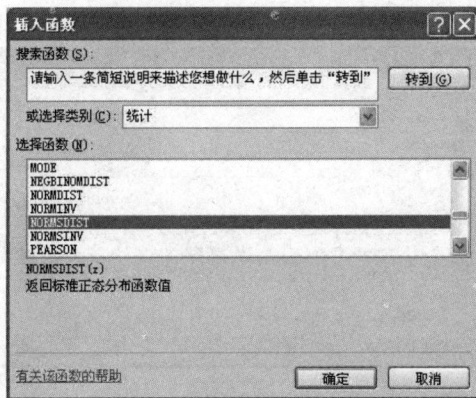

图 8-6 "插入函数"对话框

③ 将 z 的绝对值 2.19 输入,得到的函数值为 0.985 738,这意味着在标准正态分布条件下,z 值 2.19 左边的面积是 0.985 738。本例是双侧检验,故 P 值为:$P = 2(1-0.985\ 738) = 0.028\ 524$。

$P = 0.028\ 524 < \alpha$,故拒绝原假设 H_0,得到与前面相同的结论。其操作见图 8-7。

(2) t 检验中的 P 值计算

我们通过例 8.7 某乳品生产厂一题,来说明 σ 未知且小样本条件下的 P 值检验,其操作步骤如下。

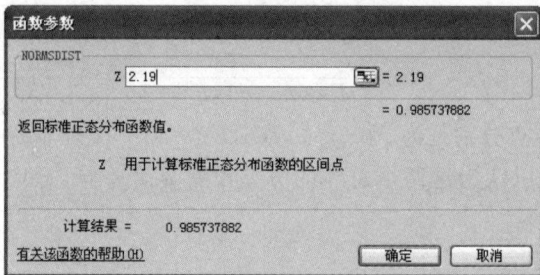

图 8-7 z 检验中的 P 值计算

① 在"公式"选项卡中单击最左端的"插入函数"按钮。

② 在弹出的"插入函数"对话框的"或选择类别"下拉框中选择"统计",随后在"选择函数"下拉框中选择"TDIST",然后单击"确定"。

③ 在 X 文本框中输入 t 的绝对值 0.63;在自由度(Deg-freedom)文本框中,输入本例的自由度 9;在 Tails 文本框中,输入 2,表明是双侧检验(如果是单侧检验则输入 1)。

Excel 计算的 P 值为 0.544 355,$P=0.544\,355>\alpha$,故不能拒绝原假设 H_0,得到与前面相同的结论。其操作见图 8-8。

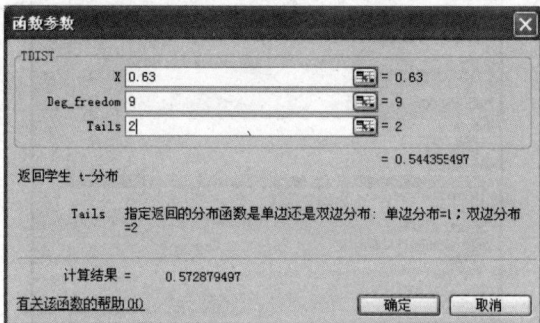

图 8-8 t 检验中的 P 值计算

2. 用 Excel 进行两个总体均值的检验

表 8-6 列出了几种常用的两个总体均值的统计检验方法。

表 8-6 几种常见的两个总体均值的统计检验方法

已 知 条 件	统计检验方法	统计分析
已知总体方差	z 检验	z 检验:双样本平均差假设
未知总体方差,假设两个样本的总体方差相等	t 检验	t 检验:双样本等方差假设
未知总体方差,假设两个样本的总体方差不等	t 检验	t 检验:双样本异方差假设

（1）t 检验：双样本异方差假设

我们通过例 8.9 某健身俱乐部一题，来说明两个总体均值之差的 t 检验。将表 8-3 中瑜伽的 10 个数据输入到工作表的 A1：A10，舍宾的 15 个数据输入到工作表的 B1：B15。然后按下列步骤进行。

① 单击"数据"选项卡下的"分析"模块中的"数据分析"按钮。

② 在分析工具里选择"t-检验：双样本异方差假设"，如图 8-9 所示。

③ 在"变量 1 的区域"文本框内输入 A1：A10；在"变量 2 的区域"文本框内输入 B1：B15；在"假设平均差"的文本框内输入 0。本例中，由于我们建立的原假设是：H_0：$\mu_1 - \mu_2 = 0$，故输入 0。在"α"框内输入 0.05；在"输出选项"中选择"新建工作表组"，输入表名"Output7-12"。

其操作和结果见图 8-10 和表 8-7。

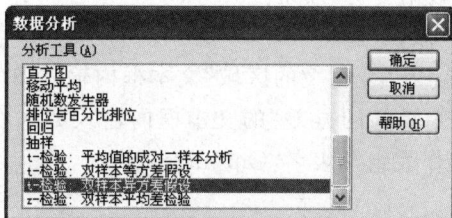

图 8-9 选择检验方法

图 8-10 双样本异方差假设

表 8-7 双样本异方差假设检验结果输出表

t 检验：双样本异方差假设

项 目	变量 1	变量 2
平均	2.235	2.99
方差	0.566 138 889	0.930 785 714
观测值	10	15
假设平均差	0	
df	22	
t Stat	$-2.191\,711\,095$	
$P(T \leqslant t)$ 单尾	0.019 638 08	
t 单尾临界	1.717 144 335	
$P(T \leqslant t)$ 双尾	0.039 276 16	
t 双尾临界	2.073 873 058	

（2）z 检验：双样本平均差假设

3. 应用举例

某校抽查了 20 名学生的考试成绩,其中,男生 12 人,女生 8 人,他们的分数见表 8-8。已知该门课程男生的成绩方差是 28 分,女生的成绩方差是 20 分。根据这组数据,比较男生、女生的平均成绩是否存在显著差异,即比较两个总体的均值是否相等。

表 8-8　双样本平均差假设检验数据表　　　　　　　　　　　　　　　　分

性别	成　　绩											
男	68	80	84	60	81	79	76	55	70	75	88	92
女	80	78	85	79	85	92	94	68				

将表 8-8 中男生的 12 个数据输入到工作表的 A1:A12,女生的 8 个数据输入到工作表的 B1:B8。然后按下列步骤进行。

① 单击"数据"选项卡下的"分析"模块中的"数据分析"按钮。

② 在分析工具里选择"z 检验:双样本平均差假设"。

③ 在"变量 1 的区域"文本框内输入 A1:A12;在"变量 2 的区域"文本框内输入 B1:B8;在"变量 1 的方差"的文本框内输入 28;在"变量 2 的方差"的文本框内输入 20;在"α"框内输入 0.05;在"输出选项"中选择"新建工作表组",表名"Output7-13"。

其操作和结果见图 8-11 和表 8-9。

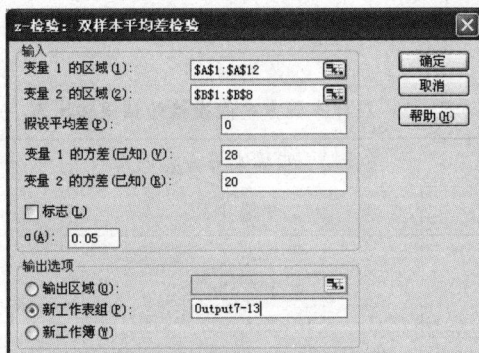

图 8-11　双样本平均差假设

表 8-9　双样本平均差假设检验结果输出表

z 检验:双样本均值分析		
项　　目	变量 1	变量 2
平均	75.666 666 67	82.625
已知协方差	28	20

z 检验：双样本均值分析

项　　目	变量 1	变量 2
观测值	12	8
假设平均差	0	
z	−3.165 059 332	
$P(Z{\leqslant}z)$ 单尾	0.000 775 257	
z 单尾临界	1.644 853 627	
$P(Z{\leqslant}z)$ 双尾	0.001 550 513	
z 双尾临界	1.959 963 985	

（3）t 检验：成对双样本均值假设

我们通过例 8.10 来说明如何在小样本条件下，对配对样本的两个总体均值进行检验。

将表 8-4 中健身前的 8 个数据输入到工作表的 A1：A8，健身后的 8 个数据输入到工作表的 B1：B8。然后按下列步骤进行。

① 单击"数据"选项卡下的"分析"模块中的"数据分析"按钮。

② 在分析工具里选择"t 检验：平均值的成对二样本分析"。

③ 在"变量 1 的区域"文本框内输入 A1：A8；在"变量 2 的区域"文本框内输入 B1：B8；在"假设平均差"的文本框内输入 0；在"α"文本框内输入 0.05；在"输出选项"中选择"新建工作表组"，表名"Output8-14"。

其操作和结果见图 8-12 和表 8-10。

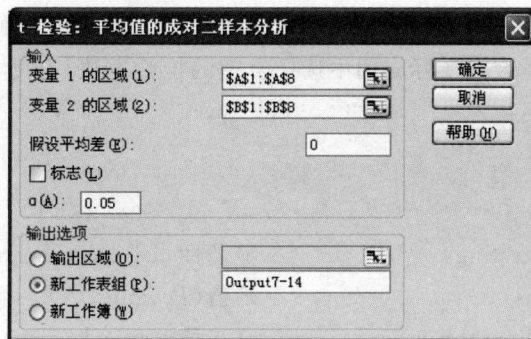

图 8-12　平均值的成对二样本分析

表 8-10　成对双样本均值假设检验结果输出表

t 检验：成对双样本均值分析

项　　目	变量 1	变量 2
平均	63.937 50	61.312 50
方差	56.959 82	39.066 96
观测值	8	8
泊松相关系数	0.980 917	
假设平均差	0	
df	7	
t Stat	3.978 79	
$P(T \leqslant t)$ 单尾	0.002 666	
t 单尾临界	1.894 579	
$P(T \leqslant t)$ 双尾	0.005 332	
t 双尾临界	2.364 624	

本章小结 >>>

本章首先介绍了假设检验的基本原理和方法。假设检验不同于参数估计，它是从另一个角度来认识总体参数的，即首先提出对参数的假设，然后根据样本的数据信息来判断原假设是否正确。

本章介绍了假设检验的基本步骤、在假设检验的判断决策中有可能出现的两类错误；然后通过实际例题应用，介绍了假设检验的基本方法：对总体均值的假设检验、对总体比例的假设检验以及对总体方差的假设检验，每种检验方法中根据问题需要又可以采用双侧检验或单侧检验等具体形式。

本章对各种不同总体参数的假设检验方法作了总结，结合相关的例题讲解，可以加深对相关理论的理解。学会在实际应用中选择合理的检验方法，有助于我们得出更合理的结论。

关键术语 >>>

假设检验（hypothesis testing）　　　显著性水平（significant level）

原假设（null hypothesis）　　　　　P 值（P-value）

备择假设（alternative hypothesis）　临界值（critical value）

α 错误（α error）　　　　　　　单侧检验（one-tailed test）

β 错误（β error）　　　　　　　双侧检验（two-tailed test）

习题

----->>>

基础习题

1. 假设检验依据的基本原理是什么？什么是假设检验中的显著性水平？

2. 一个完整的假设检验一般包含哪些步骤？

3. 什么是假设检验中的两类错误？两类错误之间有什么样的联系？

4. 在假设检验问题中,若检验结果是接受原假设,则检验可能犯哪一类错误？若检验结果是拒绝原假设,则又有可能犯哪一类错误？

5. 解释假设检验中 P 值的含义。它与假设检验中的显著性水平有何区别？

6. 若将犯第一类错误的概率记为 α,犯第二类错误的概率记为 β,原假设记为 H_0,备择假设记为 H_1,试计算以下事件的概率：

(1) $P\{拒绝\ H_0 | H_0\ 为真\}$ (2) $P\{接受\ H_0 | H_0\ 不真\}$

(3) $P\{拒绝\ H_1 | H_0\ 不真\}$ (4) $P\{接受\ H_1 | H_0\ 为真\}$

(5) $P\{拒绝\ H_0 | H_0\ 不真\}$ (6) $P\{接受\ H_0 | H_0\ 不真\}$

(7) $P\{拒绝\ H_1 | H_0\ 为真\}$ (8) $P\{接受\ H_1 | H_0\ 不真\}$

说明：式(1)要求计算事件$\{在"H_0\ 为真"的条件下"拒绝\ H_0"\}$的概率,式(2)至式(8)的含义依此类推。

应用习题

7. 在一项新的安全计划实施之前,某厂每天的平均岗位事故数为 3。为了检验此项安全计划在减少每天岗位事故方面是否有效,在实施新的安全计划后随机抽取了一个 100 天的样本,并记录下每天的事故数。样本均值和标准差分别为 2.7 和 2.6。问：在 0.01 的显著性水平下,能否认为新的安全计划是有效的？试解释计算出的检验统计量值的实际意义。

8. 对于 50 家上市公司组成的一个样本,计算了按年率计算的月收益率,并得出如下数据：样本均值为 13.50%,样本标准差为 23.84%。试在 $\alpha = 0.05$ 的显著性水平下,检验上市公司股票按年率计算的月收益率是否超过 10%。

9. 一位查账员声称某公司 15% 的发票不正确,为检验之,随机抽取了 100 张,其中有 14 张不正确。在 $\alpha = 0.05$ 的显著性水平下,查账员的结论是否能够被接受？

10. 为了解吸烟与患肺癌是否有关,一份调查报告的数据如下表所示。

人

项　目	不吸烟	吸烟
无肺癌	3 397	2 585
有肺癌	3	15

试在 $\alpha = 0.05$ 的显著性水平下,检验吸烟与患肺癌是否有关。

11. 一般认为,具有工作流动倾向的人都是一些优秀的员工。一名研究人员考察了一家公司的人事记录。样本由 100 名留下的员工和 300 名离去的员工组成,记录了近几年这些员工的年度考核成绩,经计算得到:留下的员工和离去的员工成绩的样本均值分别为 3.5 和 3.2,样本标准差分别为 0.42 和 0.45。在 $\alpha=0.01$ 的显著性水平下,检验留下者与离去者平均工作成绩是否存在显著差异?

12. 检查两条生产线 A 和 B 的生产情况。分别从生产线 A 和 B 抽取 70 包和 50 包以检查它们的重量。数据如下。

A:70 包,样本均值为 499g,样本标准差为 21g;

B:50 包,样本均值为 503g,样本标准差为 18g。

问:在 $\alpha=0.1$ 的显著性水平下,两条生产线有无显著差异?

13. 某袋内装着白球和黑球,做如下的试验:进行有放回地取球,直到取到白球为止。记下抽取的次数,重复进行此试验 100 次,结果如下表所示。

抽取次数	1	2	3	4	≥5
频数	40	33	17	6	4

试问在 $\alpha=0.1$ 的显著性水平下,能否认为袋内黑球和白球的个数相等?

14. 在某化妆品公司最近举行的一次会议上,市场部经理认为手机消费者的平均年龄在 40 岁以下。这种趋势关系到未来的广告计划是否倾向于以年轻观众的需求为导向。在实际制订广告计划之前,公司决定对顾客进行随机抽样。调查问卷中核心的问题就是消费者的年龄,调查结果见辅助资源数据文件 8.14。

(1)根据市场部经理的判断,建立相应的零假设和备择假设。

(2)市场部经理必须在即将召开的董事会议上证明自己有关顾客年龄的判断。使用 0.10 的显著性水平来支持市场部经理的判断。

(3)考虑(2)中计算出的假设检验结果。你觉得可能发生了哪一类假设检验错误?如果的确发生了这种错误,你是如何发现的?

15. 在上题中:

(1)计算临界值 $\bar{x}$。

(2)计算该检验的 P 值,并用 P 值进行假设检验。

(3)注意到在样本数据中,顾客的年龄是按照到明年多大来计算的。

① 如果我们将随机抽取的客户(按到明年计算的)年龄记作 x_i,那么 x_i 是连续变量还是离散变量?

② x_i 可能服从正态分布吗?

③ 注意到为了进行(2)中的假设检验,$\bar{x}$ 必须满足正态分布,那么根据①②中的答案,这是否意味着在(2)中进行的计算不合适呢?请说明理由。

案例研究

>>>

MBL 公司与充满潜力的 SUV 市场（7）

MBL 公司的 SUV 市场研究小组，在研究中国 SUV 市场发展现状的同时，还实施了汽车消费者购买行为研究，期望找到消费者购买 SUV 汽车的影响因素，并期望通过消费者行为的研究找到与 MBL 公司 SUV 品牌相匹配的目标顾客群。

在市场研究小组前期对消费者的访谈研究中发现，购买汽车这种贵重且耐用的消费品，人们都是非常谨慎的，并且在中国市场随着消费者消费心理的日趋成熟，对贵重耐用品的购买已由原先的应急性购买转变为理智性购买，经济实用、性价比高的优秀产品是当今消费者理智购买的商品。消费者在买车时考虑更多的是该车的性能、价格、质量以及使用成本等方面的问题。针对这些结论，SUV 市场研究小组专门设计了相关的市场调研方案，并开发了相应的市场调研问卷（具体问卷见后），并在北京某大型汽车交易市场内通过拦截的方法随机调查了 2 268 名计划在未来六个月内购买 SUV 车型的人（见"第八章案例研究数据"文件），目前 MBL 公司的 SUV 市场研究小组也正在积极对该数据进行分析。

SUV 汽车市场调研问卷

您好，我们是×××公司的 SUV 市场研究小组，我们正在进行一项关于中国 SUV 汽车市场的研究。我们想请您接受一次调查，希望您给予大力支持。调查采用匿名方式，任何个人信息都不会被披露。您的参与对我们很重要，十分感谢！

如果您感兴趣，在完成调查后将会得到我们为您准备的一份惊喜礼品！

A. 基本信息

A1. 您想买的这辆 SUV 车是：

□ 1. 家里的第一辆车　　□ 2. 代替家中原来的车　　□ 3. 家里新增加的车

A2. 您购买该车的可能性有多大？	不会买 1　2　3　4　5　6　7　8　9　10 肯定会买
A3. 如果同档次其他车型价格不变，而这辆车涨价，您购买该车的可能性还有多大？	不会买 1　2　3　4　5　6　7　8　9　10 肯定会买
A4. 如果您的朋友想买一台同档次的车，您向他推荐该车的可能性有多大？	肯定不推荐 1　2　3　4　5　6　7　8　9　10 肯定推荐

B. 评价

您计划购买的这辆 SUV 汽车的品牌可能来自德国、日本、美国、中国等国家,比如大众汽车来自德国,丰田汽车来自日本。请回答您对这个品牌所属国家的一些认识。如果你完全同意,请打 10 分,完全不同意,打 1 分,分数越高,表示您的同意程度越高。

B1. 这个国家的国家形象很好	完全不同意 1 2 3 4 5 6 7 8 9 10 完全同意
B2. 这个国家的汽车制造业知名度很高	完全不同意 1 2 3 4 5 6 7 8 9 10 完全同意
B3. 这个国家的汽车制造业总体声誉很好	完全不同意 1 2 3 4 5 6 7 8 9 10 完全同意

下面请您对计划购买的这个具体 SUV 车型进行总体评价。如果您完全同意,请打 10 分,完全不同意,打 1 分,分数越高,表示您的同意程度越高。

总体评价	
B4. 该车的知名度很高	完全不同意 1 2 3 4 5 6 7 8 9 10 完全同意
B5. 该车的声誉很好	完全不同意 1 2 3 4 5 6 7 8 9 10 完全同意
B6. 该车品牌符合您的个性	完全不同意 1 2 3 4 5 6 7 8 9 10 完全同意
B7. 该车能代表您的个性	完全不同意 1 2 3 4 5 6 7 8 9 10 完全同意
B8. 该车能代表成功	完全不同意 1 2 3 4 5 6 7 8 9 10 完全同意
B9. 开这辆车使您很有面子	完全不同意 1 2 3 4 5 6 7 8 9 10 完全同意
B10. 与其他同档车相比,这辆车的价格低	完全不同意 1 2 3 4 5 6 7 8 9 10 完全同意
B11. 与其他同档次车相比,该车保值性(二手车转卖价格)好	完全不同意 1 2 3 4 5 6 7 8 9 10 完全同意
B12. 与其他同档次车相比,该车耗油量低	完全不同意 1 2 3 4 5 6 7 8 9 10 完全同意

总体评价	
B13. 与其他同档次车相比，这辆车的维修保养成本低	完全不同意 1　2　3　4　5　6　7　8　9　10 完全同意
B14. 该车的性能可靠	完全不同意 1　2　3　4　5　6　7　8　9　10 完全同意
B15. 该车的安全性好	完全不同意 1　2　3　4　5　6　7　8　9　10 完全同意
B16. 该车的整体内外造型设计好	完全不同意 1　2　3　4　5　6　7　8　9　10 完全同意
B17. 该车操控与动力性能好	完全不同意 1　2　3　4　5　6　7　8　9　10 完全同意

您在购买 SUV 车型的过程中，以下因素对您来说重要吗？（打分越高，表示越重要）

B18. 性能可靠	不重要 1　2　3　4　5　6　7　8　9　10 非常重要
B19. 安全性高	不重要 1　2　3　4　5　6　7　8　9　10 非常重要
B20. 造型设计有吸引力	不重要 1　2　3　4　5　6　7　8　9　10 非常重要
B21. 操控与动力性能出色	不重要 1　2　3　4　5　6　7　8　9　10 非常重要
B22. 购买价格有吸引力	不重要 1　2　3　4　5　6　7　8　9　10 非常重要
B23. 使用维修保养费用低	不重要 1　2　3　4　5　6　7　8　9　10 非常重要
B24. 再转卖时保值性好	不重要 1　2　3　4　5　6　7　8　9　10 非常重要

C. 个人信息

（为了进行问卷分析，需要了解您的个人数据，我们会严格地为您保密。）

C1. 您的性别：□男　□女

C2. 您的年龄：

□18～24　□25～29　□30～34　□35～39　□40～44　□45～49　□50～54

□55～59　□60～64　□65 以上

C3. 您拿到驾驶执照_____年

C4. 您的实际驾驶经验_____年

C5. 在过去的一年里，您开车的频率是：□每周经常开 □每周偶尔开 □每月偶尔开

□每年偶尔开

C6. 您的职业是?

□专业人士(医生、律师等) □文员 □自由职业、私营企业老板、个体户 □普通白领 □高级管理人员 □中层管理人员 □技工 □非技术工人 □教育(老师、教授) □政府职员 □学生 □家庭主妇 □失业/无工作/退休 □其他_____

C7. 您的教育程度:

□大专以下 □大专 □本科 □硕士(含在读硕士) □博士(含在读博士)

C8. 您家庭每月税前的总收入(人民币)是?

□2 000 元及以下 □2 001～4 000 元 □4 001～6 000 元 □6 001～8 000 元 □8 001～10 000 元

□10 001～12 000 元 □12 001～16 000 元 □16 001～20 000 元 □20 001～22 000 元 □22 001 元及以上

管理报告

1. 结合问卷中所列出的调研问题，MBL 公司 SUV 市场研究小组可能会分析哪些有关消费者购买行为方面的问题。

2. 利用描述性统计分析对被调研消费者的个人信息进行汇总分析,并请使用适当的图表。

3. 选用适当的图表和描述统计量对消费者购买 SUV 车型过程中最看重的因素进行分析,你的结论是什么?

4. 请判断计划购买 SUV 车型的消费者,其平均驾驶经验是否与购买普通轿车车型消费者的平均驾驶经验年限有差异(有资料表明购买普通轿车车型消费者的平均驾驶经验年限为 5.4 年),取显著性水平为 0.05。结论对你有何启示?

5. 进行假设检验,确定消费者对计划所购 SUV 车型品牌所属国家形象的评价是否高于 7,取显著性水平为 0.01。

第 9 章

方 差 分 析

Only 是北欧著名的成衣品牌,其服装色彩鲜明、样式活泼,深受欧洲青年推崇。Only 服装自 1998 年登陆中国以来,每年销售额都有不俗表现。与其他国际知名品牌不同的是,Only 公司并没有在国内设立专卖店,其主要是通过在各大商场设立专柜来进行销售。表 9-1 所示的即是 Only 服装 2002 年在北京 15 家大商场专柜各个季度的销售情况,季节不同服装的需求也不同,服装的销售情况是否会受到季度因素的影响呢?

表 9-1　2002 年 Only 服装部分销售情况表　　　　　　　　　　　　　　元

商　　场	一季度	二季度	三季度	四季度
百盛	710 990	460 160	794 750	819 800
华联	656 040	336 780	670 310	405 540
庄胜崇光	771 750	308 100	915 230	670 580
双安	933 110	257 740	323 710	270 890
东方广场	1 246 500	863 520	1 429 200	959 860
赛特	350 290	425 980	734 460	486 590
当代商城	201 520	190 390	370 490	266 560
太平洋百货	303 320	260 250	467 860	382 900
新东安	510 160	382 000	564 890	518 550
中友百货	686 880	277 720	881 630	1 377 970
翠微	340 640	177 540	447 510	240 720
新世界商场	266 250	276 940	838 680	613 000
王府井	622 850	138 180	431 680	422 680
贵友	279 850	129 710	387 560	253 790
华堂	201 970	65 490	187 860	130 040
合计	8 082 120	4 550 500	9 445 820	7 819 470

季节因素对服装销量最直接的影响就反映在服装的销售额上,具体体现在各季度的服装销售额是否相等。要明确这个问题就涉及检验多个均值是否相等的问题。在第 8 章中介绍了假设检验的相关理论和两个总体均值差的假设检验,判定总体均值是否相等所使用的是服从标准正态分布的 Z 统计量。在进行两个总体均值差的假设检验时,当时假定要检验的总体是服从正态分布并且样本量较小(一般低于 30 个观察值),此时使用的是 t 统计量来检验。本章将介绍用于检验多个均值是否相等的方法——方差分析(analysis of variance)。

9.1 方差分析的基本思想

方差分析就是针对一定因素(factor)分析各总体的各个因素水平(factor level)是否有差异。比如,前例中的季度对服装销量的影响是方差分析的对象,季度称为因素,而四个不同的季度是因素的内容,称为因素水平。单因素方差分析(one-way analysis of variance)是针对一个因素进行的,而双因素方差分析(two-way analysis of variance)则是针对两个因素进行的。

要进行方差分析,前提条件是被检验的样本为服从正态分布总体中的随机样本,各个总体的标准差相等,并且样本的选择是独立的。

方差分析通过比较方差来检验各因素水平的均值是否相等,但样本的观察值通常存在两种差异。一种是因素的各因素水平之间的差异;另一种是各因素水平内部随机抽取的样本的差异。这两种差异在方差分析中通常用两个方差来衡量,一个是基于样本均值之间差异的因素水平间方差;另一个是基于样本内部差异的因素水平内方差。如果这两个方差的比值较小,方差分析的结果可以认为总体均值相同。如果这两个方差的比值非常大,方差分析的结果可以认为总体均值不相同。

方差分析中所用到的概率分布是 F 分布(F distribution),F 分布是为纪念著名统计学家费雪(R. A. Fisher)而得名。因素水平间方差和因素水平内方差之比服从 F 分布。

$$F = \frac{因素水平间方差}{因素水平内方差} \qquad (9\text{-}1)$$

F 分布具有以下特征:

(1) F 分布是一个"家族"。分子和分母具有各自的自由度,每一对自由度对应一个 F 分布。

(2) F 分布是一个右偏分布。当分子和分母的自由度逐渐增加,F 分布就越接近于正态分布。

(3) F 分布是连续的,并且自变量取值非负。如图 9-1 所示,F 分布是连续的,其一般量取值范围在区间 $(0, +\infty)$。

(4) F 分布的右侧曲线以 X 轴为渐近线。当 x 的值越来越大时,F 分布曲线就越接近于 X 轴。

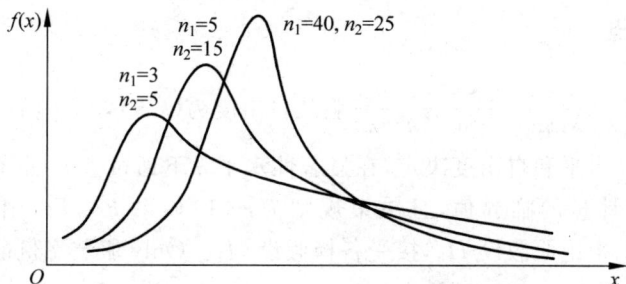

图 9-1 F 分布曲线"家族"

9.2 单因素方差分析

9.2.1 单因素方差分析的步骤

单因素方差分析是只针对一个因素进行，旨在分析该因素对样本的观察值是否产生影响，各因素水平的样本容量大小可以一致，也可以不一致。单因素方差分析一般分为以下四步，下面以 Only 服装的案例说明。

1. 建立原假设和备择假设

单因素方差分析首先要建立原假设（null hypothesis）和备择假设（alternative hypothesis）。原假设是各个因素水平间的均值相等，而备择假设则是各个因素水平间的均值不全相等。

$$H_0 : \mu_1 = \mu_2 = \mu_3 = \mu_4$$
$$H_1 : \mu_1 , \mu_2 , \mu_3 , \mu_4 \text{ 不全相等}$$

如果原假设 H_0 被接受，则说明 Only 服装 2002 年各个季度的服装销售量并没有显著差异，可以认为季度因素对 Only 服装的销售量没有影响。如果原假设 H_0 被拒绝，则说明 Only 服装 2002 年各个季度的服装销售量中至少有两个季度销售量之间存在显著差异，可以认为季度因素对 Only 服装的销售量有影响，但并不知道有哪两个季度或哪些季度的销售量之间存在差异。

2. 选择显著性水平

显著性水平（level of significance）不同，拒绝域也就不同，方差分析得到的结论也有可能会不同，实际中通常选择 0.05 的显著性水平。

3. 确定决策点

检验统计量 $F = \dfrac{\text{MSA}}{\text{MSE}} = \dfrac{\text{SSA}/(k-1)}{\text{SSE}/(n-k)}$ 服从自由度为 $(k-1, n-k)$ 的 F 分布,F 统计量的临界值由显著性水平和自由度决定,在显著性水平 α 下通过查 F 分布表可以查得各显著性水平下 F 统计量的临界值,且决策规则为:(1)如果 $F \leqslant F_\alpha$,则接受原假设 H_0;(2)如果 $F > F_\alpha$,则拒绝原假设 H_0,接受备择假设 H_1。Only 服装案例的临界值为

$$F_\alpha(k-1, n-k) = F_{0.05}(4-1, 60-4) = F_{0.05}(3, 56) = 2.77$$

如图 9-2 所示,如果计算出的 F 值超过 2.77,则进入拒绝域,应该拒绝原假设,接受备择假设,说明每个季度的销售量并不全相等。

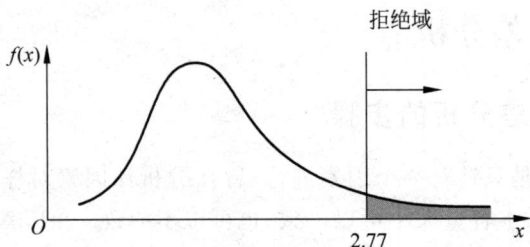

图 9-2 F 检验图

4. 计算并决策

表 9-2 为方差分析表(analysis of variance table),根据方差分析表可以很方便地计算出 F 值并与 F 临界值作比较得到结论。

表 9-2 方差分析表

方差类型	离差平方和 SS	自由度 df	均方 MS	F 值
因素水平间方差	SSA	$k-1$	$\dfrac{\text{SSA}}{k-1} = \text{MSA}$	$\dfrac{\text{MSA}}{\text{MSE}}$
因素水平内方差	SSE	$n-k$	$\dfrac{\text{SSE}}{n-k} = \text{MSE}$	
总差异	SST	$n-1$		

在单因素方差分析中,有三个平方和(SS):总离差平方和 SST(sum of squares for total)、因素水平间离差平方和 SSA(sum of squares for factor A)、因素水平内离差平方和 SSE(sum of squares for error)。这三个平方和之间存在以下关系式:

$$\text{SST} = \text{SSA} + \text{SSE} \qquad\qquad (9\text{-}2)$$

通过计算 SST 和 SSA,由式(9-2)即可得到 SSE。再由 SSA、SSE 及各自的自由度可以计算出对应的均方(mean square)MSA、MSE,由两个均方的比值即可求得 F 值。具体的计

算步骤以 Only 服装案例为例,表 9-3 为 Only 服装各季度销售量相关统计表。

表 9-3　2002 年 Only 服装各季度销售量相关统计表　　　　　　　　　　元

	一季度	二季度	三季度	四季度	合计
1	710 990	460 160	794 750	819 800	
2	656 040	336 780	670 310	405 540	
3	771 750	308 100	915 230	670 580	
4	933 110	257 740	323 710	270 890	
5	1 246 500	863 520	1 429 200	959 860	
6	350 290	425 980	734 460	486 590	
7	201 520	190 390	370 490	266 560	
8	303 320	260 250	467 860	382 900	
9	510 160	382 000	564 890	518 550	
10	686 880	277 720	881 630	1 377 970	
11	340 640	177 540	447 510	240 720	
12	266 250	276 940	838 680	613 000	
13	622 850	138 180	431 680	422 680	
14	279 850	129 710	387 560	253 790	
15	201 970	65 490	187 860	130 040	
T_c	8 082 120	4 550 500	9 445 820	7 819 470	29 897 910
n_c	15	15	15	15	60
$\sum X^2$	$5.637\,31 \times 10^{12}$	$1.889\,1 \times 10^{12}$	$7.333\,44 \times 10^{12}$	$5.596\,75 \times 10^{12}$	$2.045\,66 \times 10^{13}$

1)总离差平方和 SST

计算 F 值的第一步一般由计算 SST 开始,SST 是每个观察值同整体均值之间平方差之和。

$$\text{SST} = \sum X^2 - \frac{\left(\sum X\right)^2}{n} \qquad (9\text{-}3)$$

式中,X 为样本的观察值。

根据式(9-3),由表 9-3 中的数据可以计算出 SST:

$$\text{SST} = \sum X^2 - \frac{\left(\sum X\right)^2}{n} = 2.045\,66 \times 10^{13} - \frac{(2.989\,791 \times 10^7)^2}{60}$$
$$= 5.558\,5 \times 10^{12}$$

2)因素水平间离差平方和 SSA

$$\text{SSA} = \sum \left(\frac{T_c^2}{n_c}\right) - \frac{\left(\sum X\right)^2}{n} \qquad (9\text{-}4)$$

式中,T_c 为因素的每一个水平的观察值之和,n_c 为因素的每一个水平包含的观察值的个数。

根据式(9-4),由表 9-3 中的数据可以计算出 SSA:

$$SSA = \sum \left(\frac{T_c^2}{n_c} \right) - \frac{\left(\sum X \right)^2}{n}$$

$$= \frac{8\,082\,120^2}{15} + \frac{4\,550\,500^2}{15} + \frac{9\,445\,820^2}{15} + \frac{7\,819\,470^2}{15} - \frac{29\,897\,910^2}{60}$$

$$= 8.6\,161 \times 10^{11}$$

3) 因素水平内离差平方和 SSE

$$SSE = SST - SSA = 5.558\,5 \times 10^{12} - 8.616\,1 \times 10^{11} = 4.696\,89 \times 10^{12}$$

如表 9-4 所示,将计算出的三个平方和的值填入方差分析表即可计算出 F 值。

表 9-4　F 值计算表

方 差 来 源	离差平方和 SS	自由度 df	均方 MS	F 值
因素水平间方差	$8.616\,10 \times 10^{11}$	3	$2.872\,0 \times 10^{11}$	3.42
因素水平内方差	$4.696\,89 \times 10^{12}$	56	$8.387\,3 \times 10^{10}$	3.42
总差异	$5.558\,50 \times 10^{12}$	59		3.42

表 9-4 中计算出的 F 值为 3.42,大于 0.05 显著性水平下的 F 临界值 2.77,因此,应该拒绝原假设,各个季度的销售量的均值存在差异,并不完全相等,但并不能判定哪些季度间的销售量有所差异,也不能判定差异有多大。

9.2.2　单因素方差分析的多重比较

如前述 Only 服装的案例,当方差分析检验的结果拒绝原假设时,只能得到各水平间的样本均值不完全相同的结论。如果要明确是哪一个因素水平的均值或哪几个同其他均值不相等,就需要进行多重比较。

1. 置信区间法

有一些方法能解决这个问题,其中最简单的就是通过置信区间(confidence interval for the difference,CID)进行推论,第 7 章中介绍的 t 分布是这种方法的基础。两个因素水平样本均值间差异的置信区间为

$$(\bar{x}_1 - \bar{x}_2) \pm t_{\frac{\alpha}{2}} \sqrt{MSE \left(\frac{1}{n_1} + \frac{1}{n_2} \right)} \tag{9-5}$$

式中,$\bar{x}_1$ 为参加检验的两个样本中第一个样本的均值;

$\bar{x}_2$ 为第二个样本的均值;

$t_{\frac{\alpha}{2}}$ 的取值根据自由度 $n-k$ 可以在 t 分布表中查得；

MSE 为因素水平内方差，根据表 9-2 方差分析表可以计算得到；

n_1 为第一个样本中观察值的个数；

n_2 为第二个样本中观察值的个数。

如果得到的置信区间中包含 0 值，即置信区间的下限为负，上限为正，就可以判定这两个样本的均值没有显著性差异，在一定的置信水平下可以认为它们的均值是相等的。

仍以 Only 服装案例为例，检验第一季度和第二季度的服装销售量的均值是否有显著差异。根据表 9-3 中的数据，有

$$\bar{x}_1 - \bar{x}_2 = \frac{8\,082\,120}{15} - \frac{4\,550\,500}{15} = 538\,808 - 303\,366.67 = 235\,441.33$$

前面进行单因素方差分析的时候，选取的显著性水平为 $\alpha = 0.05$，为保证结果的一致性，以显著性水平为 $\alpha = 0.05$ 查 t 分布表可得 $t_{0.025}(56) = 2$。再由表 9-4 中的数据，有

$$\sqrt{\mathrm{MSE}\left(\frac{1}{n_1} + \frac{1}{n_2}\right)} = \sqrt{8.387\,3 \times 10^{10} \times \left(\frac{1}{15} + \frac{1}{15}\right)} = 105\,750$$

因此，$(\bar{x}_1 - \bar{x}_2) \pm t_{\frac{\alpha}{2}} \sqrt{\mathrm{MSE}\left(\frac{1}{n_1} + \frac{1}{n_2}\right)} = 235\,441.33 \pm 2 \times 105\,750$

从而得到 95% 的置信区间为 (23 941.33，446 941.33)，置信区间的上下限均为正，并没有包含 0 值，因此，可以判定 Only 服装一季度和二季度的销售量有显著差异，一季度的销售量高于二季度的销售量。

2. 最小显著性差异法

Fisher 提出的最小显著性差异法（least significant difference，LSD）同置信区间法实质上是相同的，都是通过置信区间来进行判定，只是判定的形式略有不同。最小显著性差异法通过判定式（9-6）是否成立来判定两个因素水平的样本均值是否有显著差异。

$$|\bar{x}_1 - \bar{x}_2| > t_{\frac{\alpha}{2}} \sqrt{\mathrm{MSE}\left(\frac{1}{n_1} + \frac{1}{n_2}\right)} \tag{9-6}$$

如果式（9-6）成立，则可以认为两个因素水平的样本均值有显著差异，反之，则可以认为两个因素水平的样本均值没有显著差异。其中的临界值应查自由度为 $n-k$ 的 t 分布表。

9.3　双因素方差分析

在单因素方差分析中，方差来源分为两种，分别来自因素水平间和因素水平内，通常将来自因素水平内的方差称为误差（error variation）或随机方差（random variation）。如果只考虑这两种方差，有很多因素都可能产生方差，在前面 Only 服装的案例中，单因素

方差分析考虑的只是季度因素对销售量是否有显著影响。事实上,会对服装销售产生影响的因素可能有很多,比如促销的次数、促销费用、店面面积等。通常对销售额的影响不是一个因素造成的,一般是两个或多个因素共同作用的结果,这就需要进行双因素或多因素方差分析。经过分析就可以明确影响 Only 服装销售的主要因素,在下一年就可以针对不同销售店制定适合的销售策略和目标销售额。

尽可能地考虑到各种因素的影响有利于减少误差的产生,也就是减小单因素方差分析中的 SSE,那么,计算得到的 F 值就可能变大,而拒绝原假设的可能性也就更大。进一步明确方差是由哪个因素引起的,也就能减小误差了,下面仍以 Only 服装的案例进行说明。除了季节因素的影响外,商场的位置和对商场有消费偏好的顾客都属于商场因素,那么,商场因素会不会对服装的销售额有影响呢?这就需要进行双因素方差分析。

在对 Only 服装案例的单因素分析中,除了因素水平间的方差外,将剩余的方差都归结为水平内的随机性误差。双因素分析中,除了考虑季度因素的影响外,还引入了商场因素,这就有可能减小 SSE 的值,可以将商场因素称为变量 B(blocking variable)或因素 B,将原来单因素方差分析中的季度因素称之为因素 A。

1. 建立原假设和备择假设

(1) H_0:因素 A 的各水平总体均值全相等,即 $\mu_1 = \mu_2 = \mu_3 = \mu_4$,季度因素对服装的销售额没有显著影响;$H_1$:因素 A 的各水平样本均值并不全相等。

(2) H_0:因素 B 的各水平总体均值全相等,即 $\mu_1 = \mu_2 = \cdots = \mu_{15}$,商场因素对服装的销售额没有显著影响;$H_1$:因素 B 的各水平样本均值并不全相等。

2. 选择显著性水平

同单因素方差分析类似,可以选择需要的显著性水平,在此例中选择 0.05 的显著性水平。

3. 确定决策点

对于因素 A,检验统计量

$$F_A = \frac{\text{SSR}/(k-1)}{\text{SSE}/(k-1)(b-1)} \tag{9-7}$$

服从服从自由度为 $(k-1,(k-1)(b-1))$ 的 F 分布,取 $\alpha = 0.05$ 时,此例中 F 的临界值为

$$F_\alpha(k-1,(k-1)(b-1)) = F_{0.05}(3,42) = 2.83$$

如果计算出的 F_A 值大于这个临界值 2.83,则拒绝原假设,接受备择假设,说明各季节服装的销售额的均值有明显差异,季度因素对服装的销售额有显著影响。对于因素 B,检验统计量

$$F_B = \frac{\text{SSC}/(b-1)}{\text{SSE}/(k-1)(b-1)} \tag{9-8}$$

服从服从自由度为 $(b-1,(k-1)(b-1))$ 的 F 分布, 取 $\alpha=0.05$ 时, 此例中 F 的临界值为

$$F_\alpha(b-1,(k-1)(b-1)) = F_{0.05}(14,42) = 1.94$$

如果计算出的 F_B 值大于这个临界值 1.94, 则拒绝原假设, 接受备择假设, 可以认为各商场的销售额均值有明显差异, 商场因素对服装的销售额有显著影响。

4. 计算并进行决策

同单因素方差分析表类似, 表 9-5 为双因素方差分析表, 表 9-6 为双因素方差分析的数据表, 用类似的方法可以得到 F 值。

表 9-5 双因素方差分析表

方差来源	离差平方和 SS	自由度 df	均方 MS	F 值
行因素	SSR	$k-1$	$\dfrac{\text{SSR}}{k-1}=\text{MSR}$	$\dfrac{\text{MSR}}{\text{MSE}}$
列因素	SSC	$b-1$	$\dfrac{\text{SSC}}{b-1}=\text{MSC}$	$\dfrac{\text{MSC}}{\text{MSE}}$
随机性误差	SSE	$(k-1)(b-1)$	$\dfrac{\text{SSE}}{(k-1)(b-1)}=\text{MSE}$	
总差异	SST	$n-1$		

表 9-6 双因素方差分析数据表 元

商场	一季度 X	二季度 X	三季度 X	四季度 X	B_i
1	710 990	460 160	794 750	819 800	2 785 700
2	656 040	336 780	670 310	405 540	2 068 670
3	771 750	308 100	915 230	670 580	2 665 660
4	933 110	257 740	323 710	270 890	1 785 450
5	1 246 500	863 520	1 429 200	959 860	4 499 080
6	350 290	425 980	734 460	486 590	1 997 320
7	201 520	190 390	370 490	266 560	1 028 960
8	303 320	260 250	467 860	382 900	1 414 330
9	510 160	382 000	564 890	518 550	1 975 600
10	686 880	277 720	881 630	137 7970	3 224 200
11	340 640	177 540	447 510	240 720	1 206 410
12	266 250	276 940	838 680	613 000	1 994 870
13	622 850	138 180	431 680	422 680	1 615 390
14	279 850	129 710	387 560	253 790	1 050 910
15	201 970	65 490	187 860	130 040	585 360
T_c	8 082 120	4 550 500	9 445 820	7 819 470	29 897 910
平方和	$5.637\,31\times10^{12}$	$1.889\,10\times10^{12}$	$7.333\,44\times10^{12}$	$5.596\,75\times10^{12}$	$2.045\,66\times10^{13}$

（1）总离差平方和 SST(sum of squares for total)

双因素方差分析 SST 的计算仍由单因素方差分析中的式(9-3)计算得到。

$$SST = \sum X^2 - \frac{\left(\sum X\right)^2}{n} = 5.558\,5 \times 10^{12}$$

（2）行因素离差平方和 SSR(sum of squares for row factor)

双因素方差分析中的 SSR 仍由单因素方差分析中的式(9-4)计算得到。

$$SSR = \sum \left(\frac{T_c^2}{n_c}\right) - \frac{\left(\sum X\right)^2}{n}$$

（3）列因素离差平方和 SSC(sum of squares for column factor)

$$SSC = \sum \left(\frac{B_t^2}{k}\right) - \frac{\left(\sum X\right)^2}{n} = 8.616\,1 \times 10^{11} \qquad (9\text{-}9)$$

SSC 的计算公式同 SSR 的计算公式很类似,式中 B_t 为列因素的每一个水平的观察值之和,即表 9-6 中每行数据之和,k 为列因素的每一个水平包含的观察值的个数。根据表 9-6 的数据可以计算

$$
\begin{aligned}
SSC = \sum \frac{B_t^2}{k} - \frac{\left(\sum X\right)^2}{n} \\
= \frac{2\,785\,700^2}{4} + \frac{2\,068\,670^2}{4} + \frac{2\,665\,660^2}{4} + \frac{1\,785\,450^2}{4} + \frac{4\,499\,080^2}{4} + \\
\frac{1\,997\,320^2}{4} + \frac{1\,028\,960^2}{4} + \frac{1\,414\,330^2}{4} + \frac{1\,975\,600^2}{4} + \frac{3\,224\,200^2}{4} + \\
\frac{1\,206\,410^2}{4} + \frac{1\,994\,870^2}{4} + \frac{1\,615\,390^2}{4} + \frac{1\,050\,910^2}{4} + \frac{585\,360^2}{4} - \frac{29\,897\,910^2}{60} \\
= 3.455 \times 10^{12}
\end{aligned}
$$

（4）随机性误差 SSE(sum of squares error)

由于增加了列因素,因而 SSE 也较单因素分析有略微差别。

$$SSE = SST - SSR - SSC \qquad (9\text{-}10)$$

由前面得到的数据,可以计算得到

$$
\begin{aligned}
SSE &= SST - SSR - SSC = 5.558\,5 \times 10^{12} - 8.616\,1 \times 10^{11} - 3.455 \times 10^{12} \\
&= 1.241\,89 \times 10^{12}
\end{aligned}
$$

最后,由表 9-5 可以计算得到表 9-7。

计算出的 F_A 为 9.713,远大于其临界值 2.83；F_B 为 8.346,也大于其临界值 1.94。因此,原假设都被拒绝,可以认为季度因素和商场因素对服装的销售额都是有显著影响的。

表 9-7 双因素方差分析计算表

方差来源	离差平方和 SS	自由度 df	均方 MS	F 值
因素 A	$8.616\ 1 \times 10^{11}$	3	2.872×10^{11}	9.713
因素 B	$3.455\ 0 \times 10^{12}$	14	2.468×10^{11}	8.346
随机性误差	$1.241\ 89 \times 10^{12}$	42	2.957×10^{10}	
总差异	$5.558\ 50 \times 10^{12}$	59		

软件应用
>>>

1. 用 Excel 进行单因素方差分析

仍以书中的引例：Only 服装案例为例说明用 Excel 进行单因素方差分析的步骤。

1）选择进行单因素方差分析

在"数据"菜单下单击"数据分析"按钮。可以看见在弹出的对话框中有很多种分析工具，选择其中的"方差分析：单因素方差分析"。

2）设置单因素方差分析的数据和选项

当光标在"输入区域"中时，在 Excel 数据表中以鼠标点住第一个数据并拖动栏选入所有数据。此例中进行的是考虑季度因素对服装销售量的影响，因此，在"分组方式"中选择"列"。如果选择数据的时候选入了第一行的表头（一季度销售额……），则选择"标志位于第一行"。其中，默认的显著性水平为 0.05，如采用其他显著性水平，可以将选择的显著性水平直接填写在对应的框内。在此，仍采用前文中采用的显著性水平 0.05。

输出位置可以有三个选择，可以选择在 Excel 数据表中的某个区域输出分析的结果，区域的选择同数据区域的选择方法相同；也可以选择在新工作表组或新工作簿中输出结果。在此，可以选择在"新工作表组"中输出结果，同时在对应的框内可以输入任意命名的新工作表的名称，如可命名为"单因素方差分析结果"。

3）获得单因素方差分析结果

当所有数据和选项都确认后，单击"确定"，即可在选择的输出位置得到单因素方差分析的结果。如 Only 服装案例中，在新形成的"单因素方差分析结果"工作表中得到用 Excel 进行单因素方差分析的输出结果如下。

方差分析：单因素方差分析

SUMMARY

组	观测数	求和	平均	方差
一季度销售额(元)	15	8 082 120	538 808.0	9.16E+10
二季度销售额(元)	15	4 550 500	303 366.7	3.63E+10
三季度销售额(元)	15	9 445 820	629 721.3	9.89E+10
四季度销售额(元)	15	7 819 470	521 298.0	1.09E+11

方差分析

差异源	SS	df	MS	F	P-Value	F crit
组间	8.62E+11	3	2.87E+11	3.424 229	0.023 18	2.769 433
组内	4.7E+12	56	8.39E+10			
总计	5.56E+12	59				

可以看到,这同前文中的计算结果是一致的。这里的"F"为计算出的 F 值,"F crit"即是 F 临界值。而"P-Value"是同显著性水平比较的值,当"P-Value"的值大于显著性水平的时候就不能拒绝原假设,反之,就应当拒绝原假设。

2. 用 Excel 进行双因素方差分析

用 Excel 进行双因素方差分析同用 Excel 进行单因素方差分析类似,只是在个别选择上略有差别。

1) 选择进行双因素方差分析

在"数据"菜单下单击"数据分析"按钮,可以看见在弹出的对话框中有两种双因素方差分析工具,分别为"方差分析:可重复双因素分析"和"方差分析:无重复双因素分析",两者的区别在于两个因素之间是否相互独立。根据文中案例的情况,选择其中的"方差分析:无重复双因素分析"。

2) 设置双因素方差分析的数据和选项

当光标在"输入区域"中时,在 Excel 数据表中以鼠标点住第一个数据并拖动栏选入所有数据。如果选择数据的时候选入了第一列和第一行的表头(一季度销售额……),则需选择"标志"。其中,默认的显著性水平为 0.05,如采用其他显著性水平,可以将选择的显著性水平直接填写在对应的框内。在此,仍采用前文中采用的显著性水平 0.05。

同单因素方差分析一样,输出位置可以有三个选择,可以选择在 Excel 数据表中的某个区域输出分析的结果,区域的选择同数据区域的选择方法相同;也可以选择在新工作表组或新工作簿中输出结果。在此,可以选择在"新工作表组"中输出结果,同时在对应的框内可以输入任意命名的新工作表的名称,如可命名为"双因素方差分析结果"。

3）获得结果

当所有数据和选项都确认后，单击"确定"，即可在选择的输出位置得到双因素方差分析的结果。如 Only 服装案例中，在新形成的"双因素方差分析结果"工作表中得到用 Excel 进行双因素方差分析的输出结果如下。

方差分析：无重复双因素分析

组	观测值	求和	平均	方差
百盛	4	2 785 700	696 425	2.70E+10
华联	4	2 068 670	517 167.5	2.92E+10
庄胜崇光	4	2 665 660	666 415	6.71E+10
双安	4	1 785 450	446 362.5	1.06E+11
东方广场	4	4 499 080	1 124 770	6.76E+10
赛特	4	1 997 320	499 330	2.77E+10
当代商城	4	1 028 960	257 240	6.83E+09
太平洋百货	4	1 414 330	353 582.5	8.39E+09
新东安	4	1 975 600	493 900	6.14E+09
中友百货	4	3 224 200	806 050	2.09E+11
翠微	4	1 206 410	301 602.5	1.40E+10
新世界商场	4	1 994 870	498 717.5	7.73E+10
王府井	4	1 615 390	403 847.5	3.99E+10
贵友	4	1 050 910	262 727.5	1.12E+10
华堂	4	585 360	146 340	3.87E+09
一季度销售额/元	15	8 082 120	538 808	9.16E+10
二季度销售额/元	15	4 550 500	303 366.7	3.63E+10
三季度销售额/元	15	9 445 820	629 721.3	9.89E+10
四季度销售额/元	15	7 819 470	521 298	1.09E+11

方差分析

差异源	SS	df	MS	F	P-Value	F crit
行	3.46E+12	14	2.47E+11	8.347 804	3.81E-08	1.935 007
列	8.62E+11	3	2.87E+11	9.714 369	5.43E-05	2.827 051
误差	1.24E+12	42	2.96E+10			
总计	5.56E+12	59				

输出结果中的"F""P-Value""F crit"代表的含义与单因素方差分析中相同。容易看到，输出的结果同文中计算得到的结果完全相同。

本章小结

>>>

　　本章在第8章的基础上对两个总体均值差的假设检验进行推广和延伸,引入了F分布,介绍了用方差分析(ANOVA)的方法对多个独立的服从正态分布的总体均值是否相等进行检验。

　　首先介绍了只针对一个因素分析的单因素方差分析方法,但经过单因素方差分析只能明确随机样本的均值是否全相等。因此,进一步讨论了单因素方差分析的多重比较的几种方法,以便明确是哪两个或哪些样本的均值有显著差异。最后,考虑到影响样本均值的因素可能会有多个,引入双因素方差分析方法,进一步明确样本均值差异产生的原因,从而明确误差产生的原因。

关键术语

>>>

方差分析(analysis of variance,ANOVA)

单因素方差分析(one-way analysis of variance)

双因素方差分析(two-way analysis of variance)

方差分析表(analysis of variance table)

F分布(F-distribution)

因素(factor)

因素水平(factor level)

原假设(null hypothesis)

备择假设(alternative hypothesis)

平方和(sum of squares)

均方(mean square)

自由度(degree of freedom)

总离差平方和(sum of squares for total,SST)

因素水平间离差平方和(sum of squares for factor A,SSA)

因素水平内离差平方和(随机性误差)(sum of squares for error,SSE)

行因素离差平方和(sum of squares for row factor,SSR)

列因素离差平方和(sum of squares for column factor,SSC)

因素水平间均方误差(mean of squares for factor A,MSA)

因素水平内均方误差(mean of squares for error,MSE)

行因素水平间均方误差(mean of squares for row factor,MSR)

列因素水平间均方误差(mean of squares for column factor,MSC)

习题

>>>

基础习题

1. 什么是方差分析?它的基本思想和原理是什么?

2. 方差分析中的基本假定有哪些?

3. 简述方差分析的基本步骤。

4. 下表为根据随机抽样样本计算出的部分方差分析表,请根据方差分析原理完成该表,并请用 $\alpha = 0.05$ 的显著性水平说明这些数据能否说明各总体均值之间是否存在明显差异。

方差来源	离差平方和 SS	自由度 df	均方 MS	F 值
因素水平间方差	22.8			
因素水平内方差		18		
总差异	61.7	21		

5. 下表为三个品牌手机在某手机维修部返修台数随机抽取样本的数据。

台

A 品牌	B 品牌	C 品牌	A 品牌	B 品牌	C 品牌
9	6	2	6	7	3
10	9	5	7	8	4
8	4	4			

试以 $\alpha = 0.05$ 的显著性水平检验这三个品牌的手机的返修情况有无明显差异,并解答以下问题:

(1) 请写出原假设和备择假设。

(2) 根据给定的显著性水平,确定 F 临界值。

(3) 计算三个离差平方和 SST、SSA、SSE。

(4) 完成方差分析表。

(5) 请给出检验的结论。

应用习题

6. 银行、金融服务、保险行业 30 家公司的盈利率数据见下表。

公司	盈利率	公司	盈利率	公司	盈利率
公司 1	8.0	公司 13	12.0	公司 21	15.0
公司 2	10.0	公司 14	22.0	公司 22	16.0
公司 3	13.0	公司 15	17.0	公司 23	18.0
公司 4	3.4	公司 16	10.0	公司 24	10.0
公司 5	11.0	公司 17	18.0	公司 25	11.0
公司 6	6.0	公司 18	14.0	公司 26	9.0
公司 7	16.0	公司 19	14.0	公司 27	14.0
公司 8	9.0	公司 20	11.0	公司 28	15.0

公司	盈利率	公司	盈利率	公司	盈利率
公司 9	6.0			公司 29	11.0
公司 10	10.0			公司 30	16.0
公司 11	12.0				
公司 12	15.0				

在 $\alpha=0.05$ 的显著性水平下,检验三组金融公司的盈利率是否有显著性差异?

7. 下表为某三个大学中各个学院青年教师人数的随机抽样数据。

百人

A 大学	B 大学	C 大学	A 大学	B 大学	C 大学
9	8	6	11	7	
10	10	9		8	
12	9	5			

试以 $\alpha=0.05$ 的显著性水平检验这三个大学的青年教师人数是否有显著差异,并解答以下问题:

(1) 请写出原假设和备择假设。

(2) 根据给定的显著性水平,确定 F 临界值。

(3) 计算三个离差平方和 SST、SSA、SSE。

(4) 完成方差分析表。

(5) 请给出检验的结论。

(6) 如果原假设被拒绝,请用 95% 的置信水平检验哪两所大学的青年教师人数有显著差异。

8. 下表为某品牌饮料三种不同的容量在四个城市销售量的随机抽样数据。

万箱

城市	饮料容量		
	255ml	500ml	1 250ml
北京	52.3	50.6	50.1
上海	47.8	47.2	45.3
天津	45.9	44.6	43.5
重庆	48.2	49.4	47.7

试以 $\alpha=0.05$ 的显著性水平检验该品牌饮料三种不同容量在四个城市的销售量是否有显著差异,并解答以下问题:

（1）请建立原假设和备择假设，并描述其含义。

（2）根据给定的显著性水平，确定 F 临界值。

（3）计算离差平方和 SST、SSR、SSC、SSE。

（4）完成方差分析表。

（5）请给出检验的结论。

9. 下表为某日报在北京、广州、成都三个城市周一到周日销售量的随机抽样数据，试以 $\alpha=0.01$ 的显著性水平说明不同的城市和日期对报纸销售量的影响是否显著。

万份

日期	城 市		
	北京	广州	成都
周一	11.2	14.3	9.5
周二	10.2	14.1	9.6
周三	10.5	13.4	9.4
周四	10.1	12.9	9.2
周五	10.3	13.1	9.7
周六	9.4	12.8	8.6
周日	9.5	12.7	8.9

10. 某旅游公司装配自行车时用的是 L 公司提供的轮胎，现在公司的管理层正在考虑是否换用其他品牌。考虑中的替换品牌有三种，价格都和 L 公司的基本一致，因此到底选用哪种品牌关键在于轮胎的平均使用寿命。

从 L 公司以及其他三种品牌 A、B、C 中各选了 20 只轮胎的随机样本，经检验得到如下结果：

$$\bar{x}_Z=111h \quad \bar{x}_A=126h \quad \bar{x}_B=100h \quad \bar{x}_C=105h$$

$$\text{SST}=19\,620$$

（注意，这里的样本均值代表直到轮胎厚度达到不得不废弃的程度时一共使用的小时数的均值。）根据这些样本数据，在 $\alpha=0.05$ 的显著水平下，公司管理层对这四种不同品牌的自行车轮胎应该得出怎样的结论？请进行讨论。

案例研究

>>>

MBL 公司与充满潜力的 SUV 市场（8）

请结合第 8 章案例研究中给出的问卷，利用辅助资源中的案例研究数据完成以下报告。

管理报告

1. 消费者在购买 SUV 车的过程中最注重哪三个因素？最不注重什么因素？

2. 初次购车的消费者和二次购车的消费者，在购买 SUV 车时所关注的因素有何不同？

3. 初次购车的消费者和二次购车的消费者，在对计划购买的 SUV 车的具体评价上有何不同？

4. 不同性别、职业、年龄的消费者，在购买 SUV 车型时重点考虑的因素有何差异？

5. 不同学历、收入的消费者，在购买 SUV 车型时重点考虑的因素有何差异？

CHAPTER 10
第 10 章　　　χ^2 分布和列联分析

在前几章的学习中,我们介绍了总体参数假设检验的概念及应用。但在实际问题中,有时我们并不知道总体的分布情况,有时我们需要对一些分类数据进行分析,在这样的情况下产生了非参数检验。所谓非参数检验,即是对总体的分布形式无任何限制性假定,也不对总体各参数的具体数值作任何估计的统计推断。

非参数检验(non-parametric test)包含的主要方法有:χ^2 检验(chi-square test)、威尔柯克逊秩和检验(Wilcoxon rank sum test)、游程检验(runs test)、斯皮尔曼等级相关检验等。

本章主要介绍非参数检验中的 χ^2 检验及相关知识。

让我们来看下面的例子。

例 10.1　中华会计网校对 2008 年注册会计师考试通过率进行了一次网上调查活动,调查结果如表 10-1。

表 10-1　2008 年注册会计师考试通过率　　　　　　　　　　　　%

	会计	税法	审计	经济法	财务成本管理
全国通过率	10.79	13.56	15.06	17.98	15.26
网校通过率	55.06	66.77	50.87	68.10	57.03

通过表 10-1,就全国范围来讲,我们可以认为每门考试的通过率是有显著差别的吗(在 0.05 的显著性水平上,而且只考虑通过的人次)?

10.1　χ^2 分布与拟合优度检验

10.1.1　χ^2 统计量与 χ^2 分布

1. χ^2 统计量

为了解决上述问题,引入 χ^2 统计量。

$$\chi^2 = \sum \frac{(f_0 - f_e)^2}{f_e} \tag{10-1}$$

式中,f_0 为某一类别的观测值频数;

f_e 为某一类别的期望值频数(建立在原假设 H_0 成立的前提下)。

根据观察与测算,反映观测值频数与期望值频数之间比较的 χ^2 统计量是服从 χ^2 分布的,因此,关于观测值频数与期望值频数之间比较的检验,也是建立在 χ^2 分布上的检验。χ^2 统计量主要用来对定类数据进行分析,后面所要讲述的 χ^2 检验是一类非参数检验。

2. χ^2 分布

在前面的章节我们学过,χ^2 分布是一种特定形式的概率分布,在参数估计中我们曾有接触,把它用于方差的估计和假设检验。在非参数统计中,它具有更广泛的用途。

本章我们将要掌握 χ^2 检验用于拟合优度检验和变量间的独立性检验等方法。

χ^2 检验通常被用在以下两个方面:与比例有关的检验;与比例之间的差别有关的检验。

我们再来分析例 10.1,此题中对人群的分类就是通过考试或未通过考试,属于定类数据,我们先来计算出 χ^2 统计量。

首先要明确如何求出 f_e,也就是每一类别的期望值频数。以例 10.1 为例,在这类非参数检验中,命题原假设和备择假设的原则是:原假设认为每门考试的通过率没有显著差别;备择假设则认为有差别。根据原假设命题,即我们期望每门考试的通过率是一致的,也就是说,算出五门考试的平均通过率,我们期望每门考试的通过率都可以用该平均通过率来衡量。$(10.79+13.56+15.06+17.98+15.26)/5=14.53$,所以平均通过率是 14.53%。由此,会计、税法、审计、经济法、财务成本管理五门考试的通过率期望值分别都是 14.53%。

χ^2 统计量计算步骤见表 10-2。

表 10-2 χ^2 统计量计算表

f_0	f_e	$f_0 - f_e$	$(f_0 - f_e)^2$	$(f_0 - f_e)^2 / f_e$	$\chi^2 = \sum \dfrac{(f_0 - f_e)^2}{f_e}$
10.79	14.53	-3.74	13.987 6	0.962 67	
13.56	14.53	-0.97	0.940 9	0.064 756	
15.06	14.53	0.53	0.280 9	0.019 332	1.902 602
17.98	14.53	3.45	11.902 5	0.819 167	
15.26	14.53	0.73	0.532 9	0.036 676	

在前面我们学习过,自由度是能够自由取值的变量个数。在进行不同种类的检验的时候,自由度的计算公式是不一样的。

从图 10-1 中不难看出，χ^2 分布具有以下特点。

（1）χ^2 统计量非负。我们注意到 χ^2 的计算公式为若干个非负数相加，因此，在 χ^2 分布的图像中，只有第一象限才有分布图像。

（2）χ^2 分布与自由度有关。由图 10-1 所示的一族 χ^2 分布曲线可以看出，自由度越小，分布就越向左边倾斜；而随着自由度的增加，χ^2 分布的偏斜程度有所缓和，逐渐趋向对称的性质；当自由度继续增大时，χ^2 分布将逐步趋近于对称，即正态分布。在实际应用中，当自由度大于某个较大数（一般认为 $n>45$ 时），χ^2 分布可以用正态分布来近似。

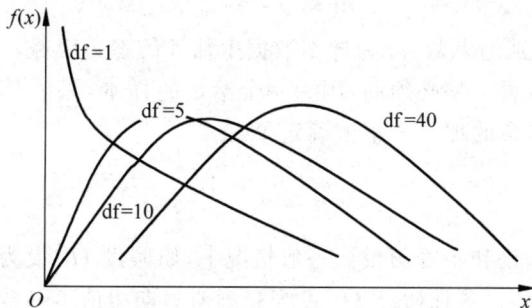

图 10-1 不同自由度的 χ^2 分布

在 χ^2 分布中，数据呈正偏或右偏分布。χ^2 检验一般是单侧检验，其尾部为拒绝的区域（拒绝区域由显著性水平 α 决定），如图 10-2 所示。

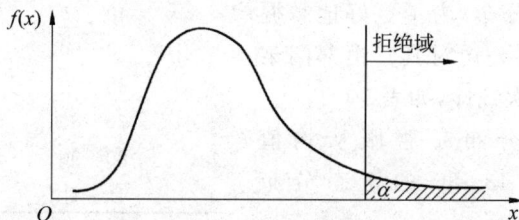

图 10-2 χ^2 检验拒绝域示意图

10.1.2 拟合优度检验

1. 拟合优度检验的概念

拟合优度检验用来检验原假设 H_0 是否正确，而该原假设 H_0 通常表述为一个随机变量的总体分布服从一个特定的形式。通常情况下，进行拟合优度检验的原假设可如下表述：两个或两个以上的特定类别的分布是一致的，也就是说这些类别的期望值频数相等；总体分布的期望值服从某种特殊分布如二项分布、泊松分布、正态分布等，或服从经验分布，即以往历史数据的特定分布形式。

拟合优度检验是检验随机样本的总体分布与某种特定分布拟合的程度（在一定的标准上），也就是检验观测值与理论值之间的接近程度（在一定的显著性水平上）。

2. χ^2 拟合优度检验自由度的确定

在进行拟合优度检验时，自由度的计算公式如下：

$$df = k - m - 1 \tag{10-2}$$

式中，k 为数据类别的个数，m 为样本数据中估计的参数个数。在不考虑任何被估计的参数时，我们知道减去 1 是必须的，因为一个给定的样本，只要其中任意 $(k-1)$ 个观测值频数确定下来，则剩余的那一个也就确定了。

3. 检验步骤

第一步，提出原假设和备择假设。一般情况下，原假设 H_0 设为观测值（频数集）与期望值（频数集）是一致的。备择假设 H_1 设为观测值与期望值不一致。

第二步，计算出 χ^2 统计量和 χ^2 临界值。

第三步，比较第二步的结果，得出结论。

下面，我们通过一个例子来具体说明拟合优度检验的过程。

例 10.2 （特定分布）为了更好地掌握公司整体营销状况，某公司对其营销部门某年的工资数据作了一次统计，如表 10-3。

试检验工资的分布是否服从均值为 55.03，标准差为 13.56 的正态分布（$\alpha = 0.01$）。

表 10-3 工资数据

工资段/千元	段间人数
20~30	5
30~40	21
40~50	40
50~60	45
60~70	30
70~80	17
80~90	7
合　计	165

解　第一步，计算期望值频数 f_e。

（1）计算 Z 值。将均值和标准差代入以下公式求出 Z 值

$$Z = \frac{X - \mu}{\sigma}$$

公式中的 X 值是工资段的下限或者上限。我们选择"40~50"来说明 Z 值的求法。

$$Z = \frac{X - \mu}{\sigma} = \frac{40 - 55.03}{13.56} = -1.11$$

由 Z 值的几何意义，我们知道 -1.11 是 40 偏离均值 55.03 的程度，如图 10-3 所示。

同理,当令 X 等于该区间上限 50 时,对应的 Z 值 −0.37 是 50 偏离均值 55.03 的程度。

$$Z = \frac{X - \mu}{\sigma} = \frac{50 - 55.03}{13.56} = -0.37$$

(2) 要知道标准正态分布上求出的 Z 值所对应的面积,我们去查标准正态分布表。

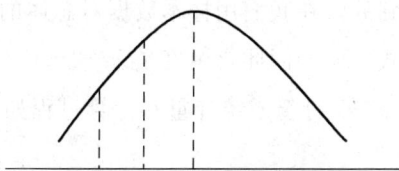

图 10-3 Z 值、X 值和曲线下面积对应关系示意图

$$\Phi(-X) = 1 - \Phi(X)$$

先查 $\Phi(X = 1.11) = 0.866\,5$, $\Phi(X = -1.11) = 1 - \Phi(X = 1.11) = 1 - 0.866\,5 = 0.133\,5$,即正态分布曲线下 $-\infty$ 到 -1.11 的面积为 0.133 5。同理,$\Phi(X = -0.37) = 1 - \Phi(X = 0.37) = 1 - 0.644\,3 = 0.355\,7$。即分布曲线下 $-\infty \sim -0.37$ 的面积为 0.355 7。

由此,我们可以得到 $-1.11 \sim -0.37$ 之间正态分布曲线下的面积为 $0.355\,7 - 0.133\,5 = 0.222\,2$。

(3) 求期望值频数。$165 \times 0.222\,2 = 36.663$,36.663 即为在正态分布下的期望值频数 f_e。

以上计算步骤可以用表格表示,如表 10-4 所示。

表 10-4 计算过程及数据

工资段/千元	Z 值	面积	期望值频数 f_e
20～30	−2.58～−1.85	0.027 3	4.504 5
30～40	−1.85～−1.11	0.101 3	16.714 5
40～50	−1.11～−0.37	0.222 2	36.663
50～60	−0.37～0.37	0.288 6	47.619
60～70	0.37～1.10	0.220 0	36.300
70～80	1.10～1.84	0.102 8	16.962
80～90	1.84～2.58	0.027 9	4.603 5

第二步,χ^2 检验。

(1) 提出原假设和备择假设

H_0:总体服从正态分布,H_1:总体不服从正态分布

(2) 查表得到 $\chi^2(\alpha = 0.01, \mathrm{df} = 4)$,即 $\chi^2_{0.01}(4)$ 的数值。

自由度的确定:共有 7 个类别,而且注意到,我们在计算中使用到了总体的两个估计参数,薪水均值 55.03 千元和标准差 13.56 两个值,这两个值是我们从最初的样本数据中

得到的。在我们用样本数据对总体的两个参数进行估计时,便又损失了两个自由度。根据式(10-2)因此自由度是 $7-2-1=4$。查表,$\chi^2_{0.01}(4)=13.277$。

(3)计算 χ^2 统计量。计算过程如表 10-5 所示。

表 10-5 计算 χ^2 统计量

工资段/千元	f_0	f_e	f_0-f_e	$(f_0-f_e)^2$	$(f_0-f_e)^2/f_e$	$\chi^2=\sum\dfrac{(f_0-f_e)^2}{f_e}$
20~30	5	4.504 5	0.495 5	0.245 52	0.054 505 6	
30~40	21	16.714 5	4.285 5	18.365 51	1.098 777 1	
40~50	40	36.663	3.337	11.135 57	0.303 727 7	
50~60	45	47.619	−2.619	6.859 161	0.144 042 5	$\chi^2=3.942\ 102$
60~70	30	36.3	−6.3	39.69	1.093 388 4	
70~80	17	16.962	0.038	0.001 444	8.513E-05	
80~90	7	4.603 5	2.396 5	5.743 212	1.247 575 2	

(4)因为 $3.942\ 102=\chi^2<\chi^2_{0.01}(4)=13.277$,没落在拒绝域里,因此,我们不拒绝原假设,即可以认为工资数据的分布是服从正态分布的。

χ^2 拟合优度检验有一定的局限性。因为 χ^2 统计量的计算是由离散的样本数据得来,而 χ^2 分布是一个连续的概率分布。当每一类别的期望值频数不是太小($\geqslant 5$)时,检验统计量的分布可以用 χ^2 分布来近似。若频数分布中有小于 5 的类别,则应把这一类别与临近的类别合并。

10.2 列联表与两变量独立性检验

10.2.1 列联表

在拟合优度检验中,只涉及一个随机变量。而本节要介绍的独立性检验是关于两个或两个以上的变量之间的关系,且原假设一般设为两个(或多个)变量之间是独立的。

让我们先来回顾一下 5.2 节学习过的独立事件的相关理论:两个事件中,若任何一个事件的发生与另一个事件发生的概率无关,则称这两个事件相互独立,独立事件的条件概率等于无条件概率。即

$$P(B\mid A)=P(B),\quad P(A\mid B)=P(A)$$

乘法公式为

$$P(AB)=P(A)\cdot P(B)$$

1. 列联表的构造

列联表是由两个或两个以上变量进行交叉分类的频数分布表,它包含有观测值频数和期望值频数。χ^2检验通常被用来检验列联表两变量间的独立性。

例 10.3 某新产品在上市的前一个月中,分别对北京、上海、深圳三地进行了市场调查,调查表中有一项是关于顾客获知该产品的渠道。随机抽取了 300 份调查表,统计其中关于该项的数据如表 10-6 所示。

表 10-6 顾客获知某新产品渠道的调查数据

获知方式	北京	上海	深圳	合计 2
朋友	20	26	16	62
电视	9	13	5	27
网络	60	33	30	123
报刊	34	26	28	88
合计 1	123	98	79	300

问:从表中的数据,能得出"获知方式"与"城市"两变量之间是独立的关系吗(置信度为 90%)?

表 10-6 就是一个列联表。表中心位置是一个 4×3(四行三列)的矩阵,行变量为获知方式变量,这里划分为四类:从朋友处获知、从电视媒体获知、从网络媒体获知和从报刊媒体获知。列变量为城市变量,这里划分为三类,即北京、上海、深圳三个城市。因此,表 10-6 称为一个 4×3 列联表。中心矩阵中的每个数据,都反映来自于获知方式变量和城市变量两个方面的信息。令 R 为中心矩阵的行数,C 为中心矩阵的列数,则一个具体的列联表就是 $R \times C$ 列联表。

2. 列联表的分布

当我们谈及列联表的分布时,其实包含了两层意思:一是观测值的分布,一是期望值的分布。表 10-6 就是一个观测值的分布。在表的下方和右方,有"合计 1"行和"合计 2"列。这就是我们以前学习过的离散变量分布中的列边缘频数和行边缘频数,"合计 1"为列边缘频数,"合计 2"为行边缘频数。我们再回顾一下离散变量分布频数表,列联表中心矩阵中每一个数据即条件频数,因为它们都是在一个事件发生的条件下另一事件发生的频数。

期望值的分布。下面给出求中心矩阵每一单元的期望值频数的计算公式:

$$f_e = \frac{\sum\limits_{c} f_r \sum\limits_{r} f_c}{n} \qquad (10\text{-}3)$$

式中，f_r 为列联表中行的观测值的总和，f_c 为列联表中列的观测值的总和，n 为样本容量。

仍以表 10-6 为例，在全部 300 个样本中，获悉新产品渠道为电视媒体的有 27 个，占全部样本的 0.09。同时，这 300 个样本中，来自北京的为 123 个，占全部样本的 0.41。以列联表中心矩阵的单元 (2,1) 为例，公式 (10-3) 推导过程如下。

首先，要明确一个假设的前提，即两变量之间是独立的。令

$$A = 样本单位获知产品渠道为电视媒体$$
$$B = 样本单位来自北京$$

$$P(A) = \frac{\sum\limits_{c=1}^{3} f_{r=1}}{n} = \frac{27}{300} = 0.09$$

$$P(B) = \frac{\sum\limits_{r=1}^{4} f_{c=1}}{n} = \frac{123}{300} = 0.41$$

根据独立性的概率乘法公式，有

$$P(第一单元) = P(AB) = P(A) \cdot P(B)$$

$$= \frac{\sum\limits_{c=1}^{3} f_{r=1}}{n} \cdot \frac{\sum\limits_{r=1}^{4} f_{c=1}}{n} = 0.036\,9$$

0.036 9 是第一个单元格的期望比例，其对应的期望值频数还要乘以整个样本容量：

$$f_e = \frac{\sum\limits_{c=1}^{3} f_{r=1}}{n} \cdot \frac{\sum\limits_{r=1}^{4} f_{c=1}}{n} \cdot n = 0.036\,9 \times 300 = 11.07$$

表 10-7 是该例的观测值和期望值频数对比分布表。

表 10-7 观测值和期望值频数对比分布表

获知方式		城　　市			合计 2
		北京	上海	深圳	
朋友	观测值	20	26	16	62
	期望值	25	20	16	
电视	观测值	9	13	5	27
	期望值	11	9	7	

续表

获知方式		城　市			合计 2
		北京	上海	深圳	
网络	观测值	60	33	30	123
	期望值	50	40	32	
报刊	观测值	34	26	28	88
	期望值	36	29	23	
合计 1		123	98	79	300

3. 列联表自由度的确定

我们仍以例 10.3 为例说明,这是一个 4×3 的列联表,简化如表 10-8。

表 10-8　自由度计算公式说明表

	C_1	C_2	C_3	合计 2
R_1	√	√	×	f_{r_1}
R_2	√	√	×	f_{r_2}
R_3	√	√	×	f_{r_3}
R_4	×	×	×	f_{r_4}
合计 1	f_{c_1}	f_{c_2}	f_{c_3}	

表 10-8 中 f_{c_1},f_{c_2} 和 f_{c_3} 分别表示第一、二、三列的列合计,f_{r_1},f_{r_2},f_{r_3} 和 f_{r_4} 分别表示第一、二、三、四行的行合计。首先考察第一行,在 f_{r_1} 已经确定的情况下,这一行可以自由取值的数据只有 2 个(不妨设为前 2 个),在表中用 √ 标记,最后一个无法自由取值,用 × 标记。同理,对剩余的行和列进行考察,将中心矩阵中所有的单元格都标记出来,即得到表 10-8。

依此类推,可以得到列联表自由度的计算公式为

$$df = (r-1)(c-1) \tag{10-4}$$

式中,r 为列联表中心矩阵的行数;c 为列联表中心矩阵的列数。

例 10.3 中,列联表的自由度为 $(4-1) \times (3-1) = 6$。

10.2.2　独立性检验

列联表的两变量独立性检验的步骤如下。

第一步,提出原假设和备择假设。一般情况下,原假设 H_0:两变量是独立的;备择假设 H_1:两变量不独立。

第二步,计算 χ^2 统计量。计算过程可简化如上节中的计算表格。

第三步,根据自由度和显著性水平,查表得到 χ^2 临界值。

第四步,比较第二步和第三步的结果,得出结论。

根据以上步骤,我们继续对例 10.3 进行独立性检验。

解 H_0:"获知方式"与"城市"两变量之间是独立的,

H_1:"获知方式"与"城市"两变量之间不独立。

接下来对 4×3 列联表的 χ^2 统计量进行计算,计算过程见表 10-9。

$$df = (r-1)(c-1) = (4-1) \times (3-1) = 6$$

查表得

$$\chi^2(df=6, \alpha=0.10) = 10.645$$

比较 $10.371\,26 = \chi^2 < \chi^2_{0.1}(6) = 10.645$,不落在拒绝域中,所以我们不拒绝 H_0,认为"获知方式"与"城市"两变量之间独立,即它们之间不存在依赖关系。

表 10-9　χ^2 统计量计算表

行	列	f_0	f_e	f_0-f_e	$(f_0-f_e)^2$	$(f_0-f_e)^2/f_e$	$\chi^2 = \sum \dfrac{(f_0-f_e)^2}{f_e}$
1	1	20	25	−5	25	1	
1	2	26	20	6	36	1.8	
1	3	16	16	0	0	0	
2	1	9	11	−2	4	0.363 636 4	
2	2	13	9	4	16	1.777 777 8	
2	3	5	7	−2	4	0.571 428 6	
3	1	60	50	10	100	2	10.371 26
3	2	33	40	−7	49	1.225	
3	3	30	32	−2	4	0.125	
4	1	34	36	−2	4	0.111 111 1	
4	2	26	29	−3	9	0.310 344 8	
4	3	28	23	5	25	1.086 956 5	

10.3　列联表与多个比例相等的检验

在假设检验中,我们曾学习过对两个比例是否相等的检验方法。要对多个比例进行检验,则需要用到 χ^2 检验方法。利用 χ^2 统计量对列联表中多个比例相等的检验与两个变量独立性的检验步骤基本一样。本节用一个例子说明。

我们来看例 10.3,该新产品在上市的前一个月中,仍然是对北京、上海、深圳三地进行市场调查,唯一的变化在于:对顾客获知该新产品的渠道进行了归类,归为通过传统媒体和通过非传统媒体两类。从随机抽取的 300 份调查表中统计其中有关的数据如表 10-10 所示。

表 10-10　2×3 列联表

获知方式		城　　市			合计 2
		北京	上海	深圳	
传统媒体	f_0	63	65	49	177
	f_e	73	58	47	
非传统媒体	f_0	60	33	30	123
	f_e	50	40	32	
合计 1		123	98	79	300

请在 $\alpha = 0.10$ 的显著性水平上检验下列问题：

获知方式与所在城市有关吗？

分析：这个问题实际等同为：由传统媒体获知该新产品的顾客所占的比例与城市有关系吗？如果这三个城市里，由传统媒体获知新产品的比例是一致的，表明获知方式与所在城市无关；反之，若三个比例不一致，则表示在这三个不同的城市中，传统媒体和非传统媒体的宣传效果存在差异。

解　原假设和备择假设分别为

H_0：$P_1 = P_2 = P_3$，即知道方式与所在城市无关，

H_1：P_1, P_2, P_3 不全相等，即知道方式与所在城市有关。

对 2×3 列联表的 χ² 统计量进行计算，如表 10-11 所示。

表 10-11　χ² 统计量计算表

f_0	f_e	$f_0 - f_e$	$(f_0 - f_e)^2$	$(f_0 - f_e)^2 / f_e$	$\chi^2 = \sum \dfrac{(f_0 - f_e)^2}{f_e}$
63	73	−10	100	1.369 863 014	
65	58	7	49	0.844 827 586	
49	47	2	4	0.085 106 383	5.649 796 983
60	50	10	100	2	
33	40	−7	49	1.225	
30	32	−2	4	0.125	

$$df = (r-1)(c-1) = (2-1) \times (3-1) = 2$$

$$\chi^2(df = 2, \alpha = 0.10) = 4.605$$

$\chi^2 > \chi^2(df = 2, \alpha = 0.10)$，落在拒绝域中，因此拒绝原假设，即认为获知方式与所在城市有关。如前面所分析的，这表示在这三个不同的城市中，传统媒体和非传统媒体的宣传效果存在差异，这或许是因为北京、上海和深圳的城市特点和人口结构不一样所致。

软件应用
------->>>

1. 用 Excel 进行两个总体比例是否相等的检验

在分析两个总体比例是否相等的 χ^2 检验时，在 Excel 中主要使用的函数有两个，即 CHIINV 和 CHIDIST。这两个函数的输入参数为：CHIINV（显著性水平，自由度），CHIDIST（χ^2 的临界值，自由度）。

表 10-12～表 10-14 以顾客对酒店的满意度调查为例，分别给出了在 Excel 中设计 χ^2 工作表的表单结构和单元格函数表达式，在实际分析过程中，可以使用类似结构来分析两个总体比例是否相等的 χ^2 检验。

表 10-12 χ^2 检验工作表 A1:D15 设计布局

	A	B	C	D
1		Guest Satisfaction Analysis		
2				
3		Observed Frequencies		
4		Hotel		
5	Choose Again?	Four Season	Marriott	Total
6	Yes	163	154	=SUM(B6:C6)
7	No	64	108	=SUM(B7:C7)
8	Total	=SUM(B6:B7)	=SUM(C6:C7)	=SUM(B8:C8)
9				
10		Expected Frequencies		
11		Hotel		
12	Choose Again?	Four Season	Marriott	Total
13	Yes	=$D6*B$8/$D$8	=$D6*C$8/$D$8	=SUM(B13:C13)
14	No	=$D7*B$8/$D$8	=$D7*C$8/$D$8	=SUM(B14:C14)
15	Total	=SUM(B13:B14)	=SUM(C13:C14)	=SUM(B15:C15)

表 10-13   χ² 检验工作表 A17：B30 设计布局（第 16 行为空）

	A	B
17	Data	
18	Level of Significance	0.05
19	Number of Rows	=COUNTA(A6:A7)
20	Number of Columns	=COUNTA(B5:C5)
21	Degrees of Freedom	=(B19-1)*(B20-1)
22		
23	Results	
24	Critical Value	CHIINV(B18,B21)
25	Chi-Square Test Statistic	=SUM(F10:G11)
26	P-Value	=CHIDIST(B25,B21)
27	=IF(B26<B18,"拒绝零假设""不拒绝零假设")	
28	Expected frequency assumption	
29		
30	=IF(OR(B13<5,C13<5,B14<5,C14<5),"条件不满足""条件满足")	

表 10-14   χ² 检验工作表 F4：G11 设计布局（第 1～3 行为空）

	F	G
4	Calculations	
5	$f_0 - f_e$	
6	=B6-B13	=C6-C13
7	=B7-B14	=C7-C14
8	$(f_0 - f_e)^2 / f_e$	
9		
10	=F6^2/ B13	=G6^2/ C13
11	=F7^2/ B14	=G7^2/ C14

　　单元格 B19 和 B20，表示行与列观测值的数量，在这里，我们使用了 Excel 中 COUNTA 函数来计算第 A 列和第 5 行的观测值数量。虽然在两个总体比例相等的检验中行与列的数量都为 2，但出于通用性的考虑，我们还是采用了 COUNTA 函数，在其他类型的计算中 COUNTA 函数应用也是很广泛的。

　　单元格 A27 采用了 Excel 的 IF 函数，主要是为了能够直观显示出假设检验的结论，即如果单元格 B26 中的 P 值小于检验显著性水平，那么我们将拒绝零假设。另外一个 IF 函数，我们用在了 A30 单元格，并结合 OR 函数，来给出期望值表格中的每个值是否小于 5 的判断信息。

2. 用 Excel 进行多个比例相等的检验

　　利用 Excel 进行两个以上总体比例的 χ² 检验，主要是在两个总体表单设计基础上进行修正，例如，同时对三个酒店的顾客满意度进行调查，调查 700 名顾客是否在下一次旅行时会再次选择该家酒店。调查结果如表 10-15。

表 10-15　三家酒店顾客满意度调查结果表

Choose Again?	Hotel			Total
	Golden Palm	Palm Royale	Palm Princess	
Yes	128	199	186	513
No	88	33	66	187
Total	216	232	252	700

根据调查结果，分析人员需要判断顾客对三家酒店的满意度是否一致时，需要用 Excel 进行三个总体比例是否一致的假设检验。三个总体的分析过程与两个总体的分析过程基本一致，只要在表 10-12～表 10-14 的基础上，按下列四个步骤进行修正。

（1）在表 10-12 观测值和期望值表的基础上增加一列，即增加一个新的总体。

（2）在表 10-13 计算区域也增加一列，用以计算观测值与期望值的差及 $(f_0 - f_e)^2 / f_e$。

（3）调整期望频数的假设检验式。

（4）检验所有的变化并输入新数据。

在此给出 χ^2 检验表的观测值与期望值表单设计布局，见表 10-16。

表 10-16　三个总体比例一致检验表单设计布局

	A	B	C	D	E
1	Guest Satisfaction（3-Hotels）Analysis				
2					
3	Observed Frequencies				
4		Hotel			
5	Choose Again?	Golden Palm	Palm Royale	Palm Princess	Total
6	Yes	128	199	186	=SUM(B6:D6)
7	No	88	33	66	=SUM(B7:D7)
8	Total	=SUM(B6:B7)	=SUM(C6:C7)	=SUM(D6:D7)	=SUM(B8:D8)
9					
10	Expected Frequencies				
11		Hotel			
12	Choose Again?	Golden Palm	Palm Royale	Palm Princess	Total
13	Yes	=$E6*B$8/$E$8	=$E6*C$8/$E$8	=$E6*D$8/$E$8	=SUM(B13:D13)
14	No	=$E7*B$8/$E$8	=$E7*C$8/$E$8	=$E7*D$8/$E$8	=SUM(B14:D14)
15	Total	=SUM(B13:B14)	=SUM(C13:C14)	=SUM(D13:D14)	=SUM(B15:D15)

3. 用 Excel 进行独立性检验

一致性检验主要包括两个总体和多个总体的比例是否一致的检验,而 χ^2 检验中另外一个重要的检验就是两个分类变量的独立性检验。在对酒店顾客满意度调查实验中,有一个变量是没有再次光临酒店的原因,主要包括价格、酒店位置、房间大小。根据分析得出列联表如表 10-17。

表 10-17   酒店满意度定性变量列联分析表

Reason for Not Returning	Hotel			Total
	Golden Palm	Palm Royale	Palm Princess	
Price	23	7	37	67
Location	39	13	8	60
Room Accommodation	13	5	13	31
Other	13	8	8	29
Total	88	33	66	187

调查要分析三个酒店在顾客不满意的原因上是否相互独立,需要对其进行 χ^2 检验分析。Excel 分析表单关于独立性检验设计的思想与一致性检验的思想基本相同。在此不再详述,仅将观测值与期望值计算表单列出,以供参考,见表 10-18。

表 10-18   分类变量独立性检验观测值与期望值表单

	A	B	C	D	E
1	Cross-Classification Hotel Analysis				
2					
3			Observed Frequencies		
4			Hotel		
5	Reason for Not Returning	Golden Palm	Palm Royale	Palm Princess	Total
6	Price	23	7	37	=SUM(B6:D6)
7	Location	39	13	8	=SUM(B7:D7)
8	Room Accommodation	13	5	13	=SUM(B8:D8)
9	Other	13	8	8	=SUM(B9:D9)
10	Total	=SUM(B6:B9)	=SUM(C6:C9)	=SUM(D6:D9)	=SUM(B10:C10)
11					
12			Expected Frequencies		
13			Hotel		

	A	B	C	D	E
14	Reason for Not Returning	Golden Palm	Palm Royale	Palm Princess	Total
15	Price	=\$E6*B\$10/\$E\$10	=\$E6*C\$10/\$E\$10	=\$E6*D\$10/\$E\$10	=SUM(B15:D15)
16	Location	=\$E7*B\$10/\$E\$10	=\$E7*C\$10/\$E\$10	=\$E7*D\$10/\$E\$10	=SUM(B16:D16)
17	Room Accommodation	=\$E8*B\$10/\$E\$10	=\$E8*C\$10/\$E\$10	=\$E8*D\$10/\$E\$10	=SUM(B17:D17)
18	Other	=\$E9*B\$10/\$E\$10	=\$E9*C\$10/\$E\$10	=\$E9*D\$10/\$E\$10	=SUM(B18:D18)
19	Total	=SUM(B15:B18)	=SUM(C15:C18)	=SUM(D15:D18)	=SUM(B19:C19)

本章小结

>>>

本章介绍了 χ^2 统计量的构造、χ^2 分布的特征及列联表的构造方法,着重介绍了 χ^2 分布和列联表在统计中的应用——非参数检验。如:拟合优度检验、独立性检验、一致性检验等。

主要公式如下:

(10-1)　$\chi^2 = \sum \dfrac{(f_0 - f_e)^2}{f_e}$,$\chi^2$ 统计量表达式;

(10-2)　$df = k - m - 1$,在拟合优度检验中的自由度计算公式;

(10-3)　$f_e = \dfrac{\sum\limits_c f_r \sum\limits_r f_c}{n}$,列联表中一个数据单元的期望值频数;

(10-4)　$df = (r-1)(c-1)$,列联表自由度的计算公式。

关键术语

>>>

非参数检验(non-parametric test)　　　　备择假设(alternative hypothesis)

χ^2 检验(chi-square test)　　　　　　　列联表(contigency table)

自由度(degrees of freedom)　　　　　　拟合优度检验(goodness-of-fit test)

期望值频数(expected frequency)　　　　独立性检验(test of independence)

观察值频数(observed frequency)　　　　一致性检验(test of homogeneity)

原假设(null hypothesis)

习题

>>>

基础习题

1. 简述 χ^2 统计量的构造及计算步骤。

2. 什么是拟合优度检验？如何确定 χ^2 拟合优度检验中的自由度？

3. 简述列联表的构造与列联表的分布。

4. 简述列联表独立性检验的步骤以及如何确定列联表。

5. 在一个 χ^2 拟合优度检验中，有 6 个数据类别和 2 个参数。在 0.05 的显著性水平下：

(1) 自由度是多少？

(2) χ^2 临界值是多少？

应用习题

6. 下表是 2004 年 4 月 14 日星期三某超市的销售报表（部分）。其中包含的项目有：消费金额区间以及相应的顾客数，如：消费金额在 150～200 元之间的顾客数有 42 人。

消费金额/元	顾客数	消费金额/元	顾客数
10 以下	16	150～200	42
10～50	15	200～250	26
50～100	36	250～300	14
100～150	51	300 以上	5

试在 0.05 的显著性水平上检验：这份销售报表的数据是否服从正态分布（均值 140，标准差 54）？

7. 某学校规定每位报考者都要接受三门考试，每门考试都分为合格者与不合格者。若有 200 个报考者参加考试，结果三门都合格的是 15 人，有两门合格者 58 人，一门合格者 87 人，三门都不合格者 40 人。试问在显著性水平 $\alpha = 0.05$ 的条件下能否认为这项考试服从平均合格率为 40% 的二项分布。

8. 请选取某个你熟悉的公司做一个员工调查，调查内容如下表。

性别	年龄	本科毕业时间	以往在校成绩	工作年限	目前工资水平/千元
			备注：优、良、及格、不及格		

试根据你调查得到的数据讨论以下问题：

(1) 能认为"目前工资水平"的数据分布呈正态分布吗？

(2) "工资水平"与"性别"有关吗？构造相关的列联表。

（3）若"工作年限"在 5 年以上，"以往在校成绩"与"目前工资水平"有关系吗？

9. 某公司欲考察原材料的产地与等级之间是否存在依赖关系。经过对 300 个原材料的抽查，得到如下表的数据。

产　地	等　级			合　计
	一等品	二等品	三等品	
A 地区	41	56	10	107
B 地区	35	51	9	95
C 地区	47	45	6	98
合计	123	152	25	300

请在 0.05 的显著性水平上，分析原材料的产地与等级之间是否独立。

10. 某公司对去年的营业税业务进行了一项调查。工作人员收集了他们客户的总收入和相应支付的税额数据，结果如下表。

元

总收入	税　收			
	0～3 000	3 001～5 000	5 001～10 000	10 000 以上
0～10 000	50	0	0	0
10 001～20 000	42	30	0	0
20 001～40 000	40	65	33	28
40 000 以上	28	52	47	39

（1）根据这些数据，该公司能否得出客户的总收入和支付的税额不相关的结论？试在 $\alpha=0.05$ 的水平下进行检验。

（2）如果支付的税额和客户的收入相关，那么根据这些数据，你能得出什么结论？请加以讨论。

案例研究

>>>

MBL 公司与充满潜力的 SUV 市场（9）

请结合第 8 章案例研究中给出的问卷，利用辅助资源中的案例研究数据完成以下报告。

管理报告

1. 检验消费者的职业和其开车的频率是否独立。

2. 检验消费者的性别和其开车的频率是否独立。

3. 检验消费者的年龄和其开车的频率是否独立。

4. 检验消费者的家庭收入和其是否是二次购车之间是否独立。

5. 结合上述分析，你对 SUV 车型消费者的特点有何看法？

第 11 章 相关与回归分析

相关与回归分析是现代统计学中非常重要的内容。它在自然科学、管理科学和社会经济领域有着十分广泛的应用。本章将结合实际例子介绍变量间的相关关系、一元线性回归模型、多元线性回归模型、可化为线性的曲线回归模型等内容。我们先看下面的例子。

例 11.1 设有 10 个厂家,序号为 $1,2,\cdots,10$,各厂的投入成本记为 x,所得产出记为 y。各厂家的投入和产出如表 11-1 所示,根据这些数据,可以认为投入和产出之间存在相关性吗?

表 11-1 10 个厂家的投入产出　　　　　　　　　　万元

厂家	1	2	3	4	5	6	7	8	9	10
投入	20	40	20	30	10	10	20	20	20	30
产出	30	60	40	60	30	40	40	50	30	70

11.1　变量间的相关关系

11.1.1　变量相关的概念

变量之间的关系有两种:函数关系和相关关系。统计学主要研究变量间的相关关系。

1. 函数关系

设有两个变量 x 和 y,变量 y 随变量 x 一起变化,并完全依赖于 x,当变量 x 取某个数值时,y 依确定的关系取相应的值,则称 y 是 x 的函数,记为 $y=f(x)$,其中 x 称为自变量,y 称为因变量。

函数关系举例:某种商品的销售额(y)与销售量(x)之间的关系可表示为 $y=px$(p 为单价);圆的面积(S)与半径(R)之间的关系可表示为 $S=\pi R^2$;企业的原材料消耗额(y)与产量(x_1)、单位产量消耗(x_2)、原材料价格(x_3)之间的关系可表示为 $y=x_1 x_2 x_3$。

变量间的函数关系是一一对应的确定关系,例如图 11-1 所示。

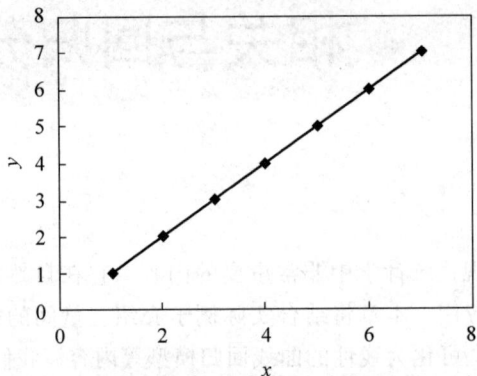

图 11-1　变量间的线性函数关系

2. 相关关系

在社会经济与管理中,不确定型的函数关系更为普遍。例如:商品的销售量(y)与人口(x_1)的关系、与广告费(x_2)的关系,收入(y)与教育程度(x)之间的关系,粮食亩产量(y)与施肥量(x_1)、降雨量(x_2)、温度(x_3)之间的关系等。

相关关系具有以下特点:变量之间有关系,但不是一一对应。

如果两个变量没有关系,就谈不上建立模型或进行回归。但怎样才能判断两个变量有没有关系呢?最直观的办法就是画出它们的散点图。图 11-2 是四组数据的散点图,每一组数据表示了两个变量 x 和 y 的样本。

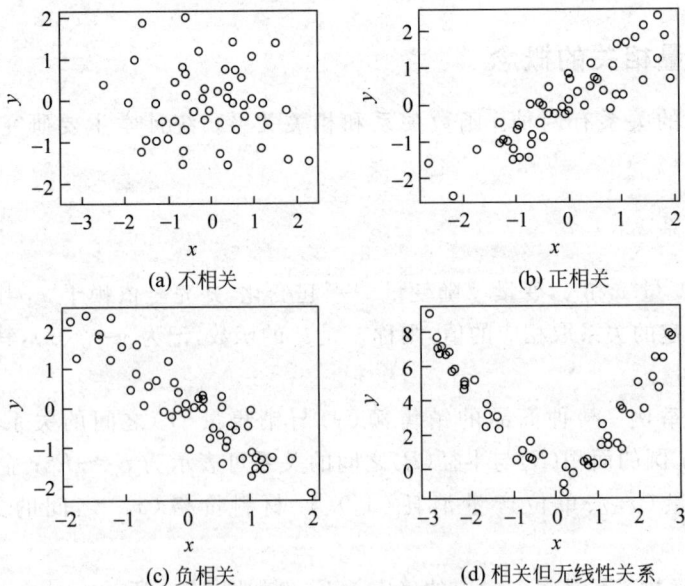

(a) 不相关

(b) 正相关

(c) 负相关

(d) 相关但无线性关系

图 11-2　四种类型散点图

回归分析是研究变量之间相关关系的一种统计方法。其用意是研究一个被解释变量（又称因变量）与一个或多个解释变量（又称自变量）之间的相关关系。

11.1.2　相关系数

如何在数量上描述相关呢？下面引进几种对相关程度的度量的概念。

相关系数（coefficient of correlation）是对变量之间关系密切程度的度量，对两个变量之间线性相关程度的度量称为简单相关系数。若相关系数是根据总体的全部数据计算的，称为总体相关系数，记为 ρ；若是根据样本数据计算的，则称为样本相关系数（又叫 Pearson 相关系数），记为 r。

r 是由两个变量的样本取值得到，这是一个描述线性相关强度的量，取值于 -1 和 $+1$ 之间。当两个变量有很强的线性相关时，相关系数接近于 1（正相关）或 -1（负相关），而当两个变量不那么线性相关时，相关系数就接近 0。

样本相关系数的计算公式为

$$r = \frac{\sum (x - \bar{x})(y - \bar{y})}{\sqrt{\sum (x - \bar{x})^2 \cdot \sum (y - \bar{y})^2}} \tag{11-1}$$

式中，r 的取值范围是 $[-1, 1]$。

$|r| = 1$ 时，两变量为完全相关，其中 $r = 1$ 时，为完全正相关，$r = -1$ 时，为完全负相关；

$r = 0$，不存在线性相关关系；

$-1 \leqslant r < 0$ 时，两变量为负相关；

$0 < r \leqslant 1$ 时，两变量为正相关；

$|r|$ 越趋于 1 表示关系越密切，$|r|$ 越趋于 0 表示关系越不密切。

注意：相关系数有一个明显的缺点：它接近于 1 的程度与样本容量 n 有关。这容易造成一种假象。因为当 n 较小时，相关系数的波动（或差异）比较大，有些样本相关系数容易接近 1，例如 $n = 2$ 时，相关系数绝对值总为 1（两点连线总为一条直线）。因此当样本容量 n 较小时，仅凭相关系数较大还不足以说明变量 x 与 y 有密切关系；当 n 较大时，相关系数绝对值容易偏小。

11.1.3　对相关系数的显著性检验

得到了样本的变量间相关系数，是否可以推出总体的变量间相关程度呢？这需要进行对相关系数的显著性检验，采用 t 检验。检验的步骤如下。

(1) 提出假设：$H_0: \rho = 0$（总体的相关系数为 0），

　　　　　　　$H_1: \rho \neq 0$（总体的相关系数不为 0）。

(2) 计算检验的统计量：$t = \dfrac{r \sqrt{n-2}}{\sqrt{1-r^2}} \sim t(n-2)$，其中 $(n-2)$ 为自由度。

（3）确定显著性水平 α，并作出决策：

若 $|t|>t_{\frac{\alpha}{2}}$，拒绝 H_0；若 $|t|\leqslant t_{\frac{\alpha}{2}}$，不拒绝 H_0。

我们来看例 11.1，对样本数据 (x_i,y_i) 的相关系数计算过程，见表 11-2。

表 11-2 例题计算过程表

厂家序号	投入(x)	产出(y)	x^2	y^2	xy
1	20	30	400	900	600
2	40	60	1 600	3 600	2 400
3	20	40	400	1 600	800
4	30	60	900	3 600	1 800
5	10	30	100	900	300
6	10	40	100	1 600	400
7	20	40	400	1 600	800
8	20	50	400	2 500	1 000
9	20	30	400	900	600
10	30	70	900	4 900	2 100
总计	220	450	5 600	22 100	10 800

平均成本 $\bar{x}=220/10=22$，平均产出 $\bar{y}=450/10=45$。

解 首先，最简单的方法就是由计算机生成它们的散点图，如图 11-3 所示。

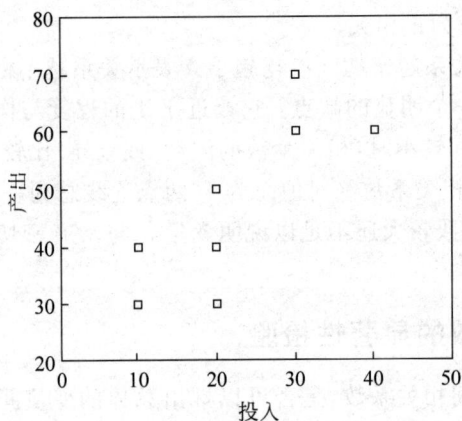

图 11-3 例题数据散点图

根据样本相关系数的计算公式（11-1），有

$$r = \frac{\sum (x - \bar{x})(y - \bar{y})}{\sqrt{\sum (x - \bar{x})^2 \cdot \sum (y - \bar{y})^2}} = 0.759$$

对相关系数的显著性检验(设显著性水平 $\alpha = 0.5$):

$$H_0 : \rho = 0, \quad H_1 : \rho \neq 0$$

计算检验统计量: $t = \dfrac{r\sqrt{n-2}}{\sqrt{1-r^2}} = \dfrac{0.759\sqrt{10-2}}{\sqrt{1-0.759^2}} = 3.297$

查表得 $t_{\frac{\alpha}{2}} = 2.306$,故 $3.297 > t_{\frac{\alpha}{2}}$,落入拒绝域中,即拒绝 H_0,接受 H_1。

所以总体上厂家的投入与产出之间相关关系明显。

11.1.4 决定系数

在上例中,是用相关系数表示各厂家的投入与产出之间的关系。由相关系数 $r = 0.759$,我们认为投入与产出之间相关关系明显(强相关)。像这种相关程度"强"、"弱"、"一般"等并没有精确的定义。

除了相关系数以外,还有一个说明自变量解释因变量变化百分比的度量,叫做决定系数(coefficient of determination,也叫测定系数或可决系数),用 r^2 表示。这里 $r^2 = 0.759^2 = 0.576$,说明自变量可以大约解释 57.6% 的因变量的变化。

11.2 一元线性回归

回归分析是从一组样本数据出发,确定变量之间的数学关系式,对这些关系式的可信程度进行各种统计检验,并从影响某一特定变量的诸多变量中找出哪些变量的影响显著,哪些不显著。然后利用所求的关系式,根据一个或几个变量的取值来预测或控制另一个特定变量的取值,并给出这种预测或控制的精确程度。

11.2.1 一元线性回归的概念

一元线性回归(linear regression)只研究一个自变量与一个因变量之间的统计关系。

对于只涉及一个自变量的简单线性回归模型可表示为

$$y = \beta_0 + \beta_1 x + \varepsilon \tag{11-2}$$

式中,β_0 和 β_1 称为模型的参数。模型中,y 是 x 的线性部分加上误差项而得到的。线性部分($\beta_0 + \beta_1 x$)反映了由于 x 的变化而引起的 y 的变化。误差项 ε 是随机变量,是不能由 x 和 y 之间的线性关系所解释的变异性,它反映了除 x 和 y 之间的线性关系之外的随机因素对 y 的影响。误差项 ε 假设是一个服从正态分布的随机变量,且相互独立。更进一步,假设 $\varepsilon \sim N(0, \sigma^2)$,表示 ε 的期望值为 0,即 $E(\varepsilon) = 0$,且对于所有的 x 值,ε 的方差 σ^2 都相同。独立性意味着对于一个特定的 x 值,它所对应的 ε 与其他 x 值所对应的 ε 不相关。而对于一个特定的 x 值,它所对应的 y 值与其他 x 所对应的 y 值也不相关。

描述 y 的平均值或期望值如何依赖于 x 的方程称为回归方程。对于一个给定的 x 值,y 的期望值可表示为 $E(y) = f(x)$。

简单线性回归方程的形式为 $E(y) = \beta_0 + \beta_1 x$,因为方程的图示是一条直线,所以也称为直线回归方程。β_0 是回归直线在 y 轴上的截距,是当 $x=0$ 时 y 的期望值;β_1 是直线的斜率,称为回归系数,表示当 x 每变动一个单位时,y 的平均变动值。

总体回归参数 β_0 和 β_1 是未知的,必须利用样本数据去估计。实际上,所有商业数据的回归分析用到的都是样本数据,而不是总体数据,因此 β_0 和 β_1 的实际值无法得到,只能用样本统计量 b_0 和 b_1 来估测。用样本统计量 b_0 和 b_1 代替回归方程中的未知参数 β_0 和 β_1,就得到了估计的回归方程。

简单线性回归中估计的回归方程为

$$\hat{y} = b_0 + b_1 x$$

其中,b_0 是估计的回归直线在 y 轴上的截距,b_1 是直线的斜率,它表示 x 每变动一个单位时,y 的平均变动值的估计值。

11.2.2　参数 β_0 和 β_1 的最小二乘估计

对例 11.1 中的两个变量的数据进行线性回归,就是要找到一条直线来适当地代表图 11-1 中的那些点的趋势。首先需要确定选择这条直线的标准,这里介绍最小二乘回归法(least squares regression),"二乘"就是平方的意思,这就是寻找一条直线,使得所有点到该直线的垂直距离的平方和最小。用数据寻找一条直线的过程也叫做拟合一条直线。

设简单线性回归模型 $y = \beta_0 + \beta_1 x + \varepsilon$ 中,b_0 和 b_1 为 β_0 和 β_1 的估计值,则 y 的估计值 $\hat{y}$ 用 $\hat{y} = b_0 + b_1 x$ 表示。我们要求出这样的待估参数 b_0 和 b_1,使因变量的观察值 y 与估计值 $\hat{y}$ 之间的离差平方和达到最小,即使 $Q = \sum (y_i - \hat{y})^2 = \sum \varepsilon_i^2 = \sum (y_i - b_0 - b_1 x)^2$ 极小。为此,分别求 Q 对 b_0 和 b_1 的偏导,使其为零,即 $\dfrac{\partial Q}{\partial b_0} = 0$,$\dfrac{\partial Q}{\partial b_1} = 0$,就可以求出符合要求的待估参数 b_0 和 b_1:

$$b_1 = \frac{n \sum xy - \sum x \sum y}{n \sum x^2 - \left(\sum x\right)^2} \tag{11-3}$$

$$b_0 = \bar{y} - b_1 \bar{x} = \frac{\sum y}{n} - b_1 \frac{\sum x}{n} \tag{11-4}$$

用最小二乘法拟合的直线来代表 x 与 y 之间的关系,它与实际数据的误差比其他任何直线都小。

看例 11.1,试用最小二乘法来得到一个表示厂家投入与产出关系的线性回归方程。当厂家的投入为 20 时,它的预测产出是多少?

$$b_1 = \frac{n \sum xy - \sum x \sum y}{n \sum x^2 - \left(\sum x \right)^2} = \frac{10 \times 10\ 800 - 220 \times 450}{10 \times 5\ 600 - (220)^2} = 1.184\ 2$$

$$b_0 = \bar{y} - b_1 \bar{x} = \frac{\sum y}{n} - b_1 \frac{\sum x}{n} = 45 - 1.184\ 2 \times 22 = 18.947\ 6$$

故回归方程为 $\hat{y} = 18.947\ 6 + 1.184\ 2x$。

其中,18.947 6 为此回归方程过 y 轴的截距,1.184 2 为回归方程的斜率。

预测值 $\hat{y}$ 是将 x 值代入直线回归方程解得的值。若投入为 20,它的预测产出应该为 $\hat{y} = 18.947\ 6 + 1.184\ 2 \times 20 = 42.631\ 6$。

同理,可以计算出其他情况下的预测产出,每组数据的预测值 $\hat{y}$ 在表 11-3 中列出,其散点图及回归直线见图 11-4。

表 11-3 例题预测值计算过程表

厂家序号	投入(x)	产出(y)	预测值($\hat{y}$)	残差($y - \hat{y}$)
1	20	30	42.631 6	−12.631 6
2	40	60	66.315 6	−6.315 6
3	20	40	42.631 6	−2.631 6
4	30	60	54.473 6	5.526 4
5	10	30	30.789 6	−0.789 6
6	10	40	30.789 6	9.210 4
7	20	40	42.631 6	−2.631 6
8	20	50	42.631 6	7.368 4
9	20	30	42.631 6	−12.631 6
10	30	70	54.473 6	15.526 4
				0.000 0

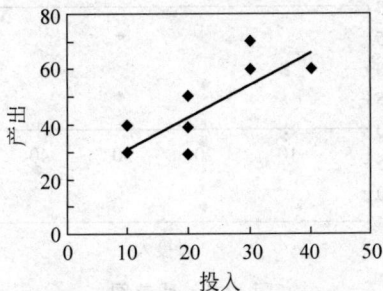

图 11-4 例题散点图及回归直线

11.2.3 残差分析

真实值 y 与预测值 $\hat{y}$ 的差就是回归直线在每个给定点上的误差 $y-\hat{y}$，我们称之为残差(residual)。残差值列在表 11-2 中的最后一列中。残差之和非常接近于 0，如果没有计算误差，残差之和应该为 0。因为从几何上讲，残差是实际观测值与回归估计值之间的偏差，确定斜率和截距的方程使回归直线位于样本点之间。这样，从实际观测值到回归直线估计值之间的偏差相互抵消，使总和为 0。图 11-5 显示了这种关系。

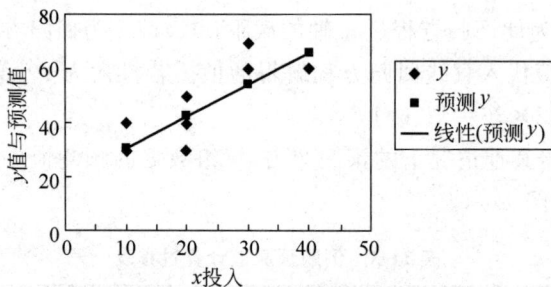

图 11-5　包含残差的散点图

通过对残差进行检验，我们对回归直线与数据点的拟合情况有了进一步了解。在投入与产出的例子中，残差值(绝对值)最大为 15.526 4，最小为 0.789 6。用回归直线预测的第 10 个厂家(投入为 30)的产出值误差为 15.526 4 万元，而第 5 个厂商(投入为 10)的误差为 0.789 6 万元，这两个分别是预测的最差和最好的情况。

有时残差也用来确定异常点(outliers)，异常点就是与其他点明显偏离、与总体趋势不符的数据点。异常点往往使残差幅度加大，在散点图中很容易识别。回归直线方程会受到计算中每个点的影响，因此，异常点的存在可能会使回归直线向异常点偏离。

残差一般围绕 x 轴上下波动。图 11-6 所示的是投入与产出例子中沿 x 轴的残差分布。

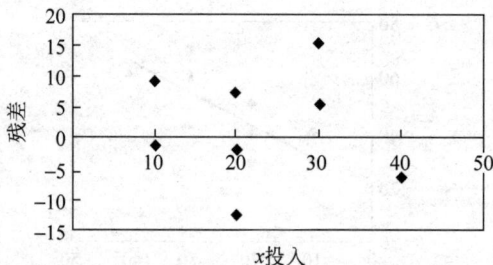

图 11-6　残差图

11.2.4 回归方程的显著性检验(总体显著性检验)

得到一个实际问题的回归方程 $\hat{y} = b_0 + b_1 x$ 后,不能直接用它来作经济分析和预测。因为 $\hat{y} = b_0 + b_1 x$ 是否真正描述了变量 y 和 x 之间的统计关系,还需要用统计方法对回归方程进行检验。

因变量 y 的 n 个观测值的取值是不同的,我们把观测值 y_i 与其平均值 $\bar{y}$ 的偏差平方和 $\sum (y_i - \bar{y})^2$ 称为总离差平方和(total deviation sum of squares),记为 SST。

SST 来源于两个方面:一是由于自变量 x 的取值不同造成的;二是除 x 以外的其他因素(如 x 对 y 的非线性影响、测量误差等)的影响造成的。SST 可分解为两部分:

$$SST = \sum (y_i - \bar{y})^2 = \sum (\hat{y}_i - \bar{y})^2 + \sum (y_i - \hat{y}_i)^2 \tag{11-5}$$

其中 $\sum (\hat{y}_i - \bar{y})^2$ 称做回归平方和(regression sum of squares),记为 SSR; $\sum (y_i - \hat{y}_i)^2$ 称做残差平方和(residual sum of squares),记为 SSE。

总离差平方和 $SST = \sum (y_i - \bar{y})^2$ 反映因变量的 n 个观察值与其均值的总离差;回归平方和 $SSR = \sum (\hat{y}_i - \bar{y})^2$ 反映自变量 x 的变化对因变量 y 取值变化的影响,或者说,是由于 x 与 y 之间的线性关系引起的 y 的取值变化,也称为可解释的平方和;残差平方和 $SSE = \sum (y_i - \hat{y}_i)^2$,反映除 x 以外的其他因素对 y 取值的影响,也称为不可解释的平方和或剩余平方和。

$$SST = SSR + SSE$$

大多数计算软件都包含 F 检验及与其相关的方差分析(ANOVA)表作为标准输出表。三者关系可以从方差分析(ANOVA)表中看出,如表 11-4 所示。

表 11-4 方差分析(ANOVA)表结构

方差来源	df(自由度)	SS(平方和)	MS(均方)
回归	1	SSR	SSR/1
残差	$n-2$	SSE	SSE/$(n-2)$
总和	$n-1$	SST	

上例中, $\hat{y} = 1.146\,4 + 0.064\,93x$ 这条直线实际上是对所假设的线性回归模型 $y = \beta_0 + \beta_1 x + \varepsilon$ 的估计。我们得到的截距和斜率(1.146 4 和 0.064 93)是对 β_0 和 β_1 的估计。由于不同的样本产生不同的估计,所以估计量是个随机变量,它们也有分布,也可以用由它们构造检验统计量来检验回归方程是否显著,即检验两个变量之间是否存在线性相关关系,在一元线性回归中,等价于对回归系数 β_1 的检验。

回归方程的显著性检验,就是检验自变量和因变量之间的线性关系是否显著。具体方法是将回归离差平方和(SSR)与剩余离差平方和(SSE)比较,应用 F 检验来分析二者之间的差别是否显著。如果是显著的,则两个变量之间存在线性关系;如果不显著,则两个变量之间不存在线性关系。检验步骤如下。

(1) 提出假设

H_0：$\beta_1 = 0$(自变量与因变量的线性关系不显著);

H_1：$\beta_1 \neq 0$(两者线性关系显著)。

(2) 计算检验统计量 F

$$F = \frac{\text{SSR}/1}{\text{SSE}/(n-2)} \sim F(1, n-2)$$

(3) 确定显著性水平 α,并根据分子自由度 1 和分母自由度 $(n-2)$ 找出临界值 F_α。

(4) 作出决策：若 $F > F_\alpha$,则拒绝 H_0；若 $F \leqslant F_\alpha$,则接受 H_0。

11.2.5 回归系数的显著性检验

在回归分析中通常计算 F 值来检验模型总体的显著性,在后面将要学到的多元回归中,F 值用来检验是否至少有一个回归系数(因为有多个回归系数)不为 0。而在简单回归(一元回归)中只有一个回归系数需要检验,而回归系数就是回归直线的斜率,所以检验总体显著性的 F 检验就等价于回归系数的 t 检验,而且 $F = t^2$。

对回归系数的显著性检验就是检验 x 与 y 之间是否具有线性关系,或者说,检验自变量 x 对因变量 y 的影响是否显著。检验步骤如下。

(1) 提出假设

H_0：$\beta_1 = 0$(没有线性关系);

H_1：$\beta_1 \neq 0$(有线性关系)。

(2) 计算检验的 t 统计量

$$t = \frac{\hat{\beta}_1}{S_{\hat{\beta}_1}}$$

自由度为 $n-2$,其中 $S_{\hat{\beta}_1} = \sqrt{\dfrac{\text{MSE}}{\sum (x_i - \bar{x})^2}}$。

(3) 确定显著性水平 α,并进行决策

若 $|t| > t_{\frac{\alpha}{2}}(n-2)$,拒绝 H_0；

若 $|t| \leqslant t_{\frac{\alpha}{2}}(n-2)$,接受 H_0。

在例 11.1 中,$\hat{\beta}_1 = 1.1842$,$S_{\hat{\beta}_1} = 0.35914$,显著性水平 $\alpha = 0.05$ 时,计算检验的统计量

$$t = \frac{\hat{\beta}_1}{S_{\hat{\beta}_1}} = \frac{1.1842}{0.35914} = 3.297$$

查表得 $t_{\frac{\alpha}{2}} = 2.306$,$3.297 > t_{\frac{\alpha}{2}}$,落入拒绝域中,即拒绝 H_0,所以自变量 x 与因变量 y

之间相关关系明显,投入量对产出量的影响显著。

11.2.6 预测标准误差

从图 11-6 中可以看出,每一个点并非都精确地落在回归直线上。说明变量 x 和 y 不是完全的相关关系,估计值 $\hat{y}$ 与实际值 y 是有差异的。预测标准误差(standard error of estimate)是 y 的实际值与 y 的估计值离差的一般水平,反映 y 的预测值对 y 的实际值代表性的优劣。

预测标准误差值小,说明因变量的实际值与其预测值间的差异小,预测值对实际值的代表性就大;预测标准误差值大,说明因变量的实际值与其预测值间的差异大,预测值对实际值的代表性就小。

预测标准误差的计算公式为

$$S_{yx} = \sqrt{\frac{\sum (y - \hat{y})^2}{n-2}} \tag{11-6}$$

式中,$(n-2)$ 是自由度,S_{yx} 是 y 对 x 的预测标准误差。

例 11.1 中,计算预测标准误差所需的数据见表 11-5。

表 11-5 计算预测标准误差所需的数据

厂家序号	产出(y)	预测产出($\hat{y}$)	残差($y-\hat{y}$)	残差的平方($y-\hat{y}$)²
1	30	42.631 6	−12.631 6	159.557
2	60	66.315 6	−6.315 6	39.887
3	40	42.631 6	−2.631 6	6.925
4	60	54.473 6	5.526 4	30.541
5	30	30.789 6	−0.789 6	0.623
6	40	30.789 6	9.210 4	84.831
7	40	42.631 6	−2.631 6	6.925
8	50	42.631 6	7.368 4	54.293
9	30	42.631 6	−12.631 6	159.557
10	70	54.473 6	15.526 4	241.069
			0.000 0	784.208

预测标准误差 $S_{yx} = \sqrt{\dfrac{\sum (y - \hat{y})^2}{n-2}} = \sqrt{\dfrac{784.208}{10-2}} = 9.901$

这个公式计算比较烦琐,还可以在算术上简化为

$$S_{yx} = \sqrt{\frac{\sum y^2 - \hat{\beta}_0 \left(\sum y \right) - \hat{\beta}_1 \left(\sum xy \right)}{n-2}} \tag{11-7}$$

代入数据,得 $S_{yx} = \sqrt{\dfrac{22\ 100 - 18.947\ 6 \times 450 - 1.184\ 2 \times 10\ 800}{10 - 2}} = 9.901$

这与之前的计算结果一致。

11.2.7 回归方程在估计和预测中的应用

建立回归模型的目的就是为了应用。预测是回归模型最重要的应用。下面我们讨论回归方程在估计和预测中的应用。

1. 点估计

点估计就是对于自变量 x 的一个给定值 x_0,代入回归方程 $\hat{y} = b_0 + b_1 x$,得到的因变量的预测值 $\hat{y}_0$ 作为其条件均值 $E(y \mid x = x_0)$ 或个别值 y 的一个近似估计值。

在前面的例子中,假如我们要预测投入为 20 时,求出因变量 y 的一个预测估计值。根据估计的回归方程得

$$\hat{y} = 18.947\ 6 + 1.184\ 2 \times 20 = 42.631\ 6$$

点估计不能给出估计的精度,点估计值与实际值之间是有误差的,而且仅知道 $\hat{y}_0$ 意义不大,人们往往希望能给出一个预测值的范围来,即为了掌握预测的精度,要对误差变动范围作出测定,因此需要进行区间估计。

2. 区间估计

对于自变量 x 的一个给定值 x_0,根据回归方程得到因变量 y 的一个估计区间。

区间估计有两种类型:置信区间估计和预测区间估计。先打个比方给大家一个感性认识,我们假设零售商的薪水是基于他们多年的工作经验。如果要得到所有的具有 20 年工作经历的零售商的平均薪酬,需要计算置信区间;如果我们要估计某一个特定的有 20 年工作经验的零售商(它可能不出现在我们的样本中)的薪水,则需要计算的是预测区间。

(1)置信区间估计

利用估计的回归方程,对于自变量 x 的一个给定值 x_0,求出因变量 y 的平均值 $E(y_0)$ 的估计区间,这一估计区间称为置信区间。

用公式表示对于 x 的一个给定值 x_0,因变量 y 的平均值 $E(y_0)$ 在 $(1-\alpha)$ 置信水平下的置信区间为

$$\hat{y} \pm t_{\frac{\alpha}{2}}(n-2) S_{yx} \sqrt{\frac{1}{n} + \frac{(x - \bar{x})^2}{\sum x^2 - \frac{\left(\sum x\right)^2}{n}}} \qquad (11\text{-}8)$$

式中,$t_{\frac{\alpha}{2}}(n-2)$ 可以通过查 t 分布表得到,S_{yx} 为估计标准误差。

请注意当样本容量变小时的情形(如表 11-6 所示)。

表 11-6 样本容量与 $t_{\frac{\alpha}{2}}(n-2)$

n	df	$t_{\frac{\alpha}{2}}(n-2)$	n	df	$t_{\frac{\alpha}{2}}(n-2)$
122	120	1.980	12	10	2.228
62	60	2.000	5	3	3.182
23	21	2.080			

样本越小, $t_{\frac{\alpha}{2}}(n-2)$ 也随之递增,误差可能越大。

回到前面的例子,当投入为 25 时,估计平均产出 95% 的置信区间。

解 根据前面的计算结果,有

$$\hat{y}_0 = 18.9476 + 1.1842x = 18.9476 + 1.1842 \times 25 = 48.5526$$

$$S_{yx} = 9.901$$

$$n = 10, 自由度 n - 2 = 8, \alpha = 0.05, t_{\frac{\alpha}{2}}(n-2) 为 2.306$$

则置信区间为

$$\hat{y} \pm t_{\frac{\alpha}{2}}(n-2) S_{yx} \sqrt{\frac{1}{n} + \frac{(x - \bar{x})^2}{\sum x^2 - \frac{\left(\sum x\right)^2}{n}}}$$

$$= 48.5526 \pm 2.306 \times 9.901 \times \sqrt{\frac{1}{10} + \frac{(25 - 22)^2}{5\,600 - \frac{(220)^2}{10}}}$$

$$= 48.5526 \pm 7.6356$$

所以,平均产出 95% 的置信区间在 40.9170 ~ 56.1882 之间。

(2) 预测区间估计

利用估计的回归方程,对于自变量 x 的一个给定值 x_0,求出因变量 y 的一个个别值的估计区间,这一区间称为预测区间。

y_0 在 $(1-\alpha)$ 置信水平下的预测区间为

$$\hat{y} \pm t_{\frac{\alpha}{2}}(n-2) S_{yx} \sqrt{1 + \frac{1}{n} + \frac{(x - \bar{x})^2}{\sum x^2 - \frac{\left(\sum x\right)^2}{n}}} \tag{11-9}$$

设另有一个厂商,不在列出的这 10 家之内,我们想求出这个厂商投入为 25 时,其产出 95% 的预测区间。

解 预测区间 $= \hat{y} \pm t_{\frac{\alpha}{2}}(n-2) S_{yx} \sqrt{1 + \frac{1}{n} + \frac{(x - \bar{x})^2}{\sum x^2 - \frac{\left(\sum x\right)^2}{n}}}$

$$= 48.5526 \pm 2.306 \times 9.901 \times \sqrt{1 + \frac{1}{10} + \frac{(25 - 22)^2}{5\,600 - \frac{(220)^2}{10}}}$$

$$=48.552\,6\pm24.074\,6$$

所以它的产出的 95% 的预测区间为 $24.478\sim72.627$ 之间。

11.2.8   相关系数、决定系数和预测标准误差三者的关系

我们曾讨论过,预测标准误差衡量的是实际值与回归线的接近程度。当标准误差很小时,表示两变量高度相关。

相关系数(r)衡量的是两变量之间相关的强弱程度。当散点图中各点都趋近于回归直线时,相关系数也较大(趋于 1)。因此,预测标准误差和相关系数用的是不同的度量方法来表达相同的信息。它们的计算当中都会用到 $\sum(y-\hat{y})^2$。

相关系数的平方是决定系数。决定系数衡量的是变量 y 中有多大比例能用变量 x 来解释。

决定系数 r^2 可以直接从方差分析(ANOVA)表(见表 11-4)中得出。它表示回归平方和占总离差平方和的比例。

$$r^2 = \frac{\text{SSR}}{\text{SST}} = 1 - \frac{\text{SSE}}{\text{SST}} \tag{11-10}$$

当 SSE 或标准误差减小时,r^2 增加。

预测标准误差也可以从 ANOVA 中得出:

预测标准误差

$$S_{yx} = \sqrt{\frac{\text{SSE}}{n-2}} \tag{11-11}$$

11.3   多元线性回归

11.3.1   多元线性回归的概念和方法

前一节讲的一元线性回归方程只反映一个因变量受一个自变量影响的情况,现实中往往一个因变量受多个自变量的影响。例如,粮食产量受播种量、施肥量、降雨量等因素影响;影响销售额的因素一般有许多,如产品价格、个人收入、研发费用、广告费用等。对于上述情况,如果将影响因变量的多个因素结合在一起分析,则更能揭示现象的内在规律。

统计中,将一个因变量与两个及两个以上自变量之间的回归,称为多元回归。描述因变量 y 如何依赖于自变量 $x_1, x_2, \cdots, x_m$ 和误差项 ε 的方程称为多元线性回归模型。

涉及 m 个自变量的多元线性回归模型可表示为

$$y = \beta_0 + \beta_1 x_1 + \beta_2 x_2 + \cdots + \beta_m x_m + \varepsilon \tag{11-12}$$

y 是 $x_1, x_2, \cdots, x_m$ 的线性函数加上误差项 ε。式中 β_0 为 $x_1, x_2, \cdots, x_m$ 均取 0 时的 y 值,是常数项,β_1 为 $x_2, x_3, \cdots, x_m$ 固定时,x_1 每增加一个单位时对 y 的效应,即 x_1 对 y 的偏回归系数。同理,β_m 为 $x_1, x_2, \cdots, x_{m-1}$ 固定时,x_m 每增加一个单位时对 y 的效应,即 x_m 对 y 的偏回归系数。ε 是被称为误差项的随机变量,ε 说明了包含在 y 里面但不能被 m 个自变量的线性关系所解释的变异性。

总体回归参数 $\beta_0, \beta_1, \cdots, \beta_m$ 是未知的,要利用样本数据去估计。用样本统计量 $b_0, b_1, \cdots, b_m$ 代替回归方程中的未知参数,即得到估计的回归方程

$$\hat{y} = b_0 + b_1 x_1 + b_2 x_2 + \cdots + b_m x_m$$

其中,$b_0, b_1, b_2, \cdots, b_m$ 是 $\beta_0, \beta_1, \beta_2, \cdots, \beta_m$ 的估计值,$\hat{y}$ 是 y 的估计值。

二元线性回归方程为:$\hat{y} = b_0 + b_1 x_1 + b_2 x_2$,其中 b_1, b_2 分别是 x_1, x_2 的偏回归系数。同理,三元线性回归方程为 $\hat{y} = b_0 + b_1 x_1 + b_2 x_2 + b_3 x_3$。

参数 $b_0, b_1, b_2, \cdots, b_m$ 可以通过实际观测值 y_j 与回归值 $\hat{y}_j$ 的偏差平方和最小来求得,即

$$\min \sum (y_j - \hat{y}_j)^2$$

这里,令 $Q = \sum (y_j - \hat{y}_j)^2 = \sum (y_j - b_0 - b_1 x_{1j} - b_2 x_{2j} - \cdots - b_m x_{mj})^2$,根据微分学中多元函数求极值的方法,要使 Q 达到最小,则应有

$$\begin{cases} \dfrac{\partial Q}{\partial b_0} = -2 \sum (y_j - b_0 - b_1 x_{1j} - b_2 x_{2j} - \cdots - b_j x_{mj}) = 0 \\ \cdots \\ \dfrac{\partial Q}{\partial b_i} = -2 \sum x_{ij} (y_j - b_0 - b_1 x_{1j} - b_2 x_{2j} - \cdots - b_j x_{mj}) = 0 \\ \cdots \\ \dfrac{\partial Q}{\partial b_m} = -2 \sum x_{mj} (y_j - b_0 - b_1 x_{1j} - b_2 x_{2j} - \cdots - b_m x_{mj}) = 0 \end{cases} \tag{11-13}$$

其中 $i = 1, 2, \cdots, m$。

用手解这些方程枯燥而费时。一般来说,自变量超过 3 个时,要用矩阵运算,可以借助计算机软件解出参数。

下面给出一个三元线性回归模型的例子。

例 11.2 有 20 户家庭,冬天的取暖费用与 3 个因素有关:日间户外的平均温度、阁楼绝缘层的厚度、炉子的使用年数。有关信息如表 11-7 所示。

226

表 11-7 20 户家庭取暖相关数据表

住宅	取暖费 y/美元	日间户外温度 x_1/℉	绝缘层厚度 x_2/英寸	炉子使用年数 x_3/年
1	250	35	3	6
2	360	29	4	10
3	165	36	7	3
4	43	60	6	9
5	92	65	5	6
6	200	30	5	5
7	355	10	6	7
8	290	70	10	10
9	230	21	9	11
10	120	55	2	5
11	73	54	12	4
12	205	48	5	1
13	400	20	5	15
14	320	39	4	7
15	72	60	8	6
16	272	20	5	8
17	94	58	7	3
18	190	40	8	11
19	235	27	9	8
20	139	30	7	5

试作出三元回归方程,并讨论:哪些自变量与因变量是正相关? 哪些是负相关? 如果某一家庭的平均户外温度是 30℉,阁楼绝缘层的厚度为 5 英寸,炉子已使用过 10 年,它冬天的取暖费用为多少?

解 设三元线性回归方程为 $\hat{y}=b_0+b_1x_1+b_2x_2+b_3x_3$

经计算可得到本题的线性回归方程为

$$\hat{y} = 295 - 3.07x_1 - 8.21x_2 + 12.355x_3$$

因为 x_1,x_2 的系数为负,易知日间户外的平均温度(x_1)、阁楼绝缘层的厚度(x_2)这两个因素与取暖费呈反向关系,日间户外的平均温度越高,绝缘层厚度越大,则取暖费用越低。同理,炉子的使用年数(x_3)则与取暖费用正相关。

将 $x_1=30,x_2=5,x_3=10$ 代入方程,可得

$$\hat{y} = 285.4$$

由这个线性回归方程可以算出每个家庭的预测取暖费值,见表 11-8。残差 $(y-\hat{y})$ 及其平方在以后的计算还会用到,也列在表中。

表 11-8 20 户家庭预测取暖费值计算表

住宅	取暖费 y/美元	预测 $\hat{y}$	残差 $(y-\hat{y})$	残差的平方 $(y-\hat{y})^2$
1	250	236.841 555	13.158 445 21	173.144 68
2	360	296.477 189	63.522 811 13	4 035.147 53
3	165	163.852 302	1.147 697 908	1.317 210 49
4	43	172.480 256	−129.480 255 9	16 765.136 7
5	92	128.271 094	−36.271 094 11	1 315.592 27
6	200	223.417 51	−23.417 510 23	548.379 785
7	355	301.343 706	53.656 294 38	2 878.997 93
8	290	121.267 794	168.732 206 1	28 470.557 4
9	230	292.337 978	−62.337 977 62	3 886.023 45
10	120	171.270 363	−51.270 362 6	2 628.650 08
11	73	79.854 893 6	−6.854 893 63	46.989 566 7
12	205	118.711 053	86.288 946 83	7 445.782 34
13	400	377.682 234	22.317 766 47	498.082 7
14	320	228.697 488	91.302 511 98	8 336.148 69
15	72	118.988 859	−46.988 859 26	2 207.952 89
16	272	291.197 211	−19.197 211 08	368.532 913
17	94	96.279 981 4	−2.279 981 373	5.198 315 06
18	190	242.193 258	−52.193 257 76	2 724.136 16
19	235	236.844 153	−1.844 153 262	3.400 901 25
20	139	206.991 123	−67.991 123 25	4 622.792 84

11.3.2 对多元回归模型的评估

如果检验水平合适而且数据足够多,用多元回归模型几乎可以处理所有数据组。模型一旦建立,一件很重要的事就是检验模型与数据是否很好拟合以及与回归分析的假设前提是否相符。检验回归模型是否恰当的方法有很多,如:检验模型整体的显著性、检验回归系数的显著性、计算残差、检验样本决定系数等。

1. 模型的整体检验

对多元回归方程的整体性检验,就是要看自变量 $x_1, x_2, \cdots, x_m$ 是否从整体上对随机变量 y 有明显的影响。为此,要用到 F 统计量。检验方法是将回归离差平方和(SSR)同残差平方和(SSE)加以比较,应用 F 检验来分析二者之间的差别是否显著。如果是显著的,因变量与自变量之间存在线性关系;如果不显著,则因变量与自变量之间不存在线性关系。多元回归模型的整体性检验的步骤如下。

（1）提出假设

$H_0：\beta_1=\beta_2=\cdots=\beta_m=0$；

H_1：至少有一个回归系数不等于 0。

如果不能拒绝原假设，说明回归模型对因变量没有显著的预测能力，拒绝原假设说明至少有一个自变量能增加预测因变量 y 的显著性。

（2）计算检验统计量 F

$$F=\frac{S_回/m}{S_残/(n-m-1)}=\frac{SSR/m}{SSE/(n-m-1)}$$

回归平方和 $\qquad\qquad SSR=\sum(\hat{y}-\bar{y})^2$

残差平方和 $\qquad\qquad SSE=\sum(y-\hat{y})^2$

整体显著性 F 检验会出现在方差分析（ANOVA）表中，见表 11-9。

表 11-9　方差分析（ANOVA）表的结构

方差来源	df（自由度）	SS（平方和）	MS（均方）	F 值
回归	m	SSR	SSR/m	$\dfrac{S_回/m}{S_残/(n-m-1)}$
残差	$n-m-1$	SSE	$SSE/(n-m-1)$	
总和	$n-1$	SST		

（3）确定显著性水平 α 和分子自由度 m、分母自由度 $n-m-1$，找出临界值 F_a，α 为显著性水平。

（4）作出决策：若 $F>F_a$，拒绝 H_0；若 $F\leqslant F_a$，接受 H_0。

在例 11.2 中，

总离差平方和 $\qquad SST=\sum(y-\bar{y})^2=212\,916$

回归平方和 $\qquad SSR=\sum(\hat{y}-\bar{y})^2=125\,954$

残差平方和 $\qquad SSE=\sum(y-\hat{y})^2=86\,962$

总体检验统计量 $\qquad F=\dfrac{SSR/m}{SSE/(n-m-1)}=\dfrac{125\,954/3}{86\,962/[20-(3+1)]}=7.72$

显著性水平 $\alpha=0.05$ 时，$df=(3,16)$，查表得 F 的临界值为 3.24，所以 $F>F_a$，落入拒绝域中。说明至少有一个自变量能增加预测因变量 y 的显著性。

从方差分析表中还可以得到多重样本决定系数和多重预测标准差。

2. 多重样本决定系数（coefficient of multiple determination）

多重样本决定系数 R^2 定义为回归平方和占总离差平方和的比例，反映回归直线的

拟合程度。公式为

$$R^2 = \frac{\text{SSR}}{\text{SST}}$$

R^2 的取值范围在 $[0,1]$ 之间，R^2 越趋近于 1，说明回归方程拟合得越好；R^2 越趋近于 0，说明回归方程拟合得越差。

本题中

$$R^2 = \frac{\text{SSR}}{\text{SST}} = \frac{125\,954}{212\,916} = 0.592$$

注意：R^2 与回归方程中自变量的数目及样本容量有关。当样本容量个数与自变量个数接近时，R^2 易接近于 1，其中隐含着虚假成分，所以我们用 R^2 决定模型优劣时还需慎重。

由于增加自变量将影响到因变量被回归方程所解释的变异性的程度，为避免高估这一影响，需要用自变量的数目去修正 R^2 的值，于是有了修正的多元判定系数 $R^2_{\text{修}}$。

用 n 表示样本容量，m 表示自变量的数目，修正的多元判定系数的计算公式可表示为

$$R^2_{\text{修}} = 1 - (1 - R^2) \times \frac{n-1}{n-m-1}$$

3. 多重预测标准差（standard error of the estimate）

预测标准差 S_e 可以通过 SSE 除以模型误差自由度再进行开方来计算：

$$S_e = \sqrt{\frac{\text{SSE}}{n-m-1}} \tag{11-14}$$

也可以直接计算：

$$S_e = \sqrt{\frac{\sum (y - \hat{y})^2}{n-m-1}}$$

回归分析的假设前提中有一个是误差项呈期望为 0 的正态分布，据此，大约有 68% 的残差会落在 $\pm S_e$ 之内，大约有 95% 会落在 $\pm 2S_e$ 内，因此预测标准差在讨论一个回归模型与数据的拟合优度时非常有用。

在例 11.2 中

$$S_e = \sqrt{\frac{\text{SSE}}{n-m-1}} = \sqrt{\frac{86\,962}{20-3-1}} = 73.72$$

4. 回归系数的显著性检验

不同于一元线性回归方程，多元回归方程的显著性检验不再等价于回归系数的显著性检验。如果 F 检验已经表明了回归模型总体上是显著的，那么回归系数的检验就是用来确定每一个单个的自变量 x_i 对因变量 y 的影响是否显著。

在多元线性回归中，对每一个自变量都要单独进行检验，应用 t 检验。步骤如下。

（1）提出假设

$H_0: \beta_i = 0$（自变量 x_i 与因变量 y 没有线性关系）；

$H_1: \beta_i \neq 0$（自变量 x_i 与因变量 y 有线性关系）。

如果不能拒绝零假设，说明自变量 x_i 不显著；如果拒绝零假设，说明 x_i 能增加预测因变量 y 的显著性。

（2）计算检验的统计量 t

$$t = \frac{b_i - 0}{S_{b_i}} \sim t(n - m - 1)$$

（3）确定显著性水平 α，并作决策

$|t| > t_{\frac{\alpha}{2}}$，拒绝 H_0；$|t| \leqslant t_{\frac{\alpha}{2}}$，不拒绝 H_0。

在例 11.2 中，对日间户外温度　　　　$H_0: \beta_1 = 0; H_1: \beta_1 \neq 0$。

　　　　　　　　　对绝缘层厚度　　　　$H_0: \beta_2 = 0; H_1: \beta_2 \neq 0$。

　　　　　　　　　对炉子使用年数　　　$H_0: \beta_3 = 0; H_1: \beta_3 \neq 0$。

取显著性水平为 0.05，需检验的各个回归系数的自由度为 $n - m - 1 = 20 - 3 - 1 = 16$，进行双尾检验。

查表得临界值 $t_{\frac{\alpha}{2}} = 2.120$。

本题回归方程为 $\hat{y} = 295 - 3.07x_1 - 8.21x_2 + 12.355x_3$。

$b_1 = -3.07$，S_{b_1} 表示对自变量 x_1 的偏回归系数的抽样分布的标准差，由软件计算可知为 1.05。代入数据，$t = \dfrac{b_1 - 0}{S_{b_1}} = \dfrac{-3.07 - 0}{1.05} = -2.92$。

所以 $|t| > t_{\frac{\alpha}{2}}$，拒绝 H_0，说明自变量 x_1 与因变量 y 有线性关系，户外温度对取暖费有影响。

同理，可对其他回归系数分别进行显著性检验。

11.4　可线性化的非线性回归

在实际经济问题中，许多回归模型的因变量 y 与 x 之间不是线性关系，但 y 与未知参数 β_0，β_1 之间的关系却是线性的。线性回归的"线性"是针对参数而言，不是针对自变量而言。这样，我们可通过变量代换法将非线性模型线性化，再按线性模型的方法处理。但是并非所有的非线性模型都可以化为线性模型，下面给出几种常见的非线性模型及其线性化方法。

（1）指数函数

$$y = \alpha\beta^x$$

对上式两边取对数，得

$$\lg y = \lg\alpha + x\lg\beta$$

令 $y' = \lg y$，$a' = \lg\alpha$，$b' = \lg\beta$，则

$$y' = a' + b'x$$

（2）幂函数

$$y = \alpha x^{\beta}$$

对上式两边取对数，得

$$\lg y = \lg \alpha + \beta \lg x$$

令 $y' = \lg y$，$x' = \lg x$，则

$$y' = \lg \alpha + \beta x'$$

（3）双曲函数

$$y = \alpha + \beta \frac{1}{x}$$

令 $x' = \dfrac{1}{x}$，则

$$y' = \alpha + \beta x'$$

（4）对数函数

$$y = \alpha + \beta \lg x$$

令 $x' = \lg x$，则

$$y' = \alpha + \beta x'$$

（5）S 形曲线

$$y = \frac{1}{\alpha + \beta \mathrm{e}^{-x}}$$

令 $y' = \dfrac{1}{y}$，$x' = \mathrm{e}^{-x}$，则

$$y' = \alpha + \beta x'$$

例 11.3 已知某商店的商品流通费水平与商品零售额数据资料如表 11-10 所示，试根据以下数据拟合适当的模型。

表 11-10　某商店的商品流通费水平与商品零售额相关数据表

零售额 x/万元	流通费水平 y/%	x'	x'^2	yx'
9.5	6.0	0.105	0.011 03	0.63
11.5	4.6	0.087	0.007 56	0.40
13.5	4.0	0.074	0.005 49	0.30
15.5	3.2	0.065	0.004 16	0.21
17.5	2.8	0.057	0.003 27	0.16
19.5	2.5	0.051	0.002 63	0.13
21.5	2.4	0.047	0.002 16	0.11
23.5	2.3	0.043	0.001 81	0.10
25.5	2.2	0.039	0.001 54	0.09
27.5	2.1	0.036	0.001 32	0.08
合　计	32.1	0.604	0.040 97	2.21

根据表 11-10 的数据绘制散点图,如图 11-7 所示。

可见表 11-10 中的原始数据近似呈双曲线形式变化。因此,可以用双曲线回归方程来描述商品流通费水平与商品零售额之间的变化规律。

为了求得双曲线方程 $y=\alpha+\beta\dfrac{1}{x}$ 中的 α,β 两个参数,可先将此式化为线性方程:

令 $x'=\dfrac{1}{x}$,则 $y=\alpha+\beta x'$。

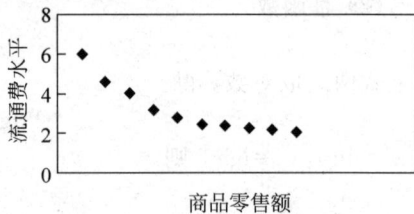

图 11-7　商品流通费水平与商品零售额的散点图

然后采用最小二乘法解出参数。计算过程参照表 11-10,将数据代入以下标准方程组:

$$\begin{cases} \sum y = n\alpha + \beta\sum x' \\ \sum yx' = \alpha\sum x' + \beta\sum(x')^2 \end{cases}$$

得

$$\begin{cases} 32.1 = 10\alpha + 0.604\beta \\ 2.21 = 0.60\alpha + 0.0409\beta \end{cases}$$

解得

$$\begin{cases} \alpha = -0.4377 \\ \beta = 60.4 \end{cases}$$

即

$$y = -0.4377 + 60.4x'$$

$x'=\dfrac{1}{x}$,所以

$$y = -0.4377 + 60.4 \times \dfrac{1}{x}$$

如果该商店下期的商品零售额估计为 28 万元,则可预测下期的商品流通水平为

$$y = -0.4377 + 60.4 \times \dfrac{1}{x} = -0.4377 + 60.4 \times \dfrac{1}{28} = 1.72$$

软件应用 >>>

用 Excel 求解线性回归方程,包括一元和多元线性回归方程,是统计学教学的一项重要内容,也是读者在学习应用统计软件解决现实工作中的实际问题或从事科学研究的一个重要应用。以表 11-7 中数据资料为例进行分析。将数据输入 Excel 表格,如图 11-8 所示。

Excel 在分析工具库中提供数据分析工具,并且提供了回归模型求解工具,这对于运用 Excel 求解回归问题的读者是一个非常有用而且便利的工具。

	A	B	C	D	E
1	住宅	取暖费	温度	厚度	年数
2	1	250	35	3	6
3	2	360	29	4	10
4	3	165	36	7	3
5	4	43	60	6	9
6	5	92	65	5	6
7	6	200	30	5	5
8	7	355	10	6	7
9	8	290	70	10	10
10	9	230	21	9	11
11	10	120	55	2	5
12	11	73	54	12	4
13	12	205	48	5	1
14	13	400	20	5	15
15	14	320	39	4	7
16	15	72	60	8	6
17	16	272	20	5	8
18	17	94	58	7	3
19	18	190	40	8	11
20	19	235	27	9	8
21	20	139	30	7	5

图 11-8　数据输入

在 Excel 的"数据"选项卡下的"分析"模块中选择"数据分析"。在对话框（图 11-9）中有一项"回归"工具，选择该项目，我们能够看到如图 11-10 的对话框。

按照对话框中每一项的要求，选择因变量 y 的输入范围和自变量 x 的输入范围。值得注意的是，对于一元线性回归和多元线性回归，Excel 本身提供的工具是同一个，区别只是在选择自变量 x 的范围时，多元线性回归选择的自

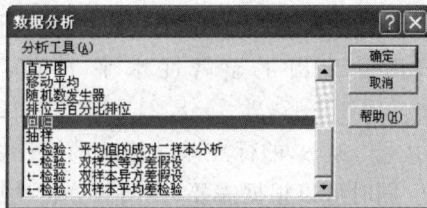

图 11-9　数据分析对话框

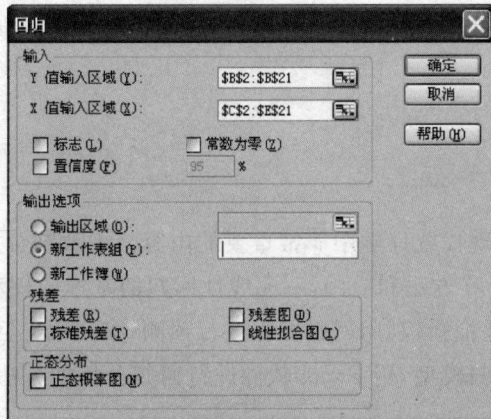

图 11-10　回归对话框

变量不是一列，而是表格中的多个列。

本例中是在"Y 值输入区域"输入 B2：B21 数据范围，在"X 值输入区域"输入 C2：E21 数据范围，在"输出选项"中选择"新工作表组"，确定后见图 11-10。

可得回归分析的结果，如图 11-11 所示。

	A	B	C	D	E	F	G	H	I
1	SUMMARY OUTPUT								
2									
3	回归统计								
4	Multiple	0.769133							
5	R Square	0.591566							
6	Adjusted	0.514985							
7	标准误差	73.72329							
8	观测值	20							
9									
10	方差分析								
11		df	SS	MS	F	gnificance F			
12	回归分析	3	125953.8	41984.6	7.724682	0.002062			
13	残差	16	86961.96	5435.123					
14	总计	19	212915.8						
15									
16		Coefficien	标准误差	t Stat	P-value	Lower 95%	Upper 95%	下限 95.0%	上限 95.0%
17	Intercept	294.8525	72.84487	4.047677	0.000934	140.4283	449.2768	140.4283	449.2768
18	X Variabl	-3.07147	1.050267	-2.92447	0.009924	-5.29794	-0.845	-5.29794	-0.845
19	X Variabl	-8.21319	6.997888	-1.17367	0.257704	-23.0481	6.621666	-23.0481	6.621666
20	X Variabl	12.355	5.381164	2.295972	0.035526	0.947444	23.76256	0.947444	23.76256

图 11-11　回归分析结果

图 11-11 中"回归统计"部分给出了判定系数 R^2、调整后的 R^2、标准误差，"方差分析"部分给出了显著性水平 F 值，最后部分给出了回归参数 $\beta_0 = 294.8525$，$\beta_1 = -3.07147$，$\beta_2 = -8.21319$，$\beta_3 = 12.355$，由此可以得到多元回归方程。同时还给出了 β_0，β_1，β_2，β_3 的标准差、t 检验的统计量、P 值及 β_0，β_1，β_2，β_3 95% 的置信区间。

同时可以根据需要，在回归分析选项表中勾选残差、残差图等，来获得所需的图形表示。

对于具体的应用，读者还需结合前几节的内容，兼顾本章的案例，用 Excel 的回归工具自己动手进行分析，一定要注意分析过程中几步假设检验的判断，从而最终得出有现实意义的线性回归模型。

本章小结

相关与回归分析是现代统计学中非常重要的内容。本章结合实例着重讨论了以下问题：相关系数的含义、计算方法和应用，一元线性回归的基本原理和参数的最小二乘估计方法，回归方程的显著性检验，利用回归方程进行预测，多元线性回归分析的基本方法，可化为线性回归的曲线回归模型，用 Excel 软件进行回归分析的方法。

关键术语
>>>

相关关系(correlation)

相关系数 r(coefficient of correlation r)

散点图(scatter diagram)

因变量(dependent variable)

自变量(independent variable)

回归模型(regression model)

回归分析(regression analysis)

多元回归(multiple regression)

最小二乘法(least-squares method)

样本决定系数 r^2(adjusted r^2)

多重样本决定系数 R^2(multiple coefficient of determination R^2)

残差(residual)

标准化残差(standardized residual)

残差平方和(residual sum of squares,SSE)

回归平方和(regression sum of squares,SSR)

总离差平方和(total deviation sum of squares, SST)

习题
>>>

基础习题

1. 解释总平方和、回归平方和、残差平方和的含义,并说明它们之间的关系。

2. 简述决定系数的含义和作用。

3. 简述相关系数显著性检验的步骤。

4. 简要说明残差分析在回归分析中的作用。

应用习题

5. 某12个同类企业的生产性固定资产价值与总产值的资料如下表所示(单位:万元)。

(1) 请计算固定资产价值与总产值的相关系数。

(2) 在 $\alpha=0.05$ 的显著性水平下进行相关系数的显著性检验。

(3) 建立固定资产价值与总产值两个变量之间的线性回归方程并进行检验。

万元

企业编号	固定资产价值	总产值	企业编号	固定资产价值	总产值
1	343	531	7	445	773
2	194	376	8	380	487
3	345	403	9	469	627
4	626	812	10	621	856
5	729	910	11	371	540
6	380	487	12	259	572

6. 随机抽取 16 名学生,对数学和物理的考试成绩进行调查,结果如下表所示。

分

学生编号	数学成绩	物理成绩	学生编号	数学成绩	物理成绩
1	81	72	9	83	78
2	90	90	10	81	94
3	91	96	11	77	68
4	74	68	12	60	66
5	70	82	13	66	58
6	73	78	14	84	87
7	85	81	15	70	82
8	60	71	16	54	46

要求:(1)根据上表绘制散点图,判断数学成绩与物理成绩之间的关系形态。

(2)计算数学成绩和物理成绩之间的简单相关系数。

(3)拟合物理考试成绩对数学成绩的回归直线。

(4)对回归方程的线性关系进行显著性检验(取 $\alpha=0.05$)。

(5)确定数学考试成绩为 80 分时物理成绩的 95% 的置信区间。

7. 某洗衣机厂在 15 个城市设有经销处,公司发现产品销售量与居民户数有很大关系,并希望通过居民户数多少来预测其洗衣机销售量。下表是有关洗衣机销售量与居民户数的统计数据。请根据数据建立回归模型,并分析居民户数与销售量之间的关系。

城市编号	销售量/台	户数/万户	城市编号	销售量/台	户数/万户
1	5 425	189	9	5 375	182
2	6 319	193	10	4 500	175
3	6 827	197	11	3 310	161
4	7 743	202	12	8 239	214
5	8 365	206	13	4 596	166
6	8 916	209	14	3 652	163
7	5 970	185	15	4 203	167
8	4 719	179			

8. 商业协会收集了最近一年来 20 个城市的 5 项指数指标,如下表所示。根据这些

数据建立回归模型,用房屋、公用设施、交通运输和保健指数来预测生活日用品指数。对结果进行讨论,并指出显著的和不显著的解释变量。

城市编号	日用品	房 屋	公用设施	交通运输	保 健
1	108.3	106.8	127.6	89.4	107.5
2	96.3	105.6	98.6	100.9	102.6
3	96.2	88.8	115.7	102.3	94.5
4	98.0	83.9	87.6	108.9	96.0
5	106.0	114.5	108.6	97.6	94.9
6	103.1	119.3	127.9	112.8	111.5
7	94.5	88.3	75.7	93.3	102.4
8	105.4	98.6	108.9	105.4	106.8
9	91.5	108.4	111.4	105.7	114.3
10	94.3	95.1	98.4	102.5	96.2
11	102.9	94.1	92.1	95.6	91.4
12	96.0	99.6	96.0	91.1	94.7
13	96.1	90.4	91.7	104.3	93.6
14	89.4	92.6	74.5	106.6	128.5
15	93.7	88.0	79.6	102.8	88.2
16	99.1	111.3	125.8	98.1	85.5
17	103.2	91.0	104.7	98.2	137.8
18	100.6	123.4	91.5	97.3	107.5
19	95.8	81.1	122.2	104.6	90.9
20	100.2	145.6	103.4	105.9	87.0

9. 经调查发现,某企业的商品销售额除了同广告费支出相关外,还同其营业网点数有一定的相关关系。具体数据如下表所示。

年 份	商品销售额/万元	广告费支出/万元	营业网点数/个
2001	215	30	12
2002	167.5	21	10
2003	260	35	22
2004	245	42	6
2005	235	37	8
2006	105	20	2
2007	97.5	8	9
2008	135	17	8
2009	200	35	6
2010	240	25	17

如果 2011 年该企业的广告费预算支出为 45 万元,营业网点数准备扩建为 30 个,试以 95%的置信度预测 2011 年该企业的商品销售额。

案例研究

>>>

MBL 公司与充满潜力的 SUV 市场(10)

请结合第 8 章案例研究中给出的问卷,利用辅助资源中的案例研究数据完成以下报告。

管理报告

1. 所购车型品牌所在国家的国家形象、该国的汽车制造业知名度和该国制造业总体声誉对消费者的购买可能性、价格忍耐能力和推荐意图是否有影响? 分别有什么样的影响? 结论对 MBL 公司高层决策者考虑是否与法国汽车企业合作推出新款 SUV 车型的决策有何帮助(背景见第五章案例研究)?

2. 在这些有计划购买 SUV 车型的消费者中,影响他们购买可能性的主要因素有哪些?

3. 在这些有计划购买 SUV 车型的消费者中,影响他们价格忍耐力的主要因素有哪些?

4. 在这些有计划购买 SUV 车型的消费者中,影响他们向他人推荐该车的主要的因素有哪些?

第 12 章　　时间序列分析与预测

又到"年关",公司各部门都在编写下一年度的工作计划。小王是某制药集团的销售部经理,对明年公司主打产品某抗癌药的销售量预测是他工作计划中的一个重要组成部分。他的预测值不仅是销售部明年业绩考核的基准,同时影响着采购部门、生产部门、财务部门的一些重要决策。不恰当的预测值会对整个公司产生不利的影响。高估了销售量会额外增加公司的整体费用,导致产品积压,低估了销售量会使公司的产品供不应求,丧失潜在的盈利机会。

面临复杂多变的市场环境和公司高度波动的历史销售业绩,他该怎么办呢?他该如何收集数据、如何选择模型、如何对模型结果进行解释呢?

在这里,这种抗癌药的历史销售量形成一个时间序列。小王需要观察它过去的销售量,并根据这些历史数据得到销售量的一般水平及趋势,如销售量随时间增长或下降的趋势,对产品的未来销售情况作出推断。对这些历史数据的进一步观察,还可以发现它显示出一种季节性的规律,如每年的销售高峰出现在第二季度,而销售低谷出现在第四季度,这样小王就可以更精确地预测出公司明年各季度的销售量。

本章我们将介绍几种分析时间序列的方法,这些分析主要是用来描述事物随时间发展变化的规律,并对变量的未来值提供合适的预测。时间序列分析按照其发展的历史阶段和所使用的分析方法,可以分为传统的时间序列分析和现代时间序列分析。传统的时间序列分析将事物发展过程分解为若干因素,并分别加以测定;而现代时间序列分析将事物看做受到多种因素影响的随机过程,通过构造模型和数据处理来进行趋势分析和预测。

12.1　时间序列分析概述

时间序列分析的应用范围十分广泛,可以根据对系统进行观测得到的时间序列数据,用曲线拟合方法对系统进行客观的描述;可以用一个时间序列中的变化去说明另一个时间序列中的变化,从而深入了解给定时间序列产生的机理;还可以根据时间序列模型调整输入变量,以使得系统在发展过程中保持在目标值上,即预测到过程要偏离目标时便可进行必要的控制。现在时间序列分析已经用在国民经济宏观控制、区域综合发展规划、企业经营管理、市场潜量预测、气象预报、水文预报、地震前兆预报、农作物病虫灾害预报、环境污染控制、生态平衡、天文学和海洋学等方面。

12.1.1 时间序列及其分类

时间序列是指一个变量的观测值按时间顺序排列而成的序列。它反映了现象动态变化的过程和特点,是研究事物发展趋势、规律以及进行预测的依据。时间序列数据在自然、经济和社会等领域都是很常见的,如在一定生态条件下动植物种群数量逐月或逐年的消长过程、每年的 GDP、证券市场每天的指数、一个国家的失业人数以及每个月的物价指数等。

按照观察值的表现形式,时间序列可以分为绝对数时间序列、相对数时间序列和平均数时间序列。

绝对数时间序列是把一系列绝对数按照时间顺序排列起来形成的序列。它反映了现象在不同时间上所达到的绝对水平,又可以分为时期序列和时点序列,如表 12-1 的国内生产总值就是时期序列,年末总人口数是时点序列。时期序列各观察值可以直接相加,每个指标值的大小与所属的时期长短有直接的联系,各指标值反映的是一段时间内发展的结果,因此必须采用连续登记的方式取得。

相对数时间序列和平均数时间序列则分别是把一系列相对数和平均数按照时间顺序排列起来形成的序列。

如表 12-1 所示,国内生产总值、年末总人口数是绝对数时间序列;第一产业贡献率是相对数时间序列;房屋平均销售价格是平均数时间序列。

表 12-1 国内生产总值等时间序列

年　　　度	2009	2010	2011	2012	2013
国内生产总值/亿元	340 320	399 759.5	468 562.4	518 214.7	566 130.2
年末总人口数/万人	133 450	134 091	134 735	135 404	136 072
第一产业贡献率/%	43.6	39.3	43.8	45.6	46.8
商品房平均销售价格/(元/m²)	4 681	5 032	5 357	5 791	6 237

资料来源:《中国统计年鉴》,北京,中国统计出版社,2014。

12.1.2 时间序列的组成因素与模型

时间序列预测的一个最基本的假设就是影响着过去和现在时间序列形态的因素将继续以同样的方式作用于未来。所以,时间序列预测的一个重要目标就是识别这些影响因素,并且从时间序列中分离出来。

一个变量的时间序列受到许多因素的共同影响,在这些因素中,有些是具有长期的、决定性的作用,使事物的发展表现出某种趋势和规律性;而有些因素具有暂时的、非决定性的作用,使事物的发展表现出不规则性。为了分析时间序列的成因及变动规律,就需要对其进行分解并分别加以测定,对于一个较长的时间序列,一般将其分解为长期趋势、季节波动、循环波动和随机波动四部分。如表 12-2 所示。

表 12-2 影响时间序列因素表

因 素	分 类	定 义	出 现 动 因	持续时间（周期）
长期趋势 T（trend）	系统的	时间序列的观测值在长期过程中逐渐向上或向下移动的一种趋向或状态。	技术、人口、财产和价值变化作用的结果。	若干年
季节波动 S（seasonal）	系统的	时间序列的观测值受季节影响，一年内重复出现的周期性波动。	气候条件、社会风俗习惯、宗教习俗或者节假日作用的结果。	1 年
循环波动 C（cyclical）	系统的	时间序列中出现的周期在一年以上的上升与下降交替或以繁荣—衰退—萧条—复苏—繁荣为周期的循环往复波动。	影响经济的因素交互作用于序列的结果。	一般 2～10 年
不规则（随机）波动 I（irregular）	非系统的	由偶然因素引起的除去长期趋势、季节波动和循环波动后剩下的那部分变动。	由随机因素或者一些无法预见的事件，比如罢工、自然灾害、战争引起的。	短期并且不重复

为了对时间序列进行具体分析计算，还要对时间序列各构成部分的结合及相互作用作出假设。在统计学上，时间序列一般有两种模型：乘法模型和加法模型。

乘法模型是假设时间序列各个构成部分对序列的影响均按比例变化。四种因素对事物的影响是相互的，它们之间存在着一定的关系，因而时间序列中各观察值表现为各种因素的乘积。时间序列的乘法模型可表示为

$$Y = T \cdot S \cdot C \cdot I \tag{12-1}$$

式中，T 和 Y 的度量单位相同，是总量指标，而 S，C 和 I 为比率，以百分比表示。

加法模型是假设四种因素对时间序列的影响是可加的，并且是相互独立的。时间序列的加法模型可表示为

$$Y = T + S + C + I \tag{12-2}$$

式中，Y，T，S，C 与 I 都是总量指标。

时间序列分析的第一步是在坐标图上标出数据并且观察所形成的图形，然后判断出这个序列的观察值在长期过程中逐渐向上或向下移动的趋势，或者这个序列围绕着一条水平线波动。对于年度数据，如果序列的观察值在长期过程中没有逐渐向上或向下移动的趋势，可以用移动平均法或者指数平滑法对随机序列进行平滑以消除随机波动（参见 12.2 节），如果观察值已呈现向上或向下移动的趋势，很多时间序列预测方法都可

以被考虑(参见12.3节);对月份、季节时间序列进行分析的方法在下文中也有相应介绍(参见12.4)。

12.2 时间序列平滑与预测

首先我们看下面的例子,表12-3给出的是某公司1995—2014年的销售额情况。图12-1给出的是这个时间序列图。

表 12-3 某公司销售额时间序列   万元

年份	销售额	年份	销售额	年份	销售额
1995	1 587.7	2002	1 936.9	2009	1 865.2
1996	1 558.0	2003	1 684.7	2010	1 636.7
1997	1 752.5	2004	1 488.0	2011	1 652.8
1998	1 407.5	2005	1 562.2	2012	1 699.0
1999	1 309.9	2006	1 618.5	2013	1 698.0
2000	1 424.0	2007	1 686.6	2014	1 523.0
2001	1 676.6	2008	1 840.9		

图 12-1 某公司时间序列图

这个时间序列图给我们的直观印象是长期趋势不明显的,我们很难判断出这个序列是否确实存在着长期逐渐向上或逐渐向下的趋势。这时,可以用移动平均法和指数平滑法来对时间序列进行平滑以描述序列的趋势。

12.2.1　移动平均法

移动平均法是用一组最近的实际数据值来预测时间序列未来值的一种常用方法。它是采用逐项递移的方法分别计算一系列移动的序时平均数,形成一个新的派生序时平均数时间序列。在这个派生的时间序列中,短期的偶然因素引起的变动被削弱,从而呈现出现象在较长时间的基本发展趋势。移动平均法根据预测时使用的各元素的权重不同,可以分为简单移动平均法和加权移动平均法,下面分别予以介绍。

1. 简单移动平均法

简单移动平均法是趋势分析中常用的一种较简单的方法,是将最近的 N 期数据加以平均,作为下一期的预测值。当时间序列的变动趋势为线性时,可以用简单移动平均法进行分析。简单移动平均法对各元素给的权重都相等,简单移动平均的计算公式为

$$M_{t+1} = \frac{1}{N}\sum_{j=1}^{N} A_{t-j+1} \tag{12-3}$$

式中, N 为期数;

A_{t-j+1} 为 $(t-j+1)$ 期的实际值;

M_{t+1} 为 $(t+1)$ 期的预测值。

例 12.1　已知某公司 1995—2014 年的 20 年内销售额情况如表 12-3 所示,分别计算 3 年和 7 年移动平均趋势值,并作图与原序列比较。如图 12-2 所示。

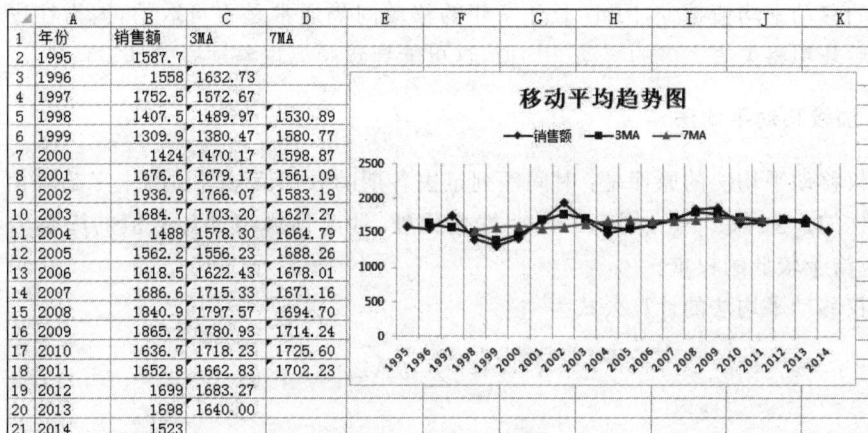

图 12-2　某公司销售量移动平均趋势值和移动平均趋势图

平滑时间序列的移动平均法很大程度上依赖于移动间隔 L,因此选取移动间隔对于移动平均法很重要。如果观察值呈现出循环波动的状态,那么移动间隔 L 的取值应该为

整数并且与循环周期长度一致。

举例说明,假设要计算一个 $n=11$ 年的时间序列的 5 年移动平均趋势值,这时 $L=5$,5 年移动平均趋势值(MA)由 5 个连续观察值平均得到。第一个 5 年移动平均趋势值由序列中前 5 年的观察值相加再除以 5 得到:

$$MA(5)_1 = \frac{Y_1 + Y_2 + Y_3 + Y_4 + Y_5}{5}$$

第二个 5 年移动平均趋势值由序列中 2~6 年的观察值相加再除以 5 得到:

$$MA(5)_2 = \frac{Y_2 + Y_3 + Y_4 + Y_5 + Y_6}{5}$$

依次类推,直到最后一个 5 年移动平均趋势值由序列中最后 5 年(本例中是 7~11 年)的观察值相加再除以 5 得到:

$$MA(5)_7 = \frac{Y_7 + Y_8 + Y_9 + Y_{10} + Y_{11}}{5}$$

我们注意到在序列中前 $(L-1)/2$ 年和后 $(L-1)/2$ 年都不可能得到移动平均值。所以,对于一个 5 年移动平均序列,序列的前两年和后两年都是没有移动平均值的。当处理年度时间序列数据时,选择移动平均趋势值的移动间隔如果为奇数,一次移动即可得到趋势值;如果 L 为偶数,需将第一次得到的结果再作一次 2 项移动平均才能得到趋势值。

上述结论可以在例 12.1 中得到充分体现,3 年移动平均趋势值放在第 3 项对应的位置上,7 年移动平均趋势值放在第 5 项对应的位置上。同时,我们看到 7 年移动平均序列比 3 年移动平均序列表现的趋势更明显,这是因为它的移动间隔更长。移动间隔越长,可以得到的移动平均值越少,因此,长于 7 年的移动间隔通常是不可取的,因为在序列的前几项和后几项将失去太多的移动平均值,这可能导致脱离现象发展的真实趋势。

2. 加权移动平均法

加权移动平均法的原理是:时间序列过去各期的数据信息对预测未来趋势值的作用是不一样的。除了以 N 为周期的周期性变化外,远离预测期的观测值的影响力相对较低,故应给予较低的权重。

加权移动平均法的计算公式为

$$M_{t+1} = \sum_{j=1}^{N} \omega_j A_{t-j+1} \tag{12-4}$$

式中,ω_j 为第 $(t-j+1)$ 期实际销售额的权重,N 为移动间隔的期数,$\sum\limits_{j=1}^{N} \omega_j = 1$;

A_{t-j+1} 为 $(t-j+1)$ 期的实际值;

M_{t+1} 为 $(t+1)$ 期的预测值。

在运用加权平均法时,权重的选择是一个重要的问题,一般而言,最近期的数据最能预示未来的情况,因而权重应大些。例如,根据前一个月的产量和利润比根据前几个月能更好地估测下个月的产量和利润。但是,如果数据是季节性的,则权重也应是季节性的。

使用移动平均法进行预测能平滑掉观测值的偶然波动对预测结果的影响。但运用移动平均法时也存在一些问题。加大移动平均法的期数(即加大 N 值)会使平滑波动效果更好,但会使预测值对时间序列数据的实际变动更不敏感;移动平均值并不总是很好地反映出趋势,由于是平均值,预测值总是停留在过去的水平上,从而不能预测将来的波动性;移动平均法还需要有大量过去数据的记录,如果缺少历史数据,移动平均法就无法使用。

12.2.2　指数平滑法

指数平滑法通过对历史时间数列进行逐层平滑计算,从而消除随机因素的影响,识别现象基本变化趋势,并以此预测未来。在所有预测方法中,指数平滑是用得最多的一种。简单移动平均法是对时间序列历史近期数据同等利用,但不考虑较远期的数据;加权移动平均法给予近期观测值更大的权重;而指数平滑法则不舍弃过去的观测值,但给予逐渐减弱的影响程度,即随着观测期的远离,赋予逐渐收敛为零的权数且呈现指数级下降。指数平滑法是加权平均的一种特殊形式,其基本公式为

$$S_t = aY_t + (1-a)S_{t-1} \tag{12-5}$$

式中,S_t 为时间 t 的预测值;

Y_t 为时间 t 的实际值;

S_{t-1} 为时间 $t-1$ 的预测值;

a 为平滑常数,取值范围为$[0,1]$;

S_t 的初始值 $S_1 = Y_1$。

从公式(12-5)可知,S_t 是 Y_t 和 S_{t-1} 的加权算术平均数,a 取值的大小决定了本次预测对前期预测误差的修正程度,也就是决定了 Y_t 和 S_{t-1} 对 S_t 的影响程度。当 a 取 1 时,$S_t = Y_t$;当 a 取 0 时,$S_t = S_{t-1}$。预测值 S_t 具有逐期追溯性质,可追溯至 S_1,包括了以前全部观测值。在此过程中,平滑常数以指数形式递减,故称之为指数平滑法。

指数平滑常数取值至关重要。平滑常数决定了平滑水平以及对预测值与实际结果之间差异的响应速度。平滑常数 a 越接近于 1,远期实际值对本期平滑值的影响程度下降越迅速;平滑常数 a 越接近于 0,远期实际值对本期平滑值影响程度的下降越缓慢。由此,当时间序列相对平稳时,可取较小的 a;当时间序列波动较大时,应取较大的 a,以不忽略远期实际值的影响。

尽管 S_t 包含全期数据的影响,但实际计算时,仅需要两个数值,即 Y_t 和 S_{t-1},再加上一个常数 a,这就使指数平滑法具有逐期递推性质,从而给预测带来了极大的方便。

例 12.2 冬天即将来临,某汽车租赁公司的经理着手调查客户对防雪汽车的需求情况。一场初冬的暴风雪席卷了整个地区,正如所料,每天的需求量都有显著增长,如表 12-4 所示。根据数据,预测第 10 天应该储备多少辆防雪汽车以备第 11 天使用。

表 12-4 汽车租赁需求量

天数/天	1	2	3	4	5	6	7	8	9	10
租赁汽车数/辆	10	11	10	12	10	12	11	19	19	20

解 取 $a=0.3$,利用 Excel 计算的结果如图 12-3 所示。

利用指数平滑法得到汽车租赁需求量在第 11 天的预测值为 16.6 辆。

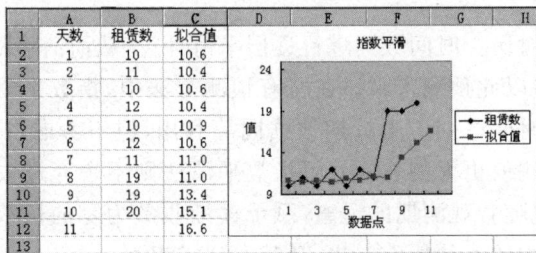

图 12-3 汽车租赁需求量预测值

12.3 有趋势序列的最小二乘法预测模型

使用上面介绍的平滑法进行预测,一般只适用于平移时间序列,当序列存在明显的趋势时,此方法将不再适用。本节中我们将介绍如何使用最小二乘法配合直线方程、二次曲线方程及指数曲线方程进行有趋势的时间序列的预测。

12.3.1 线性趋势模型

在实际应用中,很多时间序列如销售额、进出口额和产品的产量等都近似是一条直线。那么,可以用下面的线性趋势方程来描述:

$$\hat{Y}_t = a + bt \tag{12-6}$$

式中,$\hat{Y}$ 是时间 t 的预测值;

　　t 是时间标号;

　　a 是趋势线在纵轴上的截距;

　　b 是趋势线的斜率。

式(12-6)中的两个未知参数 a 和 b 通常是用最小二乘法求得。最小二乘法的原理是

实际观测值 Y 与预测值 $\hat{Y}$ 的离差平方和 $\sum(Y_i - \hat{Y}_i)^2$ 最小。然后可以利用求出的趋势方程对未来值进行预测。

应用最小二乘法,可得到线性趋势方程中未知参数 a 和 b 的表达式:

$$b = \frac{n\sum tY - (\sum Y)(\sum t)}{n\sum t^2 - (\sum t)^2} \tag{12-7}$$

$$a = \frac{\sum Y}{n} - b\left(\frac{\sum t}{n}\right) \tag{12-8}$$

上述方程中的变量 t 可以取时间序列中的任何时期为原点。为计算方便,我们可以假定时间序列的中间项为 0,这样,可以使时期项的正负值互相抵消,即 $\sum t = 0$,公式(12-7)和公式(12-8)可以简化为

$$b = \frac{\sum ty}{\sum t^2} \tag{12-9}$$

$$a = \bar{y} \tag{12-10}$$

例 12.3 假定某企业 1995—2014 年 20 年的销售额序列如表 12-5 所示。

表 12-5 某企业销售量   万元

年份	销售额	年份	销售额
1995	602.59	2005	927.51
1996	584.04	2006	996.82
1997	568.33	2007	1 120.99
1998	576.49	2008	1 161.22
1999	637.77	2009	1 179.48
2000	687.59	2010	1 217.57
2001	753.51	2011	1 241.35
2002	800.73	2012	1 248.02
2003	849.73	2013	1 246.05
2004	843.54	2014	1 371.88

应用 Excel 作直线趋势分析,可以看到输出结果如图 12-4 所示。

所以直线趋势方程为

$$\hat{Y}_t = 496.656 + 45.485t$$

如果我们预测 2016 年的销售额,可以将 $t = 20$ 代入直线趋势方程,得

$$\hat{Y}_{2016} = 496.656 + 45.485 \times 20 = 1\,408.356$$

直线方程如图 12-5 所示,我们可以清楚地观察到一条逐渐向上的直线,其直线回归调整后的判定系数为 0.966。

Regression Analysis

```
              r  0.968
     Adjusted r  0.966
              r  0.984
     Std. Error  50.206
             20  observations
              1  predictor variable
          销售值  is the dependent variable
```

ANOVA table

Source	SS	df	MS	F	p-value
Regression	1,375,785.0225	1	1,375,785.0225	545.81	6.48E-15
Residual	45,371.4236	18	2,520.6346		
Total	1,421,156.4461	19			

Regression output

variables	coefficients	std. error	t (df=18)	p-value	95% lower	95% upper
intercept	498.6567	21.6360	23.048	8.22E-15	453.2011	544.1123
t	45.4846	1.9469	23.363	6.48E-15	41.3943	49.5749

图 12-4　Excel 分析某企业销售额直线趋势输出结果

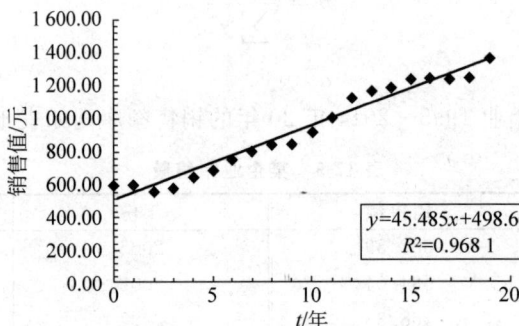

图 12-5　某企业销售额的直线趋势

除上述线性趋势模型外,是否有其他趋势模型能更好地适用于这个时间序列的预测呢? 下面介绍二次曲线趋势模型和指数趋势模型。

12.3.2　二次曲线趋势模型

当时间序列中各观察值发展趋势呈抛物线状态,并且各期发展水平的二次增长量(逐期增长量之差)大致相等时,可用最小二乘法配合二次曲线趋势模型来预测,公式为

$$\hat{Y}_t = a + bt + ct^2 \tag{12-11}$$

同样利用最小二乘法,可以得到以下方程组求得三个未知常数 a,b,c。

$$\begin{cases} \sum Y = na + b\sum t + c\sum t^2 \\ \sum tY = a\sum t + b\sum t^2 + c\sum t^3 \\ \sum t^2Y = a\sum t^2 + b\sum t^3 + c\sum t^4 \end{cases} \tag{12-12}$$

图中:$y=45.485x+498.66$,$R^2=0.968\ 1$

与直线趋势模型类似,为计算简便,可以将时间序列中间项设为原点,这样可以使得 $\sum t$ 和 $\sum t^3$ 为 0,这样方程(12-12)可以简化为方程(12-13)的形式:

$$\begin{cases} \sum Y = na + c \sum t^2 \\ \sum tY = b \sum t^2 \\ \sum t^2 Y = a \sum t^2 + c \sum t^4 \end{cases} \tag{12-13}$$

例 12.4 仍然以表 12-5 所示某企业 1995—2014 年 20 年的销售额序列为例分析,应用 Excel 计算获得二次曲线趋势方程。图 12-6 给出了其二次曲线趋势模型分析的输出结果。

Regression Analysis

R	0.969
Adjusted R	0.965
R	0.984
Std. Error	51.020
20	observations
2	predictor variables
销售值	is the dependent variable

ANOVA table

Source	SS	df	MS	F	p-value
Regression	1,376,904.6404	2	688,452.3202	264.48	1.56E-13
Residual	44,251.8057	17	2,603.0474		
Total	1,421,156.4461	19			

Regression output | | | | | confidence interval | |

variables	coefficients	std. error	t (df=17)	p-value	95% lower	95% upper
intercept	513.0512					
t	40.6864	7.5789	5.368	.0001	24.6963	56.6766
t	0.2525	0.3851	0.656	.5207	-0.5599	1.0649

图 12-6 Excel 分析某企业销售额二次曲线趋势输出结果

由图 12-6 输出结果可以得到二次曲线趋势方程为

$$\hat{Y}_t = 513.05 + 40.686t + 0.253t^2$$

如果我们预测 2006 年的销售额,可以将 $t = 20$ 代入二次曲线趋势方程,得

$$\hat{Y}_{2006} = 513.05 + 40.686 \times 20 + 0.253 \times 20^2 = 1\,427.972$$

二次曲线方程如图 12-7 所示。可见,二次曲线趋势模型不如直线趋势模型适合这个时间序列,它调整后的判定系数为 0.965。下面我们接着看指数趋势模型。

12.3.3 指数趋势模型

当时间序列的观察值按照一定的增长率增长或者衰退,则可以考虑配合指数趋势模型,指数趋势模型的一般形式为

$$\hat{Y}_t = ab^t \tag{12-14}$$

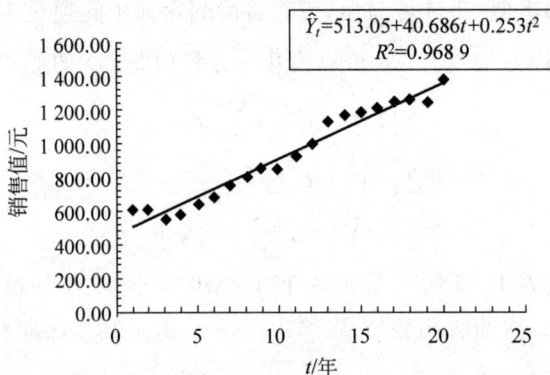

图 12-7　某企业销售额的二次曲线趋势

为了对这个指数曲线方程求解,我们可将其两边同时取对数,转化为直线方程:

$$\lg \hat{Y}_t = \lg a + t \lg b \qquad (12\text{-}15)$$

然后根据最小二乘法得到未知常数 a, b。

$$\begin{cases} \sum \lg Y = n \lg a + \lg b \sum t \\ \sum t \lg Y = \lg a \sum t + \lg b \sum t^2 \end{cases} \qquad (12\text{-}16)$$

同样,可以取时间序列中间项为原点,使得 $\sum t = 0$,方程(12-16)可简化为方程(12-17)的形式:

$$\begin{cases} \sum \lg Y = n \lg a \\ \sum t \lg Y = \lg b \sum t^2 \end{cases} \qquad (12\text{-}17)$$

例 12.5　仍然以表 12-5 所示某企业 1995—2014 年 20 年的销售额序列为例分析,应用 Excel 用于计算以获得指数趋势方程。图 12-8 给出了其指数趋势模型分析的输出结果。

由图 12-8 输出结果可以看出指数趋势方程为

$$\lg \hat{Y}_t = 2.740\,5 + 0.022\,1t$$

采用对数还原可得到最终的指数趋势方程为

$$\hat{Y}_t = 550.174 \times 1.052^t$$

如果我们要预测 2006 年的销售额,可以将 $t = 20$ 代入指数趋势方程,得

$$\hat{Y}_t = 550.174 \times 1.052^{20} = 1\,518.798$$

指数曲线方程如图 12-9 所示,同二次曲线趋势模型一样,指数曲线趋势模型不如直线趋势模型适合这个时间序列,它调整后的判定系数为 0.966。

Regression Analysis

```
                    r 0.962
          Adjusted r 0.960
                   r 0.981
          Std. Error 0.027
                  20 observations
                   1 predictor variable
        log(销售值) is the dependent variable
```

ANOVA table

Source	SS	df	MS	F	p-value
Regression	0.3234	1	0.3234	456.40	3.08E-14
Residual	0.0128	18	0.0007		
Total	0.3362	19			

Regression output

variables	coefficients	std. error	t (df=18)	p-value	95% lower	95% upper
intercept	2.7405					
t	0.0221	0.0010	21.363	3.08E-14	0.0199	0.0242

图 12-8　Excel 分析某企业销售额指数趋势输出结果

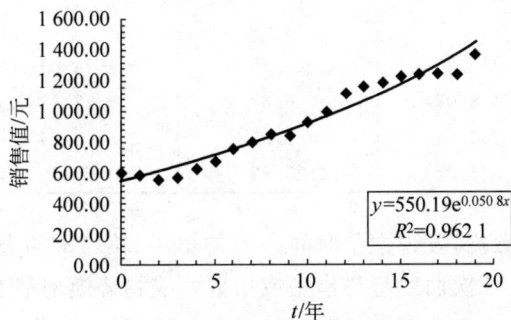

图 12-9　某企业销售额的指数曲线趋势

12.3.4　使用第一、第二、百分数差异法选择模型

上面我们对表 12-5 所示某企业 1986—2005 年 20 年的销售额序列分别使用了直线趋势模型、二次曲线趋势模型和指数曲线趋势模型。那么,如何判断对一个时间序列应该使用什么模型呢？除了直观观察法和比较调整后的判定系数外,我们还可以使用第一、第二、百分数差异法选择模型。

如果直线趋势模型能完全适用于第一个时间序列,那么这个时间序列的第一差异将相等,也就是说连续观察值之间的差值应该是相等的,即

$$(Y_2 - Y_1) = (Y_3 - Y_2) = \cdots = (Y_n - Y_{n-1}) \tag{12-18}$$

如果二次曲线趋势模型能完全适用于一个时间序列,那么这个时间序列的第二差异将相等,即

$$[(Y_3 - Y_2) - (Y_2 - Y_1)] = [(Y_4 - Y_3) - (Y_3 - Y_2)]$$

$$= \cdots = \left[(Y_n - Y_{n-1}) - (Y_{n-1} - Y_{n-2}) \right] \qquad (12\text{-}19)$$

如果指数曲线趋势模型能完全适用于一个时间序列,那么这个时间序列的百分数差异将相等,即

$$\frac{Y_2 - Y_1}{Y_1} \times 100\% = \frac{Y_3 - Y_2}{Y_2} \times 100\% = \cdots = \frac{Y_n - Y_{n-1}}{Y_{n-1}} \times 100\% \qquad (12\text{-}20)$$

虽说我们不可能期望一个时间序列存在完全适用的模型,但是我们可以考虑使用第一、第二和百分数差异法来选择一个合适的模型。

例 12.6 对表 12-5 所示某企业 2009—2014 年的销售额序列进行第一、第二和百分数差异法分析,如表 12-6 所示。

表 12-6　第一、第二和百分数差异法分析表

年份	销售额/万元	第一差异/万元	第二差异/万元	百分数差异/%
2009	1 179.48			
2010	1 217.57	38.09		3.23
2011	1 241.35	23.78	−14.31	1.95
2012	1 248.02	6.67	−17.11	0.54
2013	1 246.05	−1.97	−8.64	−0.16
2014	1 371.88	125.83	127.80	10.10

观察表 12-6 中的数据,发现这个时间序列的第一、第二和百分数差异都不相等。因此,使用直线趋势模型、二次曲线趋势模型或指数曲线趋势模型都不适合。下面我们介绍另外一个可能更适合这个时间序列的模型。

12.4　有趋势序列的自回归预测模型

另外一种时间序列的预测方法是自回归预测模型(autoregressive modeling),它与上节介绍的指数平滑都是 Box-Jenkins 引入的整合自回归移动平均模型(ARIMA)的特例。通常情况下,时间序列的各期观察值之间必定存在着一定程度的自相关。利用时间序列中各期数据的相关性,通过前期数据计算后期数据或者预测未来,这就是自回归预测模型。自回归预测模型可分为一阶自回归模型、二阶自回归模型和 n 阶自回归模型。

一阶自回归模型为

$$\hat{Y}_t = A_0 + A_1 Y_{t-1} \qquad (12\text{-}21)$$

二阶自回归模型为

$$\hat{Y}_t = A_0 + A_1 Y_{t-1} + A_2 Y_{t-2} \qquad (12\text{-}22)$$

n 阶自回归模型为

$$\hat{Y}_t = A_0 + A_1 Y_{t-1} + A_2 Y_{t-2} + \cdots + A_n Y_{t-n} \tag{12-23}$$

$A_0, A_1, A_2, \cdots, A_n$ 都是参数,可以用最小二乘法进行参数估计。

用自回归预测模型预测的具体步骤如下。

(1) 确定最大滞后值 n,而 $(t-2n-1)$ 是进行回归系数显著性检验(t 检验)的自由度。

(2) 形成一个滞后时间序列。

(3) 运用 Excel 给出滞后序列的回归结果,确定自回归方程。

(4) 对模型中最高阶数参数 A_n 进行显著性检验,检验统计量 t 值由公式定义:

$$t = \frac{a_n - A_n}{S_{a_n}} \tag{12-24}$$

式中,A_n 为回归模型中最高阶数参数的假设值;

　　a_n 为自回归模型中最高阶数参数的估计值;

　　S_{a_n} 为 a_n 的标准离差。

(a) 如果零假设被拒绝,那么 n 阶自回归模型适用于时间序列的预测。

(b) 如果不拒绝零假设,那么第 n 个变量将舍弃。

(5) 重复进行第(3)步和第(4)步,直到最高级的自回归参数具有统计上的显著性。这个自回归模型将用于时间序列的预测。

例 12.7　参看例 12.3 中某企业 1995—2014 年 20 年的销售额序列表,数据资料如上节中表 12-5 所示,而图 12-10 显示了滞后 1 年、2 年、3 年的时间序列。当使用 Excel

	A	B	C	D	E	F
1	年份	序列	销售值	滞后一年	滞后两年	滞后三年
2	1995	1	602.59			
3	1996	2	584.04	602.59		
4	1997	3	568.33	584.04	602.59	
5	1998	4	576.49	568.33	584.04	602.59
6	1999	5	637.77	576.49	568.33	584.04
7	2000	6	687.59	637.77	576.49	568.33
8	2001	7	753.51	687.59	637.77	576.49
9	2002	8	800.73	753.51	687.59	637.77
10	2003	9	849.73	800.73	753.51	687.59
11	2004	10	843.54	849.73	800.73	753.51
12	2005	11	927.51	843.54	849.73	800.73
13	2006	12	996.82	927.51	843.54	849.73
14	2007	13	1120.99	996.82	927.51	843.54
15	2008	14	1161.22	1120.99	996.82	927.51
16	2009	15	1179.48	1161.22	1120.99	996.82
17	2010	16	1217.57	1179.48	1161.22	1120.99
18	2011	17	1241.35	1217.57	1179.48	1161.22
19	2012	18	1248.02	1241.35	1217.57	1179.48
20	2013	19	1246.05	1248.02	1241.35	1217.57
21	2014	20	1371.88	1246.05	1248.02	1241.35

图 12-10　某企业销售额的一阶、二阶、三阶自回归模型序列

分析三级自回归模型时,我们选择数据分析中的回归分析,并且在 X 变量范围里面输入如图所示的 D5:F21,在 Y 变量范围里面输入如图所示的 C5:C21;同样,分析二阶自回归模型时,在 X 变量范围里面输入如图所示的 D4:E21,在 Y 变量范围里面输入如图所示的 C4:C21;分析一阶自回归模型时,在 X 变量范围里面输入如图所示的 D3:D21,在 Y 变量范围里面输入如图所示的 C3:C21。

我们从三阶自回归模型开始分析,选择一个最适合这个时间序列的自回归模型,使用 Excel 的分析结果如图 12-11 所示。

Regression Analysis

R	0.976
Adjusted R	0.970
R	0.988
Std. Error	43.150
17	observations
3	predictor variables
Y	is the dependent variable

ANOVA table

Source	SS	df	MS	F	p-value
Regression	974,388.9282	3	324,796.3094	174.45	9.49E-11
Residual	24,204.4393	13	1,861.8799		
Total	998,593.3675	16			

Regression output

variables	coefficients	std. error	t (df=13)	p-value	confidence interval 95% lower	95% upper
intercept	54.6139	43.8509	1.245	.2349	−40.1203	149.3481
X1	1.0679	0.3309	3.227	.0066	0.3530	1.7828
X2	−0.0732	0.5421	−0.135	.8946	−1.2443	1.0978
X3	−0.0060	0.3263	−0.018	.9856	−0.7108	0.6988

图 12-11 某企业销售额三阶自回归模型分析结果

从图 12-11 中,得到三阶自回归方程为

$$\hat{Y}_t = 54.613\,9 + 1.067\,9 Y_{t-1} - 0.073\,2 Y_{t-2} - 0.006 Y_{t-3}$$

下一步就是对 $A_3(-0.006)$ 进行显著性检验,从图 12-11 中得到标准离差为 0.326 3。在这个显著性检验中,首先提出假设:

$$H_0: A_3 = 0, \quad H_1: A_3 \neq 0$$

将图 12-11 的数据结果代入公式(12-24)中可以得到

$$t = \frac{a_3 - A_3}{S_{a_3}} = \frac{-0.006 - 0}{0.326\,3} = -0.018$$

根据显著性水平 $\alpha=0.05$,自由度为 $t-2n-1=20-2\times3-1=13$,查 t 分布表,得到临界值为 $\pm2.160\,4$。由于 $-2.160\,4 < t = -0.018 < 2.160\,4$,或者我们看到输出结果中 P 值为 $0.985\,6 > \alpha=0.05$,所以不拒绝原假设,表明 Y_{t-3} 与 Y_t 不存在显著的线性关系,可以舍去。

同理,可以得到二阶自回归模型和一阶自回归模型,并且通过显著性检验,发现二阶自回归模型仍然不是最适合这个时间序列的,而一阶自回归模型是最适合给定的时间序

列的,图 12-12 是使用 Excel 进行一阶自回归分析的结果输出图。

从输出的结果,可以得到一阶自回归方程

$$\hat{Y}_t = 18.261\,8 + 1.024\,5Y_{t-1}$$

上述方程是制定时间序列最适合的自回归预测模型,将数据代入方程可得到之后几年的销售额预测值。

Regression Analysis

r	0.976
Adjusted r	0.975
r	0.988
Std. Error	42.809
19	observations
1	predictor variable
Y	is the dependent variable

ANOVA table

Source	SS	df	MS	F	p-value
Regression	1,276,637.6461	1	1,276,637.6461	696.61	3.09E-15
Residual	31,154.7188	17	1,832.6305		
Total	1,307,792.3650	18			

Regression output

variables	coefficients	std. error	t (df=17)	p-value	95% lower	95% upper	std. coeff.
intercept	18.2618	36.5707	0.499	.6239	-58.8956	95.4193	0.000
X1	1.0245	0.0388	26.393	3.09E-15	0.9426	1.1064	0.988

图 12-12 某企业销售额一阶自回归模型分析结果

12.5 季节因素分析

12.5.1 季节因素分析的目的

季节因素是影响时间序列波动的一个重要因素,例如,汽车、饮料和房地产的销售量时间序列数据都呈现出季节变动。进行季节因素分析,主要有两个目的:一是通过季节因素分析消除时间序列中的季节波动,使时间序列更明显地反映趋势及其他因素的影响;二是通过分析了解季节因素影响作用的大小,掌握季节变动的规律。对于生产厂商来说,季节因素分析可以使其保持足够的原材料库存来满足随季节变动的需求,还有助于评价当前的销售情况。

对时间序列进行季节调整是指对隐含在时间序列中由于季节性因素造成的影响加以纠正的过程。季节性因素是指在正常年度情况下,季度或月度序列中表现出来的有规律的波动变化。不同的季节对经济活动的影响程度不一样,相同的经济活动在不同季节里产生的经济效果也不同,因此不同季节指标之间存在不可比因素。如春季和冬季这两个不同的季节对建筑业的影响明显不同。季节性因素的影响对季节变化比较明显的国家和地区尤为突出。为了使不同季节的指标之间具有可比性,满足经济分析和管理的需要,季节调整的理论及方法应运而生。

12.5.2 季节因素分析的方法

季节性因素是时间序列年复一年重复出现的一种有规律的波动,使时间序列产生季节性变化的因素很多。例如,气候因素使建筑业和农业呈现出明显的季节变化,在冬季,这些行业的生产量减少,也使失业的人数多于其他季节。社会因素也可以引起时间序列的季节性变化,比如节假日可以使商场的销售额增长,季节性的影响还使一些食品的产量具有季节性变化。季节性变化使不同季节的数据不能直接比较,这个不可比因素就是季节因素。常用的测定季节指数的方法有简单平均法和移动平均趋势剔除法。

1. 简单平均法

简单平均法是直接通过简单平均来计算季节指数的一种比较常用的方法。该方法的基本原理是,先计算出各年同季的平均数以消除随机波动的影响,作为该季的代表值,然后计算出全年的平均数,作为全年的代表值,将同季平均数与全年平均数之比作为季节指数。

用简单平均法计算季节指数的具体步骤为:

(1)用各年的数据计算出各个季度的平均数;

(2)计算出全部数据的所有年份各季度的平均数;

(3)将第一步所得结果除以第二步所得结果,就得到季节指数。

例 12.8 试根据表 12-7 有关某产品 2002—2005 年销售额情况的数据,用简单平均法计算该产品销售额的季节指数。

表 12-7　某产品 2002—2005 年销售额　　　　　　　　　　万元

年份	一季度	二季度	三季度	四季度	全年合计
2002	408.1	465.6	449.6	443.8	1 767.1
2003	407.4	461.6	445.2	457.1	1 771.3
2004	398.8	450.2	423.6	413.4	1 886.0
2005	385.8	425.9	376.9	357.4	1 546.0
合　计	1 600.1	1 803.3	1 695.3	1 671.7	6 770.4

根据简单平均法的计算步骤和表 12-7 的数据,可得季节指数如表 12-8 所示。

表 12-8　某产品 2002—2005 年销售额的季节指数　　　　　万元

年份	一季度	二季度	三季度	四季度	全年合计
2002	408.1	465.6	449.6	443.8	1 767.1
2003	407.4	461.6	445.2	457.1	1 771.3
2004	398.8	450.2	423.6	413.4	1 886.0
2005	385.8	425.9	376.9	357.4	1 546.0

续表

年份	一季度	二季度	三季度	四季度	全年合计
合 计	1 600.1	1 803.3	1 695.3	1 671.7	6 770.4
同季平均	400.025	450.825	423.825	417.925	423.15
季节指数(%)	94.54	106.54	100.16	98.77	100.0

2. 移动平均趋势剔除法

移动平均趋势剔除法是在移动平均法的基础上,以乘法模型($Y = T \cdot S \cdot C \cdot I$)为理论基础测定季节变动的方法,它能避免长期趋势与周期波动的影响,找出季节变动的规律性,从而实现较为准确的预测。计算步骤如下:

(1) 利用中心化移动平均计算长期趋势与周期波动要素 TC_i。

(2) 从时间序列中剔除掉 TC_i,就得到季节波动与不规则变动 SI_i。

$$SI_i = Y_i / TC_i$$

(3) 按季度求 SI_i 的平均数,从而剔除不规则变动 I,得到各季节指数 S_i^1。计算公式为

$$S_i^1 = \frac{\sum_{j=1}^{N} SI_{i+4(j-1)}}{N} \tag{12-25}$$

式中 N 为年数。

对初始季节指数调整为正规化季节指数 S_j。依据的公式为

$$S_j = \frac{4S_i^1}{\sum_{i=1}^{4} S_i^1} \tag{12-26}$$

(4) 计算剔除季节变动后的时间数列 TCI_i。

$$TCI_i = Y_i / S_i$$

(5) 对 TCI_i 序列进行外推预测,得到一组预测值 T_i。

(6) 计算最终预测值。

$$Y_i^* = S_j \cdot T_i$$

这个预测值同时考虑了长期趋势和实际存在的季节性因素,更加贴近实际情况。

例 12.9 表 12-9 为某产品 2002—2005 年各季的销售额,试计算它的季节指数。

表 12-9 某产品销售额 万元

年份、季度	销售额	年份、季度	销售额
2002.1	13.1	2004.1	14.6
2002.2	13.9	2004.2	17.5
2002.3	7.9	2004.3	16.0

续表

年份、季度	销售额	年份、季度	销售额
2002.4	8.6	2004.4	18.2
2003.1	10.8	2005.1	18.4
2003.2	11.5	2005.2	20.0
2003.3	9.7	2005.3	16.9
2003.4	11.0	2005.4	18.0

经初步分析发现该时间序列有较明显的长期趋势。为了测定季节指数，首先计算移动平均数，以剔除趋势变动影响，计算过程和结果见表 12-10。

表 12-10　某产品销售额的四季移动平均计算

年份、季度 （1）	销售量 （2）	四季移动平均 （3）	二次移动平均 （4）	Y/T （2）/（4）
2002.1	13.1	—	—	—
2002.2	13.9		—	—
2002.3	7.9	10.88	10.59	0.746
2002.4	8.6	10.30	10.00	0.86
2003.1	10.8	9.7	9.93	1.088
2003.2	11.5	10.15	10.45	1.1
2003.3	9.7	10.75	11.23	0.865
2003.4	11.0	11.70	12.45	0.884
2004.1	14.6	13.20	13.99	1.044
2004.2	17.5	14.78	15.68	1.116
2004.3	16.0	16.57	17.05	0.938
2004.4	18.2	17.53	17.84	1.020
2005.1	18.4	18.15	18.26	1.008
2005.2	20.0	18.37	18.35	1.090
2005.3	16.9	18.33	—	—
2005.4	18.0	—	—	—

表 12-11　趋势影响剔除后的季节指数

年份	一季度	二季度	三季度	四季度	全年合计
2002	—	—	0.746	0.86	1.606
2003	1.088	1.1	0.865	0.884	3.937
2004	1.044	1.116	0.938	1.02	4.118
2005	1.008	1.09	—	—	2.098
合计	3.14	3.306	2.549	2.764	11.759
季平均	1.047	1.102	0.85	0.921	3.92
季节修正指数	1.068 4	1.124 5	0.867 3	0.939 8	4

12.5.3　季节因素的调整

季节因素调整的目的是将季节因素从时间序列中剔除掉，以便分析时间序列的其他特征。消除季节因素的方法是将原时间序列除以相应的季节指数，其计算公式为

$$\frac{Y}{S} = \frac{T \cdot S \cdot C \cdot I}{S} = T \cdot C \cdot I \tag{12-27}$$

例 12.10　根据表 12-11 中的数据，对原来的某商品销售数据作季节调整，计算结果如表 12-12 所示。

表 12-12　某产品销售额的季节性调整

年份、季度 （1）	销售量 （2）	季节指数 （3）	季节调整后序列 （4）＝（2）/（3）	季节调整后趋势值 （5）
2002.1	13.1	1.068 4	12.261	8.824
2002.2	13.9	1.124 5	12.361	9.538
2002.3	7.9	0.867 3	9.109	10.251
2002.4	8.6	0.939 8	9.151	10.965
2003.1	10.8	1.068 4	10.109	11.678
2003.2	11.5	1.124 5	10.227	12.391
2003.3	9.7	0.867 3	11.184	13.105
2003.4	11.0	0.939 8	11.705	13.818
2004.1	14.6	1.068 4	13.665	14.531
2004.2	17.5	1.124 5	15.562	15.245
2004.3	16.0	0.867 3	18.448	15.958
2004.4	18.2	0.939 8	19.366	16.671
2005.1	18.4	1.068 4	17.222	17.385
2005.2	20.0	1.124 5	17.786	18.098
2005.3	16.9	0.867 3	19.486	18.811
2005.4	18.0	0.939 8	19.153	19.525

根据调整后的序列配合的趋势直线为 $\hat{Y}_t = 8.111 + 0.713\,4t$，调整后的趋势值如表 12-12 所示，趋势图如图 12-13 所示。

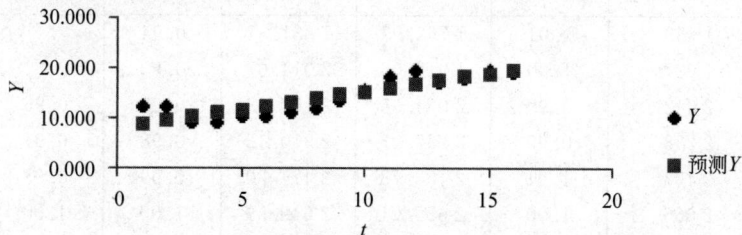

图 12-13　季节调整后的销售额趋势

12.6 循环因子分析

12.6.1 循环波动及其分析目的

循环波动是指在相当长的时期中,时间序列所表现出的持续和周期性的波动。它可能是一种景气变动、经济变动或其他周期变动,也可以代表经济或某个特定行业发展变化中的波动。每一个周期都有大致相同的过程:复苏、扩张、衰退和收缩。它所反映的是经济现象在连续时间内重复出现的涨落情况,强调的是现象的重复再现性。

循环波动与季节波动主要的区别在于:循环波动的变动周期在一年以上且周期长短不一,而季节波动是一年以内的有规律的周期波动。分析循环波动,主要目的在于探索循环波动的规律,或从时间序列中剔除循环波动的影响。

12.6.2 循环波动的分析方法

在测定循环波动的诸多方法中,最常用的是剩余法。剩余法是按照时间序列分解模型的假定,从中逐次消除长期趋势、季节变动和不规则变动,剩下来的部分就是循环波动。

按时间序列的乘法模型有

$$Y = T \cdot S \cdot C \cdot I$$

其中,T 与 Y 为度量单位时间,其他变量均表现为相对数。

利用时间序列 Y,通过一定方法求出趋势值 T 和季节变动指数 S 后,可以求出剔除趋势和季节因素影响的剩余。

$$CI = \frac{Y}{TS}$$

再对剩余 CI 进行移动平均,进一步消除随机波动的影响,余下的就是循环波动。

例 12.11 现有 1986 年第一季度到 1999 年第二季度城镇居民储蓄额资料,试分析其周期波动。数据资料、计算过程和结果如表 12-13 和图 12-14 所示。

表 12-13　城镇居民储蓄额循环波动计算表

年份、季度	城镇居民储蓄	S	TCI	T	CI	C_1	C
1986.1	1 789	1.01	1 762.97	1 881.31	0.94		
1986.2	1 927	1.00	1 919.06	2 014.67	0.95		
1986.3	2 042	0.99	2 054.35	2 157.48	0.95	0.96	0.96
1986.4	2 238	0.99	2 267.23	2 310.42	0.98	0.97	0.96
1987.1	2 493	1.01	2 456.73	2 474.20	0.99	0.98	0.98
1987.2	2 666	1.00	2 655.01	2 649.59	1.00	1.00	0.99
1987.3	2 876	0.99	2 893.40	2 837.41	1.02	1.01	1.00

续表

年份、季度	城镇居民储蓄	S	TCI	T	CI	C₁	C
1987.4	3 074	0.99	3 114.15	3 038.54	1.02	1.02	1.01
1988.1	3 355	1.01	3 306.18	3 253.93	1.02	1.01	1.02
1988.2	3 495	1.00	3 480.59	3 484.59	1.00	1.00	1.01
1988.3	3 555	0.99	3 576.50	3 731.60	0.96	0.98	0.99
1988.4	3 802	0.99	3 851.66	3 996.13	0.96	0.97	0.98
1989.1	4 120	1.01	4 060.05	4 279.40	0.95	0.96	0.96
1989.2	4 446	1.00	4 427.67	4 582.75	0.97	0.97	0.96
1989.3	4 806	0.99	4 835.07	4 907.61	0.99	0.97	0.97
1989.4	5 147	0.99	5 214.22	5 255.49	0.99	0.99	0.98
1990.1	5 766	1.01	5 682.10	5 628.03	1.01	1.00	1.00
1990.2	6 218	1.00	6 192.37	6 026.99	1.03	1.02	1.01
1990.3	6 647	0.99	6 687.21	6 454.22	1.04	1.03	1.02
1990.4	7 034	0.99	7 125.87	6 911.74	1.03	1.03	1.03
1991.1	7 812.8	1.01	7 699.12	7 401.69	1.04	1.04	1.03
1991.2	8 257.1	1.00	8 223.06	7 926.37	1.04	1.03	1.03
1991.3	8 654.1	0.99	8 706.45	8 488.24	1.03	1.03	1.03
1991.4	9 107	0.99	9 225.94	9 089.94	1.01	1.02	1.03
1992.1	9 956	1.01	9 811.13	9 734.30	1.01	1.01	1.02
1992.2	10 441	1.00	10 397.96	10 424.33	1.00	1.00	1.01
1992.3	10 852.3	0.99	10 917.95	11 163.28	0.98	0.99	1.00
1992.4	11 545.4	0.99	11 696.19	11 954.60	0.98	0.98	0.98
1993.1	12 526.3	1.01	12 344.03	12 802.03	0.96	0.97	0.97
1993.2	13 100.9	1.00	13 046.89	13 709.52	0.95	0.97	0.97
1993.3	14 323.5	0.99	14 410.14	14 681.34	0.98	0.97	0.97
1993.4	15 023.5	0.99	15 219.72	15 722.05	0.97	0.98	0.97
1994.1	17 157.3	1.01	16 907.65	16 836.54	1.00	0.99	0.98
1994.2	18 349.9	1.00	18 274.25	18 030.02	1.01	1.01	1.00
1994.3	19 970.2	0.99	20 091.00	19 308.11	1.04	1.03	1.02
1994.4	21 518.4	0.99	21 799.45	20 676.80	1.05	1.04	1.03
1995.1	23 762.7	1.01	23 416.94	22 142.51	1.06	1.06	1.05
1995.2	25 572.1	1.00	25 466.68	23 712.11	1.07	1.07	1.06
1995.3	27 569.7	0.99	27 736.47	25 392.99	1.09	1.08	1.08
1995.4	29 662.2	0.99	30 049.61	27 193.01	1.11	1.10	1.09
1996.1	33 296.5	1.01	32 812.01	29 120.63	1.13	1.11	1.11
1996.2	35 457.9	1.00	35 311.72	31 184.90	1.13	1.12	1.12
1996.3	37 084.9	0.99	37 309.23	33 395.49	1.12	1.12	1.12

续表

年份、季度	城镇居民储蓄	S	TCI	T	CI	C_1	C
1996.4	38 520.8	0.99	39 023.91	35 762.78	1.09	1.10	1.11
1997.1	41 556.8	1.01	40 952.12	38 297.89	1.07	1.08	1.09
1997.2	42 771.2	1.00	42 594.87	41 012.70	1.04	1.05	1.07
1997.3	44 139.5	0.99	44 406.51	43 919.95	1.01	1.03	1.04
1997.4	46 279.8	0.99	46 884.25	47 033.29	1.00	1.00	1.01
1998.1	48 686.5	1.01	47 978.08	50 367.32	0.95	0.97	0.99
1998.2	49 949.9	1.00	49 743.98	53 937.69	0.92	0.94	0.96
1998.3	51 580.7	0.99	51 892.72	57 761.15	0.90	0.91	0.93
1998.4	53 407.5	0.99	54 105.04	61 855.65	0.87	0.89	0.90
1999.1	57 814.7	1.01	56 973.46	66 240.39	0.86	0.87	0.88
1999.2	59 173.5	1.00	58 929.56	70 935.95	0.83		

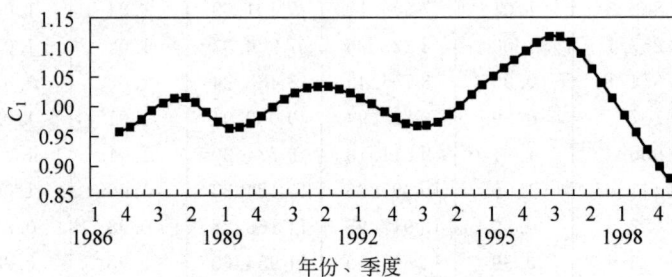

图 12-14　城镇居民储蓄周期波动

从上图中可以看出，1986—1999 年城镇居民储蓄额呈现三个比较完整的周期变动，周期长度约 4 年。每一个周期都具有明显的波峰与波谷。而 1997 年后进入衰退期，至 1999 年已达谷底，2000 年后具有复苏可能。

软件应用
>>>

1. 用 Excel 进行时间序列分析

（1）指数平滑

以 1999—2009 年北京市国民经济统计资料中的数据为例说明。

表 12-14 1999—2009 年北京市国民经济统计资料 　　　　　　　　亿元

年度	国内生产总值	第一产业	第二产业	第三产业
1999	2 174.46	87.48	840.23	1 246.75
2000	2 478.76	89.97	943.51	1 445.28
2001	2 845.65	93.08	1 030.60	1 721.97
2002	3 212.71	98.05	1 116.53	1 998.13
2003	3 663.10	95.64	1 311.86	2 255.60
2004	4 283.31	102.90	1 610.37	2 570.04
2005	6 886.31	97.99	2 026.51	4 761.81
2006	7 870.28	98.04	2 191.43	5 580.81
2007	9 353.32	101.26	2 509.40	6 742.66
2008	10 488.03	112.81	2 693.15	7 682.07
2009	12 153.03	118.29	2 855.55	9 179.19

① 进行数据预处理

将区域"A2:B12"内容下移一行,在单元格 B2 中输入公式"＝AVERAGE(B3:B7)"得到 B2 中的值为 2 874.936。

② 选择进行指数平滑分析

在 Excel 的"数据"选项卡下的"分析"模块中选择"数据分析",在弹出的对话框中选择"指数平滑"分析工具。

③ 设置数据和选项

当光标在"输入区域"中时,在 Excel 数据表中以鼠标点住 B2 中的数据并拖动栏选至 B13 选入数据,并将阻尼系数设置为 0.6,在输出区域中选择 D1,同时选择"图表输出"和"标准误差",如图 12-15 所示。其中,单元格 D2 中显示的公式为"＝B2";单元格"D3:D12"中所示的公式为平滑公式,值为拟合值。

图 12-15 设置数据和选项

④ 得到结果

设置好数据和选项后,单击"确定"即可得到分析的结果,如图 12-16 所示:

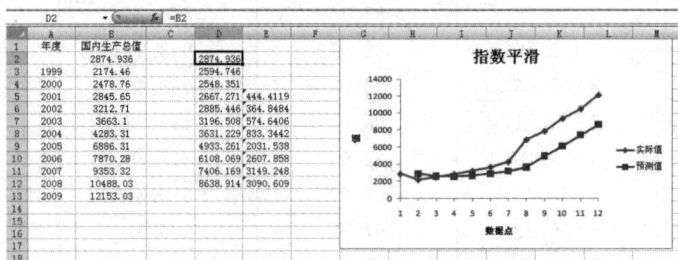

图 12-16　数据分析结果

其中,单元格 D2 中显示的公式为"＝B2";单元格"D3:D12"中显示的公式为平滑公式,值为拟合值。

（2）移动平均

以某商品 2005—2010 年各季度销售额为数据说明。

① 选择进行指数平滑分析

在 Excel 的"数据"选项卡下的"分析"模块中选择"数据分析",在弹出的对话框中选择"移动平均"分析工具。

② 设置数据和选项

当光标在"输入区域"中时,在 Excel 数据表中以鼠标点住单元格 C1 并拖动栏选至 C25 选入数据,选择"标志位于第一行",并将间隔设置为 4,在输出区域中选择 E2,同时选择"图表输出"和"标准误差"。

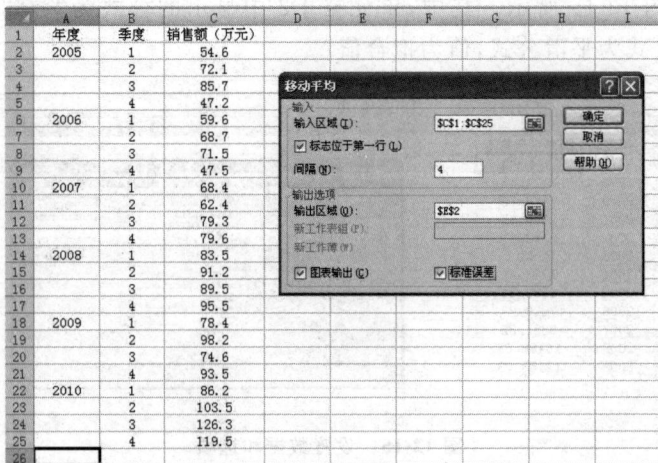

图 12-17　设置数据和选项

③ 得到结果

设置好数据和选项后，点击"确定"即可得到分析的结果，如图 12-18 所示：其中，列
E、F 分别为"分析工具预测值"和"预测标准误差"。

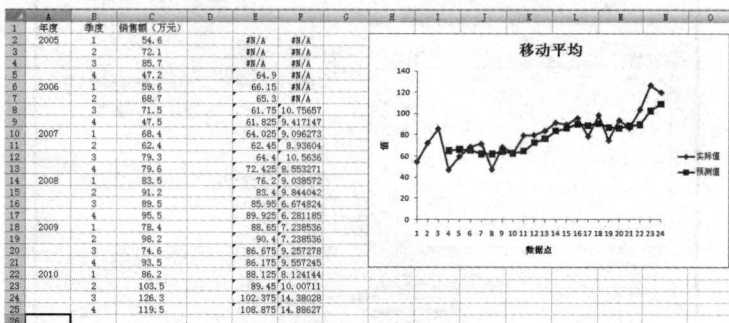

图 12-18 数据分析结果

2. 用 SPSS 进行指数平滑时间序列分析

仍以 1999—2009 年北京市国民经济统计资料中的数据为例说明。

操作步骤如下。

在下拉菜单"Analyze"中单击"Time Series"，在其中的多种分析中选择"Creat
Models"，如图 12-19 所示。

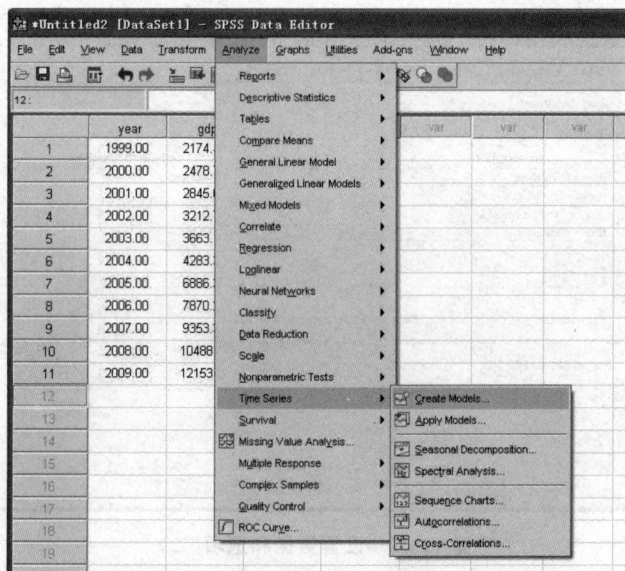

图 12-19 打开"Time Series Modelers"对话框

在弹出的"Time Series Modeler"对话框中,将变量"gdp"选入"Dependent Variables"框中,并在"Method"下拉框中选择"Exponential Smoothing"方法,如图 12-20 所示。

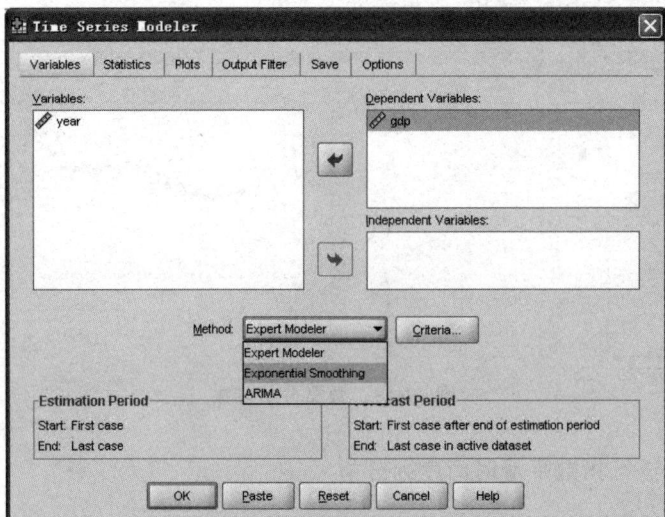

图 12-20　设置数据和选项(一)

然后,点击"Time Series Modeler"对话框的"Save"选项卡,在其中的"Save Variables"部分选中"Predicted"和"NResidual"复选框,如图 12-21 所示。

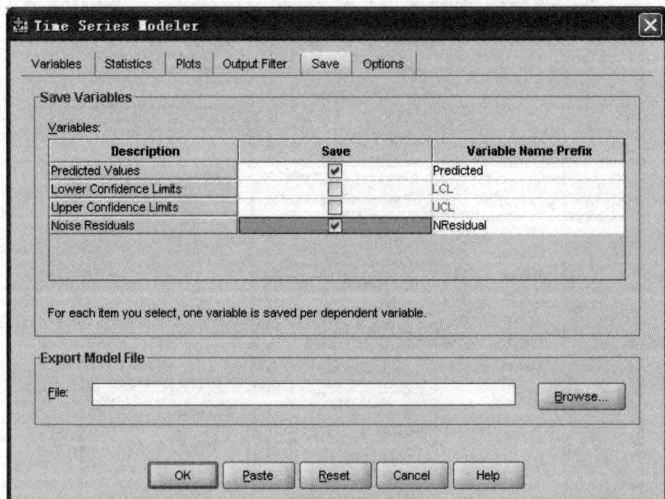

图 12-21　设置数据和选项(二)

单击"OK",在 SPSS 的数据窗口中可以看到分析结果,如图 12-22 所示。

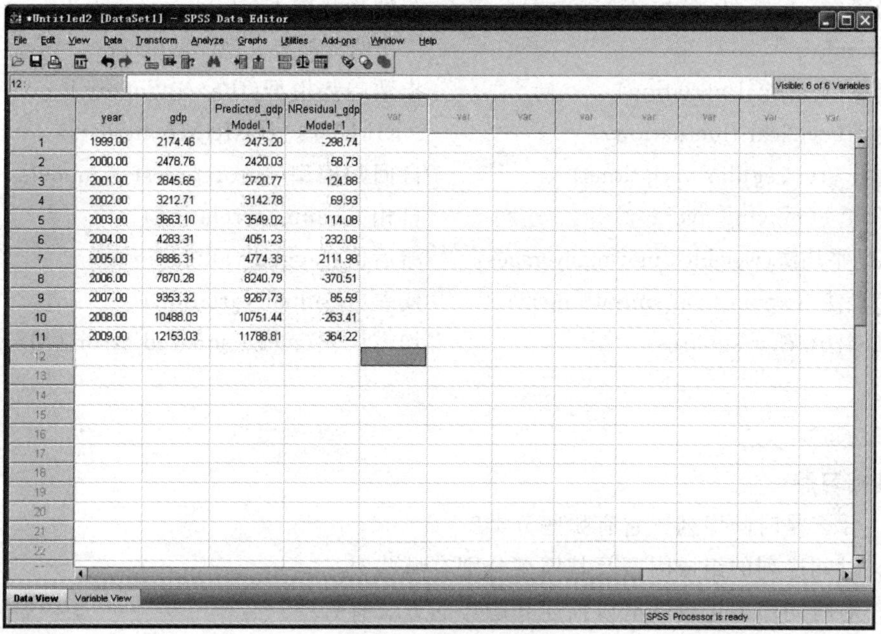

	year	gdp	Predicted_gdp_Model_1	NResidual_gdp_Model_1
1	1999.00	2174.46	2473.20	-298.74
2	2000.00	2478.76	2420.03	58.73
3	2001.00	2845.65	2720.77	124.88
4	2002.00	3212.71	3142.78	69.93
5	2003.00	3663.10	3549.02	114.08
6	2004.00	4283.31	4051.23	232.08
7	2005.00	6886.31	4774.33	2111.98
8	2006.00	7870.28	8240.79	-370.51
9	2007.00	9353.32	9267.73	85.59
10	2008.00	10488.03	10751.44	-263.41
11	2009.00	12153.03	11788.81	364.22

图 12-22　数据分析结果

本章小结

本章首先介绍了时间序列的分类和组成因素。根据其组成因素，时间序列常常被分为长期趋势、周期波动、季节变差和残差四种成分的组合来建立模型。它们之间的相互关系通常用乘法模型 $Y=T \cdot S \cdot C \cdot I$ 和加法模型 $Y=T+S+C+I$ 来描述。

然后，判断时间序列是否存在明显趋势，对于平稳时间序列使用移动平均法和指数平滑法来预测时间序列未来值；对于有明显趋势的时间序列，还需要判断是否为年度数据，如果是年度数据，可以采用的预测模型有线性趋势模型、二次曲线趋势模型、指数趋势模型；当时间序列本身存在自相关时，还可以采用自相关模型来进行预测；如果是季(月)数据主要采用时间序列的分解法。

最后，介绍了测定循环变动的剩余法。剩余法是按照时间序列分解模型的假定，从中逐次消除长期趋势、季节变动和不规则变动，剩下的部分就是循环波动。

关键术语

时间序列模型(time series model)　　预测(forecasting)

时间序列(time series)　　平稳序列(stationary series)

长期趋势(secular (long-term) trend)　　线性趋势模型(the linear trend model)

趋势(trend)　　二次曲线趋势模型(the quadratic trend model)

季节变差(seasonal variation)　　指数趋势模型(the exponential model)

循环变动(cyclical fluctuation)　　ARIMA 模型(ARIMA models)

不规则波动(irregular variations)　　自回归模型(autoregressive models)

移动平均法(moving average)　　自相关(autocorrelation)

加权移动平均法(weighted moving averages)　　滞后值(lagged values)

指数平滑法(exponential smoothing)　　残差(residual variation)

最小二乘法(least-squares)　　均方误差(mean squared error (MSE))

习题

>>>

基础习题

1. 什么是时间序列? 它有哪些分类?

2. 时间序列的组成因素及其模型分别有哪些?

3. 对时间序列进行平滑以描述其趋势的方法有哪些?

4. 简述常用的几种时间序列预测方法。

5. 如何对有趋势的时间序列进行预测?

6. 简述测定时间序列季节因素分析的移动平均趋势剔除法的主要内容。

7. 简述测定时间序列循环变动的剩余法的主要内容。

应用习题

8. 下表是 1978—2013 年国内生产总值和社会消费品零售总价(来源:国家统计局,《中国统计年鉴》,北京,中国统计出版社,2014)。

年份	国内生产总值	社会消费品零售总额
1978	3 645.2	1 558.5
1979	4 062.6	1 800
1980	4 545.6	2 140
1981	4 889.5	2 350
1982	5 330.5	2 570
1983	5 985.6	2 849.4
1984	7 243.8	3 376.4
1985	9 040.7	4 305
1986	10 274.4	4 950
1987	12 050.6	5 820

续表

年份	国内生产总值	社会消费品零售总额
1988	15 036.8	7 440
1989	17 000.9	8 101.4
1990	18 718.3	8 300.1
1991	21 826.2	9 415.6
1992	26 937.3	10 993.7
1993	35 260.0	12 462.1
1994	48 108.5	16 264.7
1995	59 810.5	20 620
1996	70 142.5	24 774.1
1997	78 060.9	27 298.9
1998	83 024.3	29 152.5
1999	88 479.2	31 134.7
2000	98 000.5	34 152.6
2001	108 068.2	37 595.2
2002	119 095.7	42 027.1
2003	134 977.0	45 842
2004	159 453.6	53 950.1
2005	183 617.4	67 177
2006	215 904.4	76 410
2007	266 422.0	89 210
2008	316 030.3	108 488
2009	340 320.0	125 343
2010	399 759.5	154 554
2011	468 562.4	181 226
2012	518 214.7	210 307
2013	566 130.2	237 810
2014	636 463	262 394

（1）试用移动平均法测定"国内生产总值"长期趋势。

（2）试用趋势模型法求出"社会消费品零售总额"的最佳趋势方程，并预测2015年的增加值。

9. 某企业要进行某商品销售量预测，现在有连续20个月的历史资料，试用指数平滑法预测以后月份的销售量。

时　序	销 售 量	时　序	销　售　量
1	25.3	11	29.6
2	24.9	12	28.5
3	25.8	13	27.7
4	26	14	29.6
5	26.4	15	28.6
6	27.2	16	30.2
7	26.7	17	29.8
8	28.3	18	29.6
9	27.5	19	28.5
10	29.5	20	30.5

10. 某地区 2012—2015 年前半年的经济活力指数如下表所示。

年份	2012				2013				2014				2015	
季度	1	2	3	4	1	2	3	4	1	2	3	4	1	2
指数	100	90	89	107	103	93	90	110	109	96	94	116	112	99

(1) 试用 4 点移动平均模型求曲线趋势,并根据该曲线对乘法模型求季节指数;

(2) 请用乘法模型预测 2015 年第三、四季度的经济活力指标。

11. 辅助资源数据文件 12.9 里给出了 24 年内我国每 1 000 人中新建私人住宅的数量。用移动平均法绘制平滑序列的时间序列图并讨论该结果。

12. 辅助资源数据文件 12.10 里给出了某公司 6 年内的季度销售额。

(1) 绘制该序列的时间序列图并说明这个图是否表明了较强的季节性成分?

(2) 对该序列进行季节性调整,绘出季节调整后的序列并讨论它的特征。

案例研究
>>>

中国汽车产业分析

随着社会的发展、国民收入水平的普遍提高和城市化进程的加快,人们的生活方式必然随之发生变化。这是社会进步的标志,也是历史发展的必然。

汽车工业历来是国民经济发展的发动机之一,是实现一个国家工业化不可或缺的重要力量。

1978 年,我国汽车产量不足 15 万辆;2009 年,在国际金融危机冲击、全球汽车市场萧条的形势下,中国汽车行业在《汽车产业调整和振兴规划》等相关政策的支持下逆势上扬,我国汽车产销突破千万辆大关,跃居世界第一;2014 年产销突破 2 300 万辆,连续六年位居世界首位。连年的产销增长、高比例的税收以及巨大的就业和消费市场的拉动,汽车产业已成为国民经济重要的支柱产业。

乘用车作为整个汽车产业的重要组成部分,近年来受到热捧,乘用车扩大了人们的出行半径,不仅提高了人们的工作效率和生活质量,更改变了居民的生活方式。可以说,乘用车已经成为普通消费者在解决衣、食、住之后的首件大件商品,进入家庭将成为必然的发展趋势。

随着国民经济的快速发展和日益激烈的国际竞争,我国汽车行业正面临一系列的挑战,油价水平及交通基础设施和国家的经济产业政策导向都会对居民购车产生一定的影响。因此科学合理的汽车需求预测,有助于相关企业根据自身发展状态制定准确的生产计划,从而保障企业的健康可持续成长。同时,汽车行业发展会牵涉到方方面面,准确的预测也有助于降低其他行业的投入风险,改善企业的收益水平。

为此,我们收集了《2000—2014年中国汽车产销量占世界汽车产销量比重》、《2009—2014年中国自主品牌乘用车市场占有率》、《2000—2013年中国历年汽车工业总产值及占全国工业总产值比例统计》等中国汽车产业数据文件(见辅助资源第12章案例研究数据)。根据这些数据文件及本课程相关知识,请你完成并思考以下问题。

资料来源:《2014年中国汽车产业发展报告》,相应年份的《中国汽车工业年鉴》,相应年份的《中国统计年鉴》等。

管理报告

1. 选用本章介绍的适合的时间序列预测模型,对中国汽车产业的各项经济指标,例如中国汽车拥有量、中国汽车工业总产值、中国自主品牌乘用车市场占有率等做序列图,分析它们的趋势,观察其经济发展规律,并分析是否具有周期性。

2. 从各数据文件中寻找中国汽车产业经济发展指标中的各类异常点,说明可能的异常情况原因。

3. 利用以上分析结果评价金融危机对中国汽车产业的发展影响是否显著。

4. 试从居民收入水平、乘用车销售价格、乘用车车型与排量、乘用车成本(包括用油成本及其他税费)、政府的政策导向等角度分析我国乘用车行业的发展特点,并对未来10年中国乘用车的需求和汽车产业的发展方向作出预测。

CHAPTER 13
第 13 章　　　　指　　数

指数(index number)是反映事物数量相对变化程度的一类重要指标。从统计学的角度,指数就是反映所关心变量的特征的统计量。在经济领域,指数多为一些统计观测值的加权平均,而且用过去类似的观测值平均作为基础,以比例或百分比的形式出现,物价指数就是此形式。

但是,综合指数并非经济学领域所专有。比如,有衡量气象对人类或动物情绪、行为和生理影响的生物气象指数;有天文学家衡量星体颜色和温度的颜色指数;有研究温度和湿度对人体舒适度影响的温度、湿度指数等。

这些指数并不都是通过简单的算术或几何(加权)平均和比例而来的。有些计算方法很复杂,有些很简单,方法也不尽相同。比如,各种重要的经济媒体几乎天天报道纳斯达克指数、东京日经指数、伦敦金融时报指数、道·琼斯指数、香港恒生指数、香港二板指数、上证指数和深圳成分指数等,都有自己的计算方法。

为具可比性,各国也采取一些同样(或类似)办法计算指数,比如国内(区域)生产总值(GDP)等。可见,指数是一类重要的、应用广泛的统计指标和统计方法。

本章将主要介绍用于经济领域的指数及其相关知识。

13.1　指数的概念和分类

13.1.1　指数的概念

指数最早起源于物价指数的编制,英国人 Rice Vaughan 1965 年首创物价指数,用于度量物价的变化。随后指数的应用范围不断扩大,其度量的内容和编制的方法日益丰富,形成了一个体系。

概括而言,描述报告期或报告点价格、数量或价值与基期或基准点相比的相对变化程度的指标称为指数。指数是一种对比性的统计指标,是总体各变量在不同时空的数量对比形成的相对数。其中,诸如上证指数这种描述一组事物某一变量在不同时间的变动水平的综合性时间指数应用最广泛,也是本章讨论的重点。

13.1.2 指数的分类

1. 按计入指数的项目数目的差异分类

（1）个体指数（simple index number）：反映某一项目或变量变动的相对数。价比（price relative）就是一种典型的个体指数，它是一种商品项目的物价指数，用该商品项目报告期的单价与基期的单价对比再乘以100来计算。

（2）综合指数（aggregative index number）：反映多个项目或变量综合变动的相对数。加权综合物价指数（weighted aggregate price index）就是一种典型的综合指数，它是对一组复合的商品项目的价格，依据其重要性来加权的一种复合物价指数。上证指数就是一种加权综合物价指数。

2. 按编制的方法不同分类

（1）不加权指数（unweighted index）：计入指数的各个项目的权重一样又称为简单指数（simple index）。

（2）加权指数（weighted index）：依据重要程度对计入指数的各项目赋予不同权重进行计算的指数。该种指数按赋予权重的方式不同又可分为以下形式：

① 拉氏指数（Laspeyres index）：以每一个项目的基期或基准点数量为权数的加权综合指数。

② 帕氏指数（Paasche index）：是以每一个项目的报告期或报告点数量为权数的加权综合指数。上证指数就是帕氏指数。

3. 按反映内容的差异分类

（1）数量指数（quantity index number）：测量数量随时间或空间变动的一种指数。如工业产品指数（index of industrial production），它是测量实物量或工业品产量随时间变动的一种数量指数。

（2）质量指数（quality index number）：测量数量随时间或空间变动的一种指数。如价格指数（price index number），它是反映价格变动水平的指数。

4. 按对比场合的差异分类

（1）时间指数：描述某一变量在不同时间的变动水平的指数。根据对比期的不同可分为定基指数和环比指数。上证指数是一种定基时间指数。

（2）区域指数：描述某一变量在不同空间的变动水平的指数。

在对指数的类型有了系统的认识后，需要说明的是，本章重点讨论的是综合加权指数，因为这类指数对揭示复杂现象变量的总体变动水平非常有效，应用很广泛。

13.2　个体指数

个体指数是形式最简单的一种指数,用于反映某单一项目或变量的变动情况,应用因此受到局限。在编制个体指数时,为保证反映问题的有效性与客观性,需重点解决基准点的选择问题。

个体指数编制的一般公式为

$$P = \frac{p_t}{p_0} \times 100 \qquad (13-1)$$

式中, p_t 为报告期或报告点项目数值;

p_0 为基期或基准点项目数值;

P 为该报告期或报告点项目的指数。

基期或基准点的选择由计算指数的预期目的和用途决定。一般情况下,基准点或基期数值应是正常或典型状态下的数值,是报告期或报告点数值变化程度的有效度量尺度。

例 13.1　价比(价格个体指数)是个体指数的一种常见形式,表 13-1 给出了某一型号健身器材的价格与价比。

表 13-1　某一型号健身器材的价比(以 1990 年为基期)

时间/年	健身器材的价格/元	健身器材的价比/%
1990	1 000	100
1992	1 080	100.8
1994	1 280	128.0
1996	1 380	138.0
1998	1 280	128.0
2000	1 180	118.0
2001	1 080	108.0
2002	1 080	108.0
2003	1 000	100.0
2004	880	88.0

13.3　综合指数

13.3.1　不加权综合指数

编制不加权综合指数时,因为要选择样本,以样本的某一变量的综合变化程度来反映总体某现象的变化程度,所以,除了像编制个体指数时一样应解决好基准点或基期的选择问题之外,还应解决好样本中项目的选择问题。

样本的作用是简化计算,并反映与代表总体。因此,编制综合指数时,选择的项目必须具有代表性,选择的项目数量必须合适,既能简化计算,又能充分代表总体的性质。

不加权综合指数的编制公式一般为

$$P = \frac{\sum p_t}{\sum p_0} \times 100 \qquad (13-2)$$

式中,$\sum p_t$ 为报告期或报告点所有样本某一变量的总和;

$\sum p_0$ 为基期或基准点所有样本某一变量的总和;

P 为报告期或报告点总体某一变量的不加权综合指数。

例 13.2 表 13-2 给出了美国某地区一组水果 2000 年和 2005 年的单位价格和销售量,若以 2000 年为基期,试计算 2005 年该组水果的不加权价格指数。

表 13-2 水果的价格和销售量

水果名称	2000 年		2005 年	
	价格/(美元/磅)	数量/磅	价格/(美元/磅)	数量/磅
苹果	0.692	19.2	0.896	18.8
香蕉	0.342	20.2	0.491	31.4
橙子	0.365	14.3	0.843	8.6

2005 年该组水果的不加权综合价格指数为

$$P = \frac{0.896 + 0.491 + 0.843}{0.692 + 0.342 + 0.365} \times 100 = \frac{2.230}{1.399} \times 100 = 159.4$$

该计算结果显示 2005 年该组水果总体价格上涨。虽然不加权指数容易计算,但是它有两个缺点:①它认为一组中各个项目的重要程度一样,而现实中各种项目的重要程度通常是不一样的。②如果项目的计量单位发生改变,相应的指数就不同。只在所有样本的待测变量所用单位与价值尺度基本一致、可比性较强时使用才有效。总之,不加权综合指数仍然是一种使用局限性很强的指数。

13.3.2 加权综合指数:拉氏指数和帕氏指数

与不加权综合指数相比,加权综合指数对计入指数的各个项目根据其重要程度赋予不同的权数,因此,除应注意基期或基准点的选择、项目的选择外,还应合理确定所选项目的权数。

1. 权数的确定

首先,权数必须能准确地反映各项目在总体中的重要程度,并且能把尺度不同的各项目转化为统一尺度的数值再求和。例如上证指数,就是以每种样本股的总股本为权数,乘以该样本股的市价,得到每种样本股的市价总值,再求各样本股市价总值的总和,从而准确反映了股本大小不同的样本股在上证指数中的相对重要程度,并统一了衡量尺度。其次,保持分子、分母所使用权重时期的一致性,并确定权重的所属时期。这里的同一时期,既可以是基期,也可以是报告期或某一个固定时期。最后,选择合适的权数形式,可以是总量形式,也可以采用比重形式。

2. 拉氏指数

拉氏指数(Lasperyres index)又叫拉斯贝尔指数,由德国经济学家拉斯贝尔(Laspeyres)于 1864 年提出,它将权数的各变量值固定在基期来计算指数,拉氏指数一般计算公式为

拉氏数量指数
$$I_q = \frac{\sum q_1 p_0}{\sum q_0 p_0} \tag{13-3}$$

拉氏质量指数
$$I_p = \frac{\sum p_1 q_0}{\sum p_0 q_0} \tag{13-4}$$

式中,p_0 为基期的质量值;

p_1 为报告期或报告点的质量值;

q_0 为基期的数量值;

q_1 为报告期或报告点的数量值。

例 13.3 仍以表 13-2 的数据为基础,计算该组水果 2005 年的拉氏指数。

根据式(13-3)计算其数量指数为

$$I_q = \frac{\sum q_1 p_0}{\sum q_0 p_0} = \frac{26.8874}{25.4143} = 105.80\%$$

根据式(13-4)计算其质量指数为

$$I_p = \frac{\sum p_1 q_0}{\sum p_0 q_0} = \frac{39.1763}{24.4143} = 160.46\%$$

3. 帕氏指数

帕氏指数(Paasche index)又叫帕煦指数,德国经济学家帕煦(Paasche)于 1874 年提出,它将权数的各变量值固定在报告期来计算指数,帕氏指数一般计算公式为

帕氏数量指数
$$I_q = \frac{\sum q_1 p_1}{\sum q_0 p_1} \tag{13-5}$$

帕氏质量指数
$$I_p = \frac{\sum p_1 q_1}{\sum p_0 q_1}$$
(13-6)

式中，p_0 为基期的质量值；

    p_1 为报告期或报告点的质量值；

    q_0 为基期的数量值；

    q_1 为报告期或报告点的数量值。

例 13.4 还是以表 13-2 的数据为基础，计算该组水果 2005 年的帕氏指数。

根据式(13-5)计算其数量指数为

$$I_q = \frac{\sum q_1 p_1}{\sum q_0 p_1} = \frac{39.512\,0}{39.176\,3} = 100.86\%$$

根据式(13-6)计算其质量指数为

$$I_p = \frac{\sum p_1 q_1}{\sum p_0 q_1} = \frac{39.512\,0}{26.887\,4} = 146.95\%$$

4. 拉氏指数和帕氏指数的比较

由以上计算和分析中可以看到，用拉氏指数和帕氏指数分别计算数量指数和质量指数所得的计算结果是有区别的，从编制方法的角度看，其公式都是正确的。但是从实际应用的角度，对于两个计算数量指数的公式和两个计算质量指数的公式，应该如何取舍？我们来看下面的分析。

先看数量指数，从公式(13-3)和公式(13-5)可以看到，拉氏数量指数是以基期价格为权数计算的，帕氏数量指数是以报告期或报告点价格为权数计算的。从例 13.3 拉氏数量指数计算结果看出，与 2000 年相比 2005 年销售量平均上涨了 5.8%，销售额的增长为 26.887 4 − 25.414 3 = 1.473 1，它是假定价格不变的前提下由于销售量发生变化带来的变化。从例 13.4 帕氏数量指数的计算结果看到与 2000 年相比 2005 年销售量平均上涨了 0.86%，销售额的增长为 0.335 7，它是在价格已经变化的前提下按调整后的价格来计算销售量变化的。我们将公式(13-5)稍作调整如下。

$$\frac{\sum q_1 p_1}{\sum q_0 p_1} = \frac{\sum q_1 (p_0 - p_0 + p_1)}{\sum q_0 (p_0 - p_0 + p_1)} = \frac{\sum q_1 p_0 + \sum q_1 (p_1 - p_0)}{\sum q_0 p_0 + \sum q_0 (p_1 - p_0)}$$

可以清楚地看到，按照基期价格计算的销售额变化外还包括了价格变化因素。使用帕氏指数计算的增长额比拉氏指数增长额少 1.137 4，也是由于价格下降所带来的结果。在现实中，单纯反映数量变化的指数更具有经济意义，所以在计算数量指数时使用拉氏数量指数更为合适。

同样地分析质量指数。拉氏质量指数是以基期销售量为权数计算的,帕氏质量指数是以报告期或报告点销售量为权数计算的。帕氏质量指数不仅反映了价格的变动,而且还反映了销售量变化的影响,比拉氏质量指数更具有经济意义,因此在计算质量指数时使用帕氏质量指数更为合适。

同时,从例 13.3 和例 13.4 看出,拉氏指数大于帕氏指数,从实际资料看,当价格和销售量呈反方向变动的某段时间内,根据同一项资料计算的拉氏指数大于帕氏指数;反之,假如某段时间内价格与销售量呈同方向变动,则根据同样一项资料计算的拉氏指数小于帕氏指数。

由于种种原因,拉氏指数与帕氏指数的计算结果,总是不相同的。从它们之间的差异出发,进一步分析社会经济现象,以及完善指数的编制,均有重要作用。假如用同一资料计算这两种指数,结果差别较大,这就提醒我们,经济运行市场情况变化大,应当对国民经济的有关方面作出相应的调整。

13.4 平均指数

平均指数是以某一时期的价值指标为权数,对个体指数加权平均计算得到的总指数。其中,作为权数的价值指标通常是两个变量(如销售量和价格的乘积 pq),个体指数可以是个体数量指标指数,即 $k_q = q_1/q_0$,也可以是个体质量指标指数,即 $k_p = p_1/p_0$。平均指数也是编制总指数的一种重要形式,有它的独立应用意义。当利用同样的资料时,采用综合指数和平均指数两种方法编制的总指数计算结果将完全相等,当所知资料为全面资料时,可以采用综合指数或平均指数两种方法来编制总指数,但是在得不到全面资料的情况下,必须运用平均指数法来编制总指数。

13.4.1 加权算术平均法编制数量指标指数

已知数量指标个体指数和基期总量权数,求数量指标指数时,应采用加权算术平均数指数的计算形式。加权算术平均法使用基期价值量指标 $p_0 q_0$ 作为权数,通常是对个体指标指数加权算术平均计算得出。因为突出其经济意义,多用于计算数量指标。下面就以数量指标为例介绍,其计算公式一般为

$$\bar{I}_q = \frac{\sum k_q p_0 q_0}{\sum p_0 q_0} = \frac{\sum \dfrac{q_1}{q_0} p_0 q_0}{\sum p_0 q_0} \tag{13-7}$$

式中,$\bar{I}_q$ 为数量加权算术平均指标指数;

k_q 为个体数量指标指数。

例 13.5 表 13-3 给出了中国某地区三种水果的有关资料,计算其销售量的加权算

术平均数指标。

表 13-3 中国某地区三种水果的有关资料

水果名称	销售额/元		价格个体指数	销售额个体指数
	基期(p_0q_0)	报告期(p_1q_1)		
苹果	60 000	75 000	1	1.25
梨	37 500	60 000	1.2	1.33
橙子	62 500	60 000	0.8	1.2
合 计	160 000	195 000	3	3.78

根据式(13-7),得三种水果销售量的加权平均数指标为

$$\bar{I}_q = \frac{\sum k_q p_0 q_0}{\sum p_0 q_0}$$

$$= \frac{1.25 \times 60\,000 + 1.33 \times 37\,500 + 1.2 \times 62\,500}{160\,000}$$

$$= \frac{199\,875}{160\,000} = 124.92\%$$

计算结果表明,报告期与基期相比,销售量平均提高了 24.92%。

13.4.2 加权调和平均法编制质量指标指数

加权调和平均法是以报告期价值量指标(p_1q_1)作为权数,对个体质量指标指数加权调和平均计算得出的。从指数经济意义出发,加权调和平均法通常用于编制质量指数。下面就以质量指标为例介绍,其计算公式一般为

$$\bar{I}_p = \frac{\sum p_1 q_1}{\sum \frac{1}{k_p} p_1 q_1} = \frac{\sum p_1 q_1}{\sum \frac{1}{p_1/p_0} p_1 q_1} \tag{13-8}$$

式中,$\bar{I}_p$ 为质量加权调和平均指标指数;

k_p 为个体质量指标指数。

例 13.6 仍用表 13-3 给出的数据资料,计算其销售量的加权调和平均数指数。

根据公式(13-8),得三种水果单位价格的加权调和平均数指标为

$$\bar{I}_p = \frac{\sum p_1 q_1}{\sum \frac{1}{k_p} p_1 q_1} = \frac{195\,000}{\dfrac{75\,000}{1} + \dfrac{60\,000}{1.2} + \dfrac{60\,000}{0.8}} = \frac{195\,000}{200\,000} = 97.5\%$$

计算结果表明,三种水果的价格报告期比基期平均降低了 2.5%。

13.5 指数体系

13.5.1 指数体系概念和应用

前面介绍的是指数编制的一些方法。在实际中,为了更深入研究社会经济相互关系的现象,除了确定单个指数的计算方法,更重要的是确定几个指数组成的指数体系。

指数体系是指相互联系且在数值上具有一定数量对等关系的一系列指数所形成的体系。例如:销售额指数体系由销售额指数、销售量指数和价格指数构成;生产费用指数体系由生产费用指数、产量指数和单位产品成本指数构成;原材料消耗费用指数体系由原材料消耗费用指数、产量指数、单位产量原材料消耗指数和单位原材料价格指数构成。

每一个指数体系中,一个指数称为总变动指数,其余的指数称为因素指数。总变动指数是反映现象总量变动的指数,等于报告期与基期总量之比。例如,在上述指数体系中的销售额指数、生产费用指数和原材料消耗费用指数都是总变动指数。因素指数综合反映制约和影响总量指标变动的因素及其效果。例如,销售额指数体系中的销售量指数和价格指数;生产费用指数体系中的产量指数和单位产品成本指数等都是因素指数。

指数间的这种数量对等关系最典型的表现形式是:一个总变动指数等于若干个(两个或两个以上)因素变动指数的乘积。例如:

$$销售额指数=销售量指数×价格指数$$
$$生产费用指数=产量指数×单位产品成本指数$$
原材料消耗费用指数=产量指数×单位产量原材料消耗指数×单位原材料价格指数

显然,这些指数体系是建立在有关指标的经济联系的基础之上的,因而它们具有实际的经济分析意义。

指数体系的主要作用,一是进行因素分析,即分析各种因素指数对总变动指数影响的方向和程度;二是进行指数间的相互推算,即根据已知的指数推算未知的指数。

13.5.2 指数体系的因素分析

因素分析是借助指数体系来分析社会经济现象变动中各种因素变动发生作用的影响程度。按影响因素的数量不同,因素分析可分为两因素分析和多因素分析;按分析指标的表现形式不同,可分为总量指标变动因素分析和平均指标变动因素分析。

1. 总量指标变动因素分析

(1)两因素分析

在指标体系中,若某个总量指标(结果指标)是两个因素指标的乘积,则可以根据指标关系构造指数体系,它是总量指标因素分析法的基础。

$$总体总量指标 = 数量指标 \times 质量指标$$

$$\frac{\sum p_1 q_1}{\sum p_0 q_0} = \frac{\sum q_1 p_0}{\sum q_0 p_0} \times \frac{\sum p_1 q_1}{\sum p_0 q_1} \tag{13-9}$$

总量指标指数中的对等关系除了乘法关系外还有加法关系,即结果指数的分子分母之差等于各因素指数分子分母之差的和。

$$总量指标变动额 = 数量指标变动额 + 质量指标变动额$$

$$\sum p_1 q_1 - \sum p_0 q_0 = \left(\sum q_1 p_0 - \sum q_0 p_0 \right) + \left(\sum p_1 q_1 - \sum p_0 q_1 \right) \tag{13-10}$$

例 13.7 根据例 13.2 数据资料,结合上面得出的计算结果,利用指数体系分析价格和销售量变动对销售额的影响。

分析如下:

$$销售额指数 = \frac{\sum p_1 q_1}{\sum p_0 q_0} = \frac{39.512\,0}{25.414\,3} = 155.47\%$$

$$价格指数 = 146.95\%$$

$$销售量指数 = 105.8\%$$

三者的乘法数量关系为:$155.47\% = 146.95\% \times 105.8\%$

由此也可以看出,2005 年与 2000 年相比,三种水果的销售额提高了 55.47%,其中由于价格变动而使得销售额提高了 46.95%,由于销售量变动而使得销售额提高了 5.8%。

又由于

$$销售额变动 = 39.512\,0 - 25.414\,3 = 14.097\,7$$

$$价格变动的影响额 = 39.512\,0 - 26.887\,4 = 12.624\,6$$

$$销售量变动的影响额 = 26.887\,4 - 25.414\,3 = 1.473\,1$$

三者的加法数量关系为:$14.097\,7 = 12.624\,6 + 1.473\,1$

表明 2005 年与 2000 年相比,三种水果的销售额增长了 14.097 7 美元,其中由于价格变动而使得销售额增加了 12.624 6 美元,由于销售量变动而使得销售额增加了 1.473 1 美元。

（2）多因素分析

根据分析研究问题的需要,还可建立多个因素指数组成的指数体系,对总量变动进行多因素分析。

例如,分析工业总产值的变动,可以按全部职工人数、工人占全部职工人数的比重、与工人劳动生产率三个因素的组合,进行三因素分析。这样,总产值的动态就可以分解为全部职工人数、工人占全部职工人数的比重和工人劳动生产率三个指数的连乘积。用乘法关系表示如下:

$$工业总产值 = 全部职工人数 \times 工人占全部职工人数比重 \times 工人劳动生长率$$

2. 总平均数指数因素分析

除了采用综合指数的形式对总量指标的变动进行指数因素分析外,还可结合总平均数指数进行。平均指标是反映社会经济现象总体一般水平的指标。总体一般水平决定于两个因素:一个是总体内部各部分的水平;另一个是总体的结构,即各部分在总体中所占的比重。平均指标的变动是这两个因素变动的综合结果。因此对总体平均指标变动进行因素分析时,需要从数量上分析它们对总体平均指标变动的影响。故相应地编制两个平均指标指数:固定构成指数和结构影响指数。

对总平均指标的变动进行因素分析,也就是对总平均数指数进行因素分析。总平均数指数是两个时期的总平均数直接对比计算,即

$$平均数变动指标 = \frac{\overline{x_1}}{\overline{x_0}} = \frac{\sum x_1 f_1}{\sum f_1} \bigg/ \frac{\sum x_0 f_0}{\sum f_0} \tag{13-11}$$

式中,x 为各组变量值;

$\dfrac{f}{\sum f}$ 为各组的权数,表现的是总体单位数结构。

1) 固定构成指数

影响平均数的一个因素是变量值,为了测定它的变动,可计算固定构成指数。计算这个指数是把总体单位数结果固定下来,测定各组变量值的变动对平均数变动的影响,总体单位结果数一般固定在报告期。计算公式如下:

$$固定构成指数 = \frac{\sum x_1 f_1}{\sum f_1} \bigg/ \frac{\sum x_0 f_1}{\sum f_1} \tag{13-12}$$

2) 结构影响指数

从公式(13-11)中看到,影响平均数的另一个因素是总体单位数结构,计算这个指数是把各组变量值固定下来,测定总体单位数结构变动的影响,各组变量值通常是固定在基期。计算公式如下:

$$结构影响指数 = \frac{\sum x_0 f_1}{\sum f_1} \bigg/ \frac{\sum x_0 f_0}{\sum f_0} \tag{13-13}$$

根据三者之间的联系,可组成总平均数指数体系。同样可以从相对数与绝对数两个方面进行因素分析。从相对水平看

$$平均数变动指数 = 固定构成指数 \times 结构影响指数$$

$$\frac{\sum x_1 f_1}{\sum f_1} \bigg/ \frac{\sum x_0 f_0}{\sum f_0} = \left(\frac{\sum x_1 f_1}{\sum f_1} \bigg/ \frac{\sum x_0 f_1}{\sum f_1} \right) \times \left(\frac{\sum x_0 f_1}{\sum f_1} \bigg/ \frac{\sum x_0 f_0}{f_0} \right) \tag{13-14}$$

从绝对水平看,

$$\frac{\sum x_1 f_1}{\sum f_1} - \frac{\sum x_0 f_0}{\sum f_0} = \left(\frac{\sum x_1 f_1}{\sum f_1} - \frac{\sum x_0 f_1}{\sum f_1} \right) + \left(\frac{\sum x_0 f_1}{\sum f_1} - \frac{\sum x_0 f_0}{\sum f_0} \right) \quad (13\text{-}15)$$

例 13.8 表 13-4 是某地区粮食作物的生产情况,试分析该地区三种农作物总的平均亩产量变动及其原因。

表 13-4 某地区粮食作物的生产情况

粮食作物	播种面积/ha		产量(kg/ha)	
	2004 年(f_0)	2005 年(f_1)	2004 年(x_0)	2005 年(x_1)
A	2 000	1 000	200	200
B	2 200	2 000	300	315
C	4 000	4 600	400	440

分析过程如下:

根据公式(13-11),计算该地区三种作物总平均单位面积产量指数为

$$\frac{\sum x_1 f_1}{\sum f_1} \Big/ \frac{\sum x_0 f_0}{\sum f_0} = \frac{2\ 854\ 000}{7\ 600} \Big/ \frac{2\ 660\ 000}{8\ 200} = \frac{375.5}{324.4} = 115.8\%$$

根据公式(13-12),计算出固定构成指数为

$$\frac{\sum x_1 f_1}{\sum f_1} \Big/ \frac{\sum x_0 f_1}{\sum f_1} = \frac{2\ 854\ 000}{7\ 600} \Big/ \frac{2\ 640\ 000}{7\ 600} = \frac{375.5}{347.4} = 108.09\%$$

根据上面计算的结果,固定构成指数 108.09%即各种作物单位面积产量平均上升 8.09%。从而,促使总平均单位面积产量增长 8.09%。

分别观察 A、B、C 三种作物的单位面积产量,A 不增不减,B 增加 5%,C 上升 10%。三种作物单位面积产量平均增长 8.09%,未超出最低限和最高限的范围。

根据公式(13-13),可得结构影响指数为

$$\frac{\sum x_0 f_1}{\sum f_1} \Big/ \frac{\sum x_0 f_0}{\sum f_0} = \frac{2\ 640\ 000}{7\ 600} \Big/ \frac{2\ 660\ 000}{8\ 200} = \frac{347.4}{324.4} = 107.09\%$$

这个平均数指数所反映的是播种面积构成变动,以及这种变动引起的全部粮食作物总平均单位面积产量的变动。由于播种面积构成发生了变化,致使总平均单位面积产量上升了 7.09%。

三者之间的相对数关系为

$$115.8\% = 108.09\% \times 107.09\%$$

从绝对水平看,该地区三种作物总平均单位面积产量变动额为

$$\frac{\sum x_1 f_1}{\sum f_1} - \frac{\sum x_0 f_0}{\sum f_0} = 375.5 - 324.4 = 51.1$$

因为各种粮食作物单位面积产量和播种面积构成均有变动,致使粮食作物总平均单位面积产量报告期比基期增加了 51.1kg。

$$\frac{\sum x_1 f_1}{\sum f_1} - \frac{\sum x_0 f_1}{\sum f_1} = 375.5 - 347.4 = 28.1$$

计算结果表明:由于各种作物单位面积产量变动,使总平均单位面积产量增加了 28.1 公斤。

$$\frac{\sum x_0 f_1}{\sum f_1} - \frac{\sum x_0 f_0}{\sum f_0} = 347.4 - 324.4 = 23$$

因为播种面积结构变化,使得全部粮食作物总平均单位面积产量增加了 23kg。

三者之间的绝对数关系为

$$51.1 = 28.1 + 23$$

13.6　常用价格指数

我国目前编制的时间价格指数主要有三类:第一类是与商品市场有关的价格指数,如商品零售价格指数、居民消费价格指数等;第二类是与生产资料市场有关的价格指数,如农业生产资料价格指数等;第三类是与资本市场有关的价格指数,如股票价格指数、基金价格指数等。本节重点介绍几种最常见的价格指数。

13.6.1　消费价格指数

消费价格指数(CPI)反映了一定时期内城乡居民所购买商品和服务的价格变动水平。一般国家的政府相关部门每个月都报告这一指标,观察消费价格的变动水平,研究实际收入和实际消费水平的变动状况,为研究城乡居民生活和制定工资政策等提供依据。

在美国,消费价格指数是广为了解和运用的经济指数,美国劳工统计局每个月都公布这个指数,它是美国生活费用的基本测度指标。美国建立这个指数需要由 400 多个商品或服务项目组成一个"购物篮"(market basket),购物篮中包括食品、住房、服装、交通运输和医疗保健等方面的商品或项目。消费价格指数是固定权数的加权综合物价指数,购物篮中每个商品或服务项目的权数通过对遍及美国的城市家庭的定期调查获得。

我国将这一指数称做居民消费价格指数,每月在国家统计局网站(http://www.stats.gov.cn)上公布这一指标,表 13-5 是我国 2015 年 7 月居民消费价格分类指数。

我国的居民消费价格指数是采用固定加权算术平均指数方法编制的。编制过程如下。

(1)项目分类:将各种居民消费划分为八大类(如表 13-5 所示),包括食品、烟酒及用品、衣着、家庭设备用品服务、医疗保健及个人用品、交通和通信、娱乐教育文化用品及服务、住房,下面再划分为若干个中类和小类。

(2)个体价格指数计算:从以上各类中选定 325 种有代表性的商品项目(含服务项目)入编指数,利用有关对比时期的价格资料分别计算个体价格指数。

(3)权数确定:依据有关时期内各种商品的销售额构成,确定代表品的比重权数,它既包括代表品本身的权数——直接权数,也包括该代表品所属的那一类商品中其他项目的权数——附加权数,以此提高入编项目对于所有消费品的一般代表性程度。

表 13-5　我国居民销售价格分类指数(2015 年 7 月)

项 目 名 称	上年同月=100			上年同期=100		
	全国	城市	农村	全国	城市	农村
居民消费价格指数	101.6	101.7	101.5	101.3	101.4	101.2
一、食品	102.7	102.7	102.9	102.1	102.1	102.2
粮食	101.9	102.1	101.6	102.5	102.7	102.2
肉禽及其制品	107.6	107.3	108.6	103.3	103.1	103.5
蛋	85.7	85.8	85.5	97.1	97.1	97.0
水产品	102.6	102.6	102.7	101.5	101.4	102.0
鲜菜	110.5	110.7	109.9	105.3	105.3	105.4
鲜果	91.6	91.3	92.6	99.3	99.0	100.4
二、烟酒及用品	103.6	103.4	104.0	101.0	100.9	101.1
三、衣着	102.9	103.1	102.6	102.9	103.1	102.4
四、家庭设备用品及服务	101.0	101.1	100.9	101.1	101.1	101.1
五、医疗保健及个人用品	101.9	101.8	102.4	101.8	101.6	102.1
六、交通和通信	98.2	98.3	98.0	98.3	98.4	98.1
七、娱乐教育文化用品及服务	101.7	101.7	101.5	101.6	101.6	101.3
八、居住	100.8	101.2	99.5	100.7	101.0	99.9

数据来源:中国产业研究报告网 http://www.chinairr.org。

(4)消费价格分类指数和总指数的编制:按从低到高的顺序,采用固定加权算术平均公式,依次编制各小类、中类的消费价格分类指数和消费价格总指数。

我国居民消费价格指数的编制公式如下:

$$P = \frac{\sum p_t w}{\sum w} \times 100 = \frac{\sum p_t w}{100} \times 100 \qquad (13\text{-}16)$$

式中，p_t 为各商品项目的个体价格指数；

w 为各商品项目的比重权数。

13.6.2 零售价格指数

零售价格指数是反映市场商品零售价格变动水平的一种价格指数。零售价格指数和消费价格指数一样被广为了解和应用，但两者分析和反映的经济意义有所不同，消费者价格指数综合反映城乡居民所购买的各种消费品和生活服务的价格变动程度，零售物价指数则反映城乡市场各种零售商品(不含服务)的价格变动程度。

我国的零售物价指数编制方法与消费者价格指数基本相同，也是采用固定加权算术平均指数公式。目前，零售物价指数与消费价格指数的入编商品不同，共计 353 项，其中不包括服务项目，以往曾包含的一部分对农村居民销售的农业生产资料现也已取消；对商品的分类方式也与消费者价格指数有所不同。以上两点决定了两种价格指数在分析意义上的差别。表 13-6 是我国 2015 年 7 月的商品零售价格分类指数(上年同月或同期为 100)。

表 13-6　我国商品零售价格分类指数(2015 年 7 月)

分　类	上年同月=100			上年同期=100		
	全国	城市	农村	全国	城市	农村
商品零售价格指数	100.2	100.1	100.5	100.0	99.9	100.1
一、食品	102.6	102.4	102.9	102.0	101.9	102.2
二、饮食、烟酒	102.9	102.8	103.1	101.0	101.1	101.0
三、服装、鞋帽	103.0	103.2	102.5	103.0	103.2	102.4
四、纺织品	100.5	100.5	100.6	100.7	100.5	101.0
五、家用电器及音像器材	98.8	98.5	99.7	98.9	98.6	99.7
六、文化办公用品	99.6	99.4	100.2	99.6	99.4	100.3
七、日用品	100.7	100.7	100.6	100.6	100.6	100.6
八、体育娱乐用品	100.6	100.5	101.2	100.6	100.4	101.1
九、交通、通信用品	98.2	98.0	98.9	98.6	98.4	99.3
十、家具	101.2	101.3	101.1	101.2	101.1	101.5
十一、化妆品	100.6	100.5	100.7	100.7	100.6	100.7
十二、金银珠宝	90.0	89.3	93.1	93.7	93.4	95.2
十三、中西药品及医疗保健用品	102.7	102.7	102.8	102.1	102.1	102.0
十四、书报杂志及电子出版物	102.7	102.9	102.3	102.6	102.8	102.3
十五、燃料	87.5	87.7	86.7	87.5	87.7	86.9
十六、建筑材料及五金电料	99.0	99.1	98.6	99.3	99.5	99.1

数据来源：中国产业研究报告网 http://www.chinairr.org。

13.6.3　股票价格指数

股票价格指数(stock price index)可以衡量整个股票市场总体或部分股票价格变动的水平、程度和基本趋势,人们形象地称之为市场经济的晴雨表。在比较成熟的市场经济条件下,资本市场发育比较充分,股票市场股价总体水平的波动和走向是反映经济景气状况的重要因素,是影响投资人决策和行为的主要因素之一,也是国家宏观经济调控的重要依据之一。

股票价格指数的编制方法很多,各有各的特点。绝大部分国家都编制好多种不同的股票价格指数,从不同角度反映同一市场中不同股票群体的总体股价变动水平,或者不同股票市场中股票的股价变动水平。例如,美国既有反映二板市场股价总体水平变动的纳斯达克指数,也有反映主板市场股价总体水平变动的道琼斯指数和 S&P500 指数(标准普尔指数),而且后两种指数的编制方法不同,分别从不同角度反映主板市场股价变动水平。我国除上证指数之外,还有反映上海证券交易市场部分股价变动程度的上证 30 指数、上证 180 指数、上证 A 股指数、上证 B 股指数以及各种分类指数,同时还有反映深圳证券交易市场股价变动程度的深圳综合指数、深圳成分指数、深圳 A 股指数、深圳 B 股指数以及各种分类指数。各国不同种类指数的编制方法不尽相同,以下介绍几种应用广泛或广为人知的方法。

1. 加权综合指数编制方法

这种方法是最重要和常用的股票价格指数编制方法,若入编指数的各种股票报告期价格为 p_t,基期价格为 p_0;相应股票报告期的发行量或交易量为 q_t,基期的发行量或交易量为 q_0,则加权综合形式的股票价格指数编制公式为

$$P = \frac{\sum p_t q_t}{\sum p_0 q_t} \times 100 \quad 或 \quad P = \frac{\sum p_t q_0}{\sum p_0 q_0} \times 100 \tag{13-17}$$

我国的上证指数、上证 30 指数、香港恒生指数和美国的 S&P500 指数等都是采用综合指数公式编制的。上证指数的编制方法已在 13.3 小节中详细介绍。美国的 S&P500 指数由美国 S&P(Standard & Poor)公司逐年逐月编制,目前其入编股票共计 500 种,其中包括 400 种工业股、20 种运输业股、40 种金融业股和 40 种公用事业股,对比基期为 1941—1943 年,采用拉氏指数公式,权数为基期各种股票的发行量,该指数具有较强的代表性和广泛的影响力。

2. 平均指标指数编制方法

该方法历史悠久,但不太科学与规范。以著名的美国道琼斯指数为例,其基本编制方

法就是对入编指数的各种股票分别计算不同时间的简单平均价格,通过对比得到相应日期的股价指数,其计算公式为

$$P = \frac{\sum p_t/n}{\sum p_0/n} \times 100 = \frac{\sum p_t}{\sum p_0} \times 100 \tag{13-18}$$

可见,该股价指数实际上是运用平均指标指数方法编制的,故通常又被称为道琼斯股价平均数。道琼斯指数目前的入编股票有 65 种,其中包括 30 种工业股、20 种运输业股、15 种公用事业股。道琼斯指数是不加权综合指数。这类指数的优点是简化了资料的采集和指数的计算,而且排除了结构变化对指数的影响;缺点是由于没有进行合理的加权,不能适当区分不同股票的重要性程度,即将大小公司的股价变动同等看待,使该指数的科学性、可比性较差。道琼斯指数一直沿用这种不太科学的编制方法在很大程度上是约定俗成、习惯使然。尽管如此,由于道琼斯指数的编制历史悠久,且入编公司的代表性较强,因而影响显著。

本章小结
>>>

指数是描述报告期(或报告点)价格、数量或价值与基期(或基准点)相比的相对变化程度的指标。按计入指数的项目数目的差异可将指数分为个体指数和综合指数;按编制的方法不同可将指数分为不加权指数和加权指数,加权指数按赋予权重的方式不同又可分为拉氏指数和帕氏指数;按反映内容的差异可将指数分为价格指数、数量指数和质量指数;按对比场合的差异可将指数分为时间指数和区域指数。本章按照指数这些分类分别介绍了多种单个指数的编制方法和指数体系以及影响指数体系的因素。

最后,本章重点介绍了三类常用的价格指数。消费价格指数反映了城乡居民一揽子商品和服务的价格变动水平;零售价格指数是反映市场商品零售价格变动水平的一种价格指数;股票价格指数可以衡量整个股票市场总体或部分股票价格变动的水平、程度和基本趋势。

关键术语
>>>

指数(index)　　　　　　　　　　　不加权指数(unweighted index)

数量指数(quantity index)　　　　　加权指数(weighted index)

质量指数(quality index)　　　　　　拉氏指数(Laspeyres index)

个体指数(simple index)　　　　　　帕氏指数(Paasche index)

综合指数(aggregative index)　　　　价格指数(price indexes)

价比(price relative)　　　　　　　　消费价格指数(consumer price index, CPI)

零售价格指数(retail price index)　　　　标准普尔指数(S&P 500 index)

股票价格指数(stock price index)　　　　道琼斯指数(Dow Jones industrial average)

习题

>>>

基础习题

1. 什么是指数？指数有哪些主要类型？

2. 加权综合指数有哪些主要的编制方法？有什么区别？在编制中要注意哪些问题？

3. 综合评价指数是什么？有哪些主要的编制方法？

4. 什么是指数体系？指数体系的主要作用是什么？

5. 常用的价格指数有哪些？各自的作用是什么？

6. 消费价格指数和零售价格指数的有何异同？

7. 上证指数、S&P500指数(标准普尔指数)和道琼斯指数在编制方法上有何异同？

应用习题

8. 下表是某地区集中典型日化产品近两年的价格和销售量数据

名　　称	2014 年 3 月		2015 年 3 月	
	价格/元	销售量	价格/元	销售量
洗发水/瓶	26.0	50 000	26.5	52 500
洗衣粉/袋	4.3	120 000	4.5	127 000
香皂/块	2.7	74 000	3.0	80 000
牙膏/管	7.6	65 000	8.0	70 000
护肤霜	34	10 000	34.7	11 000

(1) 计算该地区 2015 年 3 月日化产品的不加权综合指数(以 2014 年 3 月为基数)。

(2) 用拉式指数计算该地区 2015 年日化产品的加权综合指数(以 2014 年 3 月为基数)。

(3) 用帕式指数计算该地区 2015 年 3 月日化产品的加权综合指数(以 2014 年 3 月为基数)。

(4) 分析该地区日化产品价格变动情况。

9. 设三只股票的价格与发行量如下表所示(对应辅助资源数据文件 13.9)，试计算股票的价格指数。

股票名称	基期价格/元	本日收盘价格/元	发行量/万股
A	3.57	3.80	12 000
B	15.30	15.15	3 500
C	21.22	22.10	2 000

10. 根据国家统计局,我国 2013 年社会消费品零售总额为 242 842.8 亿元,2014 年增加为 271 896.1 亿元,物价指数提高了 0.39%,试计算零售量指数;并分析零售量和物价因素变动对零售总额变动的影响绝对值。

案例研究

>>>

上证 50 指数

上证 50 指数是根据科学客观的方法,挑选上海证券市场规模大、流动性好的最具代表性的 50 只股票组成样本股,以便综合反映上海证券市场最具市场影响力的一批龙头企业的整体状况。上证 50 指数自 2004 年 1 月 2 日起正式发布。其目标是建立一个成交活跃、规模较大、主要作为衍生金融工具基础的投资指数。上证 50 指数的编制方法与上证指数完全相同,采用加权综合指数编制方法进行编制。不同之处是两者的样本股不同,上证指数以上海证券市场的所有股票为样本。

下表是在上海证券交易所网(http://www.sse.com.cn)2004 年 1 月 2 日发布的上证 50 指数样本股以及作者在股票分析系统中查找的样本股当日收盘股价、当日股本数量和 2004 年 4 月 12 日的收盘股价。2004 年 1 月 2 日到 2004 年 4 月 12 日之间 3 只样本股(国电电力、上海机场和天津港)的股本数改变,这三只股票 2004 年 4 月 12 日的股价已做过修正(表中打 * 号的数据),所以,此处不考虑股本变化对指数的影响这一因素。据查,2004 年 1 月 2 日的上证 50 指数收盘为 1 011.35 点。

上证 50 指数样本股股价

股票名称	2004 年 1 月 2 日		2004 年 4 月 12 日	股票名称	2004 年 1 月 2 日		2004 年 4 月 12 日
	股价(元)	股本数(股)	股价(元)		股价(元)	股本数(股)	股价(元)
浦发银行	10.5	391 500	10.51	上海航空	9.36	72 100	11.73
首创股份	11.1	110 000	12	广电电子	10.79	92 722.8	11.39
华夏银行	7.74	350 000	7.42	申能股份	14.46	179 308.8	14.35
宝钢股份	7.25	1 251 200	7.07	爱使股份	6.96	38 951.2	7.39
南方航空	5.08	437 417.8	5.64	北亚集团	5.63	65 313.7	7.06
招商银行	10.88	570 681.8	10.59	悦达投资	6.08	54 544.5	6.08
广州控股	11.33	125 280	12.6	华北制药	5.13	116 939.4	6.19
上海贝岭	9.63	61 255.3	12.19	内蒙华电	6.92	198 122	6.53
安阳钢铁	7.62	134 549	8.39	长江电力	8.83	785 600	9
方正科技	8.69	48 522.4	12.09	东风汽车	11.57	100 000	12.91
广电信息	10.51	81 981.2	11.7	华能国际	17.79	602 767.1	22.73
原水股份	7.98	188 439.5	8.33	上港集箱	14.34	180 440	14.29

续表

股票名称	2004 年 1 月 2 日		2004 年 4 月 12 日	股票名称	2004 年 1 月 2 日		2004 年 4 月 12 日
	股价（元）	股本数（股）	股价（元）		股价（元）	股本数（股）	股价（元）
上海石化	6.39	720 000	6.78	中国石化	5.21	8 670 243.9	5.07
国电电力	12.2	140 229.3	13.71 *	福建高速	8.28	82 200	8.39
东方集团	7	63 149.5	7.16	中国联通	4.12	1 969 659.6	4.33
四川长虹	6.79	216 421.1	8.09	上海汽车	13.67	251 999.9	14.21
张江高科	6.33	121 566.9	8.53	山东基建	5.08	336 380	4.96
白云机场	9.01	100 000	9.85	光明乳业	11.48	65 118.3	13.82
上海机场	9.89	185 633	12.56 *	金杯汽车	5.95	109 266.7	6.98
民生银行	9.58	362 525.9	10.49	爱建股份	9.37	46 068.8	7.56
中海发展	8.65	332 600	10.42	哈药集团	11.03	95 538.9	10.44
中信证券	7.98	248 150	9.03	天津港	12.37	72 442	13.69 *
哈飞股份	13.18	25 950	13.45	马钢股份	4.86	645 530	5.78
清华同方	14.73	57 461.2	18.98	东方明珠	14.56	96 324	15.52
海南航空	4.99	73 025.2	5.54	伊利股份	11.55	39 126.5	13.36

管理报告

1. 试根据以上数据计算 2004 年 4 月 12 日的上证 50 指数是多少？

2. 参考平均指标指数编制方法，试编制一个新的上证 50 指数，并将其与现有的上证 50 指数做比较，分析两种编制方法的优缺点。

CHAPTER 14

第14章 聚类分析

14.1 聚类分析概述

中国有一句古话:“物以类聚,人以群分”。而在日常的社会生活中,我们也经常会碰见以下一些关于分类、分群的问题。例如,把一些样品、指标根据实际需要进行分类;在经济领域的研究中,也经常需要把性质相近的经济现象归为一类,以便在把大量复杂的经济特征归类后,找出它们之间存在的“隐秘”的规律性,再基于规律性进行研究。对于这些问题,过去多采用单因素定性分类法,但是仅凭经验难于作出科学、精确的分类,特别是对于多指标多因素的问题,故而要采用多变量的数值处理方法,聚类分析(cluster analysis)则正是统计学中研究以上问题的一种多元统计分析方法。

首先我们通过下面的例子来看看什么是聚类分析。

例 14.1 对 7 种产品的销售情况进行检验。共有两个指标:销售额和销售量,其数值分别如图 14-1 所示。选择合适的统计方法对这些产品进行分类。

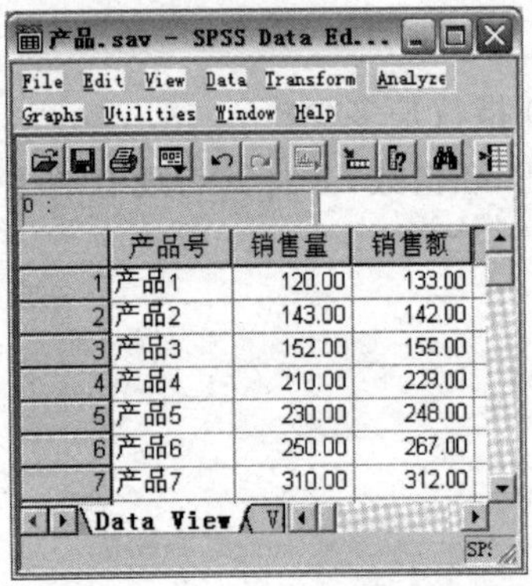

	产品号	销售量	销售额
1	产品1	120.00	133.00
2	产品2	143.00	142.00
3	产品3	152.00	155.00
4	产品4	210.00	229.00
5	产品5	230.00	248.00
6	产品6	250.00	267.00
7	产品7	310.00	312.00

图 14-1 7 个产品的销售数据

现在要将这 7 个产品按照销售量和销售额的大小分为两类。很容易得出,产品 1、2、3 应该是一类的;产品 4、5、6、7 应该是一类的。如果将它们分成三类,则仍很易得出,产品 1、2、3 还是一类的;产品 4、5、6 是一类的;产品 7 自成一类。

可见,对产品的分类事先是没有给定标准的,完全从给出的样本数据出发进行分类。产品 1 和产品 2、3 在一类是因为在销售量和销售额上接近,与产品 4、5、6、7 不在一类,则是因为在销售量和销售额上的差距比较大。

聚类分析的作用正在于此,主要用于辨认具有相似性的事物,并根据彼此不同的特性加以“聚类”,即自动分类,使同一类的事物具有高度的相似性,不同类的事物有较大的差异性。简单地说,聚类分析就是把事物按其相似程度分类,并寻找不同类别事物特征的分析工具。在分类过程中,无须先定义分类标准,聚类分析能够从现有的样本数据(或变量)出发,按它们的亲疏程度分成若干类,并能通过变量与变量(样本与样本)的连接状况,揭示在同一类别中不同变量或样本的亲疏程度。

14.2　距离和相似系数

14.2.1　变量测量尺度的类型

为了将样本分类，就需要研究样本之间的关系；而为了将变量分类，就需要研究变量之间的关系。但无论是样本之间的关系，还是变量之间的关系，都是用变量来描述的，变量的类型不同，描述方法也就不同。通常，变量按照测量它们的尺度不同，可以分为三类。

(1) 间隔尺度。这种变量度量时用数量来表示，常为连续型和离散型指标变量，其数值由测量或计数、统计得到，如长度、重量、收入、支出等。一般来说，计数得到数值的是离散变量，测量得到数值的是连续变量。在间隔尺度中如果存在绝对零点，又称比例尺度。

(2) 顺序尺度，又称有序多态变量。这种变量无法度量，即没有明确的数量表示，只有次序关系，或虽用数量表示，但相邻两个数值之间并没有绝对基数效应，它只表示一个有序状态序列，数值之间只有序数效应。如评价学生的学习成绩，分成优、良、中、差四等，或一等、二等、三等、四等。

(3) 名义尺度，也称无序多态指标。这种变量度量时既没有数量表示也没有次序关系，只有一些特性状态，如性别的男、女，一年四季的春、夏、秋、冬等。

14.2.2　样本间亲疏程度的测度

研究样本或变量的亲疏程度的数量指标有两种，一种叫距离，它是将每一个样本看做一个点，并用某种度量测量点与点之间的距离，距离近的点归为一类，距离远的点应属于不同的类。另一种叫相似系数，变量或样本的相似系数的绝对值越接近于 1，则它们的关系越密切，性质越接近；当相似系数的绝对值越接近于 0，则变量或样本的关系越疏远。在一定的水平下，相似的变量或样本为一类，不相似的变量或样本属于不同类。

变量之间的聚类即 R 型聚类分析，常用相似系数来测度变量之间的亲疏程度。而样本之间的聚类即 Q 型聚类分析，常用距离来测度样本之间的亲疏程度。

1. 距离的定义和特点

以 d_{ij} 表示第 i 个样本与第 j 个样本间的距离，需要满足以下 4 个条件。

(1) $d_{ij} \geqslant 0$ 对一切 i 和 j 成立；

(2) $d_{ij} = 0$ 当且仅当 $i = j$ 成立；

(3) $d_{ij} = d_{ji} \geqslant 0$ 对一切 i 和 j 成立；

(4) $d_{ij} \leqslant d_{ik} + d_{kj}$ 对于一切 i 和 j 成立。

2. 常用距离的分类

由于距离的类型不同,其定义式也稍有差异,下面介绍聚类分析中对连续型变量常用的几种距离及其定义式。

(1) 欧氏距离(Euclidean distance):两样本 x,y 之间的距离是两个样本在每个变量上的相应值之差的平方和的平方根,$x=(x_1,x_2,\cdots,x_m)$,$y=(y_1,y_2,\cdots,y_m)$

$$EUCLID(x,y) = \sqrt{\sum_{i=1}^{m}(x_i - y_i)^2}$$

例如:表 14-1 中,产品 1 和产品 2 的 $EUCLID(1,2) = \sqrt{(120-143)^2 + (133-142)^2}$

(2) 欧氏距离平方(squared Euclidean distance):两样本 x,y 之间的距离是两个样本在每个变量上的相应值之差的平方和。

$$SEUCID(x,y) = \sum_{i=1}^{m}(x_i - y_i)^2$$

(3) 切比雪夫距离(Chebychev distance):两样本 x,y 之间的距离是两个样本在每个变量上的相应值之差的绝对值的最大值。

$$CHEBYCHEV(x,y) = \max\{\,|\,x_i - y_i\,|\,(i = 1,2,\cdots,m)\}$$

例如:表 14-1 中,产品 1 和产品 2 的 $CHEBYCHEV(1,2) = \max\{|120-143|,|133-142|\}$

(4) 马氏距离(Block distance):也称广义欧氏距离,是两个样本在每个变量上的相应值之差的绝对值的总和。

$$BLOCK(x,y) = \sum_{i=1}^{m}|\,x_i - y_i\,|$$

例如:表 14-1 中,产品 1 和产品 2 的 $BLOCK(1,2) = |120-143| + |133-142|$

(5) 明可斯基距离(Minkowski distance):两样本 x,y 之间的距离是两个样本在每个变量上的相应值之差的绝对值的 p 次方的总和,再求 p 次方根。

$$MINKOWSKI(x,y) = \left(\sum_{i=1}^{m}|\,x_i - y_i\,|^p\right)^{1/p} \quad (p \text{ 为正数})$$

例如:表 14-1 中,产品 1 和产品 2 的 $MINKOWSKI(1,2) = \{|120-143|^p + |133-142|^p\}^{1/p}$

(6) 自定义距离(customized distance):两样本 x,y 之间的距离是两个样本在每个变量上的相应值之差的绝对值的 p 次方的总和,再求 q 次方根。

$$CUSTOMIZED(x,y) = \left(\sum_{i=1}^{m}|\,x_i - y_i\,|^p\right)^{1/q} \quad (p,q \text{ 为正数})$$

当 $p=2,q=2$ 时是欧氏距离;当 $p=2,q=1$ 时是欧氏距离平方;当 $p=1,q=1$ 时是马氏距离。

3. 相似系数的计算

（1）夹角余弦

夹角余弦是从向量集合的角度所定义的一种测度变量之间亲疏程度的相似系数。它是受相似形的启发而来的,在形状相似而长度不是主要矛盾时用夹角余弦能反映出指标之间的关系。

设在 n 维空间的向量 $\boldsymbol{x}_i = (x_{1i}, x_{2i}, \cdots, x_{ni})^{\mathrm{T}}$, $\boldsymbol{x}_j = (x_{1j}, x_{2j}, \cdots, x_{nj})^{\mathrm{T}}$,定义夹角余弦为

$$c_{ij}(1) = \cos\alpha_{ij} = \frac{\displaystyle\sum_{k=1}^{n} x_{ki} x_{kj}}{\sqrt{\displaystyle\sum_{k=1}^{n} x_{ki}^2 \sum_{k=1}^{n} x_{kj}^2}}$$

（2）相关系数

相关系数常用 r_{ij} 表示,这是大家较为熟悉的统计量之一。为了和其他相似系数的符号统一,这里将它记做 $c_{ij}(2)$。

设 $\boldsymbol{x}_i = (x_{i1}, x_{i2}, \cdots, x_{ip})^{\mathrm{T}}$ 和 $\boldsymbol{x}_j = (x_{j1}, x_{j2}, \cdots, x_{jp})^{\mathrm{T}}$ 是第 i 个和第 j 个样本的观测值,则两者之间的相关系数为

$$c_{ij}(2) = \gamma_{ij} = \frac{\displaystyle\sum_{k=1}^{p} (x_{ik} - \bar{x}_i)(x_{jk} - \bar{x}_j)}{\sqrt{\left[\displaystyle\sum_{k=1}^{p} (x_{ik} - \bar{x}_i)^2\right]\left[\displaystyle\sum_{k=1}^{p} (x_{jk} - \bar{x}_j)^2\right]}}$$

4. 相似系数和距离的转化

有时也可以用距离来描述指标之间的接近程度。距离和相似系数之间可以相互转化。设 d_{ij} 为距离,则 $c_{ij} = 1/(1 + d_{ij})$ 为相似系数。若 c_{ij} 为相似系数,则 $d_{ij} = 1 - c_{ij}^2$ 或 $d_{ij} = [2(1 - c_{ij}^2)]^{1/2}$ 可以看做距离。

14.3　类间距离计算方法

根据系统分类法中合成法的思想,第一步将 n 个样本看做 n 个类,然后合并距离最近的两类为一个种类。如何计算类与类的距离呢? 用 $D(p, q)$ 表示 p 类和 q 类之间的距离,常用的类间距离计算方法有以下几种。

14.3.1　最短距离连接法

最短距离连接法（nearest neighbor）用两类中所有样本对距离的最小值作为两类的

距离,合并距离最近或相关系数最大的两类,如图 14-2 所示。

$$D(p,q) = \min\{d_{ij} \mid x_{1i} \in G_p, x_{2j} \in G_q\}$$

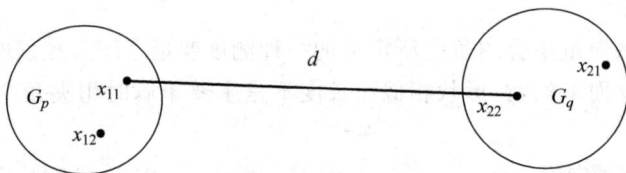

图 14-2 最短距离连接法

14.3.2 最长距离连接法

最长距离连接法(furthest neighbor)用两类中所有样本对距离的最大值作为两类的距离,合并距离最近或相关系数最大的两类,如图 14-3 所示。

$$D(p,q) = \max\{d_{ij} \mid x_{1i} \in G_p, x_{2j} \in G_q\}$$

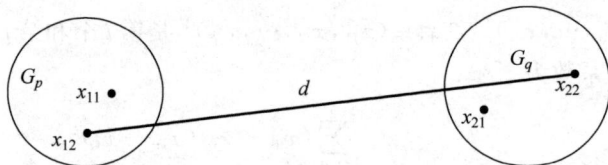

图 14-3 最长距离连接法

14.3.3 类间平均距离连接法

类间平均距离连接法(between-groups linkage):将两个类所有的样本对(样本对的两个成员分属于不同的类)的平均距离作为两类的距离,合并距离最近或相关系数最大的两类。此方法利用了两个类中所有的样本信息,如图 14-4 所示。

$$D(p,q) = \frac{1}{\mid G_p \mid \mid G_q \mid} \sum_{i \in G_p} \sum_{j \in G_q} d_{ij}$$

式中,$\mid G_p \mid, \mid G_q \mid$ 分别表示集合 G_p, G_q 中元素的个数。

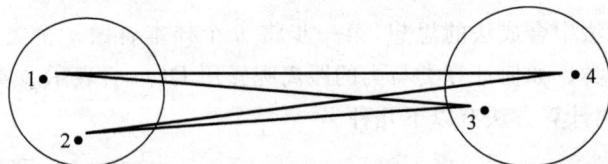

图 14-4 类间平均距离连接法

14.3.4　类内平均距离连接法

类内平均距离连接法（within-groups linkage）：与类间平均距离连接法类似，但此时的平均距离是指对两个类中所有样本的距离求平均值，包括两个类之间的样本对以及两个类内的样本对，如图 14-5 所示。

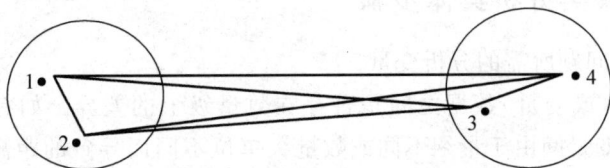

图 14-5　类内平均距离连接法

14.3.5　重心聚类法

重心聚类法（centroid clustering）：将两类重心 $\overline{X}_p$ 和 $\overline{X}_q$ 间的距离作为两类的距离，合并距离最近或相关系数最大的两类。

$$D(p,q) = d_{\overline{X}_p \overline{X}_q}$$

每个类的重心是该类中所有样本在各个变量上的均值所在的点。

14.3.6　离差平方和法

离差平方和法（sum of squares method）：该方法是在聚类过程中，将类内各样本的欧氏距离总平方和增加最小的两类合并成一类。利用离差平方和法分类的效果较好，但它要求样本之间的距离必须是欧式距离。

14.3.7　中位数法

中位数法（median method）：该方法是将两类的中位数间的距离作为两类之间的距离，其优点是比较稳健。

如何选择适当的方法聚类，需要依照实际问题的背景，也需要经验。从数理统计角度看，重心聚类法和中位数法不具有单调性，随机模拟的结果表明，最长距离法不具有最优化性。很多实际工作者采用最短距离法进行聚类。

14.4　层次聚类分析法

14.4.1　层次聚类分析概述

层次聚类分析（hierarchical cluster analysis），也叫系统聚类分析，是聚类分析中应用最广泛的一种方法。其基本思想是：开始把 n 个参与聚类的样本(或变量)视为不同的 n 类，然后根据由某些方法度量出的所有类之间的亲疏程度，将最亲密的两个类先聚成一类；再从 $(n-1)$ 个类中继续按照以上的度量方法计算出类间的亲疏程度，然后将最亲密的两个类聚成一类；如此反复，直到所有的样本或变量聚成一大类为止。

14.4.2　层次聚类分析具体步骤

(1) 选择研究问题所需的分析变量。

(2) 查看样本(或变量)数据之间是否存在数量级上的差异。如有则需将数据标准化，目的是消除各变量间由于量纲不同或数量级单位不同而导致的距离或相似系数计算结果的较大偏差。

(3) 根据样品的特征，选择度量样本(或变量)数据亲疏程度的计算公式，计算所有样本(或变量)两两之间的亲疏程度。规定样本(或变量)之间的距离 d_{ij}，共有 C_n^2 个再令 $d_{ii}=0$。得到距离矩阵 $D=\{d_{ij}\}$。

(4) 选择聚类方法，将最亲密的两个类聚成一类。

(5) 如果类的个数大于 1，则继续步骤(3)和步骤(4)，直至所有的样本(或变量)聚为一类为止。

(6) 输出聚类结果和指定输出的聚类图，包括树形图和冰柱图。

(7) 决定类的个数和类的含义。

(8) 根据所研究问题的背景及相关知识，按某种分类标准或分类原则，分析得出最终比较科学的聚类结果。

14.4.3　用 SPSS 进行层次聚类分析基本操作步骤和输出结果分析

(1) 选择 Analyze→Classify→Hierarchical Cluster，出现层次聚类分析主对话框，见图 14-6。

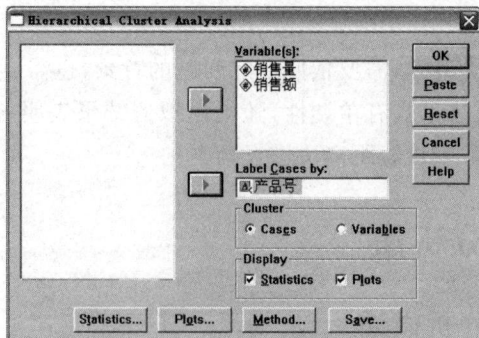

图 14-6　SPSS 层次聚类分析主对话框

（2）选择参与层次聚类分析的变量移入 Variables 框中。对于样本聚类,至少要 1 个数值型变量,对于变量聚类,至少要 3 个数值型变量。

（3）选择一个字符型变量作为样本的标识变量移入 Label Cases by 框中。系统默认用 case 编号标识样本,用户也可自行指定。

（4）选择做 R 型聚类还是 Q 型聚类。系统默认是 Q 型聚类。

（5）单击 Method 按钮,出现如图 14-7 的子对话框。其中:Cluster Method 下拉框中给出的是聚类方法,SPSS 默认的是类间平均距离连接法(between-groups linkage);Measure 框中给出的是根据变量类型选择距离或相似系数的度量方法,Interval 适用于连续变量,SPSS 默认为计算欧氏距离平方(squared euclidean distance);Counts 适用于离散变量,SPSS 默认为计算 χ^2 统计量(chi-square measure);Binary 适用于二值变量,SPSS 默认为计算二元欧氏距离平方(squared euclidean distance)。

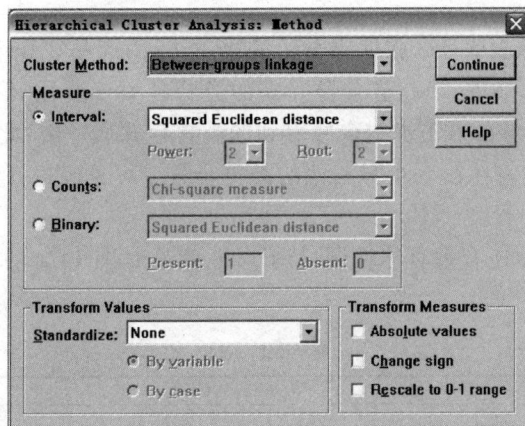

图 14-7 层次聚类分析 Method 子对话框

在 SPSS 中对图 14-1 中的数据作层次聚类分析,将销售额和销售量作为 Variables,产品号作为 Label,其他选项均为默认选项。SPSS 层次聚类分析默认输出的分析结果有聚结表和冰柱图。

表 14-1 就是对图 14-1 中的数据作层次聚类分析得到的聚结表(Agglomeration Schedule)。聚结表的第 1 列 Stage 表示聚类分析的第几步;第 2 列和第 3 列(Cluster combined)表示本步聚类是由哪两个样本或类合并成一类。合并以后用第 1 项的样本(或变量)号表示刚生成的新类。第 4 列(Coefficients)表示本步聚类对应的样本距离或类间距离或相似系数,由聚类分析的原理可知,样本之间亲密程度最高,即距离最小或相似系数最接近于 1 或－1 的,最先合并成一类。因此该列中的系数与第 1 列的聚类步骤相对应,由上至下系数值从小到大排列。第 5、第 6 列(Stage Cluster First Appears)表示本步

聚类中参与聚类的是样本还是先前已经合并的类,如果值为 0 则表明是样本,如果为数字 n(非 0),则是表示由第几步产生的类参与了本步的聚类;第 7 列(Next Stage)表示本步聚类得到的新类将在下面第几步中与其他样本或类合并。

表 14-1　层次聚类分析的聚结表

Stage	Cluster Combined		Coefficients	Stage Cluster First Appears		Next Stage
	Cluster 1	Cluster 2		Cluster 1	Cluster 2	
1	2	3	250.000	0	0	3
2	5	6	761.000	0	0	4
3	1	2	1 059.000	0	1	6
4	4	5	1 902.500	0	2	5
5	4	7	11 003.333	4	0	6
6	1	4	29 641.500	3	5	0

聚结表第 1 行的数据表明:在聚类分析的第 1 步,由产品 2 和产品 3 先合并成一类,它们的样本欧氏距离平方是 250,这个合并完的类将在第 3 步用到。第 3 行即在聚类分析的第 3 步,由产品 1 与在第 1 步中合并得到的类再合并成一类,此时的欧氏距离平方是 1 059,这个合并完的类将在第 6 步与其他的类再合并。可见经过 6 步合并,7 个样本最后聚成一大类。

在默认输出结果中还有垂直冰柱图。图 14-8 就是对图 14-1 的数据进行层次聚类分析得到的垂直冰柱图。

Vertical Icicle

Number of clusters	Case												
	7: 产品7		6: 产品6		5: 产品5		4: 产品4		3: 产品3		2: 产品2		1: 产品1
1	X	X	X	X	X	X	X	X	X	X	X	X	X
2	X	X	X	X	X	X	X		X	X	X	X	X
3	X		X	X	X	X	X		X	X	X	X	X
4	X		X	X	X		X		X	X	X	X	X
5	X		X	X	X		X		X	X	X		X
6	X		X		X		X		X	X	X		X

图 14-8　层次聚类分析的垂直冰柱图

垂直冰柱图中第 1 列为类数,第 1 行为参与聚类的样本。垂直冰柱图需从下向上解读。在最后一行中,也就是聚类的第一步,哪两个样品参与了第一步聚类在垂直冰柱图中体现为:在最后一行产品 2 和产品 3 所对应的列之间的列都被 X 填充了。因此可知产品 2 和产品 3 先进行合并,其他仍自成一类,还有 6 类。同理,在倒数第 2 行,由图可知产品

5 和产品 6 进行了合并,因为产品 5 和产品 6 所对应的列之间的列都被 X 填充了。如此继续下去,直至所有的样本都聚成一类,最后的图形中,由于 X 填充构成的阴影条形很像冬天屋檐上倒挂的冰柱,因此称为冰柱图。

从冰柱图中很容易看出聚出的类数。如果想聚成 5 类,则产品 5 和产品 6 一类,产品 2 和产品 3 一类,其他自成一类。如果想聚成 3 类,则产品 4、产品 5 和产品 6 一类,产品 1、产品 2 和产品 3 一类,产品 7 自成一类。

14.4.4　SPSS 层次聚类分析操作的其他常用选项

以上讲了 SPSS 层次聚类分析的基本操作步骤,但其实 SPSS 层次聚类分析还有其他可选项,可以实现许多附加功能,增强分析能力。

1. 标准化处理

在 SPSS 层次聚类分析主对话框中单击 Method 按钮,出现如图 14-7 的对话框。在 Transform Values 框中可以设置对数据进行标准化处理的方法。SPSS 默认为 None,表示不作标准化处理。有时在具体实例分析时,为了排除量纲以及数量级的影响就要进行标准化处理了,此时则需根据具体情况指定相应的处理方法。在 SPSS 中有以下的标准化方法。

（1）Z scores：此方法使数据标准化为均值为 0,标准差为 1。即将需作标准化的变量的每个变量值减去该变量的均值再除以该变量的标准差。一般来说,用此种方法比较普遍。

（2）Range －1 to 1：此方法使数据标准化为 －1 到 1 的范围内。即将需作标准化的变量的每个变量值除以该变量的极差。注意：此方法要求变量值中必须含有负数。

（3）Range 0 to 1：此方法使数据标准化为 0 到 1 的范围内。即将需作标准化的变量的每个变量值减去该变量的最小值再除以该变量的极差。

（4）Maximum magnitude of 1：此方法使数据标准化为最大值为 1。即将需作标准化的变量的每个变量值除以该变量的最大值。

（5）Mean of 1：此方法使数据标准化为均值为 1 的范围内。即将需作标准化的变量的每个变量值除以该变量的均值。

（6）Standard deviation of 1：此方法使数据标准化为单位标准差的范围内。即将需作标准化的变量的每个变量值除以该变量的标准差。

需要注意的是：在进行标准化处理时,还需指定标准化处理是针对样本还是针对变量的。By cases 表示针对样本,适用于 R 型聚类分析。By variables 表示针对变量,适用于 Q 型聚类分析。SPSS 系统默认是 By variables。

在对图 14-1 的数据进行聚类分析时,由于数据的数量级属于同级,就无须作标准化处理。如果销售量这个变量以件为单位(例 14.1 中以千件为单位),则对应的变量值就会变成 10^3 的数量级,于是,为了避免数量级对结果的影响,就需要对数据作标准化处理了。

2. 树形图的输出

SPSS 层次聚类分析默认输出的分析结果是聚结表和冰柱图。其实,在 SPSS 层次聚类分析中还有一种图形是树形图。在 SPSS 层次聚类分析主对话框中单击 Plots 按钮,出现如图 14-9 的对话框,选定 Dendrogram 选项,指定输出树形图。

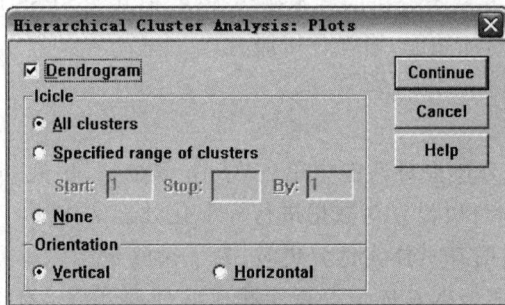

图 14-9　层次聚类分析的 Plots 子对话框

对图 14-1 的数据进行聚类分析时,增加以上操作,则在输出结果中得到树形图,如图 14-10 所示。

Dendrogram

* * * * * * H I E R A R C H I C A L　C L U S T E R　A N A L Y S I S * * * * * *

Dendrogram using Average Linkage (Between Groups)

Rescaled Distance Cluster Combine

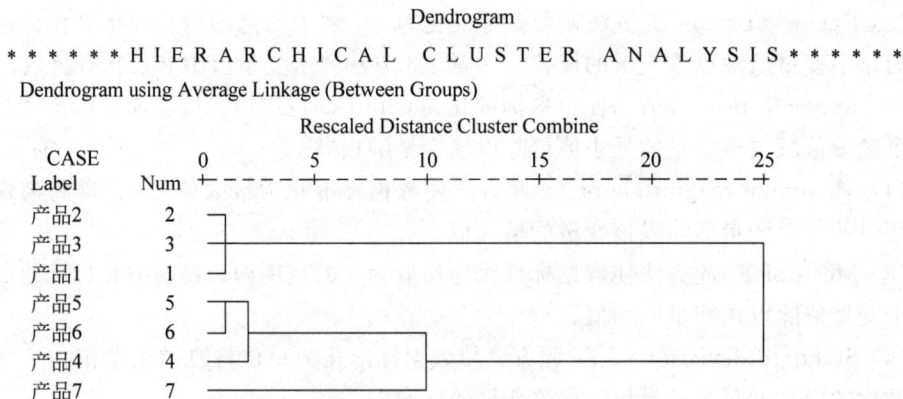

图 14-10　层次聚类分析的树形图

树形图是以树的形式清晰地表示聚类分析的全过程。它将实际的各类间的距离按比例调整为 0～25 的范围内,用连线的方式将距离相近的样本或类连接起来,直至并为一类

（垂线表示连接的聚类，横线的长短表示被连接的两类之间的距离大小，即差异的大小）。由图 14-10 可以很容易地看出，聚成三类比较理想，因为聚成三类时同类的距离较小，不同类的距离较大。即产品 4、产品 5 和产品 6 一类，产品 1、产品 2 和产品 3 一类，产品 7 自成一类。当需要分类的样本或变量较多时，树形图比冰柱图要清楚得多，建议大家使用。然而，树形图的缺点是只能很粗略地展现聚类分析的全过程，如果样本或类之间差距较小，则在图形中难以分辨，此时还需借助聚结表来分析。

3. 指定分类情况的输出

SPSS 层次聚类分析最终将所有的样本（或变量）归为一类，而有时在实际工作中由于研究分析问题的需要，需将样本聚成指定的几类。虽然可以通过分析聚结表、冰柱图或树形图得到所需的分类情况，但如果是很多样本的数据，则需要花很长的时间及精力。这时就要指定分类情况的输出了。在层次聚类分析过程中，SPSS 可以产生任意可能的聚类结果，并能清楚地显示每个样本的类归属情况。

具体操作步骤是：在 SPSS 层次聚类分析主对话框中单击 Statistics 按钮，出现如图 14-11 的对话框。在 Cluster Membership 框中，可以选定 Single solution 并在后面的 Cluster 窗口中输入一个大于或等于 1 的具体的整数 n（n 应小于总样本数），则在输出结果中会显示样本（或变量）在聚成 n 类时的具体归属情况，例如可以对图 14-1 的数据聚成两类，则在窗口中填 2。也可以选定 Range of solutions 并在下面的 From 和 Though 窗口中分别输入两个具体的大于 1 的整数 n_1，n_2（$n_1 < n_2$），指定显示样本（或变量）在聚成 n_1 类到 n_2 类时，所有样本（或变量）的具体类归属情况。

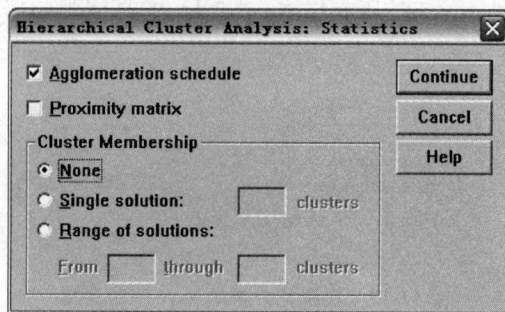

图 14-11　层次聚类分析的 statistics 子对话框

对图 14-1 的数据进行聚类分析时增加选定 Range of solutions，并输入两个具体的数值 2 和 5，则在输出结果中得到指定分类情况（见图 14-12）。

Cluster Membership

Case	5 Clusters	4 Clusters	3 Clusters	2 Clusters
1：产品 1	1	1	1	1
2：产品 2	2	1	1	1
3：产品 3	2	1	1	1
4：产品 4	3	2	2	2
5：产品 5	4	3	2	2
6：产品 6	4	3	2	2
7：产品 7	5	4	3	2

图 14-12　指定分类情况输出

由图 14-12 可以清晰地看出 7 个产品在聚成 2 类至 5 类时的成员归属情况。这样极大地增强了对问题的分析能力。

4. SPSS 层次聚类分析结果的保存

在 SPSS 中也可以将所有样本的类归属情况以变量的形式保存到用于分析的样本数据中。具体操作步骤是：在 SPSS 层次聚类分析主对话框中单击 Save 按钮，出现如图 14-13 的对话框。在 Cluster Membership 框中，None 单选钮为默认选项，表示不保存新变量，选定 Single solution 并在后面的 Cluster 窗口中输入一个大于或等于 1 的具体的整数 n（n 应小于总样本数），则会生成一个新变量保存样本（或变量）在聚成 n 类时的具体归属情况，也可以选定 Range of solutions 并在下面的 From 和 Though 窗口中分别输入两个具体的大于 1 的整数 n_1，n_2（$n_1 < n_2$），则会生成（$n_2 - n_1 + 2$）个新变量分别保存样本（或变量）在聚成 n_1 类到 n_2 类时，所有样本（或变量）的具体类归属情况。

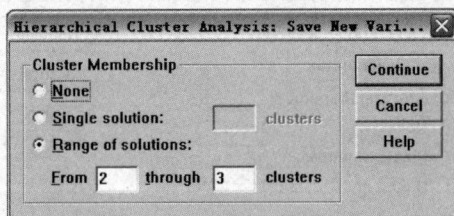

图 14-13　次聚类分析的 Save 子对话框

对图 14-1 的数据进行聚类分析时增加选定 Range of solutions，并输入两个具体的数值 2 和 3，则在数据编辑窗口会多出两个变量，即新生成两个变量分别保存样本（或变量）在聚成 2 类到 3 类时，所有样本（或变量）的具体类归属情况（见图 14-14）。变量名是 cluN-M 其中 N 表示聚成了几类，M 表示是第 M 次尝试分析的结果。图 14-14 中的 clu3-1 则表示变量保存的是聚成 3 类时所有样本（或变量）的具体类归属情况。

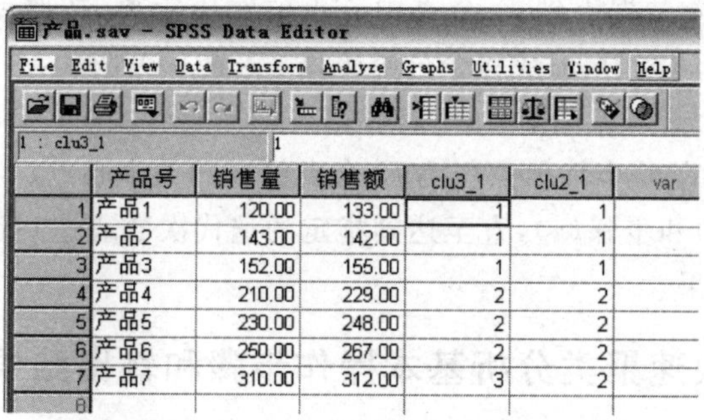

	产品号	销售量	销售额	clu3_1	clu2_1	var
1	产品1	120.00	133.00	1	1	
2	产品2	143.00	142.00	1	1	
3	产品3	152.00	155.00	1	1	
4	产品4	210.00	229.00	2	2	
5	产品5	230.00	248.00	2	2	
6	产品6	250.00	267.00	2	2	
7	产品7	310.00	312.00	3	2	
8						

图 14-14　SPSS 层次聚类分析结果的保存

14.5　快速聚类分析

14.5.1　快速聚类分析概述

系统聚类法是一种比较成功的聚类方法。然而当样本点数量十分庞大时，则是一件非常繁重的工作，且聚类的计算速度也比较慢。比如，在市场抽样调查中，有 4 万人就其对衣着的偏好作了回答，希望能迅速将它们分为几类。这时，采用系统聚类法就很困难，而快速聚类法就会显得方便、实用。

快速聚类也称动态聚类，其方法简单、占用内存少，适合大样本的聚类分析处理。快速聚类解决的问题是：假如有一些样本点，要把它们分为类，使得每一类内的元素都是聚合的，并且类与类之间还能很好地区别开。快速聚类的实质其实是分步聚类法，也就是先选定一批初始类中心点，然后使变量或样本向最近的类中心点靠拢，这样凝聚成类，形成初步的分类。然后对类中心点的选点进行调整，一直调整到比较合理为止。一般快速聚类都要经过多次迭代才能形成比较理想的结果。

14.5.2　快速聚类分析具体分析步骤

在 SPSS 中快速聚类由 K-Means Cluster 过程实现，使用 K 均值分类法对样本进行聚类，K 是用户指定的聚类数目。具体分析步骤如下。

(1) 选择研究问题所需的分析变量。

(2) 按照用户指定的希望聚类的数目(设聚为 K 类，$2\leqslant K\leqslant$样本数)，依据某种原则(或人为指定)确定 K 个类的初始类中心点。初始类中心点可以通过两种方法指定：一种是用户自行指定 K 组数据作为 K 个类的初始类中心点，后面会介绍这种方法。另一种是 SPSS 系统自动指定，系统会根据样本数据的具体情况选择 K 个有代表性的样本数据，作为 K 个类的初始类中心点。

（3）计算所有样本数据点到 K 个类中心点的欧氏距离,按照就近原则,把所有样本分派到各中心点所在的类中,形成一个分类方案,完成一次迭代,并计算出各类中变量的均值。

（4）使用计算出的 K 个均值点作为 K 个类的新的类中心点。

（5）重复步骤（3）和步骤（4）,直至达到指定的迭代次数或达到迭代收敛标准。

（6）输出聚类结果。

14.5.3 SPSS 快速聚类分析基本操作步骤和输出结果分析

（1）选择 Analyze→Classify→K-Means Cluster。出现快速聚类分析主对话框,见图 14-15。

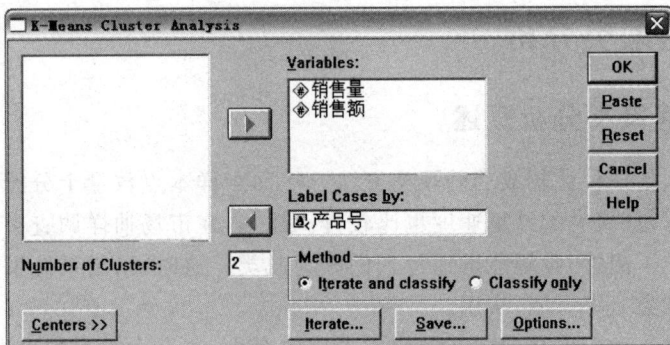

图 14-15　快速聚类分析主对话框

（2）选择参与快速聚类分析的变量移入 Variables 框中。对于样本聚类,至少要 1 个数值型变量,对于变量聚类,至少要 3 个数值型变量。

（3）选择一个字符型变量作为样本的标识变量移入 Label Cases by 框中。系统默认用 case 编号标识样本,用户也可以自行指定。

（4）在 Number of clusters 框中输入用户希望聚类的数目,系统默认为 2。

（5）在 Method 框中选择聚类方法。Iterate and classify 表示选择初始类中心点,然后在迭代过程中不断更换类中心点,把所有样本分到距各类中心点最近的类中。Classify only 表示在迭代过程中不更换类中心点,始终使用初始类中心点对样本分类。选择后者可以节省运算时间,不过多数情况下前者更佳。

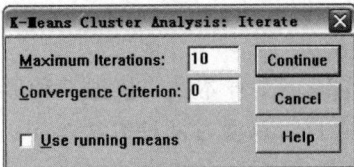

图 14-16　快速聚类分析 Iterate 子对话框

（6）单击 Iterate 出现如图 14-16 的子对话框。此时可以设置终止迭代过程的标准。Maximum Iteration

设置最大迭代次数(系统默认为 10 次)。Convergence Criterion 设置收敛标准,此处显示为 0,实际上系统默认是 0.02,即当类中心距离变化的最大值小于最小的初始类中心值的 2%,迭代即停止。选中 Use running means,则程序在每确定一个样本的分类后就立刻重新计算新的类中心点。此时,记录的排列次序显然对聚类结果有影响。如果不选,系统默认是在所有样本都分类后再重新计算类中心点。

在 SPSS 中对图 14-1 中的数据作快速聚类分析,将销售额和销售量作为 Variables,产品号作为 Label,要求对样本聚为 3 类,其他选项均为默认选项。SPSS 快速聚类分析默认输出的分析结果有初始类中心点情况、迭代步骤、最终类中心点情况和最终各类的样本数。具体如图 14-17 所示。

Initial Cluster Centers

	Cluster		
	1	2	3
销售量	120.00	310.00	210.00
销售额	133.00	312.00	229.00

Iteration History[a]

Iteration	Change in Cluster Centers		
	1	2	3
1	21.045	0.000	27.586
2	0.000	0.000	0.000

a. Convergence achieved due to no or small distance change. The maximum distance by which any center has changed is .000. The current iteration is 2. The minimum distance between initial centers is 129.958.

Final Cluster Centers

	Cluster		
	1	2	3
销售量	138.33	310.00	230.00
销售额	143.33	312.00	248.00

Number of Cases in each cluster

Cluster	1	3.000
	2	1.000
	3	3.000
Valid		7.000
Missing		0.000

图 14-17　快速聚类输出结果

从图 14-17 中,第一个表表示初始类中心点情况,经过与图 14-1 比较,发现系统自动指定的三个初始类中心点分别是产品 1、产品 7、产品 4。第二个表表示迭代步骤,整个快速聚类经过了两次迭代,完成第一次迭代后,三个新的类中心点距初始类中心点的欧氏距离分别是 21.045,0,27.586,第二次迭代后则几乎没有差别了。第三个表表示最终类中心点情况,最终的类中心点分别为(138.33,143.33),(310,312),(230,248),可见第二个类中心点一直没变,仍是产品 7。第四个表则给出了每一类的样本数,三类分别有 3,1,3 个样本。

14.5.4　SPSS 快速聚类分析操作的其他常用选项

1. 利用单因素方差分析检验聚类效果

上面我们已经成功地对样本进行了聚类,可聚类的效果如何呢? 变量是否都对聚类有贡献呢? 在 SPSS 快速聚类分析中,我们可以在快速聚类分析主对话框中单击 Options,出现 Options 子对话框(图 14-18)选中 ANOVA table 复选框,对变量进行单因素方差分析,以考察变量在类间是否有差异,聚类效果是否理想。

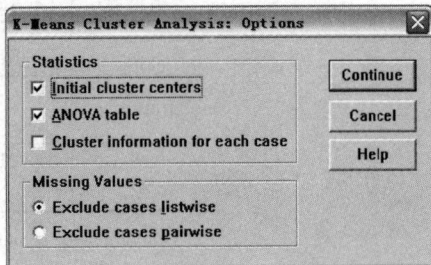

对图 14-1 的数据在进行基本操作步骤上增加以上操作,则会得到如图 14-19 所示的方差分析表。由第 9 章介绍的关于方差分析的知识,我们可以从方差分析表中得知 P 值均小于显著性水平 0.05,所以拒绝单因素分析的原假设,

图 14-18　SPSS 快速聚类分析 Options 子对话框

可以认为这三类样本在销售量和销售额的均值上有显著差异,变量均对聚类有显著贡献,聚类效果理想。其实在实际问题分析时,经常会出现要接受单因素分析的原假设,认为有些变量在类间无差异,此时则需剔除这些对分类不起作用的变量,并需要反复作快速聚类,最终决定一个比较理想的聚类数目。

ANOVA

| | Cluster | | Error | | F | Sig. |
	Mean Square	df	Mean Square	df		
销售量	13 088.095	2	336.167	4	38.933	0.002
销售额	14 016.381	2	241.667	4	57.999	0.001

The F tests should be used only for descriptive purposes because the clusters have been chosen to maximize the differences among cases in different clusters. The observed significance levels are not corrected for this and thus cannot be interpreted as tests of the hypothesis that the cluster means are equal.

图 14-19　方差分析表

2. 自定义初始类中心点及保存最终类中心点

SPSS快速聚类分析中,允许用户指定初始类中心点或保存聚类过程的最后类中心点,供其他样本的聚类分析使用。具体操作步骤如下:在快速聚类分析主对话框中单击Clnster Centers,可展开主对话框(图 14-20)。Read initial from file 表示从指定的数据文件中读入初始类中心点;Write final as file 表示将最终聚类结果的各类类中心点存入指定文件。单击 File 可打开读取文件的对话框,对相应的文件进行取出或存入数据的操作。

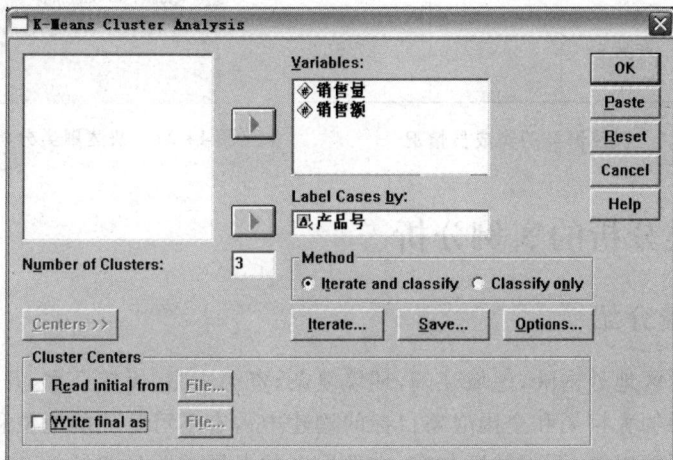

图 14-20 快速聚类分析主对话框的展开

3. 输出快速聚类分析的最终样本归属情况

在默认情况下,SPSS 快速聚类分析输出的分析结果只有最终各类的样本数,而没有具体各样本的类归属情况。因此,要输出快速聚类分析的最终样本归属情况,就需要在 Options 子对话框(图 14-18)中选中 Cluster information for each case ,输出样本的最终分类信息及它们距所属类中心点的欧氏距离。

仍对图 14-1 的数据进行以上操作,得到如图 14-21 所示的分析结果。由图 14-21 可以知道,产品 1、产品 2、产品 3 是第一类;产品 4、产品 5、产品 6 是第二类;产品 7 是第三类以及各样本离它们所属类中心点的欧氏距离。

4. 保存快速聚类分析的结果

在 SPSS 中要保存快速聚类分析的结果,就需要在主对话框中单击 Save,打开 Save 子对话框(图 14-22)。选中 Cluster membership 则会在原始数据文件中建立一个新变量,保存每个样本的最终所属类的类号。选中 Distance from cluster center 则会在原始数据文件中建立一个新变量,保存聚类结束后样本离它们所属类中心点的欧氏距离。

Cluster Membership

Case Number	产品号	Cluster	Distance
1	产品 1	1	21.045
2	产品 2	1	4.853
3	产品 3	1	17.969
4	产品 4	3	27.586
5	产品 5	3	0.000
6	产品 6	3	27.586
7	产品 7	2	0.000

图 14-21   快速聚类的类成员情况

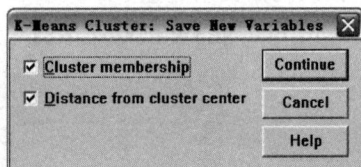

图 14-22   快速聚类分析 Save 子对话框

14.6   聚类分析的实例分析

14.6.1   背景介绍

中国西部地区地处内陆,地域辽阔,环境复杂,资源丰富,民族众多,开发历史悠久,在全国可持续发展的大格局和全国战略目标的构建中占有不可替代的地位和十分重要的意义。但是改革开放以来,西部地区与东、中部地区的发展差距日益扩大。这一差距是全国人民有目共睹的,但从另一个角度来看,这一差距说明西部地区还存在广阔的发展空间。于是,西部成了经济热点,而西部大开发应首先立足于自身,认清自己的真正位置。因此为了更了解西部,我们就必须对西部的真正经济生活水平一探究竟。

本案例就是借助于 SPSS 统计软件包,用 SPSS 软件中的聚类分析方法对西部 10 省市的有关总体经济水平的 10 项指标进行分析,使大家对西部的总体经济水平的分类情况有所了解(注:数据来源于《中国统计年鉴 2002》)。

14.6.2   操作步骤及结果解析

为了使分类结果更具有科学性,对表 14-2 的数据分别作层次聚类分析及快速聚类分析。

1. 层次聚类分析

本例属于 Q 型聚类,由于 10 个变量的数量级不同,需对数据进行 Z 标准化处理,为进行比较分析以期得到一个较合理的分类数目,对数据试分成 2～6 类,并输出树形图。操作步骤如下。

表 14-2　西部 10 省市总体经济水平数据　　　　　　　　　　　　亿元

省份	第一产业 GDP	第二产业 GDP	第三产业 GDP	投资总额	出口总额
西藏	37.47	32.18	69.08	85.78	0.824 4
四川	981.68	1 756.86	1 683.22	1 573.80	15.800 0
重庆	293.00	726.64	730.11	801.82	11.025 3
贵州	274.17	419.74	390.99	533.74	4.220 0
云南	450.54	880.54	746.39	734.81	12.441 2
陕西	280.52	815.69	745.03	850.22	9.540 0
甘肃	207.05	481.07	384.39	505.42	4.763 1
青海	42.79	132.31	125.73	201.61	1.491 2
宁夏	49.50	135.00	113.80	195.81	3.560 0
新疆	288.00	630.00	567.00	706.00	0.000 7

省份	进口总额	财政收入	财政支出	存款总额	贷款总额
西藏	0.123 8	6.11	104.57	212.9	96.62
四川	15.200 0	271.12	596.05	5 256.8	4 498.55
重庆	7.313 6	126.41	255.55	2 294.1	1 871.98
贵州	2.280 0	99.75	275.20	1 341.1	1 212.23
云南	7.449 4	191.28	496.40	2 779.7	2 173.46
陕西	11.100 0	131.76	351.50	3 205.0	2 538.00
甘肃	3.025 6	69.95	235.46	1 615.8	1 268.39
青海	0.557 7	19.82	101.30	391.1	422.03
宁夏	1.180 0	27.50	93.30	468.9	441.40
新疆	0.001 1	115.75	281.81	1 972.6	1 584.70

选择 Analyze→Classify→Hierarchical Cluster,出现层次聚类分析主对话框,参见图 14-6。选择 10 个变量移入 Variables 框中,选择省市名变量作为样本的标识变量移入 Label Cases by 框中;在主对话框中单击 Method 按钮,出现图 14-7 的对话框,在 Transform Values 框中选择 Z scores;单击 Plots 按钮,出现图 14-9 的对话框,选定 Dendrogram 选项;单击 statistics 按钮,出现图 14-11 的对话框,在 Cluster Membership 框中,选定 Range of solutions 并在下面的 From 和 Though 窗口中分别输入 2,6;其他均为默认选项。由于篇幅限制,图 14-23 只显示了部分所需的输出结果。

Agglomeration Schedule

Stage	Cluster Combined		Coefficients	Stage Cluster First Appears		Next Stage
	Cluster 1	Cluster 2		Cluster 1	Cluster 2	
1	8	9	0.173	0	0	3
2	4	7	0.330	0	0	5
3	1	8	0.417	0	1	7
4	3	6	1.593	0	0	6
5	4	10	1.842	2	0	7
6	3	5	3.011	4	0	8
7	1	4	6.559	3	5	8
8	1	3	15.405	7	6	9
9	1	2	61.226	8	0	0

Cluster Membership

Case	6 Clusters	5 Clusters	4 Clusters	3 Clusters	2 Clusters
1：西藏	1	1	1	1	1
2：四川	2	2	2	2	2
3：重庆	3	3	3	3	1
4：贵州	4	4	4	1	1
5：云南	5	5	3	3	1
6：陕西	3	3	3	3	1
7：甘肃	4	4	4	1	1
8：青海	1	1	1	1	1
9：宁夏	1	1	1	1	1
10：新疆	6	4	4	1	1

* * * * * * H I E R A R C H I C A L   C L U S T E R   A N A L Y S I S * * * * * *

Dendrogram using Average Linkage (Between Groups)

Rescaled Distance Cluster Combine

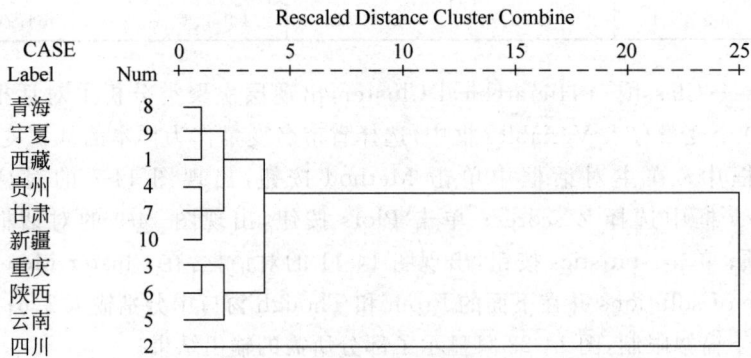

图 14-23　实例层次聚类分析输出结果

在图 14-23 中,第一个表是聚结表,第 8 和第 9 个样本先聚成一类,它们的样本欧氏距离是 0.173,这一类将在第 3 步与其他类合并。同理,在第 3 步,这个类和第 1 个样本聚成一类,它们的类间欧氏距离是 0.417,这刚合并的类将在第 7 步与其他类合并。聚结表清晰显示整个聚类过程,共经过 9 步,所有样本聚成一大类。第二个表是显示样本聚成 2 至 6 类的具体类归属情况,结合最后一个树形图,可以直观地看出样本分成 4 类比较理想,因为分成 4 类时分类结果明显,类间距离大,类内距离小。综合以上分析结果,可以决定把样本分成 4 类,即西藏、青海、宁夏第 1 类,贵州、甘肃、新疆第 4 类,重庆、云南、陕西是第 3 类,四川自成第 2 类。

在确定分类数后,为了进一步了解各类的特征,可以计算并比较各类的均值。具体操作步骤如下:首先在层次聚类分析主对话框(见图 14-6)单击 Save 按钮,出现图 14-13 的对话框。在 Cluster Membership 框中,选定 Single solution 并在后面的 Cluster 窗口中输入 4,则在原始数据文件中生成一个新变量 clu4-1,保存样本在聚成 4 类时的具体归属情况。然后选择 Analyze→Compare Means→Means,将第一产业、第二产业等 10 个变量选入 Dependent list,将变量 clu4-1 选入 Independent list,单击 Options 出现子对话框,选择所需的描述统计量 Mean\Minimum\Maximum。则会输出表 14-2 的结果。

由表 14-2 可以看出,第 2 类四川的经济实力是西部 10 省市最强的,无论是财政、国内生产总值(GDP)还是投资金额都是西部之首。这完全是合情合理的。它的相对强大不仅来源于原始积累,而且是四川省积极实施西部大开发战略,加快经济结构战略性调整,推进跨越式发展的成果。第 3 类(陕西、云南、重庆)不仅在第二、第三产业上明显与第 2 类四川有差距,在其他方面的差距也较大,需大力加强。但从各项指标的最大值、最小值可以看出第 3 类有一个特点:一个类中各项指标差距不大,比较平均。而第 1 类和第 4 类,特别是第 1 类,它们的经济水平都比较落后,在各项经济指标上都比较靠后,每个产业的发展都不太充分,需要国家的高度重视和改善这一局面的有效措施的实施。

从四个类的经济指标比较中,特别是从总体的每项经济指标的最大值与最小值的比较中,发现虽然西部欠发达,但西部各个地区的发展也不平衡。相对发达的四川与相对落后的青海、西藏等有很大的差距,类间有很大的区分度,这也进一步说明聚类分析有较好的效果,此种分类具有较高的科学性。

2. 快速聚类分析

由于层次聚类分析已经确定分类数,为了比较,在快速聚类分析中也指定把实例数据聚成四类,并对变量进行单因素方差分析以考察变量在类间是否有差异,聚类效果是否理想。选择 Analyze→Classify→K-Means Cluster。于是出现快速聚类分析主对话框,见图 14-15。选择 10 个变量移入 Variables 框中,选择省市名变量作为样本的标识变量移入到 Label Cases by 框中;在 Number of clusters 框中输入 4;在主对话框单击 Options,

表 14-3　实例分析均值表

Average Linkage		第一产业 GDP	第二产业 GDP	第三产业 GDP	投资总额	出口总额	进口总额	财政收入	财政支出	存款总额	贷款总额
1	Mean	43.253 3	99.830 0	102.870 0	161.066 7	1.958 533	0.620 500	17.810 0	99.723 3	357.620 0	320.016 7
	Minimum	37.47	32.18	69.08	85.78	0.824 4	0.123 8	6.11	93.30	212.90	96.62
	Maximun	49.50	135.00	125.73	201.61	3.560 0	1.180 0	27.50	104.57	468.90	441.40
2	Mean	981.680 0	756.860 0	683.220 0	573.800 0	5.800 000	5.200 000	271.120 0	596.050 0	256.780 0	498.550 0
	Minimum	981.68	1 756.86	1 683.22	1 573.80	15.800 0	15.200 0	271.12	596.05	5 256.78	4 498.55
	Maximun	981.68	1 756.86	1 683.22	1 573.80	15.800 0	15.200 0	271.12	596.05	5 256.78	4 498.55
3	Mean	341.353 3	807.623 3	740.510 0	795.616 7	1.002 167	8.621 000	149.816 7	367.816 7	759.586 7	194.480 0
	Minimum	280.52	726.64	730.11	734.81	9.540 0	7.313 6	126.41	255.55	2 294.05	1 871.98
	Maximun	450.54	880.54	746.39	850.22	12.441 2	11.100 0	191.28	496.40	3 205.00	2 538.00
4	Mean	256.406 7	510.270 0	447.460 0	581.720 0	2.994 600	1.768 900	95.150 0	264.156 7	643.136 7	355.106 7
	Minimum	207.05	419.74	384.39	505.42	0.000 7	0.001 1	69.95	235.46	1 341.11	1 212.23
	Maximun	288.00	630.00	567.00	706.00	4.763 1	3.025 6	115.75	281.81	1 972.55	1 584.70
Total	Mean	290.472 0	601.003 0	555.574 0	618.901 0	6.366 590	4.823 120	105.945 0	279.114 0	953.781 0	610.736 0
	Minimum	37.47	32.18	69.08	85.78	0.000 7	0.001 1	6.11	93.30	212.90	96.62
	Maximun	981.68	1 756.86	1 683.22	1 573.80	15.800 0	15.200 0	271.12	596.05	5 256.78	4 498.55

出现 Options 子对话框(图 14-18),选中 Cluster information for each case(输出样本的最终分类信息及它们距所属类中心点的欧氏距离)和 ANOVA Table 复选框(对变量进行单因素方差分析);其他均为默认选项。由于篇幅限制,图 14-24 只显示了部分所需的输出结果。

Iteration History[a]

Iteration	Change in Cluster Centers			
	1	2	3	4
1	287.109	.000	310.143	360.635
2	.000	.000	.000	.000

a. Convergence achieved due to no or small distance change. The maximum distance by which any center has changed is .000. The current iteration is 2. The minium distance between initial centers is 1966.734.

Cluster Membership

Case Number	省份	Cluster	Distance
1	西藏	1	287.109
2	四川	2	.000
3	重庆	4	698.943
4	贵州	4	581.362
5	云南	3	310.143
6	陕西	3	310.143
7	甘肃	4	360.635
8	青海	1	121.463
9	宁夏	1	172.794
10	新疆	4	224.604

ANOVA

	Cluster		Error		F	Sig.
	Mean Square	df	Mean Square	df		
第一产业 GDP	224 956.847	3	3 213.357	6	70.007	.000
第二产业 GDP	739 009.106	3	11 244.457	6	65.722	.000
第三产业 GDP	654 774.031	3	13 859.916	6	47.242	.000
投资总额	534 075.402	3	12 513.496	6	42.680	.000
出口总额	65.830	3	11.707	6	5.623	.035
进口总额	70.476	3	5.875	6	11.996	.006
财政收入	18 932.933	3	636.599	6	29.741	.001
财政支出	80 039.089	3	1 979.648	6	40.431	.000
存款总额	6 932 593.562	3	107 188.425	6	64.677	.000
贷款总额	4 837 096.658	3	70 417.761	6	68.691	.000

The F tests should be used only for descriptive purposes because the clusters have been chosen to maximize the differences among cases in different clusters. The observed significance levels are not corrected for this and thus cannot be interpreted as tests of the hypothesis that the cluster means are equal.

图 14-24 实例快速聚类分析输出结果

在图 14-24 中,第一个表是表示迭代步骤,整个快速聚类就经过了两次迭代。第二个表是输出样本的最终分类信息及他们距所属类中心点的欧氏距离,可见西藏、青海、宁夏为第一类,重庆、贵州、甘肃、新疆为第四类,云南、陕西是第三类,四川自成第二类。与层次聚类分析结果相比可见,重庆从第三类到了第四类,因此可以看出不同的聚类方法产生的聚类结果也可能会出现差异。第三个表是方差分析表,由其可知所有变量的 P 值均小于显著性水平 0.05,所以拒绝单因素分析的原假设,可以认为这四类样本在销售量和销售额的均值上有显著差异,因此十个变量均对聚类效果影响显著,聚类效果理想。

14.6.3　聚类分析的注意事项

总之,聚类分析是根据事物本身的特性研究个体分类的方法。聚类分析的原则是同一个类中的个体有较大的相似性,不同类中的个体差异很大。在 SPSS 中提供了两种聚类方法:层次聚类分析法和快速聚类分析法。

层次聚类分析法提供了全面而强大的聚类分析能力,可对样本和变量进行聚类,更为重要的是参与层次聚类分析的变量不限于连续型变量,它们还可以是离散变量和二值变量,并且提供的亲疏程度衡量方法和结果表示方法也非常丰富。但是由于它要反复计算距离,当样本量太大或变量较多时,采用层次聚类分析法则运算速度明显较慢,使得分析过程漫长或无法进行。

快速聚类分析法在计算机的处理过程中不需要存储距离矩阵,从而计算量非常小,可以有效地处理多变量、大样本数据而不占用太多的内存空间和计算时间,适合大样本的 Q 型聚类分析;同时在分析时用户可以指定初始类中心点,或者将曾做过的聚类分析的结果作为初始类中心点引入分析,这在有前人工作可借鉴时是十分有用的。但是,该方法的应用范围非常有限:要求用户指定样本分类数,只能对样本而不能对变量进行聚类,所使用的变量必须是连续型变量,对变量的多元正态性、方差齐性等条件要求较高。如果忽视以上这些问题,可能会导致错误的结果。

另外,在做聚类分析时需要注意以下事项。

(1) 变量选择。对于 Q 型聚类问题,变量选择是进行聚类分析的关键的第一步。经验证明,如果排除了重要变量,将会使结果不正确,但也并非变量越多越好,因为如果引入了无关变量,则可能会影响真实分类的发现,甚至会导致错误的分类结果。例如,在研究关于各省市的教育状况的分类时,如果变量中引入了类似交通、安全等与教育状况无关的变量则会降低聚类的效果,从而使结果不太具有参考价值。因此,选择较好的分析变量集合是得到好的聚类结果的保证。建议采用以下方法:①根据所研究问题的特征和实际工作经验,人为地挑选一些对聚类效果影响显著的主要变量;②在进行 Q 型聚类前先作 R 型聚类分析,挑出有代表性的变量;③得出分类结果后进行方差分析,再结合专业知识来判断是否要剔除一些对聚类效果影响不显著的变量。

（2）数据的标准化。如果用于分析的数据有数量级上的差异,则需将数据标准化,否则各变量间由于数量级不同会导致距离或相似系数计算结果有较大的偏差。层次聚类分析可选择进行数据标准化处理,另外描述性统计过程也可进行。

（3）亲疏程度度量方法和聚类方法的选择。在层次聚类分析中亲疏程度度量方法和聚类方法的选择是一个比较复杂的问题。在选择亲疏程度度量方法时,首先应注意不同类型的数据所使用的不同方法,然后在实际应用时不妨试探性地多选择几种方法,进行聚类,作对比分析,以确定合适的方法。关于聚类方法的选择不仅要考虑数据的特征,还要考虑选用的距离或相似系数度量方法。

（4）分类数的确定。分类数的确定尚没有统一的规范标准,还需要在实践中不断探索、反复分析以确定一个合理的分类数。一般来说,都是根据树形图、不同的分类结果和实际问题的特征来最终确定一个合理的分类数。

（5）结果的意义。统计学的结论并不是最终结论,一定要结合专业知识进行分析,聚类分析尤其如此。使用不同的聚类方法可能得到的结果相差很大,单纯从统计学的角度难以判断哪个结果是正确的,此时须根据所研究问题的背景及相关知识,分析得出最终比较科学的聚类结果。

最后需要强调的是,和其他统计分析方法相比,聚类分析带有相当强的实用主义特征,在分类方法和最终类别数的确定上,检验和统计指标并非至关重要,结果是否适用才是最重要的。很多时候只能具体问题具体分析,对这些问题本章并未一一详述,有兴趣的读者可以参阅相关专著。

本章小结
>>>

聚类分析是统计学的一个分支,它是一种建立分类的方法,它将一批样本或变量,按照它们在性质上的亲疏或相似程度进行分类。聚类的方法一般包括系统聚类法、模糊聚类法等。按聚类对象的不同,聚类分析可分为 Q 型聚类（对样本聚类）与 R 型聚类（对变量聚类）,两种聚类方法在方法和步骤上基本相同。

关键术语
>>>

聚类分析（cluster analysis）　　　　　欧氏距离（euclidean distance）

R 型聚类分析（R-cluster）　　　　　　欧氏距离平方（squared euclidean distance）

Q 型聚类分析（Q-cluster）　　　　　　切比雪夫距离（Chebychev distance）

层次聚类分析（hierarchical cluster analysis）　马氏距离（Block distance）

快速聚类分析（K-means cluster analysis）　明可斯基距离（Minkowski distance）

最短距离连接法(nearest neighbor)　　　　最长距离连接法(furthest neighbor)

习题

>>>

基础习题

1. 什么叫聚类分析? 它的作用是什么?

2. 变量按照测量它们的尺度不同,可以分为哪些类型?

3. 列举聚类分析中对连续型变量常用的 5 种距离及其定义式。

4. 列举 5 种常用的类间距离计算方法。

5. 列举 6 种对数据进行标准化处理的方法。

6. 简述如何利用单因素方差分析检验聚类效果。

7. 简述层次聚类分析法和快速聚类分析法的分析步骤,并比较各自的优缺点。

应用习题

8. 现有 8 个企业的基本统计资料如下表所示(对应辅助资源数据文件 14.8),请根据相应的指标对这些企业进行聚类分析。

企业	年平均从业 人员人数/人	年末资产 总计/千元	全年工业总 产值(现价)/千元	全年产品销售 收入/千元
A	1 680	14 640	2 211	3 300
B	1 959	29 721	4 942	3 900
C	683	16 841	7 968	6 080
D	1 668	18 956	8 202	5 280
E	1 740	15 740	2 890	3 890
F	1 874	29 851	5 013	4 020
G	1 863	186 436	8 589	7 280
H	994	19 357	8 965	7 790

9. 维尼纶厂生产牵切纱的工艺流程由牵切、粗纺和细纺三道工序组成,设各个工序的不合格率分别用 x, y, z 表示。现有 30 家维尼纶厂生产的相关数据如下表所示(对应辅助资源数据文件 14.9),试对这些工厂进行聚类分析。

%

序号	x	y	z	序号	x	y	z
1	15.58	1.95	1.34	6	16.44	1.32	1.82
2	10.68	1.37	1.27	7	11.4	2.05	0.85
3	15.62	2.93	1.56	8	16.17	1.11	1.4
4	15.78	1.14	1.48	9	14.03	1.47	1.15
5	13.22	1.85	1.4	10	15.67	1.38	1.89

续表

序号	x	y	z	序号	x	y	z
11	12.74	1.35	0.87	21	10.81	1.32	1.35
12	11.73	1.33	1.53	22	17.26	1.31	1.57
13	14.84	1.09	1.25	23	14.92	1.42	1.64
14	13.73	1.27	2.47	24	18.14	2.13	1.64
15	15.12	1.78	1.83	25	18.15	1.2	2.34
16	17.88	2.52	2.41	26	10.31	0.98	0.65
17	13.38	1.43	1.69	27	11.4	1.27	1.19
18	14.21	2.27	1.5	28	12.57	0.87	2.06
19	16.8	1.41	1.19	29	17.61	1.21	1.57
20	10.81	1.78	2.44	30	14.89	1.67	1.01

10. 国家统计局《中国统计年鉴 2014》中公布的 2013 年全国各地区三次产业产值如下表所示,试根据各地区三次产业产值进行聚类分析。

亿元

地区	第一产业	第二产业	第三产业
北 京	161.83	4 352.30	14 986.43
天 津	188.45	7 276.68	6 905.03
河 北	3 500.42	14 762.10	10 038.89
山 西	773.81	6 792.68	5 035.75
内蒙古	1 599.41	9 084.19	6 148.78
辽 宁	2 321.63	14 269.46	10 486.56
吉 林	1 509.34	6 858.23	4 613.89
黑龙江	2 516.79	5 918.22	5 947.92
上 海	129.28	8 027.77	13 445.07
江 苏	3 646.08	29 094.03	26 421.64
浙 江	1 784.62	18 446.65	17 337.22
安 徽	2 348.09	10 403.96	6 286.82
福 建	1 936.31	11 315.30	8 508.03
江 西	1 636.49	7 671.38	5 030.63
山 东	4 742.63	27 422.47	22 519.23
河 南	4 058.98	17 806.39	10 290.49
湖 北	3 098.16	12 171.56	9 398.77
湖 南	3 099.23	11 517.35	9 885.09
广 东	3 047.51	29 427.49	29 688.97
广 西	2 343.57	6 863.04	5 171.39
海 南	756.47	871.29	1 518.70

续表

地　区	第一产业	第二产业	第三产业
重　庆	1 016.74	6 397.92	5 242.03
四　川	3 425.61	13 579.03	9 256.13
贵　州	1 029.05	3 243.70	3 734.04
云　南	1 895.34	4 927.82	4 897.75
西　藏	86.82	292.92	427.93
陕　西	1 526.05	8 911.64	5 607.52
甘　肃	879.37	2 821.04	2 567.60
青　海	207.59	1 204.31	689.15
宁　夏	222.98	1 264.96	1 077.12
新　疆	1 468.29	3 765.97	3 125.98

11. 国家统计局《中国统计年鉴2014》中公布的2013年全国主要城市的平均气温,试根据主要城市的平均气温进行聚类分析。

℃

城　市	1 月	2 月	3 月	4 月	5 月	6 月	7 月	8 月	9 月	10 月	11 月	12 月
北京	−4.7	−1.4	6.2	12.6	21.9	23.8	27.4	27.3	20.7	13.6	6.3	0.1
天津	−4.7	−1.2	5.9	12.0	21.5	24.5	27.0	27.7	21.2	13.9	6.3	−0.7
石家庄	−4.2	−0.4	8.7	13.8	22.2	24.9	27.3	27.9	21.4	14.7	8.1	1.7
太原	−5.1	−0.8	7.9	12.0	20.4	22.7	23.3	23.6	17.8	11.6	3.6	−3.2
呼和浩特	−10.9	−6.0	2.3	8.0	18.0	20.6	21.5	20.6	15.1	7.8	−1.5	−8.1
沈阳	−14.2	−8.8	−0.5	6.5	19.1	22.5	25.1	24.3	17.6	9.4	1.6	−8.1
长春	−17.4	−13.5	−4.3	4.1	17.9	21.3	23.7	22.6	16.4	8.3	−0.8	−11.2
哈尔滨	−21.1	−16.4	−7.4	4.4	17.9	21.4	23.9	22.5	15.8	7.0	−2.6	−14.0
上海	4.6	6.8	11.0	15.3	21.3	24.1	32.0	31.0	25.0	20.0	13.4	6.1
南京	3.0	5.5	10.8	16.0	21.7	24.3	30.5	30.8	23.6	18.4	12.1	4.7
杭州	4.5	7.0	12.3	16.9	23.0	24.8	32.3	31.3	25.0	19.3	13.6	6.3
合肥	2.8	5.9	11.9	17.0	22.5	25.3	30.2	31.1	23.6	18.3	11.4	3.6
福州	10.6	12.7	15.1	17.4	22.9	26.7	29.8	29.6	26.8	22.9	17.8	12.0
南昌	5.6	8.0	14.1	17.5	24.0	26.9	30.9	31.6	25.7	20.8	14.8	7.8
济南	−1.6	1.9	9.3	14.2	22.1	25.7	27.6	28.6	22.7	16.4	8.2	1.8
郑州	−0.5	3.1	11.0	16.0	22.8	27.0	29.1	30.1	23.5	17.2	9.7	3.6
武汉	2.9	5.9	12.9	17.1	22.1	26.1	30.6	30.6	22.9	18.2	11.4	4.5
长沙（望城）	6.0	7.4	14.9	18.0	23.6	28.0	32.6	32.0	24.3	20.6	14.4	8.5
广州	13.3	17.3	19.2	20.6	25.3	27.6	27.4	27.5	26.5	22.9	19.0	11.9
南宁	12.1	16.0	21.0	22.2	26.1	27.7	27.9	27.7	25.4	22.5	19.2	11.0

续表

城　市	1 月	2 月	3 月	4 月	5 月	6 月	7 月	8 月	9 月	10 月	11 月	12 月
海口	18.2	21.2	23.8	25.1	27.8	28.3	27.8	27.9	27.0	25.3	22.8	16.9
重庆（沙坪坝）	8.3	11.9	17.9	20.3	22.5	27.9	31.5	30.5	23.4	19.7	14.7	9.3
成都（温江）	5.3	9.3	15.7	17.7	21.2	24.5	25.8	26.5	20.8	17.6	12.0	6.0
贵阳	4.2	8.7	14.3	14.8	19.2	22.3	24.0	23.1	19.5	14.9	11.7	4.9
昆明	8.8	14.9	15.8	17.8	19.8	21.2	20.8	19.9	18.2	14.6	12.8	7.6
拉萨	−0.3	2.9	6.3	9.1	13.1	17.1	16.8	15.9	13.6	8.7	3.8	
西安（泾河）	0.8	4.5	13.0	16.1	21.7	27.3	27.4	28.3	22.7	16.9	8.4	2.1
兰州（皋兰）	−8.9	−2.0	7.0	11.3	16.1	20.0	19.9	21.0	14.3	9.3	−0.2	−8.3
西宁	−8.7	−3.2	4.4	8.9	12.3	16.3	16.9	18.2	11.4	6.7	−2.0	−8.3
银川	−5.5	−0.7	9.0	13.1	19.7	23.1	24.4	24.4	17.5	11.3	2.7	−4.5
乌鲁木齐	−10.3	−10.1	5.5	12.4	16.6	21.5	23.6	22.8	17.5	11.4	0.2	−6.8

案例研究

>>>

顾客忠诚计划的 RFM 模型

随着顾客忠诚计划在我国零售业中的广泛实施，绝大多数零售企业均已建立起顾客数据库，采集顾客交易数据用于识别和分析顾客行为，为将来的顾客关系管理提供支持。实际上，通过顾客交易数据对顾客进行价值识别也是实现以顾客价值为导向的差异化营销管理的基础和前提。

最常见的区分价值顾客的模型是 RFM 模型（recency-frequency-monetary model）。recency 指流失时间，也称最近一次购买的时间或新鲜度，frequency 是指购买频率，表示在某时间段内顾客交易的次数，monetary 是指购买金额。由这三个指标可以推断，对企业而言最近购买过，购买频率较高且购买金额较大的顾客是最有价值顾客。基于此，我们可以根据顾客 R、F、M 相应变量的值，通过聚类分析的方法，将具有相同顾客购买行为特征的顾客划分为一类。本书配套辅助资源中的第 14 章案例研究数据是根据北京某零售企业顾客数据库中的数据整理出来的 4 282 个顾客所对应的流失时间（R），年平均购买频率（F）和次平均购买金额（M）变量的值。

管理报告

1. 请以 R，F，M 变量为聚类变量，使用两阶段聚类分析方法对数据进行聚类分析，从而实现对顾客的细分,将具有相同购买行为的顾客分在一个群体内。

2. 将顾客进行细分后,我们可以通过下面的公式计算每一顾客细分群体的平均顾客价值 $V(C^n) = W^R \times R(C^n) + W^F \times F(C^n) + W^M \times M(C^n)$;这里 $R(C^n)$,$F(C^n)$,$M(C^n)$ 表示第 n 类顾客群 C^n 内顾客的平均流失时间、购买频率和购买金额,W^R,W^F,W^M 分别代表指标 R,F,M 的权重,并且 $W^R + W^F + W^M = 1$,此处我们取 $W^R = 0.2$,$W^F = 0.4$,$W^M = 0.4$。请结合聚类分析结果,分别计算每一顾客群体的顾客价值。

3. 请结合上述分析结果,分别描述每一顾客细分群内的顾客在 R,F,M 指标上的购买行为特征。

CHAPTER 15
第 15 章　　　　　　因 子 分 析

15.1　基本概念

15.1.1　因子分析概述

在各个领域的科学研究中,往往需要对反映研究对象的多个变量进行大量的观测,收集大量的数据,以便分析寻找规律。多变量大样本无疑会为科学研究提供丰富的信息,使人们对研究对象有比较全面、完整的把握和认识,但也在一定程度上增加了数据采集的工作量,更重要的是在大多数情况下,由于许多变量之间可能存在相关性而增加了问题分析的复杂性。因子分析方法正是解决上述问题的一种有效的方法,它利用各变量间存在一定的相关关系,用较少的综合指标分别综合存在于各变量中的相关关系,而综合指标之间彼此不相关,即各指标代表的信息不重叠。代表各类信息的综合指标就称为因子变量或公因子。

因子分析最初是由教育学、心理学研究发展起来的,1904 年斯皮尔曼首次提出这种方法,用于解决智力测试的多元统计问题。由于它能浓缩信息,使变量降维,简化变量的结构,使分析问题简单、直观、有效,故目前因子分析在社会学、经济学、人口学、管理学、地质学、物理学等学科领域,有着广泛的成功的应用。其实,因子分析用简单的话来阐述就是用少数集成后的互不相关的因子变量去解释大量的统计变量的一种统计方法。这种方法能以较少的因子变量和最小的信息损失来解释变量之间的结构。因子分析将具有错综复杂关系的原始变量综合为数量较少的几个因子,以再现原始变量与因子之间的相互关系,也可以认为因子分析将变量按原始数据的内在结构分类,相关程度较高的变量归为一类,不同类的变量相关程度较低,每一类变量就代表一个因子变量(公共因子)。

由以上对因子分析方法的解释,可以知道因子变量有如下特点。

(1) 因子变量的数量远少于原有变量的数量,对因子变量的分析可以减少分析中的计算工作量。

(2) 因子变量并不是原有变量简单的取舍,而是对原始变量的重新组构,它们能够反映众多原始变量的绝大部分信息,不会产生重要信息的丢失。

(3) 因子变量之间没有线性相关关系,对因子变量的分析就能避开原始变量的共线性问题,使研究工作更加简便。

(4) 因子变量具有命名解释性。因子变量的命名解释性可以理解为某个因子变量是对某些原始变量的综合,它能够反映这些原始变量的绝大部分信息。因此我们可以对因子变量根据专业知识和其所反映的独特含义给予命名。例如:对于某工厂产品情况的因子分析,可能会得到三个因子变量,第一个因子是对诸如产品型号、大小、重量、用途等原始变量的综合;第二个因子是对诸如产品的原材料 1 消耗情况、原材料 2 消耗情况等原始变量的综合;第三个因子是对诸如产品的销售量、销售额等原始变量的综合。于是,我们可以对这三个因子命名,第一个因子主要反映产品的基本情况,可命名为产品基本情况因子;第二个因子主要反映产品的原材料消耗情况,可命名为产品原材料消耗状况因子;第三个因子主要反映产品的销售情况,可命名为产品销售状况因子。对因子变量命名有助于对因子分析结果进行解释评价,具有非常重要的实际意义。

总之,因子分析是研究如何以最少的信息丢失,将众多原始变量浓缩成少数几个因子变量,以再现原始变量与因子之间的相互关系,以及使因子变量具有较强的解释性的一种多元统计分析方法。

因子分析的主要应用有两方面,一是寻求基本结构,简化观测系统,将具有错综复杂关系的变量综合为少数几个因子(不可观测的、相互独立的随机变量),以再现因子与原始变量之间的内在联系;二是用于分类,对 p 个变量或 n 个样品进行分类。

因子分析根据研究对象可以分为 R 型和 Q 型因子分析。R 型因子分析研究变量之间的相关关系,通过对变量的相关阵或协差阵内部结构的研究,找出控制所有变量的几个公共因子,用以对变量或样品进行分类。Q 型因子分析研究样品之间的相关关系,通过对样品的相似矩阵内部结构的研究找出控制所有样品的几个主因子。这两种因子分析的处理方法一样,只是出发点不同。R 型从变量的相关阵出发,Q 型从样品的相似阵出发。对一批观测数据,可以根据实际问题的要求来决定采用哪一种类型的因子分析。

15.1.2 因子分析模型

在对因子分析具体方法讨论前,我们先对因子分析所涉及的模型进行讲解,以使读者对因子分析方法有更清晰的认识。首先借助一个例子,来说明因子分析并且引出此因子分析模型。

为了了解青年对婚姻家庭的态度,随机访问了 100 人,询问了 30 个问题,把这些问题归结于不可测的因子变量,即对外貌的重视、对孩子的教育观点、对家庭的重视、对金钱的重视等,因子分析的目的就是要建立一个模型,用这些不可测的、所有原始变量共有的因子变量和一些每个原始变量所特有的特殊因子来描述可测的原始变量,进而分析和解释青年对婚姻家庭的态度。因子模型描述如下。

设 $\boldsymbol{X}=(X_1,X_2,\cdots,X_p)^{\mathrm{T}}$ 是可观测的向量,$E(\boldsymbol{X})=0$,$D(\boldsymbol{X})=(r_{ij})_{p\times p}$,$\boldsymbol{F}=(F_1,F_2,\cdots,F_m)^{\mathrm{T}}(m<p)$ 是不可观测的公共因子向量,$E(\boldsymbol{F})=0$,$D(\boldsymbol{F})=I_{m\times m}$(即 $\boldsymbol{F}$ 的各分量

方差为 1，且互不相关）；又 $\boldsymbol{\varepsilon}=(\varepsilon_1,\varepsilon_2,\cdots,\varepsilon_p)^{\mathrm{T}}$ 与 $\boldsymbol{F}$ 相互独立，$E(\boldsymbol{\varepsilon})=0,D(\boldsymbol{\varepsilon})=\mathrm{diag}(\delta_1^2,$ $\delta_2^2,\cdots,\delta_p^2)^{\mathrm{T}}$。以上假设表明可测向量 $\boldsymbol{X}$ 与不可测向量 $\boldsymbol{F}$，都是经过标准化处理的。

那么，因子分析模型可以构造成：

$$\begin{cases} X_1 = a_{11}F_1 + a_{12}F_2 + \cdots + a_{1m}F_m + \varepsilon_1 \\ X_2 = a_{21}F_1 + a_{22}F_2 + \cdots + a_{2m}F_m + \varepsilon_2 \\ \quad\vdots \\ X_p = a_{p1}F_1 + a_{p2}F_2 + \cdots + a_{pm}F_m + \varepsilon_p \end{cases} \tag{15-1}$$

则称式(15-1)为因子模型，它的矩阵形式为

$$\boldsymbol{X}=\boldsymbol{A}\boldsymbol{F}+\boldsymbol{\varepsilon} \tag{15-2}$$

其中矩阵

$$\boldsymbol{A} = \begin{bmatrix} a_{11} & a_{12} & \cdots & a_{1m} \\ a_{21} & a_{22} & \cdots & a_{2m} \\ \vdots & \vdots & \vdots & \vdots \\ a_{p1} & a_{p2} & \cdots & a_{pm} \end{bmatrix} \tag{15-3}$$

是待估系数矩阵，称为因子载荷矩阵，系数 a_{11} 称为变量 X_1 在因子 F_1 上的载荷。$F_1,F_2,\cdots,$ F_m 称为 $\boldsymbol{X}$ 的公共因子，它一般对 $\boldsymbol{X}$ 每一个分量 X_i 都有作用；ε_i 称为 X_i 的特殊因子，它起着残差的作用，只对 X_i 起作用。

在因子模型中有以下四个关键性的假设：

(1) 特殊因子互不相关，且 $D(\boldsymbol{\varepsilon})=\mathrm{diag}(\delta_1^2,\delta_2^2,\cdots,\delta_p^2)^{\mathrm{T}}$；

(2) 特殊因子与公共因子不相关即 $\mathrm{Cov}(\boldsymbol{\varepsilon},\boldsymbol{F})=0$；

(3) $\mathrm{Cov}(F_i,F_j)=0,i\neq j$；$\mathrm{Var}(F_i)=\mathrm{Cov}(F_i,F_i)=1$。$i,j=1,2,\cdots,m$，即向量 $\boldsymbol{F}$ 的协方差阵为 m 阶单位阵；

(4) $\mathrm{Cov}(\varepsilon_i,\varepsilon_j)=0,i\neq j$；$\mathrm{Var}(\varepsilon_i)=\delta^2,i,j=1,2,\cdots,p$，即向量 $\boldsymbol{\varepsilon}$ 的协方差阵为 p 阶对角阵。

因子分析的基本思想是通过分析变量间的相关系数矩阵内部结构，将原变量进行重新组合，利用数学工具将众多的原变量组成少数的独立的新变量，这种新变量称为因子。因子分析就是找出这些影响系统的最少独立变量的因子，用较少具有代表性的因子来概括多变量所提供的信息，找出影响观测数据的主要因素，反映变量间内在关系。

因子分析与主成分分析有密切的关系，但是，两者又有很大差异，因子分析是主成分分析的推广。关于主成分分析详尽的统计原理，很多多元统计理论的书籍都有详尽的介绍，有兴趣的读者可以参考阅读。

15.2 因子分析的基本步骤

因子分析的标准分析步骤如下。

（1）根据具体问题，判断待分析的若干原始变量是否适合作因子分析，并采用某些检验方法来判断数据是否符合分析要求。

（2）选择提取公因子的方法，并按一定标准确定提取的公因子数目。

（3）考察公因子的可解释性，并在必要时进行因子旋转，以寻求最佳的解释方式。

（4）计算出因子得分等中间指标，进一步分析使用。

下面将对每个步骤进行详细介绍。

15.2.1 判断原始变量是否适合进行因子分析

因子分析是要从原始众多关系复杂的变量中综合出少量具有代表意义的因子变量，因此，因子分析有一个默认的前提条件，就是原始各变量间必须有较强的相关性，否则根本无法从中综合出能反映原始变量结构的因子变量，这就是因子分析最为严格的前提要求，所以一般在进行具体的因子分析前，需先对原始变量进行相关分析。

最简单的方法是计算变量之间的相关系数矩阵，并进行统计检验。如果相关系数矩阵中的大部分相关系数都小于 0.3 且未通过统计检验，那么，这些变量就不适合作因子分析。除此之外，SPSS 还提供了几种帮助判断变量是否适合作因子分析的统计检验方法。

1. 巴特利特球度检验（Bartlett test of sphericity）

巴特利特球度检验原假设 H_0 为：相关阵是单位阵，即各变量各自独立。巴特利特球度检验的统计量根据相关系数矩阵的行列式计算得到。如果该统计量值比较大，且其对应的 P 值小于用户心中的显著性水平，则应拒绝 H_0，认为相关系数矩阵不太可能是单位阵，适合作因子分析；相反，如果该统计量值比较小，且其对应的 P 值大于用户心中的显著性水平，则不能拒绝 H_0，可以认为相关系数矩阵可能是单位阵，不适合作因子分析。

2. 反映象相关矩阵检验（Anti-image correlation matrix）

反映象相关矩阵检验是将偏相关系数矩阵的每个元素取反，得到反映象相关阵。如果变量之间确实存在较强的相互重叠传递影响，由于计算偏相关系数时是在控制其他变量对两变量影响的条件下计算出来的净相关系数，因此如果变量中确实能够提取出公共因子，那么偏相关系数必然很小，则反映象相关矩阵中的有些元素的绝对值比较大，则说明这些变量可能不适合作因子分析。

3．KMO（Kaiser-Meyer-Olkin）检验

KMO 统计量是用来比较各变量间简单相关系数和偏相关系数的大小。KMO 统计量的取值在 0～1 之间，KMO 统计量越接近 1，则越适合作因子分析；KMO 越小，则越不适合作因子分析。一般认为，KMO 值大于 0.9 非常适合；0.7 以上效果一般；0.6 则不太适合；0.5 以下不适合。

15.2.2　提取公因子和确定公因子数目

在确定原始变量适合进行因子分析后，则需要选定提取公因子的方法。因子分析有许多提取公因子的方法，在 SPSS 中提供了 7 种方法，如主成分分析法、最大似然法、α 因子提取法等。在此我们不对这些方法的原理进行一一介绍，仅简单解释应用最广泛的主成分分析法。如读者希望了解其他方法，可阅读其他相关书籍。

主成分分析法的目的是从原始的多个变量取若干线性组合，使得能尽可能多地保留原始变量中的信息。它能为因子分析提供初始解，因子分析也是在得到了主成分分析的结果后再作进一步分析研究的。

主成分分析法是通过坐标变换手段，将原始变量转换到新变量是一个正交变换（坐标变换）。设 $\boldsymbol{X}=(X_1,X_2,\cdots,X_p)^{\mathrm{T}}$ 是一个 p 维随机变量，记 $\mu=E(\boldsymbol{X})$，$\sum=\mathrm{Var}(\boldsymbol{X})$，考虑它的线性变换

$$\begin{cases} Y_1 = l_{11}X_1 + l_{12}X_2 + \cdots + l_{1p}X_p \\ Y_2 = l_{21}X_1 + l_{22}X_2 + \cdots + l_{2p}X_p \\ \vdots \\ Y_p = l_{p1}X_1 + l_{p2}X_2 + \cdots + l_{pp}X_p \end{cases}$$

该方程组要求 $l_{1k}^2 + l_{2k}^2 + \cdots + l_{pk}^2 = 1$ （$k=1,2,\cdots,p$）

式中的 l_{ij} 依照以下两个原则来确定：

(1) Y_i 与 $Y_j(i \neq j, i,j=1,2,\cdots,p)$ 互不相关；

(2) Y_1 是 $x_1, x_2, \cdots, x_p$ 的一切线性组合中方差最大的；Y_2 是与 Y_1 不相关的 x_1，$x_2, \cdots, x_p$ 的一切线性组合中方差最大的；同理，Y_p 是与 Y_{p-1} 不相关的 $x_1, x_2, \cdots, x_p$ 的一切线性组合中方差最大的。

分别将如上确定的 $Y_1, Y_2, \cdots, Y_p$ 称为原始数据的第一、第二、……第 p 主成分，且我们可知 Y_1 对原始变量的保留信息最多，因为其在总方差中所占的比重最大，Y_2，$Y_3, \cdots, Y_p$ 的方差比重逐渐递减，相应地，其保留的原始信息也相应地递减。在实际应用中，我们往往只需要能反映原始数据绝大部分信息的少数几个主成分即可，因此一般选取前面几个方差最大的主成分。

由以上分析可知,只要能得到每个 l_{ij} 的值,相应的主成分也就能够确定下来。通过对公式的推导知 $l_i(l_{1i}, l_{2i}, \cdots, l_{pi})$ 恰好是原始变量相关系数矩阵的特征值所对应的特征向量。因此,求出相关系数矩阵的特征值,就能得到所需要的 l_{ij}。

基于上述基本原理,现将主成分数学模型的系数求解步骤归纳如下。

(1) 将原有变量数据进行标准化处理。

(2) 计算变量的简单相关系数矩阵 $\boldsymbol{R}$。

(3) 求解相关系数矩阵的特征值,并将特征值从大到小排序并重新编码:$\lambda_1 \geqslant \lambda_2 \geqslant \cdots \geqslant \lambda_p \geqslant 0$。

(4) 按预先规定所取的 p 个公因子的累积方差贡献率达到的百分比 $m\%$,定义 $\lambda_k \bigg/ \sum_1^p \lambda_i$ 为主成分 Y_k 的贡献率,称 $\sum_1^m \lambda_i \bigg/ \sum_1^p \lambda_i$ 为主成分 $Y_1, Y_2, \cdots, Y_m$ 的累积贡献率,即使 $\sum_1^m \lambda_i \bigg/ \sum_1^p \lambda_i \geqslant m\%$。

(5) 确定所选定的前 k 个特征值 $\lambda_1 \geqslant \lambda_2 \geqslant \cdots \geqslant \lambda_k \geqslant 0$,并求出相对应的单位特征向量 $l_1, l_2, \cdots, l_k$。

(6) 写出因子负荷阵

$$\boldsymbol{A} = \begin{bmatrix} l_{11}\sqrt{\lambda_1} & l_{12}\sqrt{\lambda_2} & \cdots & l_{1p}\sqrt{\lambda_p} \\ l_{21}\sqrt{\lambda_1} & l_{22}\sqrt{\lambda_1} & \cdots & l_{2p}\sqrt{\lambda_p} \\ \vdots & \vdots & \vdots & \vdots \\ l_{m1}\sqrt{\lambda_1} & l_{m2}\sqrt{\lambda_2} & \cdots & l_{mp}\sqrt{\lambda_p} \end{bmatrix}$$

选定提取因子方法的同时,还需确定所需提取的公因子的数目。其实在确定公因子数目的问题上,并无统一的原则来遵循,也无统一的标准来确定应该有的公因子数目,一般来说,主要通过以下几个方面来确定公因子数目。

(1) 根据特征值来确定。特征值在某种程度上可以被看成是表示公因子影响力度大小的指标,如果特征值小于1,说明该公因子的解释力度不如直接引入一个原变量的平均解释力度大。因此在 SPSS 中默认以特征值大于1作为纳入标准。

(2) 根据公因子的累积方差贡献率来确定。公因子的累积方差贡献率也就是主成分的累积贡献率。一般来说,提取公因子的方差累积贡献率达到 $85\% \sim 90\%$ 以上就比较满意了,可以此决定需要提取公因子的数目。

实践表明,根据方差累积贡献率确定公因子数往往较多,而用特征值来确定又往往偏低,许多时候应当将两者结合起来,综合确定合适的公因子数目。实际上,在因子分析中,提取公因子的原则重点在于提取的公因子的可解释性上,如果有实际意义,即使贡献率较小,也可以考虑保留,而如果特征值大于1,但找不到合理的解释,也可考虑将该公因子去除。

15.2.3 公因子的命名解释

公因子的命名解释是因子分析的一个重要环节,在实际分析中,通过对因子载荷矩阵的分析经常会发现以下现象:a_{ij} 的绝对值可能在某一行的许多列上都有较大的取值,或 a_{ij} 的绝对值可能在某一列的许多行上都有较大的取值。由 15.2.2 小节对因子模型载荷统计意义的解释可知,以上现象表明:某个原始变量 x_i 同时与几个公因子都有比较大的相关关系,即 x_i 的信息要由若干个公因子共同解释;同时,虽然一个公因子能够解释许多原始变量的信息,但它只是解释每一个原始变量的一部分信息,而不是任何一个变量的典型代表。这样,按照默认的分解方式,各因子可能难以找到代表的实际意义。由于因子模型的因子载荷阵不唯一,可以利用这一特点对因子载荷矩阵作适当的旋转,使公因子载荷系数向更大(向 1)或更小(向 0)的方向变化,使得对公因子的命名和解释变得更加容易,但保持因子载荷矩阵 A 各行元素的平方和即变量 X 的共同度不变。以上目的是通过因子轴的旋转变换实现的。设从公因子 F 旋转到公因子 G,则模型 (15-1) 变为

$$
\begin{cases}
X_1 = b_{11}G_1 + b_{12}G_1 + \cdots + b_{1m}G_m + \gamma_1 \\
X_2 = b_{21}G_1 + b_{22}G_2 + \cdots + b_{2m}G_m + \gamma_2 \\
\quad \vdots \\
X_p = b_{p1}G_1 + b_{p2}G_2 + \cdots + b_{pm}G_m + \gamma_p
\end{cases}
\tag{15-4}
$$

式(15-4)是旋转后的因子模型,其中 b_{11} 仍称为因子载荷。由旋转前后的模型比较可以看出,旋转并不会影响公因子的提取过程和结果,只会改变原始变量的信息量在不同因子上的分布,即改变因子载荷阵。

在 SPSS 中共给出了五种旋转方法,可分为正交和斜交两大类。在因子旋转过程中,如果因子轴仍相互正交,则称为正交旋转。如果因子轴之间不是相互正交的,则称为斜交旋转。进行正交变换可以保证变换后各因子仍正交,这是比较理想的情况。在 SPSS 中常用的是方差最大化正交旋转(varimax),它旋转的原则是各因子仍保持直角正交,但使得因子间方差的差异达到最大,即使每个因子具有较高载荷的变量个数最小化,这种方法一般能简化对因子的解释。但如果正交变换后对公因子仍然不易解释,也可以进行斜交旋转,或许可以得到比较容易解释的结果。在 SPSS 中斜交旋转最常用的是倾斜旋转(promax),这种方法是在方差最大化正交旋转的基础上进行斜交旋转,计算速度较快,旋转后允许因子间存在相关。

在对因子矩阵进行旋转以后,就必须给不同的因子命名。因子命名需遵守以下原则:首先,因子分析的命名必须简明,用尽量少的词(2～3 个)去解释因子。其次,要注重不同因子载荷高的变量之间的相似性,比如,15.1 节的例子中,我们要寻找因子 1 载荷高的变量"型号""大小""重量"之间的相似性,然后给因子命名。最后,可以根据因子中包含什么

样的变量来给因子命名。按照这些原则,我们可以给前面的因子 1 命名为"产品基本情况"。

15.2.4 计算因子得分

无论是 15.2 小节中的初始因子模型(15-1)还是旋转后的因子模型(15-4),都是将原始变量表示为公因子的线性组合。实际上,在因子分析中,还可以将公因子表示为原始变量的线性组合,这样就可以从原始变量的观测值估计各公因子的值,求出的值就是因子得分。由此可以得到以下模型

$$
\begin{cases}
F_1 = c_{11} X_1 + b_{12} X_2 + \cdots + b_{1p} X_p \\
F_2 = c_{21} X_1 + b_{22} X_2 + \cdots + b_{2p} X_p \\
\quad \vdots \\
F_m = c_{m1} X_1 + b_{m2} X_2 + \cdots + b_{mp} X_p
\end{cases}
\tag{15-5}
$$

式(15-5)称为因子得分模型,每一个式子都是因子得分函数。由它可计算出每个样品的因子得分。

实际上,因子得分才是提取公因子的最终体现。在因子分析的应用中,我们对每个样本数据都希望得到它们在不同因子上的得分,这样便于对样本进行分类或对问题作更深入的研究。

15.3 SPSS 实现因子分析的操作步骤

以上叙述了因子分析的原理及步骤,下面我们来详细说明以上因子分析的步骤如何在 SPSS 中实现以及在进行因子分析时所需注意的问题。

(1) 选择 Analyze→Data Reduction →Factor,出现因子分析主对话框,见图 15-1。

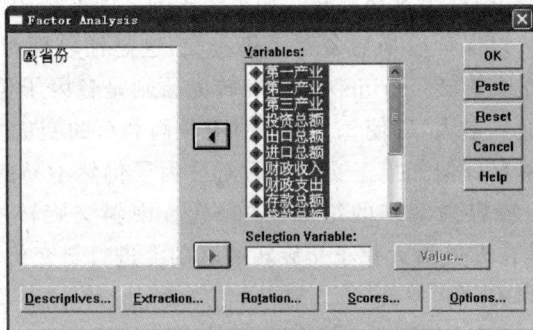

图 15-1　SPSS 因子分析主对话框

(2) 选择参与因子分析的变量移入 Variables 框中。

（3）可以选择一个变量作为样本的筛选变量，移入 Selection Variable 框中。选入变量后使用右侧的 Value 按钮填入一个数值，则变量等于此数值的样本才能参与因子分析。

（4）单击 Descriptives 按钮，出现如图 15-2 的子对话框。其中，Statistics 复选框组中提供了一些常用的描述统计量。

Univariate descriptives：输出每个变量的均数、标准差和样本量。

Initial solution：输出原始分析结果，包括原始变量的公因子方差、与变量数目相等的因子、各因子的特征根值以及所占总方差的百分比和累积百分比。SPSS 默认选中此项。

Correlation Matrix 复选框组中提供了一系列变量间的相关性指标及相关检验，读者可以根据自身需要选取。这里仅简单介绍，有兴趣的读者可以参阅其他书籍。

图 15-2　Descriptives 子对话框

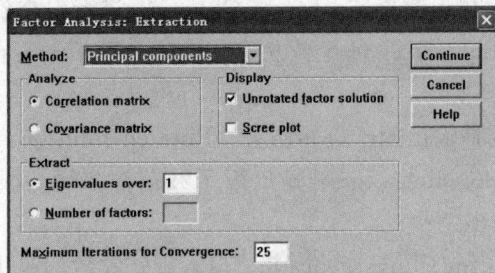

Coefficients：选取此项会在最后结果中输出所有变量间的相关系数阵。

Significance level：选取此项会在最后结果中输出相关系数单侧检验的 P 值。

Determinant：选取此项会在最后结果中输出相关系数矩阵的行列式。

KMO and Bartlett's test of sphericity：选取此项会在最后结果中输出 KMO 检验和 Batlett 球度检验的结果。

Inverse：选取此项会在最后结果中输出相关系数矩阵的逆矩阵。

Reproduced：选取此项会在最后结果中输出再生相关阵，并给出残差。

Anti-image：选取此项会在最后结果中输出反映象相关阵。

（5）在因子分析主对话框（图 15-1）中单击 Extraction 按钮，出现如图 15-3 的子对话框。其中，Method 下拉框中给出的是提取公因子的方法，共有 7 种，SPSS 默认的是主成分分析法（principal components）。

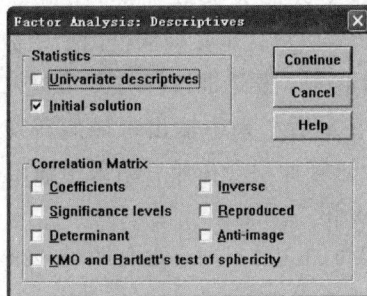

图 15-3　Extraction 子对话框

Analyze 单选框是选择用相关系数阵（correlation matrix）还是协方差矩阵（covariance matrix），SPSS 默认的是相关系数阵（correlation matrix）。

Extract 单选框选择有关公因子提取数目的标准。Eigenvalue over：以特征值大于其右侧框中数值为提取标准，系统默认数值为 1，此项为 SPSS 默认选项。Number of factors：用户自定义提取公因子的数目，在其右侧框中填入正整数。

Display 复选框选择与因子提取有关的输出项。Unrotated factor solution：选择此项会在最后结果中输出未经旋转变化的因子提取结果，此项为 SPSS 默认选项。Scree plot：选择此项会在最后结果中输出碎石图。具体的输出结果解释将在 15.4 节的实例分析中介绍。

Maximum Iteration for Convergence 框：填入因子分析收敛的最大迭代次数，SPSS 默认为 25。

（6）在因子分析主对话框（图 15-1）中单击 Rotation 按钮，出现如图 15-4 的子对话框。

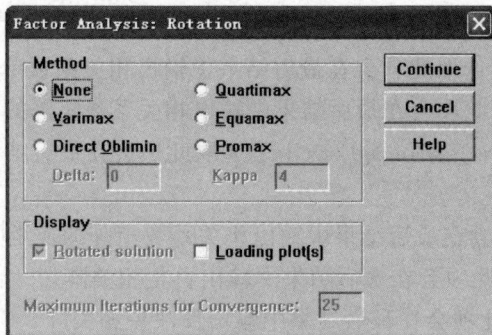

图 15-4　Rotation 子对话框

Method 单选框中给出的是旋转的方法。None：不进行旋转，为 SPSS 默认选项；Varimax：进行方差最大化正交旋转；Direct Oblimin：进行斜交旋转；Quartimax：进行四次方最大正交旋转；Equamax：进行平方正交旋转。Promax：在方差最大正交旋转的基础上进行斜交旋转。

Display 复选框是选择输出因子旋转结果。Rotated solution：输出因子转换矩阵，此项为 SPSS 默认选项。Loading plots：输出因子载荷散点图。具体的输出结果说明在 15.4 节的实例分析中给出。

Maximum Iteration for Convergence 框：填入旋转收敛的最大迭代次数，SPSS 默认为 25。

（7）在因子分析主对话框（图 15-1）中单击 Scores 按钮，出现如图 15-5 的子对话框。

Save as variables：选中此项则会将计算出的因子得分作为新变量，加入分析的数据文件中。此时加入的是经过标准化的因子得分。

Method 单选框：选择用于计算因子得分的方法。

Regression：选择此项则表示用回归法计算因子得分，用此法计算时，因子得分均值为 0，方差为估计因子得分与实际因子得分之间的多元相关的平方。此项为 SPSS 默认选项。

Batlett：选择此项则表示用 Batlett 法计算因子得分，用此法计算时，因子得分均值为 0，变量范围内因子的平方和最小化。

Anderson-Robin：选择此项则表示用 Anderson-Robin 法计算因子得分，此法是 Batlett 法的调整，它能保证因子的正交性，因子得分均值为 0，标准差为 1，并且不相关。

Display factor score coefficients matrix：选中此项表示输出因子得分系数矩阵，这是标准化后的得分系数。

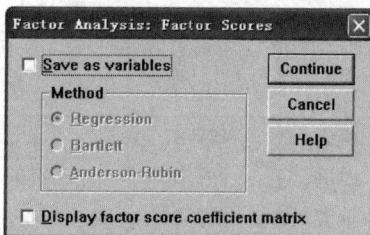

图 15-5 Scores 子对话框

15.4 因子分析的实例分析

15.4.1 背景介绍

我们继续以第 14 章中国西部地区的经济生活水平研究为例。

要全面系统的反映西部 10 省市的经济生活水平，必须先建立一套经济生活水平指标体系，从各个方面评价、分析，以使结果更具说服力。但实际上，如何对 10 省市的经济生活水平进行对比、评价是一件比较困难的事情。因为各评价指标常出现此高彼低的情况，而且各指标又经常互相联系，采用一般的分析方法会给分析结果带来偏差。因此要对西部 10 省市的经济生活水平进行综合客观的评价，因子分析是比较好的综合评价方法。本案例就是借助 SPSS 统计软件包，利用因子分析方法从经过研究确定的 9 个评价经济生活水平的原始变量（第一产业 GDP、第二产业 GDP、第三产业 GDP、投资总额、存款总额、贷款总额、职工年平均货币工资、城镇居民家庭人均可支配收入、农村居民家庭人均纯收入，见表 15-1，数据来源于《中国统计年鉴，2002》）中概括出 3 个公因子，并计算出 10 省市在这些因子上的得分及综合得分。由此基本上可以看出西部 10 省市的经济生活水平，以此为基础，有关部门可以提出一些切实提高西部经济生活水平的措施。

表 15-1 西部 10 省市经济生活水平数据

省份	第一产业 GDP /亿元	第二产业 GDP /亿元	第三产业 GDP /亿元	投资总额 /亿元	存款总额 /亿元
西藏	37.47	32.18	69.08	85.78	212.90
四川	981.68	1 756.86	1 683.22	1 573.80	5 256.78
重庆	293.00	726.64	730.11	801.82	2 294.05
贵州	274.17	419.74	390.99	533.74	1 341.11
云南	450.54	880.54	746.39	734.81	2 779.71
陕西	280.52	815.69	745.03	850.22	3 205.00
甘肃	207.05	481.07	384.39	505.42	1 615.75
青海	42.79	132.31	125.73	201.61	391.06
宁夏	49.50	135.00	113.80	195.81	468.90
新疆	288.00	630.00	567.00	706.00	1 972.55

省份	贷款总额 /亿元	职工年平均 货币工资/元	城镇居民家庭 人均可支配收入/元	农村居民家庭 人均纯收入/元
西藏	96.62	19 144.00	7 119.00	1 404.00
四川	4 498.55	9 135.00	6 360.00	1 987.00
重庆	1 871.98	9 523.00	6 721.09	1 971.18
贵州	1 212.23	8 991.00	5 451.91	1 411.73
云南	2 173.46	10 537.00	6 797.71	1 533.76
陕西	2 538.00	9 120.00	5 484.00	1 520.00
甘肃	1 268.39	9 177.00	5 382.91	1 508.61
青海	422.03	12 906.00	5 853.72	1 610.87
宁夏	441.40	10 521.00	5 544.20	1 823.00
新疆	1 584.70	10 278.00	6 590.28	1 718.00

15.4.2 操作步骤及结果解析

(1) 选择 Analyze→Data Reduction→Factor,出现如图 15-1 所示的因子分析主对话框。

(2) 在主对话框中将 9 个变量移入 Variables 框中。

(3) 单击 Descriptives 按钮,出现如图 15-2 所示的子对话框。

在 Correlation Matrix 复选框组中选择 Coefficients 、Significance level、KMO and Bartlett's test of sphericity 项;其他均为默认选项,不做变动。单击 Continue 按钮,返回

主对话框。

（4）单击 Extraction 按钮，出现如图 15-3 所示的子对话框。

在 Extract 单选框的 Number of factors 右侧框中填入 3；在 Display 复选框中选择 Scree plot 项；其他均为默认选项，不做变动。单击 Continue 按钮，返回主对话框。

（5）单击 Rotation 按钮，出现如图 15-4 所示的子对话框。

在 Method 单选框中选择 Varimax ；在 Display 复选框中选择 Loading plots；其他均为默认选项。单击 Continue 按钮，返回主对话框。

（6）单击 Scores 按钮，出现如图 15-5 所示的子对话框。

选中 Save as variables；选中 Display factor score coefficients matrix，其他均为默认选项；单击 Continue 按钮，返回主对话框。

（7）单击 OK 按钮，显示输出结果如下。

① 图 15-6 中行的第一部分为相关系数矩阵，列出了 9 个变量两两之间的相关系数。如在表中对应第一产业和第二产业的 0.974 表示第一产业和第二产业的相关系数为 0.974。从相关系数矩阵可见，变量之间的相关性还是比较高的，如果直接用于分析，可能会带来严重的共线性问题，这一点从行的第二部分也可以得到证明。行的第二部分是零假设为相关系数为 0 的单侧显著性检验概率矩阵。可以看出，各概率大多还是小于 0.05 的，因此也可以认为各变量两两之间是相关的。

② 图 15-7 列出了 KMO 检验与 Barlett 球度检验的结果，用于判断数据是否适合进行因子分析。第一行为检验变量间偏相关性的 KMO 检验量，数值为 0.703，说明数据比较适合进行因子分析。第二行为球度假设检验的结果，近似 χ^2 值为 153.678，自由度为 36，检验的 P 值小于 0.000 5，即拒绝原假设，认为相关系数阵不能看成是单位矩阵，9 个变量间并非独立，是有相关关系的，此结论和相关系数阵提供的结论一致，故此数据适合并需要进行因子分析。

③ 图 15-8 是变量共同度表，第一列是 9 个原始变量名；第二列是根据因子分析初始解计算出的变量共同度，初始解就是利用主成分分析方法得到的 9 个主成分，所以每个原始变量的共同度都是 1；第三列是根据因子分析提取出来的 3 个公因子计算出的变量共同度，第一行中的 0.952 表示 3 个公因子总共解释了原始变量第一产业信息的95.2%。从第三列可见，提取的公因子很好地概括了这 9 个评价经济生活水平的变量。因为这 9 个变量的因子共同度全部都在 0.9 以上，说明这 3 个公共因子对所有经济生活水平变量的信息概括很全面。

Correlation Matrix

		第一产业 GDP	第二产业 GDP	第三产业 GDP	投资总额	存款总额	贷款总额	职工年平均货币工资	城镇居民家庭人均可支配收入	农村居民家庭人均纯收入
Correlation	第一产业	1.000	.974	.974	.952	.940	.954	−.459	.186	.485
	第二产业	.974	1.000	.996	.989	.990	.994	−.539	.152	.520
	第三产业	.974	.996	1.000	.990	.983	.990	−.504	.180	.553
	投资总额	.952	.989	.990	1.000	.984	.990	−.591	.107	.540
	存款总额	.940	.990	.983	.984	1.000	.997	−.555	.105	.463
	贷款总额	.954	.994	.990	.990	.997	1.000	−.564	.082	.491
	职工年平均货币工资	−.459	−.539	−.504	−.591	−.555	−.564	1.000	.531	−.376
	城镇居民家庭人均可支配收入	.186	.152	.180	.107	.105	.082	.531	1.000	0.186
	农村居民家庭人均纯收入	.485	.520	.553	.540	.463	.491	−.376	.186	1.000
Sig. (1-tailed)	第一产业		.000	.000	.000	.000	.000	.091	.304	.078
	第二产业	.000		.000	.000	.000	.000	.054	.337	.062
	第三产业	.000	.000		.000	.000	.000	.069	.309	.048
	投资总额	.000	.000	.000		.000	.000	.036	.384	.054
	存款总额	.000	.000	.000	.000		.000	.048	.386	.089
	贷款总额	.000	.000	.000	.000	.000		.045	.411	.075
	职工年平均货币工资	.091	.054	.069	.036	.048	.045		.057	.142
	城镇居民家庭人均可支配收入	.304	.337	.309	.384	.386	.411	.057		.303
	农村居民家庭人均纯收入	.078	.062	.048	.054	.089	.075	.142	.303	

图 15-6 相关系数矩阵及 P 值

KMO and Bartlett's Test

Kaiser-Meyer-Olkin Measure of Sampling Adequacy.		.703
Bartlett's Test of Sphericity	Approx. Chi-Square	153.678
	df	36
	Sig.	.000

图 15-7　KMO 检验与 Barlett 球度检验结果

Communalities

	Initial	Extraction
第一产业 GDP	1.000	.952
第二产业 GDP	1.000	.998
第三产业 GDP	1.000	.997
投资总额	1.000	.991
存款总额	1.000	.985
贷款总额	1.000	.993
职工年平均货币工资	1.000	.902
城镇居民家庭人均可支配收入	1.000	.933
农村居民家庭人均纯收入	1.000	.989

Extraction Method：Principal Component Analysis.

图 15-8　变量共同度表

④ 图 15-9 是整个输出结果非常重要的一部分：总方差解释表。表中列出了所有的因子,它们按照特征值从大到小排列。

第一列至第四列是因子分析初始解对所有原始变量的描述情况：第一列是因子分析的 9 个初始解的序号；第二列是因子的特征值；第三列是因子的方差贡献率；第四列是因子的累积方差贡献率。如第二行的第一列至第四列的数据表示：第二个因子的特征值即方差贡献为 1.468,则其贡献率为 16.309%,也可由 1.468/9 得到(由于有 9 个标准化的原始变量,所以总方差为 9),第一和第二因子的累积方差贡献率为 89.017%。

第五列至第七列是从初始解中提取了三个公因子,这三个公因子对所有原始变量的描述情况。第五列至第七列的含义与第二列至第四列相同。由此可以看出,第一、第二、第三公共因子的累积方差贡献率已经达到了 97.109%,说明这 3 个公共因子包括了 9 个原始变量的总信息量的绝大多数,因此用这 3 个因子来评价西部经济生活水平是完全可行的。第八列至第十列是旋转后的 3 个公因子对所有原始变量的描述情况。

Total Variance Explained

Component	Initial Eigenvalues			Extraction Sums of Squared Loadings			Rotation Sums of Squared Loadings		
	Total	% of Variance	Cumulative %	Total	% of Variance	Cumulative %	Total	% of Variance	Cumulative %
1	6.544	72.708	72.708	6.544	72.708	72.708	5.929	65.875	65.875
2	1.468	16.309	89.017	1.468	16.309	89.017	1.520	16.894	82.769
3	.728	8.092	97.109	.728	8.092	97.109	1.291	14.340	97.109
4	.185	2.054	99.163						
5	6.234E-02	.693	99.856						
6	1.120E-02	.124	99.980						
7	9.369E-04	1.041E-02	99.990						
8	6.406E-04	7.117E-03	99.998						
9	2.230E-04	2.478E-03	100.00						

Extraction Method: Principal Component Analysis.

图 15-9 总方差解释表

⑤ 图 15-10 是可以显示因子重要程度的碎石图。横轴表示因子序号,纵轴表示特征值大小。把因子序号和其对应的特征值描点,根据点间连线坡度的陡缓程度可以直观地看出因子的重要程度。由图 15-10 可以看出,当提取 1、2、3 个公因子时,直线都比较陡,说明特征值差值比较大,这 3 个公因子是主要因子;而从提取 5 个因子开始直线都非常平缓,说明 5 个以上的公因子已经对原始变量信息的描述无显著作用。这一点从上面的方差解释表中也已经得到了证明。因此提取 3～4 个因子是比较合适的。

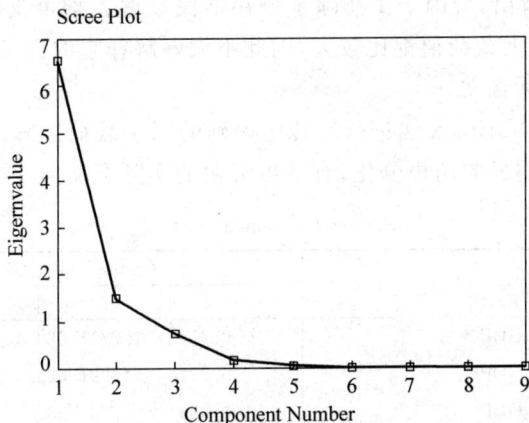

图 15-10　碎石图

⑥ 图 15-11 是最终的因子载荷矩阵。根据表中所列的对应各变量的 3 个公因子的载荷值,结合因子模型知识,可以得到提取 3 个公因子的因子模型。

Component Matrix^a

	Component		
	1	2	3
第一产业 GDP	0.961	0.114	−0.122
第二产业 GDP	0.994	5.684E-02	−8.91E-02
第三产业 GDP	0.992	9.471E-02	−5.56E-02
投资总额	0.994	9.262E-04	−5.22E-02
存款总额	0.982	1.056E-02	−0.145
贷款总额	0.989	−5.40E-03	−0.119
职工年平均货币工资	−0.601	0.716	−0.166
城镇居民家庭人均可支配收入	0.106	0.958	6.289E-02
农村居民家庭人均纯收入	0.587	0.106	0.795

Extraction Method: Principal Component Analysis.

a. 3 components extracted.

图 15-11　因子载荷矩阵

$$Z_{第一产业GDP}=0.961F_1+0.114F_2-0.122F_3+\varepsilon_1$$
$$Z_{第二产业GDP}=0.994F_1+0.056\,84F_2-0.089\,1F_3+\varepsilon_2$$
$$\vdots$$
$$Z_{农村居民家庭人均纯收入}=0.587F_1+0.106F_2+0.795F_3+\varepsilon_9$$

其中，$Z_{第一产业GDP}$，$Z_{第二产业GDP}$，$\cdots$，$Z_{农村居民家庭人均纯收入}$ 表示第一产业 GDP，第二产业 GDP，$\cdots\cdots$农村居民家庭人均纯收入等原始变量的标准化值。

由图 15-11 可以看出，公因子 1 在除了城镇居民家庭人均可支配收入变量上载荷比较小以外，在其他变量上载荷值都比较大，因此不太好解释它的含义，需进一步进行旋转，以便更好地了解其实际含义。

⑦ 图 15-12 是用 Varimax 法进行旋转后得到的因子载荷矩阵。与图 15-11 相比，旋转后的因子载荷已经明显向两极分化，有了更鲜明的实际意义。

Rotated Component Matrix[a]

	Component		
	1	2	3
第一产业 GDP	0.957	1.971E-02	0.190
第二产业 GDP	0.972	-4.22E-02	0.228
第三产业 GDP	0.963	-5.88E-03	0.262
投资总额	0.956	-9.94E-02	0.259
存款总额	0.975	-8.47E-02	0.167
贷款总额	0.972	-0.102	0.193
职工年平均货币工资	-0.455	0.781	-0.292
城镇居民家庭人均可支配收入	0.162	0.939	0.161
农村居民家庭人均纯收入	0.313	1.147E-02	0.944

Extraction Method：Principal Component Analysis.

Rotation Method：Varimax with Kaiser Normalization.

a. Rotation converged in 4 iterations.

图 15-12　旋转后的因子载荷矩阵

第一公共因子在第一产业 GDP、第二产业 GDP、第三产业 GDP、投资总额、存款总额、贷款总额上有高载荷，而以上指标从不同的侧面反映了宏观经济水平，故称为总体经济水平因子。

第二公共因子在职工年平均货币工资、城镇居民家庭人均可支配收入上有高载荷，而职工年平均货币工资、城镇居民家庭人均可支配收入反映的是城镇居民的生活水平，故称为城镇生活水平因子。

第三公共因子在农村居民家庭纯收入上有高载荷，故称为农村生活水平因子。

⑧ 图 15-13 所示为因子转换矩阵，用来说明旋转前后因子间的系数对应关系。

Component Transformation Matrix

Component	1	2	3
1	.945	−.103	.310
2	.085	.994	.072
3	−.315	−.042	.948

Extraction Method：Principal Component Analysis.

Rotation Method：Varimax with Kaiser Normalization.

图 15-13　因子转换矩阵

⑨ 图 15-14 是旋转后的散点图。散点图是根据因子载荷的大小绘制的,从散点图中可以清晰地看出决定各公共因子的有哪些变量。此图可以与图 15-13 对应着看,以便于对公因子的实际含义有更深刻的了解。

Component Plot in Rotated Space

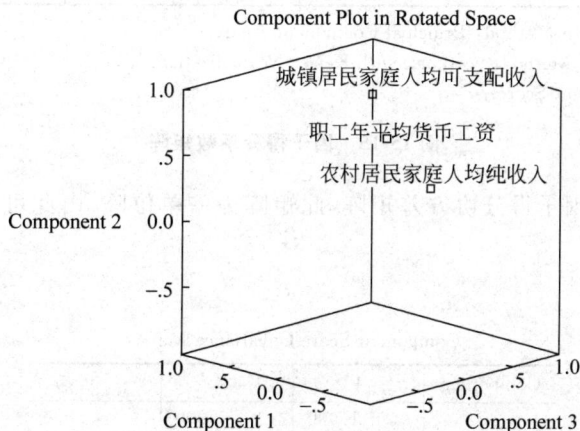

图 15-14　旋转后的散点图

⑩ 图 15-15 是用默认的回归法计算出的因子得分系数矩阵,根据它就可以写出以下的因子得分函数:

$$F_1 = 0.198X_1 + 0.185X_2 + \cdots + -0.254X_9$$
$$F_2 = 0.069X_1 + 0.028X_2 + \cdots + 0.017X_9$$
$$F_3 = -0.108X_1 - 0.066X_2 + \cdots + 1.068X_9$$

其中 $X_1, X_2, \cdots, X_9$ 表示第一产业 GDP,第二产业 GDP,……农村居民家庭人均纯收入等原始变量的标准化值。

SPSS 根据以上的因子得分函数自动计算各样本的 3 个因子得分,并已经将其存入数据文件中。

Component Score Coefficient Matrix

	Component		
	1	2	3
第一产业 GDP	.198	.069	−.108
第二产业 GDP	.185	.028	−.066
第三产业 GDP	.173	.052	−.021
投资总额	.166	−.012	−.021
存款总额	.205	.000	−.142
贷款总额	.194	−.012	−.108
职工年平均货币工资	.027	.504	−.210
城镇居民家庭人均可支配收入	.044	.643	.134
农村居民家庭人均纯收入	−.254	.017	1.068

Extraction Method：Principal Component Analysis.

Rotation Method：Varimax with Kaiser Normalization.

Component Scores.

图 15-15　因子得分系数矩阵

⑪ 图 15-16 是因子得分协方差矩阵,此矩阵为一单位阵,由此可以看出公因子是正交、不相关的。

Component Score Covariance Matrix

Component	1	2	3
1	1.000	.000	.000
2	.000	1.000	.000
3	.000	.000	1.000

Extraction Method：Principal Component Analysis.

Rotation Method：Varimax with Kaiser Normalization.

Component Scores.

图 15-16　因子得分协方差矩阵

以上就是 SPSS 对实例分析的输出结果,在数据文件中还生成了 3 个变量 fac1_1、fac2_1、fac3_1,存储样本的公因子 1、2、3 的得分,从此得分中可以看出各个省份在不同因子上的优劣,但为了对西部 10 省市的经济生活水平有个综合评价,需要计算综合得分。要达到此目的,可通过以下的步骤实现。

在 SPSS 主界面中选择 Transform →Compute,打开如图 15-17 的 Compute 主对话框,在 Target Variable 下的矩形框键入 S(表示综合得分的变量),将数据文件中通过上述统计分析步骤得到的 3 个新变量 fac1_1、fac2_1、fac3_1 及各自的权数组成表达式(权数

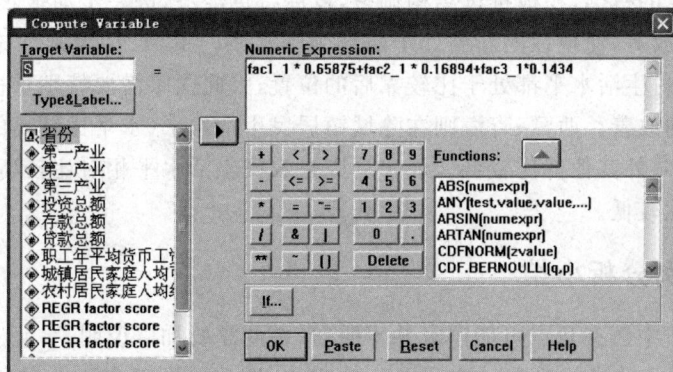

图 15-17　Compute 主对话框

取自旋转后的方差贡献率）：

$$fac1\_1 * 0.65875 + fac2\_1 * 0.16894 + fac3\_1 * 0.1434$$

　　在结束上述操作后，会在数据文件中生成一个新变量 S，然后将因子 1、2、3 的得分和综合得分整理后得到表 15-2。

表 15-2　各因子得分和综合得分

省份	因子 1	因子 2	因子 3	综合得分
四川	2.173 34	0.264 38	0.776 42	1.59
云南	0.701 42	0.647 14	−0.642 55	0.48
重庆	−0.084 75	0.393 83	1.721 34	0.26
陕西	0.628 66	−0.921 25	−0.883 10	0.13
新疆	−0.011 18	0.349 33	0.472 55	0.12
西藏	−0.808 73	2.157 90	−1.054 03	−0.32
贵州	−0.095 74	−1.022 19	−1.047 89	−0.39
甘肃	−0.206 05	−1.065 87	−0.605 85	−0.40
青海	−1.009 89	−0.065 93	0.063 97	−0.67
宁夏	−1.287 08	−0.737 34	1.199 14	−0.80

　　以上省份顺序是按综合得分降序排列。通过表 15-2 可以清楚地看到西部 10 省市各自的优劣处。四川无论经济总量还是各项经济指标都是遥遥领先的，在经济实力上有其他省市无可比拟的优势，但是城镇居民的生活水平相对比较低，因此应该加强这方面问题的解决。而云南、陕西虽经济总体水平比较高，但农村居民生活比较困苦，这与偏远的位置、众多山区及少数民族人口聚集在基础条件比较差的地区有关。重庆则在各项指标上均处于中上游水平，但仍需加强总体经济水平的提高。新疆虽然经济基础比较差，但通过

利用西部大开发的机会,积极推进结构调整,发展特色经济,进一步加强农业,深化国企改革,扩大对外开放等,使现在的新疆处于西部中等水平。贵州、甘肃则无论是经济总体水平还是城镇、农村生活水平都处于比较靠后的位置,因此国家需要特别重视这些地区的发展及人民生活的改善。西藏、青海则在除城镇居民生活水平(水平比较高的原因是国家的政策补贴比较多)外其他都比较低。而宁夏则是农民生活水平相对比较高,经济水平和城镇居民水平则比较低。

15.4.3 实例分析小结

在实例分析中还有几点可能读者并不明白,在此需要加以说明。

(1) 关于因子数量的确定。按照默认的方法,即取特征值大于1的因子得到2个公因子是可以的,取4个公因子也可以。提取因子数目的原则在前面已经讲过,但具体问题具体分析,读者在实际分析中还是要根据数据的特点来确定因子数目,在此取3个公因子主要是为了便于解释公因子的实际含义。有兴趣的读者可以自己试试取2个公因子和4个公因子的情况。

(2) 关于计算综合得分时各因子得分权数的确定。一般来说,权数应由专家来定,但此例中用公因子的方差贡献率作为权数的方法,在没有专家的情况下也不失为一种好方法。

本章小结

>>>

本章首先介绍了因子分析方法的基本思想:根据相关性大小把原始变量分组,使得同组内的变量之间相关性较高,而不同组间的变量的相关性则较低。每组变量代表一个基本结构,并用一个不可观测的综合变量表示,这个变量称为公共因子。接着介绍了因子分析的相关理论及基本模型。要求读者能掌握求解因子的方法步骤,并能运用 SPSS 软件进行操作求解,正确理解并解释系统输出结果。

关键术语

>>>

因子载荷矩阵(component matrix)　　　　反映象相关矩阵(anti-image correlation
变量共同度(communalities)　　　　　　　　matrix)
巴特利特球度检验(Bartlett test of　　　　KMO 检验(Kaiser-Meyer-Olkin test)
　　sphericity)　　　　　　　　　　　　　主成分分析(principal components analysis)

习题

................>>>

基础习题

1. 为什么需要进行因子分析？因子变量有什么特点？

2. 比较 R 型因子分析和 Q 型因子分析的异同点。

3. 简述因子分析的基本步骤。

4. 列举判断变量是否适合做因子分析的统计检验方法。

5. 简述因子分析在什么情况下需要做因子旋转以及做因子旋转的方法。

6. 试比较主成分分析、因子分析、聚类分析的异同。

应用习题

7. 在某大型化工厂的厂区及邻近地区挑选了 8 个有代表性的大气取样点，每日 4 次同时抽取大气样品，测定其中含有的 6 种气体的浓度，前后共测量 4 天，计算得到各取样点每种气体的平均浓度，得到如下数据（对应辅助资源数据文件 15.7）。

取样点	氯	硫化氢	二氧化碳	碳 4	环氧氯丙烷	环乙烷
1	0.056	0.084	0.031	0.038	0.0081	0.022
2	0.049	0.055	0.1	0.11	0.022	0.0073
3	0.038	0.13	0.079	0.17	0.058	0.043
4	0.034	0.095	0.058	0.16	0.2	0.029
5	0.084	0.066	0.029	0.32	0.012	0.041
6	0.064	0.072	0.1	0.21	0.028	1.38
7	0.048	0.089	0.062	0.26	0.038	0.036
8	0.069	0.087	0.027	0.05	0.089	0.021

试根据上述资料对该化工厂周围气体的各项指标做因子分析。

8. 下表数据来自 2014 年《浙江省统计年鉴》，包含了浙江省 11 个地级市的 10 个国民经济主要指标（已经无量纲标准化）。其中，x_1：第一产业产值，x_2：第二产业产值，x_3：第三产业产值，x_4：全社会从业人员数（万人），x_5：全社会固定资产投资（亿元），x_6：出口总额（亿美元），x_7：地方财政支出（亿元），x_8：城乡居民储蓄存款年末余额（亿元），x_9：城镇居民人均可支配收入（元），x_{10}：农村居民人均纯收入（元）。

试据此对浙江省各地区的经济结构进行因子分析。

城市	x_1	x_2	x_3	x_4	x_5	x_6	x_7	x_8	x_9	x_{10}
杭州	1.54	1.70	2.30	1.67	2.05	1.14	1.76	2.07	0.63	0.49
宁波	1.70	1.77	1.25	0.89	1.34	2.21	2.08	1.08	1.19	0.94
嘉兴	−0.05	0.03	−0.23	−0.03	0.07	−0.06	−0.31	−0.11	0.57	0.94

续表

城市	x_1	x_2	x_3	x_4	x_5	x_6	x_7	x_8	x_9	x_{10}
湖州	−0.48	−0.64	−0.67	−0.80	−0.64	−0.75	−0.71	−0.77	−0.11	0.53
绍兴	0.50	0.35	0.09	0.06	0.14	0.27	−0.28	0.05	0.90	0.68
舟山	−0.91	−1.11	−0.91	−1.37	−0.91	−0.82	−0.74	−1.16	0.23	0.95
温州	−0.63	0.28	0.26	1.27	0.66	−0.23	0.19	0.66	0.28	−0.25
金华	−0.27	−0.21	−0.15	0.06	−0.39	0.51	−0.24	0.21	−0.06	−0.64
衢州	−1.10	−0.98	−0.91	−1.05	−0.98	−1.04	−0.83	−1.07	−1.87	−1.42
台州	0.79	−0.15	−0.10	0.33	−0.27	−0.20	−0.21	0.04	0.08	−0.27
丽水	−1.07	−1.03	−0.93	−1.02	−1.06	−1.04	−0.72	−0.99	−1.84	−1.94

9. 下表是 OECD(经济合作与发展组织)部分国家 2014 年有关经济指标的资料,试对其进行因子分析。

序号	国　家	国内生产总值/万亿美元	人均国内生产总值/万美元	进出口/万亿美元	经济增产率/%	失业率/%
1	澳大利亚	1.23	5.3	0.52	2.5	6.28
2	法国	2.84	4.36	1.23	0.4	10.4
3	德国	3.85	4.77	2.7	1.6	6.9
4	希腊	0.25	2.24	0.13	0.67	26.1
5	爱尔兰	0.24	5.31	0.19	4.8	10.4
6	意大利	2.15	3.36	1.19	−0.4	12.7
7	英国	2.8	3.95	0.6	3	5.6
8	葡萄牙	0.23	2.2	0.19	0.9	13.9
9	西班牙	1.41	3.01	0.66	1.4	23.7
10	美国	17.42	5.47	5.2	2.4	5.8

案例研究
>>>

商业银行竞争力分析

目前,作为金融体系的绝对核心,银行既是经营货币、办理信贷、结算业务的经济组织,又是国家调节经济、管理经济的重要机构。在过去的几十年,我国采取了多项举措,使国内银行业呈现多元化发展,在加入 WTO 后,面对国内外市场的竞争,我国银行采取了一系列措施提高自身的竞争力,通过股份制改革、公开发行上市等方式,一些商业银行成为我国银行业生力军。然而随着全球经济一体化、金融市场发育程度和开放程度的不断提高,商业银行面临的竞争格局、竞争的空间范围和竞争对手已经并正在发生深刻的变化。同国际标准和国外成功的商业银行相比,我国的商业银行仍然是低效的,并非真正意义上的商业银行,银行间的竞争也始终未走出各自为战的低层次竞争格局。如何科学地提高竞争力,对我国商业银行是至关重要的。因此构建评价指标以及有效地评价商业银行竞争力,是提高竞争力的有效途径,具有重要的理论和现实意义。

为此,我们收集了我国 16 家上市商业银行在规模竞争力、安全性竞争力、盈利性竞争力、可持续性发展竞争力等四个方面上的十项指标数据。根据这些数据及本课程相关知识,请完成以下问题。

数据来源:各上市银行 2014 年年报。

管理报告

1. 上市商业银行的年度数据为基础(具体见辅助资源第 15 章案例数据文件),采用因子分析方法,对数据文件中的银行竞争力进行综合的评价。

2. 基于上述分析结果,你对上市银行的竞争力和科学地提高竞争力有何判断?

3. 尝试搜集更多不同行业的上市公司的数据文件,使用本章的知识对这些企业竞争力进行综合评价。

参 考 文 献

1. 贾俊平,何晓群,金勇进.统计学[M].第3版.北京:中国人民大学出版社,2007.

2. 薛薇.统计软件分析与SPSS的应用[M].北京:中国人民大学出版社,2001.

3. 余锦华,杨维权.多元统计分析与应用[M].广州:中山大学出版社,2005.

4. 何晓群,刘文卿.应用回归分析[M].北京:中国人民大学出版社,2001.

5. 何晓群.多元统计分析[M].北京:中国人民大学出版社,2004.

6. ［美］Douglas A, Lind, William G. Marchal, Robert D. Mason.商务与经济统计技术[M].第11版. 北京:中信出版社,2002.

7. ［美］Lawrence C. Hamilton. Data Analysis for Social Scientists:A First Course in Applied Statistics [M]. Duxbury Press,1996.

8. ［美］David R. Anderson, Dennis J. Sweeny, Thomas A. Williams. Statistics for Business and Economics[M]. 9th ed. Thomson Press,2005.

9. 柯惠新,沈洁.调查研究中的统计分析法[M].第2版.北京:中国传媒大学出版社,2005.

10. ［美］罗伯特·约翰逊等.基础统计学[M].北京:科学出版社,2005.

11. ［美］小吉尔伯特.营销调研——方法论基础[M].北京:机械工业出版社,2003.

12. ［美］David F. Groebner, Prtrick W. Shannon, Philip C. Fry, Kent D. Smith.商务统计:一种制定 决策的方法[M].北京:中国统计出版社,2003.

13. ［美］Terry Sincich.例解商务统计学[M].第5版.陈鹤琴,罗明安,译.北京:清华大学出版社,2001.

14. ［美］David R. Anderson.商务与经济统计精要[M].第2版.北京:机械工业出版社,2002.

15. 耿修林.商务经济统计学[M].北京:科学出版社,2003.

16. ［美］John A. Rice.数理统计与数据分析[M].第2版.北京:机械工业出版社,2003.

17. 袁卫,庞晧,曾五一.统计学[M].北京:高等教育出版社,2000.

18. 易丹辉.统计预测——方法与应用[M].北京:高等教育出版社,2001.

19. 杜金观,项静怡,戴俭华.时间序列分析——建模与预报[M].合肥:安徽教育出版社,1991.

20. ［加］J F Lawless.寿命数据中的统计模型与方法[M].茆诗松等,译.北京:中国统计出版社,1998.

21. ［美］David M. Levine, David Stephan, Timothy C. Krehbiel, Mark L. Berenson. Statistics for Managers using Microsoft Excel[M]. Pearson Prentice Hall Press,2005.

22. 方开泰,张尧庭.多元统计分析引论[M].北京:科学出版社,1982.

23. 中国统计年鉴(2010)[M].北京:中国统计出版社,2010.

24. 赵中秋,陈倩,李金林.基于多元分析法的我国开放式基金绩效评价[J].北京理工大学学报, 2005(3).

25. 贾俊平.统计学[M].第2版.北京:清华大学出版社,2006.

附录　常用统计表

附表 1　标准正态分布概率表

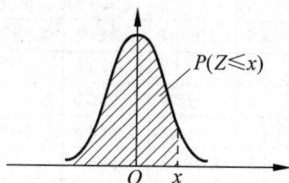

Excel 中的统计函数"NORMSDIST"可以帮助我们生成标准正态分布的累积概率分布表,即 $P(Z \leqslant x)$。步骤如下。

1. 建立一个新的表,其列表示 x 取值的个位数字和十分位数,其行表示 x 的百分位数,构成标准正态分布的表头。如下表黑体部分所示。

2. 在 B2 单元格,即左上角第一个空的单元格内输入公式"=NORMSDIST($ A2+B$ 1)",即可得到第一个数值 0.500 0,然后将其向下、向右复制公式即可得到标准正态分布的概率表。

3. 可以通过设置单元格格式,设置数值保留到小数点后的四位。

部分结果如下表所示。读者可以根据需要生成范围不同的标准正态分布概率表。

标准正态分布概率表

	A	B	C	D	E	F	G	H	I	J	K
	x	0.00	0.01	0.02	0.03	0.04	0.05	0.06	0.07	0.08	0.09
1	x	0.00	0.01	0.02	0.03	0.04	0.05	0.06	0.07	0.08	0.09
2	0.0	0.500 0	0.504 0	0.508 0	0.512 0	0.516 0	0.519 9	0.523 9	0.527 9	0.531 9	0.535 9
3	0.1	0.539 8	0.543 8	0.547 8	0.551 7	0.555 7	0.559 6	0.563 6	0.567 5	0.571 4	0.575 3
4	0.2	0.579 3	0.583 2	0.587 1	0.591 0	0.594 8	0.598 7	0.602 6	0.606 4	0.610 3	0.614 1
5	0.3	0.617 9	0.621 7	0.625 5	0.629 3	0.633 1	0.636 8	0.640 6	0.644 3	0.648 0	0.651 7
6	0.4	0.655 4	0.659 1	0.662 8	0.666 4	0.670 0	0.673 6	0.677 2	0.680 8	0.684 4	0.687 9
7	0.5	0.691 5	0.695 0	0.698 5	0.701 9	0.705 4	0.708 8	0.712 3	0.715 7	0.719 0	0.722 4
8	0.6	0.725 7	0.729 1	0.732 4	0.735 7	0.738 9	0.742 2	0.745 4	0.748 6	0.751 7	0.754 9
9	0.7	0.758 0	0.761 1	0.764 2	0.767 3	0.770 4	0.773 4	0.776 4	0.779 4	0.782 3	0.785 2
10	0.8	0.788 1	0.791 0	0.793 9	0.796 7	0.799 5	0.802 3	0.805 1	0.807 8	0.810 6	0.813 3
11	0.9	0.815 9	0.818 6	0.821 2	0.823 8	0.826 4	0.828 9	0.831 5	0.834 0	0.836 5	0.838 9
12	1.0	0.841 3	0.843 8	0.846 1	0.848 5	0.850 8	0.853 1	0.855 4	0.857 7	0.859 9	0.862 1

续表

	A	B	C	D	E	F	G	H	I	J	K
13	x	0.00	0.01	0.02	0.03	0.04	0.05	0.06	0.07	0.08	0.09
14	1.1	0.864 3	0.866 5	0.868 6	0.870 8	0.872 9	0.874 9	0.877 0	0.879 0	0.881 0	0.883 0
15	1.2	0.884 9	0.886 9	0.888 8	0.890 7	0.892 5	0.894 4	0.896 2	0.898 0	0.899 7	0.901 5
16	1.3	0.903 2	0.904 9	0.906 6	0.908 2	0.909 9	0.911 5	0.913 1	0.914 7	0.916 2	0.917 7
17	1.4	0.919 2	0.920 7	0.922 2	0.923 6	0.925 1	0.926 5	0.927 9	0.929 2	0.930 6	0.931 9
18	1.5	0.933 2	0.934 5	0.935 7	0.937 0	0.938 2	0.939 4	0.940 6	0.941 8	0.942 9	0.944 1
19	1.6	0.945 2	0.946 3	0.947 4	0.948 4	0.949 5	0.950 5	0.951 5	0.952 5	0.953 5	0.954 5
20	1.7	0.955 4	0.956 4	0.957 3	0.958 2	0.959 1	0.959 9	0.960 8	0.961 6	0.962 5	0.963 3
21	1.8	0.964 1	0.964 9	0.965 6	0.966 4	0.967 1	0.967 8	0.968 6	0.969 3	0.969 9	0.970 6
22	1.9	0.971 3	0.971 9	0.972 6	0.973 2	0.973 8	0.974 4	0.975 0	0.975 6	0.976 1	0.976 7
23	2.0	0.977 2	0.977 8	0.978 3	0.978 8	0.979 3	0.979 8	0.980 3	0.980 8	0.981 2	0.981 7
24	2.1	0.982 1	0.982 6	0.983 0	0.983 4	0.983 8	0.984 2	0.984 6	0.985 0	0.985 4	0.985 7
25	2.2	0.986 1	0.986 4	0.986 8	0.987 1	0.987 5	0.987 8	0.988 1	0.988 4	0.988 7	0.989 0
26	2.3	0.989 3	0.989 6	0.989 8	0.990 1	0.990 4	0.990 6	0.990 9	0.991 1	0.991 3	0.991 6
27	2.4	0.991 8	0.992 0	0.992 2	0.992 5	0.992 7	0.992 9	0.993 1	0.993 2	0.993 4	0.993 6
28	2.5	0.993 8	0.994 0	0.994 1	0.994 3	0.994 5	0.994 6	0.994 8	0.994 9	0.995 1	0.995 2
29	2.6	0.995 3	0.995 5	0.995 6	0.995 7	0.995 9	0.996 0	0.996 1	0.996 2	0.996 3	0.996 4
30	2.7	0.996 5	0.996 6	0.996 7	0.996 8	0.996 9	0.997 0	0.997 1	0.997 2	0.997 3	0.997 4
31	2.8	0.997 4	0.997 5	0.997 6	0.997 7	0.997 7	0.997 8	0.997 9	0.997 9	0.998 0	0.998 1
32	2.9	0.998 1	0.998 2	0.998 2	0.998 3	0.998 4	0.998 4	0.998 5	0.998 5	0.998 6	0.998 6
33	3.0	0.998 7	0.998 7	0.998 7	0.998 8	0.998 8	0.998 9	0.998 9	0.998 9	0.999 0	0.999 0
34	3.1	0.999 0	0.999 1	0.999 1	0.999 1	0.999 2	0.999 2	0.999 2	0.999 2	0.999 3	0.999 3
35	3.2	0.999 3	0.999 3	0.999 4	0.999 4	0.999 4	0.999 4	0.999 4	0.999 5	0.999 5	0.999 5
36	3.3	0.999 5	0.999 5	0.999 5	0.999 6	0.999 6	0.999 6	0.999 6	0.999 6	0.999 6	0.999 7
37	3.4	0.999 7	0.999 7	0.999 7	0.999 7	0.999 7	0.999 7	0.999 7	0.999 7	0.999 7	0.999 8
38	3.5	0.999 8	0.999 8	0.999 8	0.999 8	0.999 8	0.999 8	0.999 8	0.999 8	0.999 8	0.999 8
39	3.6	0.999 8	0.999 8	0.999 9	0.999 9	0.999 9	0.999 9	0.999 9	0.999 9	0.999 9	0.999 9
40	3.7	0.999 9	0.999 9	0.999 9	0.999 9	0.999 9	0.999 9	0.999 9	0.999 9	0.999 9	0.999 9
41	3.8	0.999 9	0.999 9	0.999 9	0.999 9	0.999 9	0.999 9	0.999 9	0.999 9	0.999 9	0.999 9
42	3.9	1.000 0	1.000 0	1.000 0	1.000 0	1.000 0	1.000 0	1.000 0	1.000 0	1.000 0	1.000 0
43	4.0	1.000 0	1.000 0	1.000 0	1.000 0	1.000 0	1.000 0	1.000 0	1.000 0	1.000 0	1.000 0

附表 2　标准正态分布分位数表

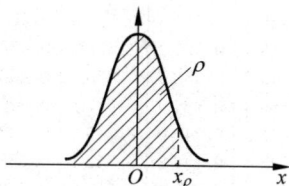

Excel 中的统计函数"NORMSINV"可以帮助我们生成标准正态分布的分位数表。步骤如下。

1. 建立一个新的表，其列为 ρ 取值的个位数字、十分位数和百分位数，其行是 ρ 的千分位数，构成标准正态分布分位数表的表头。如下表黑体部分所示。

2. 在 B2 单元格，即左上角第一个空的单元格内输入公式"=NORMSINV($A2+B$1)"，即可得到第一个数值 0.0000，然后将其向下、向右复制公式即可得到标准正态分布的分位数表。

3. 可以通过设置单元格格式，使数值保留到小数点后的四位。

部分结果如下表所示。读者可以根据需要生成不同范围的标准正态分布分位数表。

标准正态分布分位数表

	A	B	C	D	E	F	G	H	I	J	K
1	ρ	0.000	0.001	0.002	0.003	0.004	0.005	0.006	0.007	0.008	0.009
2	**0.50**	0.0000	0.0025	0.0050	0.0075	0.0100	0.0125	0.0150	0.0175	0.0201	0.0226
3	**0.51**	0.0251	0.0276	0.0301	0.0326	0.0351	0.0376	0.0401	0.0426	0.0451	0.0476
4	**0.52**	0.0502	0.0527	0.0552	0.0577	0.0602	0.0627	0.0652	0.0677	0.0702	0.0728
5	**0.53**	0.0753	0.0778	0.0803	0.0828	0.0853	0.0878	0.0904	0.0929	0.0954	0.0979
6	**0.54**	0.1004	0.1030	0.1055	0.1080	0.1105	0.1130	0.1156	0.1181	0.1206	0.1231
7	**0.55**	0.1257	0.1282	0.1307	0.1332	0.1358	0.1383	0.1408	0.1434	0.1459	0.1484
8	**0.56**	0.1510	0.1535	0.1560	0.1586	0.1611	0.1637	0.1662	0.1687	0.1713	0.1738
9	**0.57**	0.1764	0.1789	0.1815	0.1840	0.1866	0.1891	0.1917	0.1942	0.1968	0.1993
10	**0.58**	0.2019	0.2045	0.2070	0.2096	0.2121	0.2147	0.2173	0.2198	0.2224	0.2250
11	**0.59**	0.2275	0.2301	0.2327	0.2353	0.2378	0.2404	0.2430	0.2456	0.2482	0.2508
12	**0.60**	0.2533	0.2559	0.2585	0.2611	0.2637	0.2663	0.2689	0.2715	0.2741	0.2767
13	**0.61**	0.2793	0.2819	0.2845	0.2871	0.2898	0.2924	0.2950	0.2976	0.3002	0.3029
14	**0.62**	0.3055	0.3081	0.3107	0.3134	0.3160	0.3186	0.3213	0.3239	0.3266	0.3292
15	**0.63**	0.3319	0.3345	0.3372	0.3398	0.3425	0.3451	0.3478	0.3505	0.3531	0.3558
16	**0.64**	0.3585	0.3611	0.3638	0.3665	0.3692	0.3719	0.3745	0.3772	0.3799	0.3826
17	**0.65**	0.3853	0.3880	0.3907	0.3934	0.3961	0.3989	0.4016	0.4043	0.4070	0.4097
18	**0.66**	0.4125	0.4152	0.4179	0.4207	0.4234	0.4261	0.4289	0.4316	0.4344	0.4372
19	**0.67**	0.4399	0.4427	0.4454	0.4482	0.4510	0.4538	0.4565	0.4593	0.4621	0.4649
20	**0.68**	0.4677	0.4705	0.4733	0.4761	0.4789	0.4817	0.4845	0.4874	0.4902	0.4930
21	**0.69**	0.4959	0.4987	0.5015	0.5044	0.5072	0.5101	0.5129	0.5158	0.5187	0.5215
22	**0.70**	0.5244	0.5273	0.5302	0.5330	0.5359	0.5388	0.5417	0.5446	0.5476	0.5505

续表

	A	B	C	D	E	F	G	H	I	J	K
23	**0.71**	0.5534	0.5563	0.5592	0.5622	0.5651	0.5681	0.5710	0.5740	0.5769	0.5799
24	**0.72**	0.5828	0.5858	0.5888	0.5918	0.5948	0.5978	0.6008	0.6038	0.6068	0.6098
25	**0.73**	0.6128	0.6158	0.6189	0.6219	0.6250	0.6280	0.6311	0.6341	0.6372	0.6403
26	**0.74**	0.6433	0.6464	0.6495	0.6526	0.6557	0.6588	0.6620	0.6651	0.6682	0.6713
27	**0.75**	0.6745	0.6776	0.6808	0.6840	0.6871	0.6903	0.6935	0.6967	0.6999	0.7031
28	**0.76**	0.7063	0.7095	0.7128	0.7160	0.7192	0.7225	0.7257	0.7290	0.7323	0.7356
29	**0.77**	0.7388	0.7421	0.7454	0.7488	0.7521	0.7554	0.7588	0.7621	0.7655	0.7688
30	**0.78**	0.7722	0.7756	0.7790	0.7824	0.7858	0.7892	0.7926	0.7961	0.7995	0.8030
31	**0.79**	0.8064	0.8099	0.8134	0.8169	0.8204	0.8239	0.8274	0.8310	0.8345	0.8381
32	**0.80**	0.8416	0.8452	0.8488	0.8524	0.8560	0.8596	0.8633	0.8669	0.8705	0.8742
33	**0.81**	0.8779	0.8816	0.8853	0.8890	0.8927	0.8965	0.9002	0.9040	0.9078	0.9116
34	**0.82**	0.9154	0.9192	0.9230	0.9269	0.9307	0.9346	0.9385	0.9424	0.9463	0.9502
35	**0.83**	0.9542	0.9581	0.9621	0.9661	0.9701	0.9741	0.9782	0.9822	0.9863	0.9904
36	**0.84**	0.9945	0.9986	1.0027	1.0069	1.0110	1.0152	1.0194	1.0237	1.0279	1.0322
37	**0.85**	1.0364	1.0407	1.0450	1.0494	1.0537	1.0581	1.0625	1.0669	1.0714	1.0758
38	**0.86**	1.0803	1.0848	1.0893	1.0939	1.0985	1.1031	1.1077	1.1123	1.1170	1.1217
39	**0.87**	1.1264	1.1311	1.1359	1.1407	1.1455	1.1503	1.1552	1.1601	1.1650	1.1700
40	**0.88**	1.1750	1.1800	1.1850	1.1901	1.1952	1.2004	1.2055	1.2107	1.2160	1.2212
41	**0.89**	1.2265	1.2319	1.2372	1.2426	1.2481	1.2536	1.2591	1.2646	1.2702	1.2759
42	**0.90**	1.2816	1.2873	1.2930	1.2988	1.3047	1.3106	1.3165	1.3225	1.3285	1.3346
43	**0.91**	1.3408	1.3469	1.3532	1.3595	1.3658	1.3722	1.3787	1.3852	1.3917	1.3984
44	**0.92**	1.4051	1.4118	1.4187	1.4255	1.4325	1.4395	1.4466	1.4538	1.4611	1.4684
45	**0.93**	1.4758	1.4833	1.4909	1.4985	1.5063	1.5141	1.5220	1.5301	1.5382	1.5464
46	**0.94**	1.5548	1.5632	1.5718	1.5805	1.5893	1.5982	1.6072	1.6164	1.6258	1.6352
47	**0.95**	1.6449	1.6546	1.6646	1.6747	1.6849	1.6954	1.7060	1.7169	1.7279	1.7392
48	**0.96**	1.7507	1.7624	1.7744	1.7866	1.7991	1.8119	1.8250	1.8384	1.8522	1.8663
49	**0.97**	1.8808	1.8957	1.9110	1.9268	1.9431	1.9600	1.9774	1.9954	2.0141	2.0335
50	**0.98**	2.0537	2.0749	2.0969	2.1201	2.1444	2.1701	2.1973	2.2262	2.2571	2.2904
51	**0.99**	2.3263	2.3656	2.4089	2.4573	2.5121	2.5758	2.6521	2.7478	2.8782	3.0902

附表 3　*t* 分布临界值表

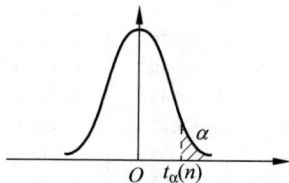

Excel 中的统计函数"TINV"可以帮助我们生成分布临界值表。这里我们建立的是根据 *t* 分布的右尾概率 α 计算的相应的临界值。步骤如下。

1．建立一个新的表，其列为 *t* 分布自由度 df 的值，其行是右尾概率 α 的取值，形成 *t* 分布临界值表的表头。如下表黑体部分所示。

2．在 B2 单元格，即左上角第一个空的单元格内输入公式"＝TINV(2 * B＄1，＄A2)"，即可得到第一个数值 3.077 7，然后将其向下、向右复制公式即可得到 *t* 分布临界值表。

3．可以通过设置单元格格式，使数值保留到小数点后的四位。

部分结果如下表所示。读者可以根据需要生成不同自由度和不同右尾概率的分布临界值表。

注：如果希望根据 *t* 分布的双尾概率 α 建立临界值表，则将公式改为"＝TINV(B＄1，＄A2)"即可。

t 分布临界值表

	A	B	C	D	E	F	G	H
1	df/α	0.100 0	0.050 0	0.025 0	0.010 0	0.005 0	0.001 0	0.000 5
2	1	3.077 7	6.313 8	12.706 2	31.820 5	63.656 7	318.308 8	636.619 2
3	2	1.885 6	2.920 0	4.302 7	6.964 6	9.924 8	22.327 1	31.599 1
4	3	1.637 7	2.353 4	3.182 4	4.540 7	5.840 9	10.214 5	12.924 0
5	4	1.533 2	2.131 8	2.776 4	3.746 9	4.604 1	7.173 2	8.610 3
6	5	1.475 9	2.015 0	2.570 6	3.364 9	4.032 1	5.893 4	6.868 8
7	6	1.439 8	1.943 2	2.446 9	3.142 7	3.707 4	5.207 6	5.958 8
8	7	1.414 9	1.894 6	2.364 6	2.998 0	3.499 5	4.785 3	5.407 9
9	8	1.396 8	1.859 5	2.306 0	2.896 5	3.355 4	4.500 8	5.041 3
10	9	1.383 0	1.833 1	2.262 2	2.821 4	3.249 8	4.296 8	4.780 9
11	10	1.372 2	1.812 5	2.228 1	2.763 8	3.169 3	4.143 7	4.586 9
12	11	1.363 4	1.795 9	2.201 0	2.718 1	3.105 8	4.024 7	4.437 0
13	12	1.356 2	1.782 3	2.178 8	2.681 0	3.054 5	3.929 6	4.317 8
14	13	1.350 2	1.770 9	2.160 4	2.650 3	3.012 3	3.852 0	4.220 8
15	14	1.345 0	1.761 3	2.144 8	2.624 5	2.976 8	3.787 4	4.140 5
16	15	1.340 6	1.753 1	2.131 4	2.602 5	2.946 7	3.732 8	4.072 8
17	16	1.336 8	1.745 9	2.119 9	2.583 5	2.920 8	3.686 2	4.015 0
18	17	1.333 4	1.739 6	2.109 8	2.566 9	2.898 2	3.645 8	3.965 1
19	18	1.330 4	1.734 1	2.100 9	2.552 4	2.878 4	3.610 5	3.921 6
20	19	1.327 7	1.729 1	2.093 0	2.539 5	2.860 9	3.579 4	3.883 4

	A	B	C	D	E	F	G	H
21	20	1.325 3	1.724 7	2.086 0	2.528 0	2.845 3	3.551 8	3.849 5
22	21	1.323 2	1.720 7	2.079 6	2.517 6	2.831 4	3.527 2	3.819 3
23	22	1.321 2	1.717 1	2.073 9	2.508 3	2.818 8	3.505 0	3.792 1
24	23	1.319 5	1.713 9	2.068 7	2.499 9	2.807 3	3.485 0	3.767 6
25	24	1.317 8	1.710 9	2.063 9	2.492 2	2.796 9	3.466 8	3.745 4
26	25	1.316 3	1.708 1	2.059 5	2.485 1	2.787 4	3.450 2	3.725 1
27	26	1.315 0	1.705 6	2.055 5	2.478 6	2.778 7	3.435 0	3.706 6
28	27	1.313 7	1.703 3	2.051 8	2.472 7	2.770 7	3.421 0	3.689 6
29	28	1.312 5	1.701 1	2.048 4	2.467 1	2.763 3	3.408 2	3.673 9
30	29	1.311 4	1.699 1	2.045 2	2.462 0	2.756 4	3.396 2	3.659 4
31	30	1.310 4	1.697 3	2.042 3	2.457 3	2.750 0	3.385 2	3.646 0
32	31	1.309 5	1.695 5	2.039 5	2.452 8	2.744 0	3.374 9	3.633 5
33	32	1.308 6	1.693 9	2.036 9	2.448 7	2.738 5	3.365 3	3.621 8
34	33	1.307 7	1.692 4	2.034 5	2.444 8	2.733 3	3.356 3	3.610 9
35	34	1.307 0	1.690 9	2.032 2	2.441 1	2.728 4	3.347 9	3.600 7
36	35	1.306 2	1.689 6	2.030 1	2.437 7	2.723 8	3.340 0	3.591 1
37	36	1.305 5	1.688 3	2.028 1	2.434 5	2.719 5	3.332 6	3.582 1
38	37	1.304 9	1.687 1	2.026 2	2.431 4	2.715 4	3.325 6	3.573 7
39	38	1.304 2	1.686 0	2.024 4	2.428 6	2.711 6	3.319 0	3.565 7
40	39	1.303 6	1.684 9	2.022 7	2.425 8	2.707 9	3.312 8	3.558 1
41	40	1.303 1	1.683 9	2.021 1	2.423 3	2.704 5	3.301 3	3.544 2
42	41	1.302 5	1.682 9	2.019 5	2.420 8	2.701 2	3.296 0	3.537 7
43	42	1.302 0	1.682 0	2.018 1	2.418 5	2.698 1	3.290 9	3.531 6
44	43	1.301 6	1.681 1	2.016 7	2.416 3	2.695 1	3.286 1	3.525 8
45	44	1.301 1	1.680 2	2.015 4	2.414 1	2.692 3	3.281 5	3.520 3
46	45	1.300 6	1.679 4	2.014 1	2.412 1	2.689 6	3.277 1	3.515 0
47	46	1.300 2	1.678 7	2.012 9	2.410 2	2.687 0	3.272 9	3.509 9
48	47	1.299 8	1.677 9	2.011 7	2.408 3	2.684 6	3.268 9	3.505 1
49	48	1.299 4	1.677 2	2.010 6	2.406 6	2.682 2	3.265 1	3.500 4
50	49	1.299 1	1.676 6	2.009 6	2.404 9	2.680 0	3.261 4	3.496 0
51	50	1.298 7	1.675 9	2.008 6	2.403 3	2.677 8	3.257 9	3.491 8
52	51	1.298 4	1.675 3	2.007 6	2.401 7	2.675 7	3.254 5	3.487 7
53	52	1.298 0	1.674 7	2.006 6	2.400 2	2.673 7	3.251 3	3.483 8
54	53	1.297 7	1.674 1	2.005 7	2.398 8	2.671 8	3.248 1	3.480 0
55	54	1.297 4	1.673 6	2.004 9	2.397 4	2.670 0	3.245 1	3.476 4
56	55	1.297 1	1.673 0	2.004 0	2.396 1	2.668 2	3.242 3	3.472 9
57	56	1.296 9	1.672 5	2.003 2	2.394 8	2.666 5	3.239 5	3.469 6
58	57	1.296 6	1.672 0	2.002 5	2.393 6	2.664 9	3.236 8	3.466 3
59	58	1.296 3	1.671 6	2.001 7	2.392 4	2.663 3	3.234 2	3.463 2
60	59	1.296 1	1.671 1	2.001 0	2.391 2	2.661 8	3.231 7	3.460 2
61	60	1.295 8	1.670 6	2.000 3	2.390 1	2.660 3	3.231 7	3.460 2
62	∞	1.281 6	1.644 9	1.960 0	2.326 3	2.575 8	3.090 2	3.290 5

附表 4　χ^2分布临界值表

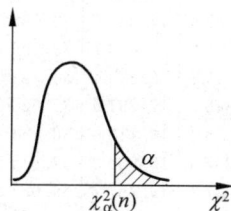

Excel 中的统计函数"CHIINV"可以帮助我们生成 χ^2 分布临界值表。步骤如下。

1. 建立一个新的表，其列为 χ^2 分布自由度 df 的值，其行是右尾概率 α 的取值，形成 χ^2 分布临界值表的表头。如下表黑体部分所示。

2. 在 B2 单元格，即左上角第一个空的单元格内输入公式"＝CHIINV(B$1,$A2)"，即可得到第一个数值 0.000 0，然后将其向下、向右复制公式即可得到 χ^2 分布临界值表。

3. 可以通过设置单元格格式，使数值保留到小数点后的四位。

部分结果如下表所示。读者可以根据需要生成不同自由度和不同右尾概率的 χ^2 分布临界值表。

χ^2分布临界值表

	A	B	C	D	E	F	G	H	I	J
1	df/α	0.995	0.99	0.975	0.9	0.1	0.05	0.025	0.01	0.005
2	1	0.000 0	0.000 2	0.001 0	0.015 8	2.705 5	3.841 5	5.023 9	6.634 9	7.879 4
3	2	0.010 0	0.020 1	0.050 6	0.210 7	4.605 2	5.991 5	7.377 8	9.210 3	10.596 6
4	3	0.071 7	0.114 8	0.215 8	0.584 4	6.251 4	7.814 7	9.348 4	11.344 9	12.838 2
5	4	0.207 0	0.297 1	0.484 4	1.063 6	7.779 4	9.487 7	11.143 3	13.276 7	14.860 3
6	5	0.411 7	0.554 3	0.831 2	1.610 3	9.236 4	11.070 5	12.832 5	15.086 3	16.749 6
7	6	0.675 7	0.872 1	1.237 3	2.204 1	10.644 6	12.591 6	14.449 4	16.811 9	18.547 6
8	7	0.989 3	1.239 0	1.689 9	2.833 1	12.017 0	14.067 1	16.012 8	18.475 3	20.277 7
9	8	1.344 4	1.646 5	2.179 7	3.489 5	13.361 6	15.507 3	17.534 5	20.090 2	21.955 0
10	9	1.734 9	2.087 9	2.700 4	4.168 2	14.683 7	16.919 0	19.022 8	21.666 0	23.589 4
11	10	2.155 9	2.558 2	3.247 0	4.865 2	15.987 2	18.307 0	20.483 2	23.209 3	25.188 2
12	11	2.603 2	3.053 5	3.815 7	5.577 8	17.275 0	19.675 1	21.920 0	24.725 0	26.756 8
13	12	3.073 8	3.570 6	4.403 8	6.303 8	18.549 3	21.026 1	23.336 7	26.217 0	28.299 5
14	13	3.565 0	4.106 9	5.008 8	7.041 5	19.811 9	22.362 0	24.735 6	27.688 2	29.819 5
15	14	4.074 7	4.660 4	5.628 7	7.789 5	21.064 1	23.684 8	26.118 9	29.141 2	31.319 3
16	15	4.600 8	5.229 3	6.262 1	8.546 8	22.307 1	24.995 8	27.488 4	30.577 9	32.801 3
17	16	5.142 2	5.812 2	6.907 7	9.312 2	23.541 8	26.296 2	28.845 4	31.999 9	34.267 2
18	17	5.697 2	6.407 8	7.564 2	10.085 2	24.769 0	27.587 1	30.191 0	33.408 7	35.718 5
19	18	6.264 8	7.014 9	8.230 7	10.864 9	25.989 4	28.869 3	31.526 4	34.805 3	37.156 5
20	19	6.844 0	7.632 7	8.906 5	11.650 9	27.203 6	30.143 5	32.852 3	36.190 9	38.582 3
21	20	7.433 8	8.260 4	9.590 8	12.442 6	28.412 0	31.410 4	34.169 6	37.566 2	39.996 8
22	21	8.033 7	8.897 2	10.282 9	13.239 6	29.615 1	32.670 6	35.478 9	38.932 2	41.401 1

续表

		A	B	C	D	E	F	G	H	I	J
23	22	8.642 7	9.542 5	10.982 3	14.041 5	30.813 3	33.924 4	36.780 7	40.289 4	42.795 7
24	23	9.260 4	10.195 7	11.688 6	14.848 0	32.006 9	35.172 5	38.075 6	41.638 4	44.181 3
25	24	9.886 2	10.856 4	12.401 2	15.658 7	33.196 2	36.415 0	39.364 1	42.979 8	45.558 5
26	25	10.519 7	11.524 0	13.119 7	16.473 4	34.381 6	37.652 5	40.646 5	44.314 1	46.927 9
27	26	11.160 2	12.198 1	13.843 9	17.291 9	35.563 2	38.885 1	41.923 2	45.641 7	48.289 9
28	27	11.807 6	12.878 5	14.573 4	18.113 9	36.741 2	40.113 3	43.194 5	46.962 9	49.644 9
29	28	12.461 3	13.564 7	15.307 9	18.939 2	37.915 9	41.337 1	44.460 8	48.278 2	50.993 4
30	29	13.121 1	14.256 5	16.047 1	19.767 7	39.087 5	42.557 0	45.722 3	49.587 9	52.335 6
31	30	13.786 7	14.953 5	16.790 8	20.599 2	40.256 0	43.773 0	46.979 2	50.892 2	53.672 0
32	31	14.457 8	15.655 5	17.538 7	21.433 6	41.421 7	44.985 3	48.231 9	52.191 4	55.002 7
33	32	15.134 0	16.362 2	18.290 8	22.270 6	42.584 7	46.194 3	49.480 4	53.485 8	56.328 1
34	33	15.815 3	17.073 5	19.046 7	23.110 2	43.745 2	47.399 9	50.725 1	54.775 5	57.648 4
35	34	16.501 3	17.789 1	19.806 3	23.952 3	44.903 2	48.602 4	51.966 0	56.060 9	58.963 9
36	35	17.191 8	18.508 9	20.569 4	24.796 7	46.058 8	49.801 8	53.203 3	57.342 1	60.274 8
37	36	17.886 7	19.232 7	21.335 9	25.643 3	47.212 2	50.998 5	54.437 3	58.619 2	61.581 2
38	37	18.585 8	19.960 2	22.105 6	26.492 1	48.363 4	52.192 3	55.668 0	59.892 5	62.883 3
39	38	19.288 9	20.691 4	22.878 5	27.343 0	49.512 6	53.383 5	56.895 5	61.162 1	64.181 4
40	39	19.995 9	21.426 2	23.654 3	28.195 8	50.659 8	54.572 2	58.120 1	62.428 1	65.475 6
41	40	20.706 5	22.164 3	24.433 0	29.050 5	51.805 1	55.758 5	59.341 7	63.690 7	66.766 0
42	41	21.420 8	22.905 6	25.214 5	29.907 1	52.948 5	56.942 4	60.560 6	64.950 1	68.052 7
43	42	22.138 5	23.650 1	25.998 7	30.765 4	54.090 2	58.124 0	61.776 8	66.206 2	69.336 0
44	43	22.859 5	24.397 6	26.785 4	31.625 5	55.230 2	59.303 5	62.990 4	67.459 3	70.615 9
45	44	23.583 7	25.148 0	27.574 6	32.487 1	56.368 5	60.480 9	64.201 5	68.709 5	71.892 6
46	45	24.311 0	25.901 3	28.366 2	33.350 4	57.505 3	61.656 2	65.410 2	69.956 8	73.166 1
47	46	25.041 3	26.657 2	29.160 1	34.215 2	58.640 5	62.829 6	66.616 5	71.201 4	74.436 5
48	47	25.774 6	27.415 8	29.956 2	35.081 4	59.774 3	64.001 1	67.820 6	72.443 3	75.704 1
49	48	26.510 6	28.177 0	30.754 5	35.949 1	60.906 6	65.170 8	69.022 6	73.682 6	76.968 8
50	49	27.249 3	28.940 6	31.554 9	36.818 2	62.037 5	66.338 6	70.222 4	74.919 5	78.230 7
51	50	27.990 7	29.706 7	32.357 4	37.688 6	63.167 1	67.504 8	71.420 2	76.153 9	79.490 0
52	51	28.734 7	30.475 0	33.161 8	38.560 4	64.295 4	68.669 3	72.616 0	77.386 0	80.746 7
53	52	29.481 2	31.245 7	33.968 1	39.433 4	65.422 4	69.832 2	73.809 9	78.615 8	82.000 8
54	53	30.230 0	32.018 5	34.776 3	40.307 6	66.548 2	70.993 5	75.001 9	79.843 3	83.252 6
55	54	30.981 3	32.793 4	35.586 3	41.183 0	67.672 8	72.153 2	76.192 0	81.068 5	84.501 9
56	55	31.734 8	33.570 5	36.398 1	42.059 6	68.796 2	73.311 5	77.380 5	82.292 1	85.749 0
57	56	32.490 5	34.349 5	37.211 6	42.937 3	69.918 5	74.468 3	78.567 2	83.513 4	86.993 8
58	57	33.248 4	35.130 5	38.026 7	43.816 1	71.039 7	75.623 7	79.752 2	84.732 8	88.236 4
59	58	34.008 4	35.913 5	38.843 5	44.696 0	72.159 8	76.777 8	80.935 6	85.950 2	89.476 9
60	59	34.770 4	36.698 2	39.661 9	45.577 0	73.278 9	77.930 5	82.117 4	87.165 7	90.715 3
61	60	35.534 5	37.484 9	40.481 7	46.458 9	74.397 0	79.081 9	83.297 7	88.379 4	91.951 7

附表5　F 分布临界值表

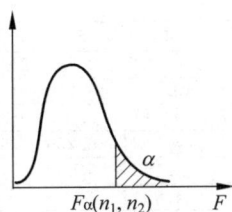

Excel 中的统计函数"FINV"可以帮助我们生成 F 分布临界值表。步骤如下。

1. 建立一个新的表,在 B1 单元格输入右尾概率 α 的值(如 α＝0.1),在第 2 行输入分子自由度 df1 的值,在第一列输入分母自由度 df2 的值。如下表中黑体部分所示。

2. 在 B3 单元格,即左上角第一个空的单元格内输入公式"＝FINV($B$1,B$2,$A3)",即可得到第一个临界值39.863,然后将其向下、向右复制即可得到 F 分布临界值表。

3. 可以通过设置单元格格式,使数值保留到小数点后的三位。

部分结果如下表所示。读者可以根据需要生成不同右尾概率和不同自由度的 F 分布的临界值表。

(a) F 分布临界值表(α＝0.1)

	A	B	C	D	E	F	G	H	I	J	K
1	α＝	0.1									
2	df2/df1	1	2	3	4	5	6	7	8	9	10
3	1	39.863	49.500	53.593	55.833	57.24	58.204	58.906	59.439	59.858	60.195
4	2	8.526	9.000	9.162	9.243	9.293	9.326	9.349	9.367	9.381	9.392
5	3	5.538	5.462	5.391	5.343	5.309	5.285	5.266	5.252	5.240	5.230
6	4	4.545	4.325	4.191	4.107	4.051	4.010	3.979	3.955	3.936	3.920
7	5	4.060	3.780	3.619	3.520	3.453	3.405	3.368	3.339	3.316	3.297
8	6	3.776	3.463	3.289	3.181	3.108	3.055	3.014	2.983	2.958	2.937
9	7	3.589	3.257	3.074	2.961	2.883	2.827	2.785	2.752	2.725	2.703
10	8	3.458	3.113	2.924	2.806	2.726	2.668	2.624	2.589	2.561	2.538
11	9	3.360	3.006	2.813	2.693	2.611	2.551	2.505	2.469	2.440	2.416
12	10	3.285	2.924	2.728	2.605	2.522	2.461	2.414	2.377	2.347	2.323
13	11	3.225	2.860	2.660	2.536	2.451	2.389	2.342	2.304	2.274	2.248
14	12	3.177	2.807	2.606	2.480	2.394	2.331	2.283	2.245	2.214	2.188
15	13	3.136	2.763	2.560	2.434	2.347	2.283	2.234	2.195	2.164	2.138
16	14	3.102	2.726	2.522	2.395	2.307	2.243	2.193	2.154	2.122	2.095
17	15	3.073	2.695	2.490	2.361	2.273	2.208	2.158	2.119	2.086	2.059
18	16	3.048	2.668	2.462	2.333	2.244	2.178	2.128	2.088	2.055	2.028
19	17	3.026	2.645	2.437	2.308	2.218	2.152	2.102	2.061	2.028	2.001
20	18	3.007	2.624	2.416	2.286	2.196	2.130	2.079	2.038	2.005	1.977
21	19	2.990	2.606	2.397	2.266	2.176	2.109	2.058	2.017	1.984	1.956
22	20	2.975	2.589	2.380	2.249	2.158	2.091	2.040	1.999	1.965	1.937

(b) F 分布临界值表($\alpha = 0.05$)

	A	B	C	D	E	F	G	H	I	J	K
1	$\alpha =$	0.05									
2	df2/df1	1	2	3	4	5	6	7	8	9	10
3	1	161.448	199.500	215.707	224.583	230.162	233.986	236.768	238.883	240.543	241.882
4	2	18.513	19.000	19.164	19.247	19.296	19.330	19.353	19.371	19.385	19.396
5	3	10.128	9.552	9.277	9.117	9.013	8.941	8.887	8.845	8.812	8.786
6	4	7.709	6.944	6.591	6.388	6.256	6.163	6.094	6.041	5.999	5.964
7	5	6.608	5.786	5.409	5.192	5.050	4.950	4.876	4.818	4.772	4.735
8	6	5.987	5.143	4.757	4.534	4.387	4.284	4.207	4.147	4.099	4.060
9	7	5.591	4.737	4.347	4.120	3.972	3.866	3.787	3.726	3.677	3.637
10	8	5.318	4.459	4.066	3.838	3.687	3.581	3.500	3.438	3.388	3.347
11	9	5.117	4.256	3.863	3.633	3.482	3.374	3.293	3.230	3.179	3.137
12	10	4.965	4.103	3.708	3.478	3.326	3.217	3.135	3.072	3.020	2.978
13	11	4.844	3.982	3.587	3.357	3.204	3.095	3.012	2.948	2.896	2.854
14	12	4.747	3.885	3.490	3.259	3.106	2.996	2.913	2.849	2.796	2.753
15	13	4.667	3.806	3.411	3.179	3.025	2.915	2.832	2.767	2.714	2.671
16	14	4.600	3.739	3.344	3.112	2.958	2.848	2.764	2.699	2.646	2.602
17	15	4.543	3.682	3.287	3.056	2.901	2.790	2.707	2.641	2.588	2.544
18	16	4.494	3.634	3.239	3.007	2.852	2.741	2.657	2.591	2.538	2.494
19	17	4.451	3.592	3.197	2.965	2.810	2.699	2.614	2.548	2.494	2.450
20	18	4.414	3.555	3.160	2.928	2.773	2.661	2.577	2.510	2.456	2.412
21	19	4.381	3.522	3.127	2.895	2.740	2.628	2.544	2.477	2.423	2.378
22	20	4.351	3.493	3.098	2.866	2.711	2.599	2.514	2.447	2.393	2.348

(c) F 分布临界值表($\alpha = 0.025$)

	A	B	C	D	E	F	G	H	I	J	K
1	$\alpha =$	0.025									
2	df2/df1	1	2	3	4	5	6	7	8	9	10
3	1	647.789	799.500	864.163	899.583	921.848	937.111	948.217	956.656	963.285	968.627
4	2	38.506	39.000	39.165	39.248	39.298	39.331	39.355	39.373	39.387	39.398
5	3	17.443	16.044	15.439	15.101	14.885	14.735	14.624	14.540	14.473	14.419
6	4	12.218	10.649	9.979	9.605	9.364	9.197	9.074	8.980	8.905	8.844
7	5	10.007	8.434	7.764	7.388	7.146	6.978	6.853	6.757	6.681	6.619
8	6	8.813	7.260	6.599	6.227	5.988	5.820	5.695	5.600	5.523	5.461
9	7	8.073	6.542	5.890	5.523	5.285	5.119	4.995	4.899	4.823	4.761
10	8	7.571	6.059	5.416	5.053	4.817	4.652	4.529	4.433	4.357	4.295
11	9	7.209	5.715	5.078	4.718	4.484	4.320	4.197	4.102	4.026	3.964
12	10	6.937	5.456	4.826	4.468	4.236	4.072	3.950	3.855	3.779	3.717
13	11	6.724	5.256	4.630	4.275	4.044	3.881	3.759	3.664	3.588	3.526
14	12	6.554	5.096	4.474	4.121	3.891	3.728	3.607	3.512	3.436	3.374
15	13	6.414	4.965	4.347	3.996	3.767	3.604	3.483	3.388	3.312	3.250
16	14	6.298	4.857	4.242	3.892	3.663	3.501	3.380	3.285	3.209	3.147
17	15	6.200	4.765	4.153	3.804	3.576	3.415	3.293	3.199	3.123	3.060
18	16	6.115	4.687	4.077	3.729	3.502	3.341	3.219	3.125	3.049	2.986
19	17	6.042	4.619	4.011	3.665	3.438	3.277	3.156	3.061	2.985	2.922
20	18	5.978	4.560	3.954	3.608	3.382	3.221	3.100	3.005	2.929	2.866
21	19	5.922	4.508	3.903	3.559	3.333	3.172	3.051	2.956	2.880	2.817
22	20	5.871	4.461	3.859	3.515	3.289	3.128	3.007	2.913	2.837	2.774

(d) F 分布临界值表(α＝0.01)

	A	B	C	D	E	F	G	H	I	J	K
1	α＝	0.01									
2	df2/df1	1	2	3	4	5	6	7	8	9	10
3	1	4 052.181	4 999.500	5 403.352	5 624.583	5 763.650	5 858.986	5 928.356	5 981.070	6 022.473	6 055.847
4	2	98.503	99.000	99.166	99.249	99.299	99.333	99.356	99.374	99.388	99.399
5	3	34.116	30.817	29.457	28.710	28.237	27.911	27.672	27.489	27.345	27.229
6	4	21.198	18.000	16.694	15.977	15.522	15.207	14.976	14.799	14.659	14.546
7	5	16.258	13.274	12.060	11.392	10.967	10.672	10.456	10.289	10.158	10.051
8	6	13.745	10.925	9.780	9.148	8.746	8.466	8.260	8.102	7.976	7.874
9	7	12.246	9.547	8.451	7.847	7.460	7.191	6.993	6.840	6.719	6.620
10	8	11.259	8.649	7.591	7.006	6.632	6.371	6.178	6.029	5.911	5.814
11	9	10.561	8.022	6.992	6.422	6.057	5.802	5.613	5.467	5.351	5.257
12	10	10.044	7.559	6.552	5.994	5.636	5.386	5.200	5.057	4.942	4.849
13	11	9.646	7.206	6.217	5.668	5.316	5.069	4.886	4.744	4.632	4.539
14	12	9.330	6.927	5.953	5.412	5.064	4.821	4.640	4.499	4.388	4.296
15	13	9.074	6.701	5.739	5.205	4.862	4.620	4.441	4.302	4.191	4.100
16	14	8.862	6.515	5.564	5.035	4.695	4.456	4.278	4.140	4.030	3.939
17	15	8.683	6.359	5.417	4.893	4.556	4.318	4.142	4.004	3.895	3.805
18	16	8.531	6.226	5.292	4.773	4.437	4.202	4.026	3.890	3.780	3.691
19	17	8.400	6.112	5.185	4.669	4.336	4.102	3.927	3.791	3.682	3.593
20	18	8.285	6.013	5.092	4.579	4.248	4.015	3.841	3.705	3.597	3.508
21	19	8.185	5.926	5.010	4.500	4.171	3.939	3.765	3.631	3.523	3.434
22	20	8.096	5.849	4.938	4.431	4.103	3.871	3.699	3.564	3.457	3.368

(e) F 分布临界值表(α＝0.005)

	A	B	C	D	E	F	G	H	I	J	K
1	α＝	0.005									
2	df2/df1	1	2	3	4	5	6	7	8	9	10
3	1	16 210.723	19 999.500	21 614.741	22 499.583	23 055.798	23 437.111	23 714.566	23 925.406	24 091.004	24 224.487
4	2	198.501	199.000	199.166	199.250	199.300	199.333	199.357	199.375	199.388	199.400
5	3	55.552	49.799	47.467	46.195	45.392	44.838	44.434	44.126	43.882	43.686
6	4	31.333	26.284	24.259	23.155	22.456	21.975	21.622	21.352	21.139	20.967
7	5	22.785	18.314	16.530	15.556	14.940	14.513	14.200	13.961	13.772	13.618
8	6	18.635	14.544	12.917	12.028	11.464	11.073	10.786	10.566	10.391	10.250
9	7	16.236	12.404	10.882	10.050	9.522	9.155	8.885	8.678	8.514	8.380
10	8	14.688	11.042	9.596	8.805	8.302	7.952	7.694	7.496	7.339	7.211
11	9	13.614	10.107	8.717	7.956	7.471	7.134	6.885	6.693	6.541	6.417
12	10	12.826	9.427	8.081	7.343	6.872	6.545	6.302	6.116	5.968	5.847
13	11	12.226	8.912	7.600	6.881	6.422	6.102	5.865	5.682	5.537	5.418
14	12	11.754	8.510	7.226	6.521	6.071	5.757	5.525	5.345	5.202	5.085
15	13	11.374	8.186	6.926	6.233	5.791	5.482	5.253	5.076	4.935	4.820
16	14	11.060	7.922	6.680	5.998	5.562	5.257	5.031	4.857	4.717	4.603
17	15	10.798	7.701	6.476	5.803	5.372	5.071	4.847	4.674	4.536	4.424
18	16	10.575	7.514	6.303	5.638	5.212	4.913	4.692	4.521	4.384	4.272
19	17	10.384	7.354	6.156	5.497	5.075	4.779	4.559	4.389	4.254	4.142
20	18	10.218	7.215	6.028	5.375	4.956	4.663	4.445	4.276	4.141	4.030
21	19	10.073	7.093	5.916	5.268	4.853	4.561	4.345	4.177	4.043	3.933
22	20	9.944	6.986	5.818	5.174	4.762	4.472	4.257	4.090	3.956	3.847

教师服务

感谢您选用清华大学出版社的教材！为了更好地服务教学，我们为授课教师提供本书的教学辅助资源，以及本学科重点教材信息。请您扫码获取。

≫ 教辅获取

本书教辅资源，授课教师扫码获取

≫ 样书赠送

统计学类重点教材，教师扫码获取样书

清华大学出版社

E-mail: tupfuwu@163.com
电话：010-83470332 / 83470142
地址：北京市海淀区双清路学研大厦 B 座 509

网址：http://www.tup.com.cn/
传真：8610-83470107
邮编：100084

年轻人的

新知识课堂

全国计算机技术与软件专业技术资格（水平）考试
系统集成项目管理工程师（中级）
强化备考班 ▶

文泉课堂
WWW.WQKETANG.COM

清华大学出版社
出品的在线学习平台

平台功能介绍

➡ 如果您是教师，您可以

管理课程

建立课程

管理题库

发布试卷

布置作业

管理问答与
话题

➡ 如果您是学生，您可以

发表话题

提出问题

加入课程

下载课程资料

编辑笔记

使用优惠码和
激活序列号

➡ 如何加入课程

1 找到教材封底"数字课程入口"

范例

数字课程入口

刮开涂层
获取二维码

刮开涂层

2 刮开涂层获取二维码，扫码进入课程

范例

获取帮助

扫一扫直接进入
平台使用指南

获取更多详尽平台使用指导可输入网址
http://www.wqketang.com/course/550
如有疑问，可联系微信客服：DESTUP

文泉课堂
WWW.WQKETANG.COM

清華大学出版社
出品的在线学习平台